Peg Da
Richard

CUM SĂ CREȘTI UN COPIL INTELIGENT ȘI DE SUCCES

Teste, exerciții și tehnici bazate pe cercetări științifice

FAMILIE

Peg Dawson, doctor în educație, este psiholog școlar la Centrul pentru Tulburări de Învățare și Atenție din Portsmouth, New Hampshire. Dr. Dawson a fost președinte al Asociației Naționale a Psihologilor Școlari din SUA și al Asociației Internaționale de Psihologie Școlară. I s-a decernat Premiul pentru întreaga activitate din partea Asociației Naționale a Psihologilor Școlari din SUA.

Dr. Richard Guare este neuropsiholog și director al Centrului pentru Tulburări de Învățare și de Atenție. Cercetările și articolele sale au ca obiect principal înțelegerea și tratarea dificultăților de învățare și de atenție și a tulburărilor neurologice. Având specializare ca analist comportamental, dr. Guare oferă frecvent consiliere în școli.

Dr. Dawson și dr. Guare au peste 30 de ani de experiență în lucrul cu copii cu dificultăți de învățare, atenție și comportament. Au mai publicat: *Smart but Scattered Teens: The „The Executive Skills" Program for Helping Teens Reach Their Potential* (împreună cu Colin Guare) și *Executive Skills in Children and Adolescents*, un ghid practic pentru personalul de specialitate din școli.

Peg Dawson
Richard Guare

CUM SĂ CREȘTI UN COPIL INTELIGENT ȘI DE SUCCES

Teste, exerciții și tehnici
bazate pe cercetări științifice

LITERA®

Smart but Scattered
The Revolutionary „Executive Skills" Approach to Helping Kids Reach Their Potential
Dr. Peg Dawson, dr. Richard Guare

LITERA®
Editura Litera
O.P. 53; C.P. 212, sector 4, București, România
tel. 021 319 6390; 031 425 1619; 0752 548 372
e-mail: comenzi@litera.ro

Ne puteți vizita pe
www.litera.ro

Cum să crești un copil inteligent și de succes
Dr. Peg Dawson, dr. Richard Guare

Nota editorului: Informațiile din această carte nu sunt destinate să înlocuiască sfaturile unui profesionist din domeniul sănătății. Problemele de sănătate ale fiecărei persoane trebuie să fie evaluate de către un profesionist calificat.

Traducere din limba engleză:
Gabriela Trășculescu

Editor: Vidrașcu și fiii
Redactor: Carmen Ștefania Neacșu
Copertă: Flori Zahiu
Tehnoredactare și prepress: Anca Suciu

Descrierea CIP a Bibliotecii Naționale a României
DAWSON, PEG

Cum să crești un copil inteligent și de succes/Peg Dawson, Richard Guare, trad. Gabriela Trășculescu – București: Litera 2016

ISBN 978-606-33-0927-4

I. Guare, Richard
II. Trășculescu, Gabriela (trad.)

159.922.7

Cuprins

Partea a III-a
REUNIREA TUTUROR ELEMENTELOR

Introducere

Nimic nu este mai frustrant pentru un părinte decât să vadă că fiul sau fiica lui, deși are un mare potențial, se luptă cu sarcinile și provocările de zi cu zi. Ceilalți copii de clasa a treia pot să își noteze tema, să își amintească să ia acasă manualul de matematică, și apoi să își termine temele înainte de ora de culcare. De ce fiica ta nu poate proceda la fel? Când stai lângă ea la birou, constați că știe să lucreze la matematică, iar învățătoarea confirmă că a înțeles lecția. Majoritatea copiilor dintr-o grupă de grădiniță reușesc să stea așezați într-un cerc timp de zece minute, fără să provoace întreruperi majore. Cum se face că fiul tău, care a învățat să citească înainte de a împlini vârsta de 5 ani, nu poate sta locului mai mult de zece secunde? Ai un copil de 8 ani care își face singur curățenie în cameră fără prea multe proteste, și unul de 12 ani în cazul căruia treburile casnice stârnesc un adevărat război săptămânal. Copiii prietenilor tăi nu-și uită acasă biletul de voie, nu-și pierd hainele și nu se pierd cu firea în public. De ce al tău se comportă altfel?

Tu știi că fiul sau fiica ta are ce-i trebuie ca să reușească în viață. Totuși, profesorii, prietenii, poate chiar părinții tăi, și vocea aceea interioară sâcâitoare, cu toții îți spun despre copilul tău că nu se află acolo unde ar trebui să fie. Ai încercat toate metodele: l-ai implorat, ai țipat, l-ai ademenit, l-ai mituit, i-ai explicat, poate chiar l-ai amenințat sau l-ai pedepsit pentru a-l determina să se aștearnă pe treabă, să facă ce i se cere sau să-și folosească autocontrolul pentru a avea un comportament adecvat pentru vârsta lui. Nimic din toate astea nu a funcționat.

E posibil ca explicația să fie aceea că îi lipsesc *abilitățile*. Nu-i poți cere copilului să-și folosească abilități pe care nu le are, așa cum nu poți coborî în condiții de siguranță o pârtie dificilă neagră dacă nu ești în stare să schiezi nici măcar pe o pantă lină de deal. Poate că el își *dorește* să facă ce trebuie și poate că are potențialul de a o face, dar nu știe *cum* să o facă. Oamenii de știință care studiază dezvoltarea copilului și creierul uman au descoperit că celor mai mulți dintre copiii inteligenți, dar împrăștiați, le lipsesc pur și simplu acele obiceiuri mentale numite „funcții executive"*. Este vorba despre abilitățile cerebrale fundamentale necesare pentru a *executa* sarcini legate de organizare, planificare, începerea muncii, concentrarea asupra îndeplinirii sarcinii, stăpânirea impulsurilor de moment, reglarea emoțiilor, adaptabilitate și flexibilitate – cam tot ce îi e necesar unui copil pentru a face față cerințelor specifice vârstei la școală, acasă și în raport cu prietenii. Unor copii le lipsesc anumite funcții executive sau și le dezvoltă mai greu.

Din fericire, sunt multe lucruri pe care le poți face pentru a ajuta. Această carte îți va arăta cum poți schimba experiențele zilnice ale unui copil cu vârsta între 4 și 14 ani, ajutându-l să dobândească funcțiile executive necesare pentru a se așterne pe treabă și a duce lucrurile la bun sfârșit. Dezvoltarea

* Funcțiile executive ale creierului (concentrarea și controlul, înțelegerea perspectivei celorlalți, comunicarea, capacitatea de a face conexiuni, gândirea critică, capacitatea de a da curs provocărilor, motivația intrinsecă de a învăța) – set de abilități mentale esențiale pentru viață, care ne ajută să ne organizăm și să ne reglăm comportamentul în vederea atingerii unui scop. (n. red.)

acestor abilități începe încă înainte de nașterea copilului, ceea ce înseamnă că nu poți avea nici un control asupra capacității biologice a acestuia. Cercetătorii în neurologie știu însă acum că aceste funcții se dezvoltă treptat, înregistrând o evoluție clară în primele două decenii de viață. De aceea, ai la dispoziție toată perioada copilăriei pentru a forma sau/și îmbunătăți acele funcții executive care la copilul tău sunt slabe sau nu există.

Strategiile pe care le vei descoperi în această carte te vor ajuta să-ți înveți copilul să își facă singur curățenie în cameră, să își termine de efectuat temele zilnice, să aștepte până când îi vine rândul să vorbească, să facă față dezamăgirilor, să se adapteze la schimbări de plan neprevăzute, să se descurce în situații sociale noi, să urmeze indicațiile primite, să respecte regulile, să facă economii, și multe, multe altele. Îți vei putea ajuta fiul sau fiica să facă față miilor de cerințe mai mici sau mai mari specifice perioadei copilăriei și să răstoarne tiparul negativ și alarmant al rămânerii în urmă la școală, al destrămării prieteniilor și, în general, al pierderii ritmului față de cei de vârsta lui/ei.

Am văzut că metodele sugerate în această carte au dat roade în cazul a mii de copii, atât în mediul lor școlar, cât și în cel familial. Strategiile necesită alocarea unui oarecare timp și un anumit grad de perseverență, dar nici una dintre metodele noastre nu este greu de învățat sau de adoptat. Unele ți se vor părea chiar amuzante. Nu încape îndoială că alternativele acestea la supravegherea permanentă, la cicăleală și la încercările de convingere prin lingușire vor face ca viața voastră împreună să fie mult mai plăcută.

Cu ce vă poate ajuta această carte pe tine și pe copilul tău inteligent, dar împrăștiat?

La un moment dat, într-o măsură mai mare sau mai mică, toți copiii se confruntă cu nevoia de a fi organizați, de a da dovadă de autocontrol și de a se înțelege cu cei din jur. Certurile legate de curățenia în cameră izbucnesc regulat în aproape fiecare casă. Nu există pe planetă copil de 13 ani care să își facă zilnic temele într-un mod ireproșabil și prompt. Dar unii copii par să aibă nevoie constant de supraveghere și de ajutor, în timp ce colegii lor au început deja să ducă la bun sfârșit anumite sarcini fără ajutorul altcuiva. Probabil că te întrebi când va sosi momentul să te retragi și tu pe margine, la fel ca ceilalți părinți; când vei fi degrevat de sarcina de a-i aminti constant ce are de făcut; când va învăța copilul tău să se calmeze, în loc să se bazeze pe tine să faci acest lucru. Va sosi oare vreodată clipa în care vei înceta să te mai implici direct în fiecare eveniment din viața copilului tău, așa cum te implici acum pentru a te asigura că reușește?

S-ar putea să mai treacă mult până când să sosească momentul acela, dacă îți vei pune nădejdea într-un salt în dezvoltare pe care copilul tău l-ar putea înregistra cândva, mai târziu. În timp ce tu vei sta în așteptare, respectul de sine al copilului va avea de suferit, iar îngrijorarea și fustrarea ta vor crește. Așadar, dacă fiul sau fiica ta nu posedă funcțiile executive necesare pentru a satisface așteptările rezonabile ale celorlalți, este cazul să iei atitudine imediat și să-ți ajuți copilul să ajungă la același nivel cu cei de vârsta lui. Funcțiile executive au fost identificate recent ca fundamentul de care toți copiii au nevoie pentru a face față cerințelor impuse vârstei lor, aceste abilități devenind din ce în ce mai importante pe măsură ce ei își croiesc drum în lume beneficiind tot mai puțin de supravegherea și de îndrumarea parentală. În fine, ele sunt esențiale pentru a duce o viață de adult împlinită. Eforturile de acum pentru dezvoltarea acestor abilități îl vor proteja pe copilul tău de o mulțime de situații dificile în anii care vor urma.

Dacă funcțiile executive ale copilului tău în vârstă de 5 ani sunt absente sau sunt inferioare celor ale celorlalți copii, este posibil să nu suporte să piardă la un joc sau să nu se abțină să lovească, ceea ce s-ar solda cu o permanentă criză de parteneri de joacă. Dacă copilul tău de 9 ani nu poate să-și planifice temele și apoi să se țină de plan, e posibil să nu reușească niciodată să își termine proiectele școlare pe termen mai lung pe care le are de îndeplinit la această vârstă. Dacă copilul tău de 13 ani nu-și poate înfrâna impulsurile, ce anume îl va împiedica să-și lase sora mai mică singură și să plece cu bicicleta împreună cu gașca, având în vedere că tu nu vei fi acolo să-i amintești că a fost de acord ca sora să-i fie lăsată în grijă? Adolescentă fiind, fiica ta va fi atentă la condus când mașina va fi plină de prieteni? Fiul tău va dori să participe la orele de testare a aptitudinilor școlare sau va prefera să își petreacă timpul trimițând mesaje pe telefon ori jucând jocuri video? Copilul tău va avea aptitudini organizatorice și de planificare a timpului care să-i permită să ajungă la jobul de vară în timp util? Își va stăpâni el emoțiile, evitând să răbufnească atunci când va avea de-a face cu un client sau cu un șef enervat? După ce va crește, copilul tău se va muta de acasă sau nu va reuși să se „desprindă de cuib?" Pe scurt, fiul sau fiica ta va fi capabil(ă) să ducă o viață independentă încununată de succes?

Șansele de reușită în viață ale copilului tău vor fi mult, mult mai mari dacă începând de acum îl vei ajuta să dobândească sau să își dezvolte funcțiile executive. Acesta este unul dintre motivele pentru care ne concentrăm asupra copiilor de grădiniță și a celor din învățământul primar și gimnazial: dacă începi să lucrezi la funcțiile executive ale copilului tău acum, până să ajungă la liceu îi vei fi oferit deja o bază importantă pentru succesul în acea etapă a vieții sale academice și sociale. Vei constata atunci că este înarmat cu abilități de autocontrol, putere de decizie și de rezolvare a problemelor mai mari decât ai putea spera acum să aibă. Multe dintre strategiile pentru elevii de gimnaziu se pot aplica și în cazul elevilor de liceu, dar pentru că aceștia din urmă se confruntă cu cerințe foarte diferite privitoare la funcțiile executive și răspund la abordări ale părinților diferite de cele la care răspund copiii mai mici, nu vom aprofunda în carte detaliile legate de grupa respectivă de vârstă.

Despre această carte

Pe măsură ce am lucrat cu alți copii – și ne-am urmărit propriii copii crescând – am descoperit că funcțiile executive pot să lase de dorit în cazul oricărui copil și că ceea ce ar trebui să faci ca să-ți ajuți copilul depinde de vârsta și de nivelul de dezvoltare al acestuia, dar și de propriile tale puncte slabe și puncte forte și, de asemenea, de acele probleme ale lui care îți dau cele mai multe bătăi de cap. Dacă poți ținti comportamentul adecvat și poți alege strategia corectă, vei putea avea un impact pozitiv, semnificativ și de durată asupra capacității copilului de a-și dezvolta funcțiile executive. Scopul principal al Părții I din această carte este acela de a te ajuta să îți dai seama unde trebuie lucrat cu copilul și care sunt cele mai bune unghiuri de atac pentru a consolida acele funcții executive.

Capitolele 1–4 prezintă o imagine de ansamblu a funcțiilor executive, a modului în care acestea se dezvoltă, a felului în care se manifestă în sarcinile cotidiene și a modalității prin care tu și mediul puteți contribui la dezvoltarea unor funcții executive puternice. Diverși cercetători și clinicieni au clasificat și etichetat funcțiile executive în mai multe moduri, dar toți cei care lucrăm în acest domeniu am căzut de acord că ele reprezintă niște procese cognitive necesare pentru (1) planificarea și dirijarea activităților, inclusiv demararea activităților și ducerea lor la bun sfârșit, și (2) pentru reglarea comportamentului – inhibarea impulsurilor, efectuarea de alegeri bune, schimbarea tacticii când ceea ce faci nu mai funcționează, gestionarea emoțiilor și a comportamentului pentru a atinge obiective pe termen lung. Dacă privești creierul ca pe un sistem care organizează informațiile primite și care organizează reacțiile noastre exterioare, funcțiile executive ne vor ajuta să gestionăm funcțiile legate de reacțiile exterioare. Asta înseamnă că ele ne ajută să preluăm toate datele pe care creierul le-a adunat de la organele senzoriale, mușchi, terminații nervoase etc. și să decidem cum să răspundem.

În Capitolul 1 vei afla mai multe nu doar despre rolurile specifice ale funcțiilor executive, ci și unele lucruri despre felul în care se dezvoltă creierul și, în special, despre modul în care funcțiile executive se dezvoltă la copii, începând de la naștere. Înțelegând acest fenomen, vei putea să îți faci o idee despre implicațiile profunde pe care le au rolurile funcțiilor executive și despre felul în care carențele la nivelul acestora pot limita viața cotidiană a copilului.

Pentru a fi capabil să identifici punctele forte și pe cele slabe ale funcțiilor executive ale copilului tău va trebui, desigur, să știi când este momentul ca diversele abilități să se dezvolte – așa cum ai știut privitor la abilitățile motorii precum statul în șezut, ridicatul în picioare și mersul, atunci când copilul tău era bebeluș și apoi copil mic. Majoritatea părinților intuiesc deja traiectoria de dezvoltare a funcțiilor executive. Atât noi, cât și profesorii copiilor noștri ne ajustăm în mod firesc așteptările, astfel încât să se potrivească capacității crescânde a fiecărui copil de a deveni independent, chiar dacă probabil că nu catalogăm în mod conștient aceste progrese drept o dobândire a funcțiilor executive. Capitolul 2 îți va oferi o perspectivă detaliată a acestei traiectorii, punându-ți la dispoziție o listă de sarcini cotidiene formatoare ce necesită folosirea funcțiilor executive în raport cu grupele de vârstă. Îți vom arăta, de asemenea, cum anumite puncte forte și puncte slabe ale funcțiilor executive tind să urmeze anumite tipare individuale, deși este tot atât de adevărat că, pe ansamblu, abilitățile pot fi mai dezvoltate la unii oameni decât la alții. Vei începe să îți formezi o părere despre punctele forte și despre punctele slabe ale propriului copil cu ajutorul unui set de teste. Imaginea care va rezulta te va ajuta să identifici posibilele ținte pentru intervențiile pe care ți le vom sugera în părțile a II-a și a III-a.

După cum am mai afirmat, capacitatea biologică a copilului de a dezvolta funcții executive este determinată încă dinainte de a se naște, dar pentru ca cel mic să atingă potențialul maxim în ceea ce privește dezvoltarea abilităților sale e nevoie ca mediul în care crește să fie unul prielnic. Tu, ca părinte, reprezinți o parte imensă a acestui mediu. Aceasta nu înseamnă că ești de condamnat dacă fiul sau fiica ta nu are funcțiile executive dezvoltate, însă dacă îți cunoști propriile puncte slabe și puncte forte ale funcțiilor tale executive, îți va fi mai ușor să ajuți la formarea funcțiilor executive ale copilului și la reducerea conflictului care se poate declanșa ca urmare a potrivirilor sau nepotrivirilor dintre punctele forte, respectiv slabe ale fiecăruia dintre voi.

Să presupunem că copilul tău este la fel de dezorganizat ca tine. Nu numai că va fi greu să îl înveți cum să dobândească aptitudini organizatorice, dar bătăliile pe tema dezorganizării vor crește exponențial. Totuși, cunoscând această asemănare dintre voi, vei avea posibilitatea să stabilești o relație de prietenie cu copilul tău, pornind tocmai de la nevoia amândurora de a dobândi această abilitate. Dacă veți munci împreună pentru a atinge acest scop, copilul tău nu se va simți umilit și va fi încurajat să coopereze.

Sau imaginează-ți că descoperi, în schimb, diferențe între punctele tale forte, respectiv slabe și cele ale copilului tău. Simpla conștientizare a faptului că te-ai născut înzestrat cu spirit organizatoric, în vreme ce copilul tău e dezorganizat, te poate face să ai mai multă răbdare cu el, astfel încât să îl poți ajuta să dobândească acea abilitate care în cazul tău e atât de puternică. Nu este vorba despre o încercare a lui de a te aduce la exasperare, ci pur și simplu despre o diferență la nivel de funcții executive. Capitolul 3 te va ajuta să înțelegi care sunt punctele tale forte și care cele slabe în ceea ce privește funcțiile executive și cum poți folosi această înțelegere pentru a-ți ajuta, la rândul tău, copilul.

Potrivirea dintre tine și copilul tău nu reprezintă singurul lucru la care trebuie să fii atent. Gradul de potrivire dintre copil și mediu este, de asemenea, foarte important. După cum vei afla odată ce vei începe să citești strategiile de formare a funcțiilor executive ale copilului tău, primul lucru asupra căruia va trebui să-ți îndrepți atenția atunci când vei încerca să remediezi o carență la nivelul unei abilități este modificarea mediului. Bineînțeles că nu vei putea face asta la nesfârșit (iar unul dintre scopurile majore ale cărții este acela de a te asigura că nu va fi nevoie), însă este exact lucrul pe care îl fac părinții, într-o măsură mai mică sau mai mare, în perioada copilăriei și adolescenței copiilor. Punem apărătoare de priză în toată casa pentru a-i împiedica pe bebelușii care se târăsc de colo-colo să-și bage degețelele curioase în găurile încărcate cu curent electric; întâlnirile la joacă dintre copii, în primii lor ani de viață, implică mereu prezența părinților sau a bonelor care îi supraveghează; îi limităm copilului accesul la internet și la iPod ca să își facă întâi temele. În Capitolul 4 îți vom arăta cum să controlezi mediul în care crește copilul tău astfel încât acesta să fie favorabil dezvoltării funcțiilor executive ale copilului și în ce fel poți influența mediul până în momentul în care copilul nu mai are nevoie de un asemenea ajutor.

După ce vei ajunge să cunoști punctele forte și pe cele slabe ale funcțiilor executive ale copilului și după ce vei afla cum stau lucrurile cu potrivirea dintre tine și copil și dintre copil și mediul lui ambiant, vei fi pregătit să începi procesul de formare a acelor funcții. Credem că intervențiile noastre sunt eficiente din următoarele motive: (1) se aplică în mediul natural al copilului și (2) îți permit să alegi diferite căi de abordare. Posibilitatea de a alege îți dă libertatea de a-ți ajusta eforturile în funcție de copilul tău pe care îl cunoști atât de bine și, în același timp, îți oferă șansa de a încerca un plan B, atunci când planul A nu dă roadele așteptate.

Primul capitol din Partea a II-a (Capitolul 5) îți pune la dispoziție un set de principii de urmat în momentul când decizi care este cel mai bun plan de bătaie pentru abordarea cu succes a unei anumite probleme sau a unei abilități necesare copilului. Trei dintre aceste principii formează cadrul de desfășurare al tuturor eforturilor pe care le vei depune, și vor fi descrise pe rând în Capitolele 6–8: (1) adu modificări mediului în așa fel încât acesta să devină prielnic îndeplinirii de către copil a sarcinii care-i revine; (2) învață-ți copilul cum să îndeplinească sarcinile care-i solicită funcții executive specifice; (3) motivează-ți copilul să își folosească abilitățile pe care le deține deja. După cum vei vedea, în general recomandăm folosirea tuturor acestor trei abordări pentru a obține rezultate de succes, iar în Capitolul 9 vei afla cum le poți combina. Între timp, te poți decide dacă dorești să adopți câteva dintre tehnicile de eșafodaj sau să folosești unele dintre jocurile sugerate de noi în Partea a II-a pentru a îmbunătăți funcțiile executive ale copilului într-o manieră unitară pe parcursul întregii zile.

Vei dori, de asemenea, să depistezi anumite situații-problemă care induc tuturor o stare de nervozitate și/sau anumite funcții executive care îi dau bătăi de cap copilului tău în toate domeniile de activitate. Capitolul 10 te familiarizează cu metode de învățare centrate pe problemele cel mai frecvent aduse în discuție de părinții ai căror copii îi avem sub observație în practica noastră clinică. Aceste metode îți pun la dispoziție un set de proceduri și, în unele cazuri, un text îndrumător care îl va ajuta pe copilul tău să facă față activităților cotidiene cu un minimum efort și stres, fie că vorbim despre rutina dinainte de culcare, despre acceptarea unor schimbări neașteptate în programul zilnic sau despre ducerea la bun sfârșit a unor proiecte școlare pe termen lung. Numeroși părinți găsesc că le este cel mai ușor să înceapă cu aceste metode de învățare deoarece ele vizează în mod direct o sarcină ce reprezintă o sursă de conflict zi de zi și pentru că noi am oferit toți pașii de urmat și fiecare instrument ce trebuie folosit. S-ar putea să ți se pară că acesta este cel mai bun mod de a te obișnui cu lucrul în vederea formării funcțiilor executive și cel mai scurt drum spre obținerea de rezultate palpabile. Părinții au și ei nevoie să fie motivați, și nimic nu-i poate stimula să meargă mai departe așa cum o face succesul copiilor lor. Aceste tehnici te învață cum să adaptezi abordările în funcție de vârsta copilului tău. Ele identifică, de asemenea, abilitățile necesare pentru realizarea fiecărei activități, așa încât, dacă vei descoperi care abilități trebuie dezvoltate pentru îndeplinirea sarcinilor ce-i dau copilului cele mai mari bătăi de cap, ai putea decide să citești despre acele abilități și să le dezvolți pe măsură ce parcurgi capitolele corespunzătoare.

Capitolele 11–21 tratează fiecare funcție executivă în parte. Este descrisă dezvoltarea progresivă tipică a unei abilități și este prezentată o scurtă grilă de evaluare pe care o poți folosi pentru a stabili dacă fiul sau fiica ta se situează în grafic sau în afara lui. Dacă ai sentimentul că abilitățile copilului tău sunt, în general, adecvate, dar mai au nevoie de un reglaj fin, poți urmări principiile generale pe care le-am enumerat și care îți arată cum să procedezi în acest sens. Dacă o să constați însă că problemele sunt mai accentuate, îți poți crea propria intervenție, bazându-te pe modelele pe care le-am oferit în cazul câtorva intervenții intensive și în care ne-am axat pe genul de probleme apărute cel mai frecvent în practica noastră clinică. Aceste intervenții încorporează elemente ale tuturor celor trei metode descrise în Partea a II-a.

Având în vedere paleta largă de opțiuni, suntem încrezători că vei descoperi o cale de a-ți ajuta copilul să își transforme funcțiile executive fragile în unele puternice. Problema e că trăim într-o lume imperfectă, așa încât Capitolul 22 cuprinde sugestii pentru situațiile de criză în care simți că te lovești de un zid, întrebări pe care ar trebui să ți le pui cu privire la intervențiile încercate, precum și îndrumare privind modalitatea și momentul în care se impune să apelezi la ajutor de specialitate.

Ca părinte, poți să-ți ajuți copilul să își folosească funcțiile executive bine dezvoltate pentru efectuarea temelor și să îi formezi deprinderi temeinice de învățare, însă nu-l poți urma în sala de clasă. Majoritatea copiilor împrăștiați întâmpină probleme și la școală, și acasă. De fapt, este posibil ca învățătorul din primii ani de școală ai copilului tău să-ți fi atras atenția asupra punctelor slabe ale abilităților sale de execuție. Capitolul 23 oferă sugestii despre modul în care să colaborezi cu profesorii și cu școala astfel încât să te asiguri că fiul sau fiica ta beneficiază de ajutorul necesar atât la școală, cât și acasă. Sunt incluse aici și sugestii referitoare la modalitatea prin care se pot evita confruntările cu cadrele didactice.

Abilitățile pe care și le formează copilul cu ajutorul tău ar trebui să-l ajute să se descurce mult mai bine în activitatea școlară, dar ce se va întâmpla după ciclul gimnazial? Pentru tinerii împrăștiați, liceul și studiile superioare vor aduce provocări suplimentare – unele care ne stârnesc adesea o teamă mai mare decât aceea cu care ne confruntăm atunci când copiii sunt încă mici și când atenția noastră se îndreaptă mai mult spre amplificarea gradului lor de independență. Ultimul capitol din această carte oferă îndrumare pentru a-ți ajuta copilul să facă față etapelor care îl așteaptă în viață.

Știm că deocamdată ți se pare uneori înfricoșător să arunci o privire spre viitor și să-ți imaginezi ce se va întâmpla când copilul tău va deveni adult. Cu toții ne aducem aminte că în perioada în care cel mai mare dintre copiii noștri era la gimnaziu, făceam nopți albe gândindu-ne cum se va descurca în liceu și după aceea, când va fi pe cont propriu. Am scris această carte parțial pentru a vă da asigurări că copiii *cresc* în cele din urmă și învață să se descurce singuri. Așa cum copiii noștri au reușit, și ai tăi vor reuși. La scrierea lucrării și-au adus contribuția ani întregi de experiență clinică și parentală. Sperăm să-ți fie de folos, indiferent de momentul în care te afli în călătoria fiului sau fiicei tale de la copilărie la independență.

Partea I

Ce îl face pe copilul tău să fie inteligent, dar împrăștiat?

Capitolul 1

Cum a ajuns un copil atât de inteligent să fie atât de împrăștiat?

Katie are 8 ani. Este sâmbătă dimineața și mama ei o trimite să își facă ordine în cameră, avertizând-o că nu va putea să iasă afară la joacă cu prietenele până când nu își va pune toate lucrurile la locul lor. Fără nici o tragere de inimă, Katie părăsește sufrageria unde fratele ei mai mic urmărește captivat desenele animate de sâmbătă dimineață și urcă scările spre dormitorul ei. Se oprește în pragul ușii, cercetând cu privirea încăperea – păpușile ei Barbie zac aruncate pe jos într-un colț, o amestecătură de păpuși, haine și accesorii care, de la distanță, arată ca un talmeș-balmeș țigănesc plin de culoare. Teancuri de cărți stivuite anapoda ocupă rafturile bibliotecii, iar câteva sunt înșirate pe podea. Prin ușa deschisă a dulapului se văd haine căzute de pe umeraș și răsfirate pe jos, peste niște pantofi, planșe de joc și puzzle-uri pe care nu le-a mai folosit de ceva timp. Câteva haine murdare sunt dosite sub pat, ieșind la iveală în spațiul dintre cuvertură și podea. De asemenea, un morman de haine curate înconjoară biroul, rămase acolo în urma căutării febrile a unui anumit pulover pe care a ținut să-l poarte ieri la școală. Katie oftează și se îndreaptă spre colțul cu păpuși. Pune două dintre ele la loc pe raftul de jucării, iar pe a treia o ține în mână, studiindu-i îmbrăcămintea. Își amintește că o pregătise pentru balul de absolvire și decide că nu-i place vestimentația aleasă. Scormonește în grămada de haine miniaturale pentru a găsi ceva care să-i fie pe plac. Tocmai când se pregătea să încheie și ultimul nasture al rochiei, mama își vâră capul pe ușă. „Katie", strigă ea, cu o notă de nerăbdare în glas, „a trecut o jumătate de oră și n-ai făcut nimic!" Apoi se apropie de colțul cu păpuși și hăinuțe și începe împreună cu fiica ei să le adune una câte una de pe jos, punând păpușile pe rafturi, iar hăinuțele într-o ladă de plastic folosită pe post de cufăr. Treaba merge strună. Mama se ridică și dă să plece. „Acum vezi ce faci cu cărțile alea", îi spune ea. Katie se îndreaptă spre bibliotecă și începe să își aranjeze cărțile. Pe la mijlocul vrafului de cărți de pe podea găsește ultimul titlu din seria *Boxcar Children*, din care reușise să citească jumătate. Deschide volumul la pagina indicată de semnul de carte și se apucă de citit. „O să citesc doar acest capitol", își spune ea cu voce tare. După ce termină, închide cartea și privește în jur. „Mamă!", strigă, cu o voce plângăcioasă. „E prea multă treabă de făcut aici. Pot să merg la joacă și să termin mai târziu? Te rog!"

Jos, la parter, mama lui Katie scoate un oftat lung. Același lucru se întâmplă de fiecare dată când îi cere fiicei sale să facă ceva: se lasă distrasă, se descurajează, iar treaba rămâne nefăcută dacă mama nu stă prin preajmă și nu o îndrumă la fiecare pas – sau dacă nu se apucă să facă totul de una singură. Cum se poate ca fiica ei să fie atât de lipsită de concentrare și atât de iresponsabilă? De ce nu reușește să lase puțin deoparte activitățile pe care ar prefera să le facă și să termine ce *trebuie* să facă? Oare un copil de clasa a III-a n-ar trebui să ducă singur la bun sfârșit *anumite* sarcini?

De când a început să facă testele Iowa* de evaluare a cunoștințelor, Katie a reușit să obțină 90% din punctaj. Profesorii ei au scris în raportul de evaluare că are imaginație, că este as la matematică, că are un vocabular bogat și că este o fată drăguță. De aceea, profesorilor nu le face plăcere să îi tot înștiințeze pe părinții lui Kate că fiica lor le deranjează orele din cauză că nu se poate concentra pe ce are de făcut într-o activitate de grup sau pentru că profesorul trebuie să îi reamintească, în timpul unei activități de citit în gând, să urmărească textul și să înceteze să scotocească prin pupitru, să se joace cu șireturile de la pantofi sau să șușotească cu colegul de bancă. Profesorii lui Katie le-au sugerat părinților acesteia, nu doar o dată, că ar prinde foarte bine dacă ar încerca să o convingă pe fiica lor de importanța respectării regulilor și a îndeplinirii activităților care îi revin. Părinții ei nu pot decât să răspundă jenați că au încercat tot ce le-a stat în putință pentru a corecta comportamentul fiicei lor și că ea le promite din toată inima că se va strădui, dar că, din câte se pare, nu se poate ține de cuvânt, așa cum nu poate s-o facă nici când vine vorba de a ține ordine în cameră sau de a pune masa.

Părinții lui Katie nu mai știu ce să facă, iar fiica lor riscă să rămână în urmă la școală. Cum de este posibil ca un copil atât de inteligent să fie atât de împrăștiat?

După cum am specificat în „Introducere", copiii inteligenți ajung deseori să aibă probleme de concentrare deoarece le lipsesc acele abilități cerebrale de care toți avem nevoie pentru

* Testele Iowa pentru competențe de bază – instrument de măsurare standard, pentru testarea abilităților de citire și matematică ale copiilor de la grădiniță până în clasa a VIII-a (n. red.)

a ne organiza și a desfășura activitățile și pentru a ne regla comportamentul. Nu este vorba despre faptul că ei întâmpină dificultăți în organizarea informațiilor senzoriale transmise de centrii nervoși – ceea ce am defini, în mod normal, drept „inteligență". Dacă ne referim la inteligență, acești copii o au din plin. Din acest motiv, ei nu întâmpină aproape deloc dificultăți în înțelegerea împărțirii, a fracțiilor sau a împărțirii cuvintelor în silabe. Problemele apar atunci când sunt nevoiți să își organizeze munca – să decidă ce și când anume să facă, și apoi să-și adapteze comportamentul pentru a realiza ce și-au propus. Deoarece copiii aceștia au capacitatea necesară de a asimila informații, noțiuni matematice, lingvistice și alte materii de școală, ai putea crede că sarcini mult mai simple, precum a face patul sau a aștepta să le vină rândul, n-ar trebui să ridice probleme. Însă nu se întâmplă așa, deoarece copilul tău, deși este inteligent, nu deține funcțiile executive necesare pentru a-și folosi inteligența.

Ce sunt funcțiile executive?

Să corectăm încă de la început o eventuală înțelegere greșită a acestor termeni. Când oamenii aud despre *funcții executive,* se gândesc la faptul că acestea se referă la un set de abilități necesare pentru a fi un bun director executiv – abilități precum management financiar, comunicare, planificare strategică și luarea de decizii. Aici se face o confuzie: funcțiile executive includ, cu siguranță, luarea unor decizii, planificarea și gestionarea tuturor tipurilor de informații și, la fel ca abilitățile folosite în afaceri la nivelul executiv, funcțiile executive îi ajută pe copii să ducă la bun sfârșit ceea ce și-au propus. În realitate însă, sintagma „funcții executive" provine din literatura neurologică de specialitate și se referă la abilitățile cerebrale necesare pentru a *executa* sau a îndeplini anumite sarcini.

Copilul tău (asemenea ție) are nevoie de funcții executive pentru a pune la cale cel mai elementar plan pe baza căruia să inițieze o activitate. Pentru ceva atât de ușor cum ar fi să ia un pahar cu lapte de la bucătărie, el trebuie să decidă mai întâi să se ridice în picioare și să meargă la bucătărie atunci când i se face sete, să ia un pahar din bufet, să-l pună pe masă, să deschidă frigiderul și să găsească laptele, să închidă frigiderul, să își toarne laptele în pahar și să pună cutia înapoi în frigider, apoi fie să bea paharul pe loc, fie să se întoarcă și să îl bea înapoi în camera de zi. Ca să desfășoare această sarcină simplă, copilul trebuie să reziste impulsului de a înhăța și a mânca chipsurile pe care le găsește prima dată în bufet – acestea nu vor face decât să îi provoace și mai multă sete –, precum și tentației de a alege un suc îndulcit cu tone de zahăr în locul laptelui. Dacă nu găsește în bufet nici unul dintre paharele obișnuite, el trebuie să se gândească să caute în mașina de spălat vase în loc să aleagă una dintre cupele de cristal ale părinților. Și mai trebuie să se asigure că nu va lăsa urme de lapte pe măsuța pe care își pune paharul, dacă vrea să nu i se interzică să mai aducă pe viitor gustări în camera de zi.

Un copil cu funcții executive slabe poate fi capabil să își ia un pahar cu lapte fără probleme – sau poate fi distras de alte lucruri, poate face alegeri greșite sau poate da dovadă de lipsă de control emoțional ori comportamental, uitând frigiderul deschis, lăsând dâre de lapte pe blatul bufetului din bucătărie sau pe jos, lăsând cutia cu lapte afară, să se strice, și făcându-și sora mai mică să plângă. Însă chiar dacă ar reuși să își ia un pahar cu lapte fără a provoca nici un accident, poți fi sigur că va întâmpina dificultăți în a face față acelor sarcini din viața lui care sunt mai complicate și îi solicită într-o măsură mult mai mare abilitatea de a stabili un plan de lucru, de a rămâne concentrat, de a se organiza, de a-și ține în frâu sentimentele și de a avea un comportament adecvat.

Funcțiile executive reprezintă, în esență, ceea ce îi trebuie copilului tău pentru ca speranțele și visurile tale în ceea ce privește viitorul lui – sau propriile lui speranțe și vise – să devină realitate. Când ajung în ultima etapă a adolescenței, copiii noștri trebuie deja să îndeplinească o condiție fundamentală, și anume să se descurce în mare măsură pe cont propriu. Asta nu înseamnă că nu mai vin, uneori, să ne ceară câte un sfat sau ajutor, ci înseamnă că nu se mai bazează pe noi să le planificăm sau organizăm acitivitățile cotidiene, să le spunem când să înceapă o sarcină, să le aducem anumite lucruri atunci când uită de ele sau să le amintim să fie atenți la școală. În momentul în care copiii noștri ating acest punct, putem afirma că rolul nostru ca părinți se apropie de sfârșit. Spunem atunci despre copiii noștri că „sunt pe picioarele lor", acceptăm lucrul acesta cu o anumită satisfacție și sperăm ca ei să aibă parte de tot ce e mai bun. Instituțiile sociale procedează la fel, considerându-i „adulți" atunci când vine vorba de anumite acțiuni legale.

Pentru a atinge acest nivel de independență, copilul trebuie să își dezvolte abilități de execuție. Probabil că ați văzut copilași care se uită după mama lor când aceasta iese din cameră, așteaptă o vreme, și apoi se pun pe plâns pentru a o face să se întoarcă. Ori poate ați auzit-o pe fetița voastră de 3 ani spunându-și ca pentru sine, cu o voce suspect de asemănătoare cu a voastră, că nu e bine să facă un anumit lucru. Sau poate ați văzut vreun băiețel de 9 ani care se oprește întâi și se uită în stânga și în dreapta înainte de a alerga în stradă să-și recupereze mingea? În toate aceste cazuri, ați asistat la dezvoltarea funcțiilor executive.

Modelul nostru

Activitatea noastră în domeniul funcțiilor executive a început în anii 1980. Cu ocazia evaluării și tratării copiilor care suferiseră traume cerebrale, am constatat că sursa multor dificultăți cognitive și comportamentale era reprezentată de deficitul funcțiilor executive. Deși într-un grad mai puțin sever, am observat prezența aceluiași tip de probleme la copiii cu tulburări de atenție semnificative. Pornind de aici, am început să studiem dezvoltarea funcțiilor executive pe un eșantion foarte larg de copii. Deși există și alte sisteme ale funcțiilor executive (secțiunea de Resurse include referințe cu privire la aceste sisteme), modelul nostru a fost creat cu un scop: acela de a-i ajuta pe părinți și pe profesori să găsească modalități de a le dezvolta funcțiile executive copiilor care dovedesc carențe la nivelul acestora.

Modelul nostru se bazează pe două premise:

1. *Majoritatea indivizilor au un ansamblu de puncte forte și puncte slabe ale funcțiilor executive.*

De fapt, am descoperit că există profiluri comune în ceea ce privește punctele forte și punctele slabe. Copiii (și adulții) care au anumite abilități foarte bine dezvoltate sunt deficitari în altele, iar tiparul este previzibil. Ne-am dorit un model care să le permită oamenilor să identifice acele tipare, astfel încât copiii lor să poată fi încurajați să își folosească punctele forte și să lucreze pentru a dezvolta sau depăși punctele slabe, ajungând în final să își îmbunătățească profilul. Am aflat, de asemenea, că este util să îi ajutăm pe părinți să își identifice punctele forte și punctele slabe, pentru ca aceștia să știe cum să își ajute mai bine copiii.

2. *Scopul principal al identificării punctelor slabe este acela de a stabili și de a implementa intervențiile necesare pentru îndreptarea acestora.* Am dorit să avem capacitatea de a-i ajuta pe copii să își construiască abilitățile de care au nevoie sau să manipuleze mediul astfel încât să diminueze cât mai mult sau să prevină problemele asociate acestor puncte slabe. Cu cât sunt mai distincte abilitățile, cu atât este mai ușor de dezvoltat definiții operaționale pentru ele. Când abilitățile pot fi operaționalizate, e mai simplu să creezi intervenții care să îmbunătățească acele operații. Să luăm, de exemplu, termenul „împrăștiat". Sună grozav pentru un titlu de carte, deoarece atunci când îl citești ca părinte îți dai seama imediat că i se potrivește copilului tău. Dar „împrăștiat" poate însemna uituc sau dezorganizat, lipsit de perseverență sau neatent. Fiecare dintre aceste probleme sugerează o soluție diferită. Cu cât definim mai clar problema, cu atât mai mult avem posibilitatea de a găsi o strategie care să ducă la rezolvarea ei.

Schema la care am ajuns constă din 11 abilități:

- Inhibarea răspunsului
- Memoria de lucru
- Controlul emoțiilor
- Puterea de concentrare
- Inițierea unei sarcini
- Planificarea/stabilirea priorităților
- Organizarea
- Gestionarea timpului

- Perseverență în atingerea unui scop
- Flexibilitate
- Metacogniție

Aceste abilități pot fi organizate în două moduri diferite: după criteriul dezvoltării (ordinea în care se dezvoltă la copii) și după criteriul funcționalității (ce anume îl ajută pe copil să facă). Cunoscând ordinea în care apar abilitățile în copilărie și mai târziu, atât voi, ca părinți, cât și profesorii puteți înțelege mai ușor ce așteptări să aveți de la copilul de o anumită vârstă. În cadrul unui atelier de lucru de acum câțiva ani la care au participat cadre didactice începând de la grupa pregătitoare și până la clasa a VIII-a, le-am cerut acestora să identifice acele două sau trei abilități executive ale elevilor lor care le preocupă cel mai mult. Profesorii din școala primară s-au concentrat pe inițierea unei sarcini și pe puterea de concentrare a elevilor, pe când cei din școala gimnazială au pus accentul pe gestionarea timpului, organizare și planificare/stabilirea priorităților. Interesant a fost faptul că dascălii de la toate nivelurile au selectat inhibarea răspunsului drept o abilitate care le lipsește multor elevi! Aspectul cel mai important aici este că, știind ordinea în care urmează să se dezvolte abilitățile, nu vei ajunge să-ți pierzi timpul încercând să formezi la copilul tău de 7 ani niște abilități care, în mod normal, se dobândesc la vârsta de 11 ani. Ai destule bătălii de dus, nu e nevoie să mai lupți și cu morile de vânt.

Tabelul de la paginile 32–35 ordonează abilitățile în funcție de momentul în care se formează ele, definindu-le pe fiecare în parte și oferind exemple despre felul în care se manifestă la copilul mic și la cel mare.

Cercetările în domeniul pediatriei arată că inhibarea răspunsului, memoria de lucru, controlul emoțiilor și puterea de concentrare se dezvoltă devreme, în primele 6–12 luni de viață. Remarcăm începuturile planificării atunci când copilul găsește o cale de a obține obiectul dorit. Faptul acesta devine evident în momentul în care copilul începe să meargă. Flexibilitatea e vizibilă în reacția față de schimbare a copilului, lucru valabil între vârsta de 12 și 24 de luni.

Dezvoltarea progresivă a funcțiilor executive

Funcția executivă	Definiție	Exemple
Inhibarea răspunsului	Capacitatea de a gândi înainte de a acționa – acea abilitate de a nu ceda impulsului de a spune sau a face un anumit lucru îi oferă copilului timpul necesar pentru a evalua situația și impactul comportamentului său în acel context.	Un copil mic poate aștepta o perioadă scurtă fără să deranjeze. Un adolescent poate accepta decizia unui arbitru fără să protesteze.
Memoria de lucru	Capacitatea de a păstra în memorie informații în timpul efectuării unor sarcini complexe. Include capacitatea de a aplica în prezent sau în proiecte viitoare lucrurile învățate și experiența dobândită în trecut.	Un copil de câțiva ani poate ține minte și urma indicații ce implică unul sau doi pași. Elevul de școală gimnazială își poate aminti așteptările mai multor profesori.

Funcția executivă	Definiție	Exemple
Controlul emoțiilor	Capacitatea de a gestiona emoțiile cu scopul atingerii unor obiective, îndeplinirii unor sarcini sau controlării și dirijării comportamentului.	Un copil mic care are această abilitate își poate reveni de pe urma unei dezamăgiri în foarte scurt timp. Un adolescent poate să-și țină în frâu nervozitatea provocată de un joc sau de un test, reușind să-l ducă la bun sfârșit.
Puterea de concentrare	Capacitatea de a-ți menține atenția pe parcursul unei situații sau sarcini, în ciuda factorilor perturbatori, a oboselii sau a plictiselii.	Ducerea la bun sfârșit a unei sarcini de 5 minute, având parte de supraveghere ocazională, este un exemplu de putere de concentrare la un copil mic. Un adolescent se poate concentra timp de 1 sau 2 ore în timpul efectuării temelor pentru acasă, făcând pauze scurte.
Inițierea unei sarcini	Capacitatea de a începe proiecte fără întârzieri majore, într-un mod eficient și la timp.	Un copil este capabil să înceapă o activitate sau o sarcină dată imediat după ce a primit toate instrucțiunile. Un adolescent nu lasă pe ultimul moment terminarea unui proiect.

Funcția executivă	Definiție	Exemple
Planificarea/ stabilirea priorităților	Abilitatea de a crea un plan care să ducă la atingerea unui scop sau la realizarea unei sarcini. Implică, de asemenea, capacitatea de a hotărî pe ce anume merită să te concentrezi, eliminând ceea ce nu este important.	Sub o îndrumare atentă, un copil mic se poate gândi la căi de soluționare a unui conflict cu un coleg. Un adolescent poate concepe un plan pentru a obține o slujbă.
Organizarea	Capacitatea de a crea și gestiona sisteme prin care să ai control asupra informațiilor sau materialelor.	Dacă i se aduce aminte, un copil poate să aranjeze jucăriile la locul lor. Un adolescent își poate pune în ordine echipamentul de sport şi îl poate găsi la nevoie.
Gestionarea timpului	Capacitatea cuiva de a estima cât timp are la dispoziție, cum să-l aloce și cum să nu depășească termenul-limită pentru a duce la bun sfârșit o sarcină. Implică, de asemenea, și sentimentul că timpul este un factor important.	Un copil poate îndeplini o sarcină scurtă în limita de timp stabilită de un adult. Un adolescent își poate organiza programul astfel încât să respecte termenele-limită impuse.

Funcția executivă	Definiție	Exemple
Perseverență în atingerea unui scop	Capacitatea de a-ți fixa un obiectiv, de a face pașii necesari pentru a-l atinge și de a nu te abate de la drum sau de a te lăsa distras de alte interese.	Un elev de clasa întâi poate termina ce are de făcut până la pauză. Un adolescent poate câștiga și economisi bani în timp, pentru a-și cumpăra ceva util.
Flexibilitate	Abilitatea de a revizui planuri atunci când avem de-a face cu obstacole, întârzieri, informații noi sau greșeli. Este legată de capacitatea de adaptare la situații noi.	Un copil se poate obișnui cu o schimbare de plan fără mari probleme. Un adolescent poate accepta alternative ca, de pildă, o slujbă nouă atunci când prima alegere nu e disponibilă.
Metacogniție	Capacitatea de a face un pas înapoi și a arunca o privire de ansamblu asupra ta într-o situație dată, pentru a găsi soluții de rezolvare a problemei. Include, de asemenea, abilități de automonitorizare și autoevaluare (de exemplu să îți pui întrebarea: „Cum mă descurc?“ sau „Cum m-am descurcat?“).	Un copil mic își poate schimba comportamentul ca răspuns la feedbackul unui adult. Un adolescent își poate monitoriza și critica performanța, îmbunătățind-o în urma observării celor care s-au dovedit a fi mai buni.

Celelalte abilități, precum inițierea unei sarcini, organizarea, gestionarea timpului și perseverența în atingerea unui scop, apar mai târziu, din perioada preșcolară și până la începutul ciclului primar.

Cunoscând modul în care funcționează fiecare abilitate – dacă contribuie la dezvoltarea gândirii copilului sau a felului în care acționează acesta –, vei afla dacă scopul intervenției tale este acela de a-l ajuta pe copil *să gândească* diferit sau *să se comporte* diferit. Dacă, de exemplu, copilul tău are o memorie de lucru slabă, vei face în așa fel încât să îi oferi strategii care să îl ajute să își amintească mai ușor informații de care are nevoie (de pildă, îi vei aminti ce materiale să aducă de la școală pentru a-și putea face temele pentru acasă). În cazul în care copilul dovedește un nivel slab al controlului emoțiilor, te vei strădui să îl ajuți să folosească mai degrabă cuvintele decât pumnii atunci când descoperă că fratele lui mai mic s-a așezat pe prototipul de aeroplan construit de el. De fapt, a gândi și a acționa merg mână în mână. Deseori ne învățăm copiii cum să își folosească gândurile pentru a-și controla comportamentul.

Abilitățile de gândire sunt concepute pentru a selecta și a atinge obiective sau pentru a găsi soluții la probleme. Ele îi ajută pe copii să-și creeze o imagine cu privire la obiectivul urmărit și să-și croiască o cale de urmat în acest sens, oferindu-le resursele pe care vor avea nevoie să le acceseze pe parcurs pentru a atinge obiectivul respectiv. Aceste abilități îl mai ajută pe copil să păstreze în minte imaginea obiectivului, chiar dacă acesta este departe, iar între timp alte evenimente vin să îi capteze atenția și să își facă loc în memoria lui. Ca să realizeze ce și-a propus, copilul trebuie să folosească al doilea set de abilități, și anume acele abilități care îi permit *să facă* ceea ce trebuie făcut pentru a îndeplini sarcinile stabilite. Al doilea set de abilități încorporează *comportamente* care îl ghidează pe copil în acțiunile sale pe măsură ce avansează pe drumul ales.

Această schemă organizatorică este detaliată în tabelul de la pagina 38.

Când totul decurge conform planului încă din primii ani ai copilăriei, venim cu idei de lucruri pe care dorim sau trebuie să le facem, ne planificăm și organizăm sarcinile, ne suprimăm gândurile și sentimentele care interferează cu planurile stabilite, ne încurajăm să mergem mai departe, păstrăm în minte obiectivul urmărit în ciuda obstacolelor, a evenimentelor care ne distrag atenția sau a tentațiilor care apar, facem schimbări atunci când situația o cere și persistăm în eforturile noastre până ce ne atingem țelul. Ca limită de timp, toate acestea pot să dureze tot atât cât ar dura să facem un puzzle format din 10 piese sau, dimpotrivă, atât cât ar dura ca să ne renovăm casa. Fie că suntem în vârstă de 3 sau de 30 de ani, folosim același set de funcții executive bazate pe activitatea cerebrală.

Pe măsură ce copilul crește, vezi acele funcții executive îmbunătățindu-se. Îți amintești, probabil, cum îl țineai permanent de mână pe copilul tău de 2 ani atunci când mergeați pe trotuar și cum a învățat până la vârsta de 4 ani să nu se îndepărteze de tine, pentru ca peste câțiva ani să-l poți lăsa să traverseze singur strada. Pe parcursul fiecărei etape ți-ai dat seama că abilitățile executive ale copilului tău – capacitatea sa de a fi independent – creșteau, însă nu erau încă dezvoltate suficient pentru ca el să poată fi responsabil în totalitate de comportamentul lui sau să-și poată rezolva toate problemele fără ajutorul tău. Tot ceea ce îl înveți pe copilul tău reflectă înțelegerea ta instinctivă cu privire la faptul că joci un rol în dezvoltarea și perfecționarea acestor abilități executive ale sale. Așadar, dacă părinții îndeplinesc acest rol, cum se face că unii copii sfârșesc prin a se abate de la calea corectă?

Două dimensiuni ale funcțiilor executive: gândirea și acțiunea

Funcții executive ce implică *gândirea* (cogniția)	**Funcții executive ce implică *acțiunea* (comportamentul)**
Memoria de lucru	Inhibarea răspunsului
Planificarea/stabilirea priorităților	Controlul emoțiilor
Organizarea	Puterea de concentrare
Gestionarea timpului	Inițierea unei sarcini
Metacogniția	Perseverența în urmărirea unui obiectiv
	Flexibilitatea

Cum se dezvoltă funcțiile executive în creier: biologie și experiență

Cum ajung copiii să dobândească funcții executive? La fel ca în cazul multor altor abilități pe care le avem, există doi factori decisivi: biologia și experiența. Dacă ne referim la contribuția biologică, potențialul pentru funcții executive este înnăscut, înrădăcinat încă de la naștere în creierul nostru. Este ceva similar cu modul în care se dezvoltă limbajul. Bineînțeles că, la naștere, funcțiile executive precum limbajul există *doar* ca potențial, ceea ce înseamnă că avem înmagazinată în creier dotarea necesară pentru formarea acestor funcții. Există însă numeroși factori biologici care pot influența dezvoltarea funcțiilor. Traume majore sau abuzuri fizice ale creierului copilului, în special ale lobilor frontali, îi vor afecta dezvoltarea abilităților. Genele pe care copilul le moștenește de la ambii părinți pot, de asemenea, să aibă impact. Dacă tu nu ai o bună putere de concentrare sau aptitudini organizatorice, este posibil ca și copilul tău să aibă probleme în aceste privințe. În ceea ce privește mediul, dacă acesta este toxic din punct de vedere biologic sau fizic, probabilitatea ca funcțiile executive ale copilului tău să aibă de suferit crește. Un mediu „otrăvit" poate include orice, de la expunerea la plumb și până la abuzul infantil. Însă dacă pornim de la premisa existenței unei dotări biologice relativ normale și absenței unor traume genetice sau de mediu, procesul de dezvoltare a creierului se poate desfășura conform așteptărilor.

Biologie: creștere + tăiere = funcții executive

La naștere, creierul unui copil are o greutate de aproximativ 400 de grame. La sfârșitul adolescenței, creierul ajunge să cântărească aproape 1,5 kilograme. Această creștere merge mână în mână cu o mulțime de schimbări. În primul rând, are loc o înmulțire rapidă a numărului de celule nervoase din creier. Acestea trebuie să comunice pentru ca un copil să poată gândi, simți sau acționa. Ele pot așadar să „vorbească" între ele, neuronii aceștia ramificându-se și putând, prin intermediul acestor ramificații, să trimită și să primească informații de la alți neuroni. Creșterea acestor ramificații numite „axoni" sau „dendrite" este accelerată în special în primii ani de viață.

Tot în aceste stadii timpurii de dezvoltare, o substanță numită „mielină" începe să formeze un înveliș gras ce acoperă axonii. Acest proces de mielinizare izolează ramificațiile care transmit semnalele nervoase, facilitând și eficientizând „conversațiile" dintre neuroni. Mielinizarea continuă până târziu spre sfârșitul perioadei de adolescență și în perioada de început a maturizării, fiind responsabilă de dezvoltarea a ceea ce se cheamă *materie albă* a creierului. Materia albă constă dintr-o rețea de axoni care fac legătura între diverse zone ale creierului și le permit acestora să comunice.

Apoi mai este materia cenușie. Există un motiv întemeiat pentru care acest termen este adesea utilizat ca metaforă a puterii de învățare și de gândire a creierului. Materia cenușie este alcătuită din celule nervoase, sau neuroni, și conexiunile dintre aceștia, numite „sinapse", iar dezvoltarea acestui tip de materie cerebrală reprezintă un proces ceva mai complex.

După primele cinci luni de sarcină, creierul unui copil nenăscut conține, potrivit estimărilor, circa o sută de miliarde de neuroni, cifră comparabilă cu numărul de neuroni din creierul normal al unui adult. În perioada timpurie a copilăriei, numărul de sinapse din creier (aproximativ un cvadrilion) îl depășește cu mult pe cel din creierul unui adult. Dacă dezvoltarea materiei cenușie ar continua în ritmul acesta, acest organ ar ajunge să fie enorm la adulți. Însă are loc un alt fenomen. Creșterea materiei cenușii – neuronii și, mai ales, sinapsele – atinge punctul culminant la vârsta de 5 ani, fiind urmată de o scădere progresivă sau de o „tăiere" a conexiunilor neuronale. Creșterea inițială are loc într-o perioadă de acumulare intensă de cunoștințe și experiențe în primii ani ai copilăriei. Cercetările recente ale activității cerebrale sugerează că pe măsură ce procesul de învățare și de dezvoltare a abilităților devine mai eficient, o creștere suplimentară a materiei cenușii ar putea, de fapt, submina asimilarea de noi cunoștințe.

Prin tăiere, copilul își consolidează abilitățile mintale, în vreme ce acele conexiuni ale materiei cenușii care nu sunt necesare sau folosite dispar. Această perioadă de consolidare continuă până se trece la o a doua etapă de creștere semnificativă a materiei cenușii, etapă care începe în jurul vârstei de 11–12 ani și care este, de asemenea, recunoscută a fi drept una de învățare și dezvoltare rapidă. Această evoluție este din nou urmată de o reducere prin tăiere, ce are loc pe parcursul adolescenței.

Un lucru deosebit de important pentru ceea ce știm astăzi despre dezvoltarea funcțiilor executive este acela că, potrivit cercetărilor, creșterea semnalată înaintea perioadei de adolescență se petrece în primul rând la nivelul lobilor frontali. Luând în considerare faptul că oamenii de știință acceptă, în general, ideea că sistemele cerebrale frontale joacă un rol-cheie în dezvoltarea funcțiilor executive, putem spune fără rezerve că aceste zone, ce includ cortexul frontal și prefrontal, împreună cu conexiunile către zonele adiacente ale creierului, constituie baza cerebrală a funcțiilor executive. Este ca și când creierul s-ar pregăti în preadolescență pentru dezvoltarea funcțiilor executive și pentru cerințele specifice adresate acestor funcții în perioada adolescenței.

Diagrama de la pagina 42 indică localizările aproximative ale funcțiilor majore ale creierului, printre acestea numărându-se și funcțiile executive, în cortexul prefrontal.

Cercetătorii de la Institutul Național de Sănătate Mintală sugerează, de asemenea, că un proces de tipul „folosește sau pierzi“ poate avea loc în lobii frontali în tot acest timp. Legăturile neuronale care sunt folosite se vor păstra, pe când cele neexersate se vor pierde. Dacă este adevărat, înseamnă că exersarea funcțiilor executive este vitală. Prin urmare, copiii care își exersează funcțiile executive nu numai că învață să se descurce singuri – independență –, dar, în timpul acestui proces, își dezvoltă acele structuri ale creierului care le vor susține funcțiile executive în perioada adolescenței târzii și a maturității.

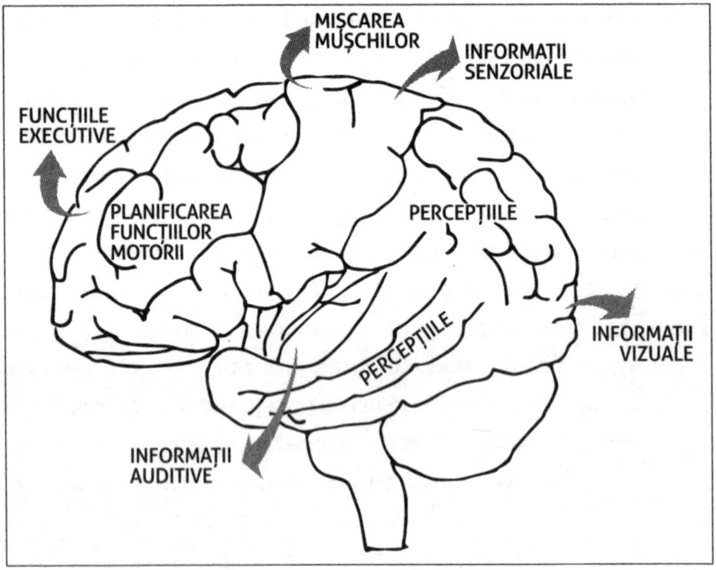

Creierul uman, cu localizarea aproximativă a celor mai importante funcţii

Practica este importantă pentru dobândirea funcţiilor executive şi dintr-un alt motiv. Cercetătorii care au studiat creierul folosind IRM (imagistica prin rezonanţă magnetică) au descoperit faptul că atunci când copiii şi adolescenţii desfăşoară anumite activităţi care solicită aceste abilităţi, ei se bazează pe cortexul prefrontal pentru a face toată treaba, în loc să distribuie povara muncii spre alte zone specializate din creier, cum ar fi amigdala şi insula, două părţi ale creierului care sunt activate atunci când trebuie să luăm decizii rapide ce ne afectează siguranţa şi supravieţuirea (răspunsul „luptă sau fugi"). În schimb, adulţii răspândesc parţial spre celelalte zone din creier povara executării sarcinii, deoarece anii de practică îi ajută să dezvolte căi de acces care fac posibil acest lucru. Activarea funcțiilor executive presupune un efort conștient mai mare din partea copiilor și adolescenților decât din partea adulților, ceea ce explică oarecum de ce aceștia din urmă sunt mai puțin tentați să-și folosească memoria de lucru pentru a duce la îndeplinire sarcinile cotidiene.

Acesta este momentul în care tu – și profesorii copilului – intervii. În mod evident, perioada copilăriei oferă părinților și profesorilor o ocazie importantă de a intensifica învățarea și dezvoltarea abilităților executive ale unui copil.

Nu intenționăm să simplificăm în mod exagerat. Creierul este un organ complex, iar dovezile provenite din studiile de imagistică cerebrală continuă să sugereze că zone diferite de cortexul prefrontal sunt implicate în dezvoltarea funcțiilor executive. Însă sistemele prefrontale sunt printre ultimele zone ale creierului care se dezvoltă pe deplin în adolescența târzie sau în etapa de maturitate timpurie, și reprezintă calea comună ultimă în ceea ce privește gestionarea informației și deciderea comportamentului nostru. Când te gândești ce funcții vitale au lobii frontali, este ușor să remarci importanța pe care aceste structuri ale creierului o au în dezvoltarea funcțiilor executive.

1. Lobii frontali ne coordonează comportamentul, ajutându-ne să decidem asupra cărui lucru trebuie să ne îndreptăm atenția și ce acțiuni ar trebui să întreprindem. *Exemplu*: Un copil de 7 ani vede că fratele lui se uită la televizor. La început își dorește să se așeze lângă el și să se uite împreună, dar hotărăște că întâi trebuie să-și termine treburile, pentru a nu-și supăra tatăl.

2. Lobii frontali creează o legătură între comportamentele noastre, astfel încât să putem folosi experiența dobândită în trecut pentru a ne ghida comportamentul și a lua decizii în viitor. *Exemplu*: O fetiță de 10 ani își amintește că după ce a terminat de făcut ordine în dormitor săptămâna trecută, mama ei a lăsat-o să cheme o prietenă la ea la o pizza. Ea ia așadar decizia de a-și face curat în cameră, cu gândul că va putea face același lucru din nou.

3. Lobii frontali ne ajută să ne controlăm emoțiile și comportamentul, luând în considerare constrângerile externe și interne pe măsură ce acționăm pentru a ne satisface nevoile și dorințele. Prin reglarea emoțiilor și a interacțiunilor sociale, lobii frontali ne ajută să ne îndeplinim dorințele fără a crea probleme, nouă sau celor din jur. *Exemplu*: O mamă îi spune copilului ei de 6 ani că își poate cumpăra un joc video, dar când ajung la magazin, constată că nu găsesc jocul dorit. Deși supărat, copilul nu face un acces de furie în magazin, mulțumindu-se cu promisiunea că vor suna la alte magazine pentru a găsi acel joc.

4. Lobii frontali observă, evaluează și efectuează reglajul fin, permițându-ne să ne corectăm comportamentul sau să alegem, în urma feedbackului, o nouă strategie. *Exemplu*: Un copil de 12 ani ratează plecarea în excursie cu clasa deoarece este singurul care și-a uitat acasă foaia cu acordul părinților. Data viitoare își amintește să ia cu el acordul semnat de părinți, punându-l în rucsac de cu seară.

Așadar, în ce situație se află copilul tău ca urmare a factorului biologic? În primul rând, știm că funcțiile executive sunt esențiale pentru o viață independentă, iar a duce o viață independentă este un scop fundamental pe care presupunem că îl are fiecare părinte pentru copilul lui. În al doilea rând, la naștere, funcțiile executive există doar ca potențial; nou-născutul nu are funcții executive efective. În al treilea rând, lobii frontali, deci funcțiile executive, au nevoie de 18–20 de ani sau chiar mai mult ca să se dezvolte în totalitate. Având în vedere acești factori, copiii nu se pot baza numai pe lobii lor frontali pentru a-și regla comportamentul. Care este soluția? Le oferim lobii noștri frontali. Deși poate că nu gândim în termenii aceștia, să fii părinte înseamnă, printre altele, să-i oferi sprijin și îndrumare copilului tău în ceea ce privește funcțiile sale executive.

Experiența, sau cum să-i oferi copilului tău propriii lobi frontali

În primii ani de viață ai copilului tău, *ești*, pur și simplu, lobii frontali ai acestuia, el neputând să contribuie cu mare lucru în acest sens. Tu concepi și organizezi mediul în care crește copilul tău astfel încât mediul respectiv să fie sigur și confortabil, tu îi monitorizezi regimul de viață (somnul, alimentația), inițiezi interacțiuni și rezolvi situațiile în care copilul este neliniștit. Un nou-născut are puține comportamente – în general, plânsul și somnul – în contact cu lumea exterioară, și trăiește exclusiv în prezent. Cam pe la vârsta de 5–6 luni, totuși, copilul începe să-și dezvolte anumite abilități care, în cele din urmă, îl vor face să devină independent. E posibil să observi gradul din ce în ce mai mare de conștiență al copilului tău, deși aceste schimbări timpurii nu sunt vizibile doar prin simpla observație. Pentru copil însă, schimbările sunt puternice.

Una dintre abilitățile noi care se dezvoltă pe la 5–6 luni este memoria de lucru. Înainte, copilul putea reacționa doar la ce vedea, auzea, atingea sau gusta atunci, pe loc. Însă odată ce își poate aminti figuri, evenimente sau obiecte, chiar și pentru o scurtă perioadă, lumea copilului se lărgește, și îl însoțește de câte ori este treaz. Copilul poate începe să facă alegeri și să ia „decizii". De exemplu, dacă mama pleacă și nu se întoarce imediat, bebelușul poate privi locul în care a văzut-o ultima dată și poate începe să plângă. Mama s-ar putea întoarce. Dacă se întâmplă așa, bebelușul „înțelege" într-o oarecare măsură că „dacă mama pleacă și eu vreau să o chem înapoi, trebuie doar să plâng".

Pe măsură ce informațiile se înmulțesc și experiența crește, memoria de lucru îi dă copilului posibilitatea de a-și aminti evenimente din trecut, de a le folosi în situația prezentă și de a prevedea ce anume se va întâmpla. De exemplu, să presupunem că ai o fată de 11 ani. Aceasta poate spune în sinea ei că „sâmbăta trecută, după ce am ajutat la spălatul rufelor, eu și mama am avut timp să mergem la piscină. Am s-o întreb dacă mai putem face asta azi, după ce o voi ajuta la treburile casnice". Sau un tânăr de 17 ani ar putea spune: „Dacă șeful meu îmi cere să lucrez mâine seară, trebuie să-i spun că nu pot. Ultima oară când am lucrat înainte de o testare la școală nu mi-am lăsat suficient timp pentru învățat și am luat o notă slabă".

În mod evident, abilitățile bebelușului care-și amintește de mama lui sunt departe de cele ale copiilor de 11, respectiv 17 ani, însă vedem în capacitatea bebelușului de a ține minte chipul mamei începutul stăpânirii acestei abilități. Pentru a-l ajuta să-și dezvolte o abilitate precum memoria de lucru, îi poți oferi copilului tău anumite tipuri de experiențe. Unui copil de câțiva ani îi poți oferi jucării de tip „cauză–efect", de exemplu jucării care, atunci când copilul face ceva cu ele, de pildă le izbește, ele să se miște sau să scoată un sunet. Sau poți face ca o jucărie să „dispară", determinându-l pe copil să o caute din priviri. Odată ce el se poate deplasa, îi poți cere să caute diverse obiecte prin cameră. Pe măsură ce începe să vorbească, copilul tău poate să-și ghideze comportamentul după indicațiile și regulile pe care le reține după ce le aude repetate și exemplificate de tine. Apoi, după ce avansează încă și mai mult în vârstă, îi poți pune întrebări de genul: „De ce anume ai nevoie pentru această activitate?" sau „Cum ai procedat ultima oară când s-a întâmplat acest lucru?"

Bineînțeles că în etapele de început ale formării acestei abilități, tu faci aproape totul. Printre altele, îi oferi copilului tău jucăriile cu care să se joace și îi structurezi jocurile și activitățile în care vrei să îl implici. După ce copilul se poate deplasa cu ușurință și poate vorbi, devine mai puțin dependent de tine, iar tu nu trebuie să te mai afli permanent în preajma lui. De fapt, încorporând unele dintre acțiunile și cuvintele tale în memoria sa de lucru, copilul va începe să asimileze unele din funcțiile tale executive!

Ajungem astfel la o a doua abilitate-cheie care începe să se dezvolte cam în același timp cu memoria de lucru – inhibarea răspunsului. Capacitatea de a reacționa sau nu la provocarea lansată de o persoană sau de un eveniment stă la baza reglării comportamentului. Suntem cu toții conștienți de necazurile pe care le poate avea un copil atunci când acționează înainte de a gândi. De asemenea, suntem impresionați de autocontrolul copilului care vede un obiect tentant, dar nu pune imediat mâna pe el.

În ceea ce privește memoria de lucru, când un copil începe să-și dezvolte această abilitate în jurul vârstei de 6 luni, schimbările nu sunt vizibile pe loc. Între 6 și 12 luni însă, abilitatea unui copil de a-și inhiba răspunsul crește în mod spectaculos. Vei putea vedea un copil de 9 luni mergând de-a bușilea spre mama lui, aflată în camera alăturată. Dacă în urmă cu o lună sau două atenția copilului ar fi putut fi distrasă de o jucărie preferată aflată în calea lui, acum el trece pe lângă ea și se duce direct la mama lui. Tot în cursul acestei perioade, e posibil să observi că bebelușul tău poate acum să-și mascheze anumite expresii faciale afișând alte expresii, în funcție de situație. Cu toții am trecut probabil prin situații în care încercam să-i captăm atenția unui bebeluș de această vârstă și constatam că el nu răspundea, ba chiar ne întorcea spatele. Creează senzația de respingere, nu-i așa? Încă de la o asemenea vârstă fragedă, un bebeluș începe să învețe efectul puternic pe care îl are faptul de a răspunde sau nu în fața unei anumite persoane sau situații. Copilul de 3 sau 4 ani demonstrează această abilitate „folosindu-și cuvintele“ în loc să lovească un partener de joacă atunci când acesta îi ia jucăria. Copilul de 9 ani despre care am amintit ceva mai sus se folosește de aceeași abilitate de inhibare a răspunsului atunci când se uită în dreapta și-n stânga înainte de a țâșni în stradă să-și recupereze mingea. La tânărul de 17 ani, inhibarea răspunsului se manifestă prin faptul că păstrează limita de viteză la condus, în ciuda sugestiei prietenului său care-i spune: „Ia să vedem ce poate mașina ta!“

În calitate de părinți, recunoaștem importanța pe care o are inhibarea răspunsului: absența acestei abilități poate fi periculoasă, conducând adesea la conflicte cu autoritățile. Când copilul tău era bebeluș, mai ales după ce a învățat să se cațere sau să meargă de-a bușilea, i-ai împrumutat această abilitate a lobului frontal prin stabilirea unor limite, folosind încuietori la uși și la porți și pur și simplu înlăturând din calea lui obiectele cu potențial vătămător. Ai avut, de asemenea, grijă să-l supraveghezi cu atenție. Ai apelat, fără îndoială, la cuvinte – un „NU!" sau „ARDE!", răspicat –, iar în câteva rânduri ai permis, poate, consecințelor naturale să joace un rol ori nu ai putut interveni la timp pentru a le împiedica să joace un rol, ca de pildă atunci când copilul s-a întins pe neașteptate și a atins ceva fierbinte sau când a căzut de pe canapea sau de pe o pernă. Pe măsură ce copilul se dezvoltă, unele riscuri scad, cum ar fi cel al folosirii scărilor, după ce copilul și-a însușit abilitatea de a urca și coborî pe ele în siguranță, însă mai există și alte ocazii.

În afara limitării spațiului și îngrădirii accesului, părinții încep, de asemenea, să-i învețe pe copii comportamente alternative (să mângâie animalul de casă în loc să-l tragă de coadă, să folosească cuvinte în loc să lovească). Cu ajutorul memoriei de lucru, copiii încep să copieze comportamentul și limbajul părinților, însușindu-și-le. În funcție de ceea ce observi, începi să supraveghezi copilul de la distanță, să-i reduci constrângerile, să folosești mai multe cuvinte și să aștepți din partea unor instituții precum școala să ajute la formarea abilității memoriei de lucru. Înțelegând că scopul este sporirea gradului de independență și de autoorganizare, vei încerca să păstrezi un echilibru între libertate și supervizare. Cu toate acestea, efortul pe care îl depui pentru a-i oferi copilului lobii frontali va avea în permanență două componente: structurarea mediului și supravegherea directă a copilului. Prin faptul că îți studiază comportamentul, că încearcă să îl imite și că face acest lucru în repetate rânduri, copilul tău va începe să învețe și să-și însușească aceste abilități. Păstrarea unei consecvențe rezonabile în privința activităților zilnice și a așteptărilor pe care le stabilești îți va fi de folos. Îl vei instrui, de asemenea, pe copil folosindu-te de limbaj. În timp, copilul va folosi aceleași cuvinte, la început spunându-le ca pentru sine, pentru a-și autoregla comportamentul. După ani și ani de acumulare de noi experiențe, aceasta va deveni vocea lui interioară, auzită doar de el. Datoria noastră nu este aceea de a fi veșnic lobii frontali ai copilului. Pe măsură ce își dezvoltă vocea interioară și asimilează aceste abilități, rolul nostru descrește în mod firesc.

Așadar, de ce îi lipsesc copilului tău anumite funcții executive?

O posibilitate ar fi diagnosticul de deficit de atenție/tulburare hiperkinetică (ADHD). „Copilul împrăștiat" tipic este unul care suferă de această tulburare, iar dacă fiul sau fiica ta a primit un astfel de diagnostic, probabil că știi care dintre funcțiile lui executive au cel mai mult de suferit. Există un consens tot mai mare printre cercetători în privința faptului că ADHD-ul este la bază o tulburare a funcțiilor executive. Russell Barkley, de exemplu, vede această tulburare ca fiind o abilitate redusă de autoreglare. În vreme ce mai multe funcții executive pot fi afectate, inhibarea răspunsului este de o importanță crucială printre acestea și are impact asupra dezvoltării altor abilități. Alți cercetători pun accentul pe aspecte diferite, dar toți sunt de acord că dacă un copil are ADHD, unele funcții executive vor fi afectate. Cele mai importante dinte acestea sunt inhibarea răspunsului, puterea de concentrare, memoria de lucru, gestionarea timpului, inițierea unei sarcini și perseverența în atingerea unui obiectiv. Pot fi afectate și alte abilități, dar atunci când copilul ajunge la vârsta adolescenței, dacă suferă de ADHD, cel mai probabil părinții și profesorii au observat că întâmpină dificultăți semnificative la nivelul acestor funcții executive. Iar dacă un copil întâmpină dificultăți semnificative la nivelul acestor funcții executive, probabil că suferă de ADHD. În acord cu aceste descoperiri, studiile din domeniul dezvoltării cerebrale sugerează că sistemele frontale ale creierului unui copil cu ADHD pot prezenta diferențe în structura lor fizică și chimică ce le deosebesc de cele ale copiilor normali. La unii dintre acești copii, asemenea diferențe reprezintă o „dezvoltare întârziată", iar copilul (creierul) ajunge să se maturizeze pe parcursul unei perioade mai lungi, eventual cu 2–3 ani mai târziu decât se întâmplă în cazul celor de vârsta lui. Totuși, în cazul altor copii cu ADHD, această maturizare nu are loc, iar dificultățile persistă până devin adulți.

Este important de știut că dezvoltarea acestor abilități executive și a altora poate varia și chiar variază de la un copil la altul, fără a fi cazul să se pună diagnosticul de ADHD sau alt diagnostic „clinic". Așa cum se întâmplă cu aproape orice set de abilități, copiii (și adulții) au puncte forte și puncte slabe care variază de la individ la individ. Există copii pentru care timpul pare a fi irelevant. Și cine dintre noi nu cunoaște un mic „profesor distrat", care nu știe pe unde și-a pus lucrurile? Asemenea tipare de puncte forte și puncte slabe sunt perfect normale în diverse etape de dezvoltare. Asta nu înseamnă însă că nu trebuie să iei măsuri atunci când acestea afectează rezultatele copilului acasă, la școală, în societate, la sport sau în orice alt domeniu în care îți dorești, în mod natural, ca fiul sau fiica ta să evolueze. Funcțiile executive joacă un rol din ce în ce mai important pentru asigurarea succesului în lumea noastră complexă, astfel încât, dacă copilul tău seamănă cu Katie, fetița de la începutul capitolului, sau pare a fi împrăștiat în alte moduri, merită să aloci timp – economisind astfel din timpul de mai târziu și evitând totodată agravarea problemelor – pentru a face tot ce poți ca să îi amplifici funcțiile executive.

Copiii pot fi împrăștiați în multe feluri. Cei cu ADHD, la fel ca și copiii care întâmpină dificultăți la nivelul de organizare, memorie de lucru și gestionare a timpului, sunt în mod foarte vizibil „împrăștiați". Ei par pierduți în timp și spațiu sau pierd lucruri în timp și spațiu și, în consecință, nu lucrează eficient. Alți copii însă sunt împrăștiați din punct de vedere emoțional. Sentimentele lor sunt fragmentate, făcându-i să treacă repede de la o stare la alta, ceea ce le blochează capacitatea de a depăși obstacolele sau de a rezolva eficient problemele. Sau reacționează atât de spontan și de impulsiv la ceea ce se petrece în jurul lor, încât nu mai reușesc să termine ce au început. Și acești copii sunt împrăștiați. Ei au nevoie de ajutor ca să își înfrâneze sau să își domolească emoțiile, pentru a reveni la ce au de făcut și a duce lucrurile la bun sfârșit.

În capitolul următor, vei avea ocazia să evaluezi funcțiile executive ale propriului tău copil, cu punctele slabe și forte aferente. Acesta este primul pas pe care îl faci pentru a remedia punctele slabe ale copilului tău și a-i amplifica punctele forte.

Capitolul 2

Identificarea punctelor slabe și a punctelor forte ale copilului tău

Dacă nu ești obișnuit să te gândești la creșterea copilului tău în termeni de funcții executive, s-ar putea să nu fii pe deplin conștient de cât de mult fac adulții pentru ca copiii lor să învețe să ia decizii și să-și exerseze funcțiile executive aflate în continuă dezvoltare. Observând ce fac școlile și profesorii ca să fixeze limitele și să ofere cadrul de dezvoltare a copiilor, vei reuși să ai o imagine de ansamblu mai bună asupra modului în care evoluează în timp funcțiile executive.

Gândește-te la grupa pregătitoare. Un program preșcolar de calitate îi familiarizează pe copii cu un ritm de lucru adecvat vârstei lor, prin organizarea de activități de grup bine gândite, dar și prin crearea de oportunități de joc la liberă alegere. Activitățile de grup sunt scurte, deoarece la această vârstă copiii nu se pot concentra mult timp, iar indicațiile care li se dau sunt, în general, în număr de una, cel mult două, pentru că ei nu pot reține instrucțiuni complexe sau pași multipli. Materialele de lucru sunt puse la îndemâna lor; nu se așteaptă de la ei să organizeze singuri sarcinile. Deși educatorii buni le cer copiilor de grădiniță să ajute la strângerea lucrurilor împrăștiate prin încăpere, ei știu că trebuie să stea prin preajmă pentru a-i îndemna sau a le sugera să facă asta.

Timpul alocat pentru joaca spontană reprezintă o ocazie pentru copii de a-și dezvolta unele abilități executive într-un mod ceva mai independent. Acesta este momentul în care copiii își pun în funcțiune abilitățile de planificare și organizare pentru a inventa jocuri și a stabili reguli. Ei își exersează flexibilitatea prin schimbul de roluri, împărțirea jucăriilor și acceptarea unui alt copil pe post de lider. Interacțiunile sociale care se construiesc pe parcursul jocurilor libere le permit copiilor să învețe să își controleze impulsurile și să își stăpânească emoțiile. Aceste abilități sunt consolidate atunci când educatorul le face cunoscute copiilor câteva reguli simple de comportament („nu alergați prin încăpere"; „vorbiți pe un ton normal când vă aflați într-un spațiu închis"), revenind cu regularitate asupra lor.

În cazul elevilor de clasa întâi, învățătorii pot stabili reguli diferite în ceea ce privește comportamentul în clasă și cel din afara clasei, ca de pildă în pauză, la ora de sport sau în sala de mese. La această vârstă, copiii știu mai bine să-și adapteze comportamentul la contexte diferite: poți să chicotești cât vrei cu prietenele tale în pauze, de exemplu, însă nu și în clasă. Învățătorii se bazează pe un program organizat și pe rutină pentru a-i ajuta pe copii să învețe cum să înceapă un lucru și cum să se concentreze asupra lui, astfel încât să-l ducă la bun sfârșit. Ei fac acest lucru îndemnându-i pe copii să înceapă o activitate la o anumită oră, propunându-le sarcini a căror îndeplinire nu necesită o durată de timp mai mare decât aceea în care pot rămâne ei concentrați și formulând într-un mod clar așteptările pe care le au referitor la ce au de efectuat elevii și la timpul pe care îl au la dispoziție în acest scop. Pe măsură ce anul școlar avansează, ei pot extinde aceste abilități prin creșterea progresivă a numărului de sarcini care trebuie executate și a timpului alocat fiecărei sarcini.

Solicitarea memoriei de lucru devine tot mai mare la această vârstă în comparație cu perioada preșcolară. Învățătorii dau copiilor teme pentru acasă și se așteaptă ca aceștia să-și amintească să le facă, le dau formulare pentru acordul părinților cu privire la plecarea într-o călătorie și le cer să-și amintească să le aducă semnate de părinți, și presupun că dacă un copil vrea să-și cumpere mâncare caldă de la bufetul școlii, nu va uita să-și ia bani la el. Bineînțeles că te implici și tu, verificând ce are de făcut copilul după școală sau asigurându-te că și-a pregătit corespunzător ghiozdanul înainte de a pleca de acasă.

Spre sfârșitul ciclului primar, învățătorii încep să-și concentreze eforturile tot mai mult către a-i ajuta pe copii să-și dezvolte aptitudinile organizatorice și abilitățile de planificare. Se așteaptă de la copii să țină evidența materialelor, să aibă caiete ordonate și să-și păstreze băncile curate. Învățătorii încep, de asemenea, să le dea elevilor proiecte pe termen lung în cadrul cărora aceștia să urmeze un șir de pași și să respecte un orar. Temele încep să fie tot mai complexe, solicitând din partea elevilor folosirea metacogniției și a flexibilității pentru a rezolva o problemă și pentru a lua în calcul soluții posibile multiple.

Odată ce copiii ajung în ciclul gimnazial, cerințele la nivelul funcțiilor executive cresc dramatic și, am putea spune, nerealist, în multe cazuri. După cum am subliniat în Capitolul 1, o perioadă rapidă de dezvoltare a creierului începe în jurul vârstei de 11 sau 12 ani – începutul ciclului gimnazial în majoritatea sistemelor de învățământ. În etapele timpurii, dezvoltarea este neuniformă și impredictibilă. Asta înseamnă că o susținere mai mare, și nu mai mică, este esențială. Gândește-te cum învață un copil să meargă pe bicicletă. În momentul în care roțile ajutătoare sunt eliminate, el are mai multă nevoie să fie supravegheat, încurajat și susținut de părinți decât avea atunci când se plimba cu roțile ajutătoare. Începutul adolescenței și procesul de creștere a creierului ce însoțește această etapă solicită același gen de ajutor.

Pentru majoritatea copiilor, școala gimnazială reprezintă momentul când au pentru prima oară mai mulți profesori, fiecare cu setul lui de așteptări privind participarea la oră, organizarea notițelor sau efectuarea temelor. Cerințele care solicită memoria de lucru, planificarea, organizarea și gestionarea timpului cresc în consecință. Aruncă numai o privire asupra așteptărilor pe care le au profesorii de la elevii din ciclul gimnazial:

- Să-și amintească să noteze sistematic ce au de făcut.
- Să țină evidența sarcinilor pe care le au de îndeplinit și a altor materiale (caiete, dosare etc.).
- Să-și aducă aminte ce materiale trebuie să ia acasă sau să aducă la școală în fiecare zi.
- Să planifice și să monitorizeze sarcinile pe termen lung, inclusiv împărțirea lor în subsarcini și stabilirea unor orare de lucru.
- Să se gândească cum trebuie organizată munca și cum trebuie petrecut timpul, estimând totodată de cât timp au nevoie pentru a efectua o temă pentru a doua zi, dar și o temă pe termen lung.
- Să se preocupe de celelalte responsabilități pe care le au și de lucrurile lor personale – echipament de sport, bani pentru masa de prânz, fișa cu acordul părinților etc.

- Să învețe să se descurce cu schimbarea sălilor de clasă pe parcursul unei zile de școală, inclusiv cu dificultățile pe care le presupune faptul de a fi nevoiți să ia cu ei diversele materiale de fiecare dată când schimbă clasa, și cu profesorii care au, fiecare în parte, stiluri de predare și așteptări diferite.

Ce pot să facă părinții în privința aceasta? Este tentant să renunțăm la supervizarea și monitorizarea temelor pentru acasă, la această vârstă – parțial deoarece copilul începe să caute tot mai multă independență, vrând să scape tot mai mult de verificarea făcută de părinți. În vreme ce, la anumiți copii, dezvoltarea funcțiilor executive permite un grad ridicat de autogestionare a activităților, la alții nu se întâmplă la fel. Vei afla în ce categorie se înscrie copilul tău, dar dacă el se încadrează în categoria celor care nu reușesc încă să își gestioneze singuri activitățile, atunci este recomandabil să îi verifici zilnic temele, să îi reamintești sarcinile pe termen lung (de exemplu, prin marcarea lor într-un calendar aflat într-un loc vizibil din casă) și să discutați despre felul în care își va planifica studiul în vederea unui test.

Când își fac planurile de lecție, majoritatea profesorilor nu au în vedere în mod deosebit dezvoltarea funcțiilor executive. Profesorii și părinții înțeleg instinctiv, în mare cel puțin, ce așteptări pot avea de la copiii de diferite vârste, stabilind astfel limitele. Profesorii au avut, de asemenea, oportunitatea de a beneficia de o educație formală ceva mai aprofundată pe tema dezvoltării copilului. Credem totuși că dacă profesorii ar înțelege rolul funcțiilor executive în dezvoltarea învățării independente și autodirijate – și dacă ar înțelege cât de mult contribuie ei deja la stimularea dezvoltării abilităților executive –, ar putea face și mai mult. Ar putea preda în mod explicit funcțiile executive, inserând în metodele lor de instruire întrebări și indicații care să încurajeze evoluția funcțiilor executive. Noi am scris o carte intitulată *Executive skills in Children and Adolescents* [Funcțiile executive la copii și adolescenți], destinată cadrelor didactice și altora care activează în acest domeniu – de pildă, psihologilor școlari –, în care este descris cum poate fi făcut lucrul acesta. (Vezi secțiunea de Resurse de la sfârșitul cărții.) Am ilustrat felul în care abordările educaționale standard încurajează dezvoltarea funcțiilor executive, astfel ca tu să începi să vezi cum poți face același lucru acasă – și cum și tu, la rândul tău, poți fi capabil să încurajezi funcțiile executive ale copilului tău.

Gândește-te la rutinele zilnice pe care obișnuiesc să le folosească profesorii pentru a-și organiza activitățile de la clasă, la indicațiile explicite pe care le oferă elevilor, la felul în care le monitorizează rezultatele pentru a se asigura că au înțeles sarcina și că urmăresc indicațiile în îndeplinirea ei. Gândește-te la modul în care profesorii organizează sala de clasă cu scopul de a le ușura elevilor respectarea rutinei zilnice. Cu toții avem un program încărcat, și este nerealist să crezi că întreaga zi ți-o vei petrece supraveghind dezvoltarea funcțiilor executive ale copilului tău. Însă dacă ți se pare că acestuia îi lipsesc anumite funcții executive esențiale, vei considera folositor să adaptezi, acasă, unele dintre strategiile profesorilor, pentru a ajuta la formarea copilului tău.

Poate că rolul pe care îl joci este mai important decât cel al profesorilor. Asta deoarece funcțiile executive sunt solicitate acasă cel puțin la fel de mult ca la școală. Gândește-te la curățenia din cameră, la stăpânirea impulsurilor, la confruntarea cu schimbările de plan, la ținerea evidenței lucrurilor personale și la orice alte exemple pe care le vei găsi menționate în această carte. În timp ce un profesor trebuie să se descurce cu 20 sau 30 de elevi și nu este de așteptat să ofere sprijin individualizat fiecărui elev în parte, raportul părinte–copil este unul mai favorabil. Atunci când vine vorba despre funcțiile executive, gândește-te la tine ca la profesorul particular al copilului tău. Ca să fii profesor particular, nu trebuie să urmezi un curs pe tema dezvoltării copilului, dar trebuie să înțelegi ce înseamnă o dezvoltare normală a funcțiilor executive și unde anume se situează copilul tău din acest punct de vedere. Despre asta este vorba în acest capitol.

Cum îți poți da seama cât de dezvoltate sunt funcțiile executive ale copilului tău?

Există mai multe căi prin care poți afla dacă dezvoltarea copilului tău este pe drumul cel bun în ceea ce privește funcțiile lui executive.

Copilul tău se ridică în general la nivelul așteptărilor la școală?

În primul rând, dacă fiul sau fiica ta se bucură, în general, de succes la școală – are note bune, dar își îndeplinește și celelalte sarcini date la școală, cum ar fi efectuarea temelor pentru acasă –, există șanse ca funcțiile sale executive să progreseze frumos. Bineînțeles că se poate întâmpla ca ace(a)sta să se descurce bine la școală, dar nu la fel de bine acasă, iar acesta să fie motivul pentru care citești această carte. Pot exista mai multe explicații: programul de acasă nu este atât de rigid structurat ca la școală; acasă are de-a face cu mai mulți factori de stres (de exemplu, prezența fraților mai mici, care îl enervează); așteptările în privința funcțiilor executive nu corespund cu dezvoltarea copilului (sunt fie prea mari, fie prea mici). Propriile tale puncte slabe în ceea ce privește funcțiile executive pot face ca, acasă, provocările să fie mai multe pentru copilul tău – vezi Capitolul 3 referitor la indicele de potrivire dintre părinți și copii.

Pentru a-ți da seama în ce punct se află copilul tău, trebuie să ai în vedere genul de sarcini și responsabilități care li se cer în mod normal copiilor la diferite vârste. Tabelul de la paginile 62–63 prezintă o listă cu tipuri de sarcini ce solicită funcții executive și pe care copilul de o anumită vârstă are în mod normal capacitatea de a le realiza, fie singur, fie cu ajutorul sau sub supravegherea unui adult.

Cum se descurcă copilul tău în comparație cu alți copii?

Poate fi util să-ți compari copilul cu prietenii sau cu colegii lui de clasă pentru a-ți face o idee dacă funcțiile lui executive evoluează normal. Totuși, nu uita că dezvoltarea normală cuprinde un anumit *interval.* Așa cum nu ne așteptăm ca toți copiii să înceapă să meargă la 12 luni fix sau să îmbine cuvintele la 18 luni, este normal ca gradul lor de dezvoltare să varieze în jurul unei valori medii. Unii copii de 5 ani pot fi capabili să-și amintească să se spele pe dinți după micul dejun, dar mulți alții n-o fac; și nu este ceva anormal să trebuiască să-i amintești unui copil de 8 ani acest detaliu de igienă personală.

Dacă ai impresia că fiul sau fiica ta are întârzieri în ceea ce privește dezvoltarea funcțiilor executive, poate vei dori să porți o discuție cu profesorul de la clasă pentru a obține un alt punct de vedere de la cineva care cunoaște copilul și îți poate oferi un feedback obiectiv. În plus, profesorii au un grup de referință cu care să-l compare pe copilul tău, mai ales atunci când beneficiază de o experiență de mai mulți ani de predare la copii de aceeași vârstă. Este bine să discuți și cu medicul pediatru al copilului, mai ales dacă ești de părere că acele funcții executive mai slab dezvoltate pot fi asociate cu o tulburare de atenție.

Există un tipar vizibil al punctelor slabe, respectiv al punctelor forte la nivelul funcțiilor executive ale copilului tău?

Există copii ale căror funcții executive suferă întârzieri în dezvoltare pe toată linia, însă de regulă copiii (și adulții, după cum vei constata în capitolul următor) au unele abilități bine formate și alte abilități mai slabe. Am văzut în Capitolul 1 că anumite abilități slabe (sau puternice) apar împreună la indivizi. Deseori, de exemplu, copiii care manifestă o slabă inhibare a răspunsului dau dovadă și de un control scăzut al emoțiilor. Aceștia sunt copii care acționează și dau frâu liber emoțiilor înainte să gândească (ei sunt gata să-și iasă din fire la cea mai mică provocare). Copiii care nu sunt flexibili au, de asemenea, tendința de a avea un control scăzut al emoțiilor (o schimbare de plan neașteptată reprezintă pentru ei o calamitate). Câteodată copiii dovedesc un nivel scăzut de dezvoltare al tuturor celor trei abilități (inhibarea răspunsului, controlul emoțiilor, flexibilitatea). Dacă copilul tău se înscrie în această categorie, știi cât de greu poate fi pentru tine să-ți păstrezi calmul încercând să faci față frământărilor ce par să definească viața lui.

Activități cu rol de dezvoltare ce necesită funcții executive

Categoria de vârstă	Activitatea cu rol de dezvoltare
Grădiniță	Să îndeplinească sarcini simple (de exemplu: „Adu-ți pantofii din dormitor."). Să-și facă curat în dormitor sau în camera de joacă, cu sprijinul tău. Să îndeplinească treburi casnice simple și activități de igienă personală la îndemnul părinților (de exemplu: să strângă farfuriile de pe masă, să se spele pe dinți, să se îmbrace). Inhibarea comportamentelor: să nu atingă un cuptor încins, să nu fugă în stradă, să nu tragă din mâna altui copil o jucărie, să nu lovească, să nu muște, să nu împingă etc.
De la grupa pregătitoare la clasa a II-a	Să îndeplinească sarcini compuse din 2–3 pași. Să-și facă ordine în dormitor sau în camera de joacă. Să îndeplinească treburi casnice simple și activități de igienă personală; poate fi nevoie să li se amintească (de exemplu, să își facă patul). Să ducă și să aducă hârtii de la școală. Să-și facă temele (teme de maximum 20 de minute). Să decidă cum să își folosească banii de buzunar. Inhibarea comportamentelor: să respecte regulile privind siguranța, să nu înjure, să ridice mâna înainte să vorbească la ore, să nu ia jucăriile altui copil.
Clasele a III-a – a V-a	Să îndeplinească diferite sarcini (acestea se pot desfășura pe o perioadă mai lungă sau pe o distanță mai mare, cum ar fi să meargă la magazinul de alături sau să-și amintească să facă ceva după ore). Să facă ordine în dormitor și în camera de joacă (eventual și să dea cu aspiratorul, să șteargă praful). Să facă treburi casnice care durează 15–30 de minute (de exemplu, să strângă masa după cină, să adune frunzele din fața casei cu grebla). Să aducă acasă cărți, lucrări, teme și să le ducă înapoi.

	Să aibă grijă de lucrurile personale când e plecat de acasă. Să își facă temele (teme de maximum 1 oră). Să își planifice proiecte de școală simple, cum ar fi rezumatele (să aleagă cartea, să o citească, să scrie rezumatul). Să țină minte schimbările din programul zilnic (când este vorba, de exemplu, de diferite activități extrașcolare). Să economisească bani pentru a-și cumpăra un lucru dorit, să se gândească cum să câștige bani. Inhibare/autoreglare: să nu facă gălăgie când profesorul este plecat din clasă; să se abțină de la comentarii grosolane, să-și controleze ieșirile nervoase, să nu dea dovadă de proastă creștere.
Clasele a VI-a – a VIII-a	Să ajute la treburile casnice care implică o responsabilitate zilnică sau ocazională (de exemplu, să ducă gunoiul, să adune frunzele, să curețe zăpada); sarcinile acestea îi pot lua 60–90 de minute. Să aibă grijă de frații mai mici sau de alți copii contra unei sume de bani. Să își organizeze metodic activitatea școlară, respectiv manualele, caietele etc. Să facă față complexității sistemului de învățământ, care implică schimbarea sălii de clasă la fiecare oră și schimbarea profesorilor. Să își planifice și să se ocupe de proiecte pe termen lung care includ anumite sarcini de dus la îndeplinire și anumite termene rezonabile de respectat în acest sens; poate fi necesară planificarea simultană a mai multor proiecte mari. Să-și planifice timpul, inclusiv activitățile extrașcolare, temele pentru acasă, responsabilitățile familiale; să aprecieze cât timp îi ia ca să facă o anumită treabă și să-și ajusteze programul în consecință. Să se abțină de la a încălca regulile în absența autorității vizibile.

Iată alte câteva combinații pe care le-am întâlnit frecvent: tinerii care încep cu greu o activitate manifestă dificultăți și în ceea ce privește puterea de concentrare – nu numai că se apucă greu de teme, dar obișnuiesc să renunțe înainte de a le termina. Acești copii au în general o slabă perseverență în vederea atingerii unui scop. Cu toate acestea, am constatat că dacă perseverența cu care urmăresc un scop este relativ mare, putem încuraja acești copii să se folosească de această abilitate pentru a-și îmbunătăți nivelul scăzut al inițierii unei activități și al puterii de concentrare. Aceștia sunt copiii pe care îi putem stimula să-și facă temeinic temele spunându-le că pot câștiga puncte dacă predau tema la timp și, odată ce au suficiente puncte, își pot cumpăra jocul video cerut cu atâta insistență. O altă combinație obișnuită este între abilitatea de gestionare a timpului și cea de planificare/stabilire a priorităților. Copiii care au aceste abilități bine dezvoltate întâmpină rareori dificultăți în realizarea proiectelor de lungă durată. Dacă aceste abilități sunt însă slab dezvoltate, copilul nu numai că nu știe de unde să înceapă un proiect pe termen lung, dar nu știe nici *când* să-l înceapă. În fine, remarcăm adesea o legătură între memoria de lucru și organizare. Copiii folosesc uneori o abilitate puternică pentru a compensa o abilitate slabă (nu contează cât de dezordonat este dormitorul tău dacă nu reușești să-ți amintești unde ți-ai pus apărătorile de fotbal). Din păcate, mult prea des copiii care au o memorie de lucru slabă sunt deficitari și în ceea ce privește aptitudinile organizatorice. În cazul acestor copii, părinții trebuie să-și aloce mai mult timp pentru a-i pregăti să meargă la un meci de fotbal; ei vor trebui să scotocească prin dezordinea din dormitor în căutarea echipamentului de sport!

Jeremy are 13 ani. Întotdeauna a fost un elev silitor, care are caiete ordonate, își notează tot ce trebuie să facă, se apucă de teme imediat ce ajunge acasă și nu se oprește până nu le termină. Când e vorba de un proiect pe termen lung, devine neastâmpărat dacă nu începe măcar să lucreze la el chiar în ziua în care l-a primit. Chiar dacă totul sună bine până acum, stăpânirea reacțiilor impulsive este un lucru care lui Jeremy nu prea îi reușește. Dacă pune un manual unde nu trebuie sau uită să aducă acasă de la școală o carte de care are nevoie ca să învețe pentru testul din ziua următoare, face o criză de nervi. În plus, urăște pur și simplu temele de creativitate pe care trebuie să le scrie; nu știe niciodată despre ce anume ar putea povesti, iar când îi vine vreo idee, tot nu se poate gândi la altceva de spus în afară de ceea ce e evident. O roagă pe mama lui să îl ajute, iar apoi o repede pentru că nu i-a plăcut ideea ei sau pentru că ea încearcă să-l facă să gândească și el mai mult.

Jason, fratele de 11 ani al lui Jeremy, are un mod cu totul diferit de a acționa. El percepe temele ca pe o povară pe care trebuie să o amâne cât mai mult timp și să o termine cât mai repede posibil. Ghiozdanul lui este un dezastru, deoarece pur și simplu aruncă foi și cărți în el la sfârșitul orelor, cu gândul că va face ordine în lucruri mai târziu (moment care nu pare să vină niciodată). Mama stă lângă el în fiecare dimineață, ca să-l vadă plecat la timp spre școală, și în fiecare seară, ca să își facă temele. În vreme ce corvoada zilnică a temelor la matematică și la ortografie îl înnebunește, îi place libertatea pe care i-o oferă sarcinile mai puțin stricte. Are o imaginaţie bogată şi poate vorbi ore în şir despre diferenţele dintre literatura fantasy şi cea ştiinţifico-fantastică. Proiectele ştiinţifice care îi cer să-şi imagineze cum ar putea face ca un lucru să funcţioneze sau să funcţioneze mai bine îi fac atât de multă plăcere, încât nici nu se gândşte la ele ca la o temă. Nu înţelege cum de fratele lui poate să se enerveze atât de mult din cauza temelor de felul acesta. Fratele lui, pe de altă parte, detestă felul în care Jason îl face pe tatăl lor să aştepte în fiecare dimineaţă până se pregăteşte el să plece la şcoală, şi asta pentru simplul fapt că amândoi riscă să întârzie la ore.

Funcţiile executive cel mai bine dezvoltate ale lui Jeremy – iniţierea unei sarcini, puterea de concentrare şi gestionarea timpului – par să fie cele care în cazul fratelui lui sunt cel mai puţin dezvoltate. Pe de altă parte, punctele forte ale lui Jason – flexibilitatea, metacogniţia şi controlul emoţiilor – se regăsesc în mică măsură la Jeremy. Când pui la cale modalităţi prin care să-ţi ajuţi copilul, este bine să înţelegi felul în care funcţiile executive slab dezvoltate şi cele puternic dezvoltate tind să se grupeze pe categorii. Strategiile pentru remedierea unei abilităţi slabe ajută de multe ori la dezvoltarea alteia. Dacă am reuşi să-l ajutăm pe Jeremy să dea dovadă de mai multă flexibilitate în situaţii dificile, am putea ajunge, până la urmă, să-l facem să-şi controleze mai bine emoţiile. Iar dacă îi putem îmbunătăţi lui Jason abilitatea de a începe proiecte de lungă durată fără să le tot amâne, atunci am putea descoperi că are mai mult timp – sau mai multă energie – la dispoziţie pentru terminarea lor.

Folosirea unei scale de evaluare pentru identificarea punctelor slabe și a punctelor forte ale copilului tău

Acum probabil că te-ai familiarizat cu fiecare funcție executivă în parte pentru a putea descrie corect punctele forte și punctele slabe ale copilului tău. Poți primi confirmarea evaluării tale completând una din scalele de evaluare cu referire la copilul tău. Deoarece funcțiile executive bine dezvoltate înseamnă altceva la fiecare vârstă, am creat patru chestionare reprezentând patru grupe de vârstă (preșcolară, clasele 1–3, clasele 4–5 și 6–8). Selectează scala care i se potrivește copilului tău.

În vreme ce unele elemente ale acestor scale sunt explicite (de exemplu: „Poate finaliza o activitate casnică în 15–20 de minute"), altele vor necesita un timp de gândire (de exemplu: „Se adaptează ușor la situații neprevăzute"). Când nu ești sigur cum să interpretezi un element, gândește-te la copiii de aceeași vârstă cu al tău sau adu-ți aminte cum era fratele lui mai mare la vârsta aceea.

CHESTIONAR DE FUNCȚII EXECUTIVE PENTRU COPIII DE LA GRĂDINIȚĂ ȘI CEI DIN GRUPA PREGĂTITOARE

Citește fiecare element și evaluează-l în funcție de gradul în care se potrivește copilului tău. După aceea adaugă cele trei punctaje în fiecare secțiune. Găsește cele trei cele mai mari punctaje și cele trei cele mai mici punctaje.

În totalitate de acord	5
De acord	4
Poziție neutră	3
Nu sunt de acord	2
Nu sunt deloc de acord	1

PUNCTAJ

1. Se comportă corespunzător în situații evident periculoase (de exemplu, evită să atingă cuptorul încins).
2. Poate împărți cu alții jucăriile și nu se repede să le ia acestora din mână.
3. Poate să aștepte o perioadă scurtă atunci când primește instrucțiuni de la un adult.

PUNCTAJ TOTAL ______

4. Îndeplinește sarcini simple (de exemplu, își ia pantofii din dormitor când i se cere).
5. Ține minte instrucțiunile care tocmai i-au fost date.
6. Execută o activitate zilnică ce constă din doi pași, cu doar un îndemn la fiecare pas.

PUNCTAJ TOTAL ______

7. Își revine relativ repede după o dezamăgire sau o schimbare în program.
8. Este capabil să găsească o soluție fără folosirea forței fizice atunci când un copil îi ia o jucărie.
9. Într-un grup de copii, se joacă fără să se manifeste prea zgomotos.

PUNCTAJ TOTAL ______

Sursă: *Cum să crești un copil inteligent și de succes* de Peg Dawson și Richard Guare. Copyright 2009 de The Guilford Press.

10. Îndeplinește o sarcină casnică a cărei efectuare necesită 5 minute (posibil să aibă nevoie de supraveghere).
11. La grădiniță stă liniștit pe scaun în timpul activităților în care se stă în cerc (15–20 de minute).
12. Ascultă una până la două povești stând pe scaun.

PUNCTAJ TOTAL ______

13. Urmează indicațiile unui adult imediat ce i-au fost trasate.
14. Se oprește din joacă și ascultă când un adult dă niște instrucțiuni.
15. Este capabil să se pregătească de culcare la ora stabilită după ce i se amintește o singură dată.

PUNCTAJ TOTAL ______

16. Termină o activitate înainte de a începe alta.
17. Este capabil să respecte un plan sau o procedură scurtă concepută de altcineva (după un model sau o demonstrație prealabilă).
18. Finalizează un proiect artistic compus din mai mult de un pas.

PUNCTAJ TOTAL ______

19. Își atârnă haina la locul potrivit (e posibil să fie nevoie să i se amintească o dată).
20. Își așază jucăriile la locul lor (dacă i se amintește de câteva ori).
21. Își curăță locul unde a mâncat (poate fi nevoie să i se amintească o dată).

PUNCTAJ TOTAL ______

22. Efectuează activitățile zilnice fără să tragă de timp (cu ajutorul câtorva îndemnuri/aduceri aminte).
23. Poate să accelereze ritmul ca să termine mai repede ce are de făcut, atunci când i se oferă o motivație în acest sens.
24. Duce la bun sfârșit o sarcină casnică măruntă în limitele de timp prevăzute (de exemplu, își face patul înainte de a deschide televizorul).

PUNCTAJ TOTAL ______

25. Își îndrumă prietenii în timpul desfășurării unui joc sau al unui joc de rol.
26. Cere ajutorul unui adult pentru rezolvarea unui conflict generat de un obiect dorit de mai mulți copii.
27. Încearcă mai mult de o soluție pentru a-și atinge un obiectiv simplu.

PUNCTAJ TOTAL ______

28. Este capabil să se adapteze la schimbările legate de program sau de activitățile zilnice (e nevoie să fie avertizat dinainte).
29. Își revine repede după dezamăgiri minore.
30. Se arată dornic să își împartă jucăriile cu alți copii.

PUNCTAJ TOTAL ______

31. Știe să facă mici ajustări atunci când prima încercare de realizare a unui proiect de construcție sau a unui puzzle eșuează.
32. Găsește o utilizare nouă (dar simplă) unei unelte pentru a rezolva o problemă.
33. Vine cu sugestii atunci când alt copil nu știe cum să repare ceva.

PUNCTAJ TOTAL ______

SCOR

Elemente	Funcții executive	Elemente	Funcții executive
1–3	Inhibarea răspunsului	4–6	Memorie de lucru
7–9	Controlul emoțiilor	10–12	Putere de concentrare
13–15	Inițierea unei sarcini	16–18	Planificare/Stabilirea priorităților
19–21	Organizare	22–24	Gestionarea timpului
25–27	Perseverență în atingerea unui obiectiv	28–30	Flexibilitate
31–33	Metacogniție		

Punctele slabe ale funcțiilor executive ale copilului tău (punctajele cele mai mici)	Punctele forte ale funcțiilor executive ale copilului tău (punctajele cele mai mari)
______	______
______	______
______	______

CHESTIONAR DE FUNCȚII EXECUTIVE PENTRU COPIII DIN CLASELE I–III

Citește fiecare element și evaluează-l în funcție de gradul în care se potrivește copilului tău. După aceea adaugă cele trei punctaje în fiecare secțiune. Găsește cele trei cele mai mari punctaje și cele trei cele mai mici punctaje.

În totalitate de acord	5
De acord	4
Poziție neutră	3
Nu sunt de acord	2
Nu sunt deloc de acord	1

PUNCTAJ

1. Respectă reguli simple la clasă.
2. Poate sta foarte aproape de alt copil fără a simți nevoia de contact fizic.
3. Așteaptă până ce părintele termină de vorbit la telefon și abia după aceea spune ce are de spus (posibil să fie nevoie să i se atragă atenția o dată).

PUNCTAJ TOTAL ______

4. Este capabil să îndeplinească sarcini compuse din doi sau trei pași.
5. Își amintește instrucțiunile date cu câteva minute în urmă.
6. Execută o activitate zilnică alcătuită din doi pași, cu o singură încurajare.

PUNCTAJ TOTAL ______

7. Acceptă critica din partea unui adult.
8. Face față unei „nedreptăți" fără să se supere exagerat de mult.
9. Este capabil să-și adapteze rapid comportamentul la o situație nouă (de exemplu, să se liniștească după pauză).

PUNCTAJ TOTAL ______

10. Poate petrece 20–30 de minute efectuându-și temele.
11. Poate îndeplini o sarcină în casă care îi ia 15–20 de minute.
12. Poate sta așezat în timpul unei mese care are o durată normală.

PUNCTAJ TOTAL ______

Sursă: *Cum să crești un copil inteligent și de succes* de Peg Dawson și Richard Guare. Copyright 2009 de The Guilford Press.

13. Își amintește că trebuie să efectueze activități zilnice din unul sau doi pași și le efectuează (de pildă spălatul pe dinți și pieptănatul, după micul dejun).
14. Se apucă de treabă imediat ce învățătorul le-a dat ultimele indicații.
15. Începe să-și facă temele la ora stabilită (dacă i se reamintește o singură dată).

PUNCTAJ TOTAL ______

16. Poate duce la îndeplinire un proiect din doi sau trei pași, conceput de el însuși (de exemplu arte manuale, construcții).
17. Găsește o modalitate de a câștiga/economisi bani pentru a-și cumpăra o jucărie nu foarte costisitoare.
18. Dacă este ajutat, duce la bun sfârșit teme pentru acasă compuse din doi sau trei pași (de exemplu, rezumatul unei cărți).

PUNCTAJ TOTAL ______

19. Își pune haina, îmbrăcămintea de iarnă, echipamentul de sport la locul potrivit (e posibil să fie nevoie să i se amintească).
20. Are câte un loc anume în dormitor pentru diversele lucruri personale.
21. Nu-și pierde foaia cu acordul părinților sau alte notițe de la școală și până acasă.

PUNCTAJ TOTAL ______

22. Finalizează o activitate simplă în limita de timp stabilită de adult.
23. Se mobilizează să termine o sarcină casnică înainte de terminarea timpului acordat (ar putea avea nevoie de ajutor).
24. Dimineața, nu depășește limita de timp atunci când vine vorba de o activitate de rutină.

PUNCTAJ TOTAL ______

25. Nu abandonează o sarcină dificilă până când nu atinge obiectivul dorit (de exemplu, construcția unui Lego cu grad mare de dificultate).
26. Revine mai târziu asupra rezolvării unei sarcini, dacă a fost întrerupt.
27. Lucrează la proiectul dorit câteva ore sau chiar câteva zile la rând.

PUNCTAJ TOTAL ______

28. Știe să se joace cu alți copii (nu trebuie să fie el liderul, știe să împartă cu ceilalți etc.)
29. Tolerează observațiile învățătorului atunci când nu a respectat instrucțiunile primite.

30. Se adaptează rapid la situații neprevăzute (de exemplu, schimbarea învățătorului).

PUNCTAJ TOTAL ______

31. Își reglează comportamentul în funcție de reacțiile primite de la învățător sau de la părinte.
32. Se uită la ce se întâmplă cu ceilalți și își schimbă comportamentul în funcție de ce vede.
33. Găsește mai mult de o soluție la o anumită problemă și face cea mai bună alegere.

PUNCTAJ TOTAL ______

SCOR

Elemente	Funcții executive	Elemente	Funcții executive
1–3	Inhibarea răspunsului	4–6	Memorie de lucru
7–9	Controlul emoțiilor	10–12	Putere de concentrare
13–15	Inițierea unei sarcini	16–18	Planificare/Stabilirea priorităților
19–21	Organizare	22–24	Gestionarea timpului
25–27	Perseverență în atingerea unui obiectiv	28–30	Flexibilitate
31–33	Metacogniție		

Punctele slabe ale funcțiilor executive ale copilului tău (punctajele cele mai mici)	Punctele forte ale funcțiilor executive ale copilului tău (punctajele cele mai mari)
______	______
______	______
______	______

CHESTIONAR DE FUNCŢII EXECUTIVE PENTRU COPIII DIN CLASELE IV–V

Citeşte fiecare element şi evaluează-l în funcţie de gradul în care se potriveşte copilului tău. După aceea adaugă cele trei punctaje în fiecare secţiune. Găseşte cele trei cele mai mari punctaje şi cele trei cele mai mici punctaje.

În totalitate de acord	5
De acord	4
Poziţie neutră	3
Nu sunt de acord	2
Nu sunt deloc de acord	1

PUNCTAJ

1. Face faţă conflictelor cu colegii fără să apeleze la agresiuni fizice (e posibil să-şi iasă din fire).
2. Respectă regulile de la şcoală şi de acasă chiar dacă nu are prin preajmă vreun adult.
3. Se poate calma sau îşi poate potoli rapid furia după o situaţie încărcată de tensiune, la cererea unui adult.

PUNCTAJ TOTAL ______

4. Ştie că trebuie să îndeplinească o activitate casnică de rutină după ce vine de la şcoală, fără să i se amintească.
5. Duce şi aduce de la şcoală toate cărţile, foile, caietele de teme necesare.
6. Ţine minte schimbările produse în programul zilnic (de exemplu, diferite activităţi extraşcolare).

PUNCTAJ TOTAL ______

7. Nu reacţionează exagerat atunci când pierde la un joc sau nu este selectat pentru un premiu.
8. Acceptă faptul că nu a obţinut ce şi-a dorit când a lucrat/a jucat în echipă.
9. Are un comportament stăpânit atunci când cineva îl tachinează.

PUNCTAJ TOTAL ______

Sursă: *Cum să creşti un copil inteligent şi de succes* de Peg Dawson şi Richard Guare. Copyright 2009 de The Guilford Press.

10. Poate petrece 30–40 de minute efectuându-și temele.
11. Poate îndeplini o activitate casnică ce durează 30–60 de minute (eventual cu o pauză).
12. Este capabil să participe la antrenamente sportive, la slujbe religioase etc. timp de 60–90 de minute.

PUNCTAJ TOTAL ______

13. Poate îndeplini o activitate de rutină compusă din 3–4 pași care a fost exersată înainte.
14. Poate îndeplini trei sau patru sarcini primite de la școală, una după alta.
15. Se ține de programul stabilit pentru efectuarea temelor de casă (posibil să fie nevoie să i se amintească pentru a se apuca de lucru).

PUNCTAJ TOTAL ______

16. Poate planifica o activitate specială în compania unui prieten (de exemplu, să meargă la film).
17. Găsește modalități de a câștiga/economisi bani pentru a-și cumpăra un lucru ceva mai costisitor.
18. Duce la bun sfârșit proiecte de lungă durată pentru școală, cu condiția ca majoritatea pașilor să fie stabiliți de altcineva.

PUNCTAJ TOTAL ______

19. Își așază lucrurile la locul lor din dormitor sau din casă.
20. Aduce jucăriile înapoi acasă după ce le-a folosit sau la sfârșitul zilei (eventual i se amintește).
21. Ține minte ce materiale îi sunt necesare pentru temele pentru acasă.

PUNCTAJ TOTAL ______

22. Poate îndeplini activitățile zilnice într-o limită rezonabilă de timp, fără ajutor.
23. Își poate adapta programul de efectuare a temelor pentru acasă pentru a face loc altor activități (de exemplu, se apucă mai devreme de ele ca să poată participa seara la o întâlnire a cercetașilor).
24. Este capabil să-și înceapă proiectele pe termen lung cu suficient de multă vreme înainte pentru a nu intra în criză de timp (posibil să aibă nevoie de ajutor pentru asta).

PUNCTAJ TOTAL ______

25. Își poate strânge banii de buzunar timp de 3–4 săptămâni pentru a achiziționa produsul dorit.

26. Este capabil să se țină de un program de exersare, pentru a-și îmbunătăți anumite abilități (efectuarea unui sport, cântatul la un instrument) – eventual dacă i se aduce aminte.
27. Își menține același hobby pe parcursul mai multor luni.

PUNCTAJ TOTAL ______

28. Nu rămâne afectat multă vreme de ceva anume (de exemplu, dezamăgiri, lucruri lipsite de importanță).
29. Poate „schimba macazul" când planurile sunt date peste cap din cauza unor situații neprevăzute.
30. Poate face teme pentru școală care presupun pași nu foarte bine definiți (eventual dacă e ajutat).

PUNCTAJ TOTAL ______

31. Este în stare să anticipeze rezultatul unei anumite acțiuni și să facă ajustările de rigoare (de exemplu, să evite să intre într-un necaz).
32. Găsește mai multe soluții la probleme și o explică pe cea mai bună.
33. Îi place componenta de găsire a unei soluții din cadrul proiectelor de școală sau al jocurilor video.

PUNCTAJ TOTAL ______

SCOR

Elemente	Funcții executive	Elemente	Funcții executive
1–3	Inhibarea răspunsului	4–6	Memorie de lucru
7–9	Controlul emoțiilor	10–12	Putere de concentrare
13–15	Inițierea unei sarcini	16–18	Planificare/Stabilirea priorităților
19–21	Organizare	22–24	Gestionarea timpului
25–27	Perseverență în atingerea unui obiectiv	28–30	Flexibilitate
31–33	Metacogniție		

Punctele slabe ale funcțiilor executive ale copilului tău (punctajele cele mai mici)	Punctele forte ale funcțiilor executive ale copilului tău (punctajele cele mai mari)
______	______
______	______
______	______

CHESTIONAR DE FUNCȚII EXECUTIVE PENTRU COPIII DIN CLASELE VI–VIII

Citește fiecare element și evaluează-l în funcție de gradul în care se potrivește copilului tău. După aceea adaugă cele trei punctaje în fiecare secțiune. Găsește cele trei cele mai mari punctaje și cele trei cele mai mici punctaje.

În totalitate de acord	5
De acord	4
Poziție neutră	3
Nu sunt de acord	2
Nu sunt deloc de acord	1

PUNCTAJ

1. Este capabil să se îndepărteze de o confruntare sau o provocare din partea unui coleg de clasă.
2. Poate spune nu unei activități de divertisment dacă și-a făcut dinainte alt program.
3. Se abține să jignească pe cineva când se află într-un grup de prieteni.

PUNCTAJ TOTAL ______

4. Ține minte sarcinile și regulile stabilite de fiecare profesor în parte.
5. Ține minte evenimentele și responsabilitățile care se abat de la normă (de exemplu, instrucțiuni speciale pentru drumeții, activități extracurriculare).
6. Își amintește indicații compuse din mai mulți pași, cu condiția să beneficieze de suficient timp și practică.

PUNCTAJ TOTAL ______

7. Este capabil să „citească" reacțiile venite din partea prietenilor săi și să își adapteze comportamentul în consecință.
8. Poate să accepte că nu a obținut ce și-a dorit lucrând/jucând în echipă.
9. Poate fi sigur pe sine într-o măsură adecvată (de exemplu, cere ajutor din partea profesorilor, invită pe cineva la dans cu ocazia unei petreceri date la școală).

PUNCTAJ TOTAL ______

Sursă: *Cum să crești un copil inteligent și de succes* de Peg Dawson și Richard Guare. Copyright 2009 de The Guilford Press.

10. Poate petrece 60–90 de minute efectuând temele (eventual luându-și una sau mai multe pauze).
11. Tolerează reuniunile de familie fără să se plângă de plictiseală sau să provoace necazuri.
12. Poate duce la bun sfârșit sarcini de natură casnică care îi iau până la 2 ore (posibil cu pauze).

PUNCTAJ TOTAL ______

13. Își stabilește și urmează orarul de efectuare a temelor de seară fără amânare exagerată.
14. Poate începe activitățile casnice la momentul stabilit (de exemplu, imediat după ore; posibil să fie nevoie să i se lase un bilețel scris pentru a i se aduce aminte).
15. Renunță la o activitate distractivă dacă își amintește că a promis să îndeplinească o obligație.

PUNCTAJ TOTAL ______

16. Poate căuta pe internet informații pentru școală sau pentru a învăța ceva ce îl interesează.
17. Își poate planifica activitățile extrașcolare sau pe cele din vacanța de vară.
18. Duce la bun sfârșit proiecte de lungă durată pentru școală cu un minim ajutor din partea adulților sau chiar de unul singur.

PUNCTAJ TOTAL ______

19. Are caiete îngrijite, așa cum i se cere de la școală.
20. Nu-și pierde echipamentul de sport sau aparatele electronice personale.
21. Își păstrează biroul unde învață relativ ordonat.

PUNCTAJ TOTAL ______

22. De obicei își termină temele înainte de ora de culcare.
23. Ia decizii bune în ceea ce privește stabilirea priorităților, atunci când timpul avut la dispoziție e limitat (de exemplu, de la școală vine direct acasă să-și termine proiectul, în loc să se joace cu prietenii).
24. Își împarte un proiect de amploare pe mai multe zile.

PUNCTAJ TOTAL ______

25. Este capabil să depună un efort suplimentar pentru a-și îmbunătăți rezultatele (de exemplu, își schimbă strategia de lucru pentru a primi o notă mai mare la un test sau a beneficia de o evaluare favorabilă din partea profesorilor).
26. Este dornic să-și asume sarcini dificile pentru a câștiga bani.

27. Este dornic să exerseze, fără a fi nevoie să i se amintească, pentru a-și perfecționa o abilitate.

PUNCTAJ TOTAL ______

28. Este capabil să se adapteze la stilul fiecărui profesor, la regulile clasei și la alte activități de rutină.
29. Este dispus să lase de la el într-o situație de grup, atunci când unul dintre prieteni se dovedește a fi inflexibil.
30. Este dispus să se adapteze sau să accepte programul impus de un frate mai mic (de exemplu, permite altcuiva să aleagă un film de familie).

PUNCTAJ TOTAL ______

31. Își poate evalua cu precizie performanțele (de exemplu, de la evenimente sportive sau de la școală).
32. Își poate da seama de impactul comportamentului său asupra prietenilor și face ajustări în consecință (de exemplu, pentru a se integra într-un grup sau pentru a evita să fie tachinat).
33. Efectuează sarcini care necesită un raționament mai abstract.

PUNCTAJ TOTAL ______

SCOR

Elemente	Funcții executive	Elemente	Funcții executive
1–3	Inhibarea răspunsului	4–6	Memorie de lucru
7–9	Controlul emoțiilor	10–12	Putere de concentrare
13–15	Inițierea unei sarcini	16–18	Planificare/Stabilirea priorităților
19–21	Organizare	22–24	Gestionarea timpului
25–27	Perseverență în atingerea unui obiectiv	28–30	Flexibilitate
31–33	Metacogniție		

Punctele slabe ale funcțiilor executive ale copilului tău (punctajele cele mai mici)	Punctele forte ale funcțiilor executive ale copilului tău (punctajele cele mai mari)
______	______
______	______
______	______

Exploatarea punctelor forte

Cum te poți folosi de aceste informații pentru a-ți ajuta copilul? Aruncă o privire asupra funcțiilor executive puternice ale copilului tău. Acestea sunt abilitățile de care ar trebui să profiți pentru a-l ajuta să fie eficient în activitățile de zi cu zi. Am dat mai devreme un exemplu de exploatare a perseverenței în atingerea unui obiectiv pentru a depăși problemele legate de inițierea unei sarcini sau de puterea de concentrare. Un alt exemplu ar fi acela de a folosi o metacogniție bine dezvoltată pentru a-l ajuta să rezolve probleme generate de insuficienta dezvoltare a altor funcții executive. („Dan, știu că te pricepi să rezolvi probleme – ce-am putea noi face pentru a te ajuta să-ți ții evidența echipamentului sportiv, astfel încât să nu mai trebuiască să alergi ca un nebun prin casă înainte de fiecare meci?") De asemenea, poți consolida o funcție executivă puternică a copilului comunicându-i acestuia că are acea abilitate aparte și îndemnându-l să o folosească eficient. De exemplu, dacă fiica ta este destul de bună în a iniția o sarcină, poate deveni și mai bună dacă este lăudată pentru această abilitate: „Îmi place că te apuci de teme înainte de cină", i-ai putea spune, sau: „Îmi place că nu trebuie să-ți spun de mai multe ori că e timpul să hrănești iepurii".

Posibil ca cele mai puternice abilități ale copilului tău să nu fie încă și deosebit de eficiente (un punctaj mediu de 9 sau mai puțin sugerează că așa stau lucrurile). Cu toate acestea, poți consolida aceste abilități remarcând de fiecare dată momentele în care copilul le-a folosit eficient și lăudându-l apoi. Dacă inhibarea răspunsului lasă de dorit uneori, atunci lăudându-l pe fiul tău pentru că și-a ținut furia în frâu când fratele lui mai mic i-a stricat construcția Lego îl poate ajuta să-și îmbunătățească această abilitate.

Lăudarea copiilor pentru folosirea funcțiilor executive nu trebuie să fie rezervată doar situațiilor în care își utilizează abilități relativ puternic dezvoltate. *De fiecare dată* când observi că fiul sau fiica ta își folosește bine o abilitate, oricare ar fi aceea, cuvintele de laudă vor fi de folos în consolidarea acelei abilități. Poate că aceasta este strategia cel mai puțin utilizată pe care părinții și profesorii o au la îndemână pentru a-i sprijini pe copii să-și formeze abilități și un comportament adecvat. Vom discuta despre acest aspect mai amănunțit în Capitolul 8.

Focalizarea asupra punctelor slabe

Îndreaptă-ți acum atenția asupra funcțiilor executive slabe ale copilului tău. E foarte posibil ca atunci când te gândești la genul de lucruri pe care le face copilul și care îi aduc încurcături sau te enervează în mod deosebit, ele să se situeze într-unul dintre aceste trei domenii. Probabil că te scoate din sărite faptul că fiul tău uită constant să-și aducă acasă cărțile după care să-și facă temele sau că își lasă pe terenul de sport ori la prieteni acasă echipamentul de sport costisitor. În acest caz, probabil că memoria de lucru este deficitară la el. Dacă mizeria din dormitorul fiicei tale este subiect de discordie între voi și dacă întotdeauna pare să caute cu frenezie în ghiozdan după fișe sau manuale pe care nu le găsește, atunci probabil că organizarea reprezintă o adevărată provocare pentru ea.

Așadar, ce e de făcut în privința acestor puncte slabe? Partea a III-a a acestei cărți va lua fiecare funcție executivă în parte și va evidenția strategiile de intervenție care pot fie minimaliza impactul negativ al unei abilități slab dezvoltate, fie ajuta copiii să-și îmbunătățească capacitatea de a folosi respectiva abilitate. S-ar putea să fii tentat să sari direct la capitolele care tratează tocmai acea abilitate slab dezvoltată la copilul tău – mai ales dacă tu însuți ai probleme cu inhibarea răspunsului, ceea ce te vom ajuta să descoperi în următorul capitol. Totuși, te încurajăm ca înainte de a te apuca de treabă să parcurgi toate capitolele acestei cărți în ordinea în care au fost scrise, deoarece noi creăm o temelie care te va ajuta să identifici cele mai eficiente strategii în funcție de nivelul de dezvoltare al copilului tău și de natura dificultăților întâmpinate de acesta. Înainte de a trece la Partea a III-a, mai avem câteva informații de oferit în legătură cu problema cu care te confrunți, iar apoi, în Partea a II-a, niște sfaturi generale importante.

CAPITOLUL 3

Cât de mult îi influențează pe copii propriile noastre puncte forte și slabe în materie de funcții executive

Este ora 8:30, iar fiul de 14 ani al Donnei, Jim, a plecat spre școală în urmă cu o oră. Acum e timpul ca Donna să plece la serviciu, dar când verifică să vadă dacă telefonul mobil se află în poșetă, descoperă că acesta lipsește. Își amintește că Jim l-a împrumutat ieri când s-a dus cu un prieten la un meci de baseball și l-a folosit ca să o sune să vină să-l ia acasă. Oare după ce a sunat-o l-o fi băgat în rucsac, în geacă sau în jeanși? Din acest motiv se află acum în dormitorul lui, scotocindu-i prin lucruri în căutarea telefonului. De obicei închide pur și simplu ușa de la dormitorul lui, ca să nu fie nevoită să vadă o asemenea dezordine. Aceasta este strategia ei cea mai recentă pentru rezolvarea unei probleme care a provocat tensiuni între ea și fiu timp de ani de zile. După părerea fiului ei, Donna este „obsedată de curățenie" – o persoană care nu lasă nici un vas murdar în chiuvetă, care urăște să vadă că fiii ei nu au pus capacul la pasta de dinți, care aranjează frumos teancul de reviste pe măsuța de cafea din sufragerie, reciclând cu atenție fiecare număr care a depășit o lună de zile. Jim este, după spusele mamei sale, „un leneș absolut" – niciodată nu i-ar trece prin cap să arunce la gunoi ambalajele vechi de la bomboane sau să pună într-un loc sigur lucrurile importante, de pildă telefonul mobil. Probabil că el știe unde l-a pus, dar ea nu are cum să ia legătura cu el. Aruncând încă o privire la dezordinea din cameră, Donna se dă bătută. Speră să nu apară nici o urgență în drum spre serviciu, astfel încât să regrete că nu a avut telefonul la ea.

Cursul de dans al lui Mindy, o fetiță de 10 ani, s-a terminat acum 25 de minute, și toți ceilalți colegi au fost așteptați de părinții lor și sunt în drum spre casă, numai tatăl ei nu apare de nicăieri. Mindy străbate în lung și în lat holul din fața sălii de dans, uitându-se des pe geam și oprindu-se din mers de fiecare dată când o mașină intră în parcarea aglomerată a centrului comunitar, în speranța că îl vede pe tatăl ei. Își ține pumnii strânși, iar fața îi arată ca un nor pe timp de furtună. Când este rândul mamei să o ia, știe sigur că aceasta va ajunge devreme. Ea și mama ei au noțiunea timpului. Mindy își termină pregătirile pentru plecarea la școală cu cel puțin 15 minute înainte de sosirea autobuzului. Știe exact cât timp îi ia să-și facă temele și se asigură că le va termina de fiecare dată înainte de cină. Din contră, tatăl ei nu pare să aibă noțiunea timpului. El întârzie permanent, mereu încearcă să mai facă „doar un singur lucru" înainte de a pleca dimineața spre serviciu sau înainte de a închide seara ușa biroului. Iar dacă, în drum spre mașină, mai este și oprit de un coleg care îi pune o întrebare legată de serviciu... ei bine, poți să-ți iei gândul, va fi o conversație de cel puțin 10 minute, deși știe că i-a promis soției lui să ajungă acasă la o anumită oră. De câte ori tatăl ei întârzie, Mindy își imaginează că i s-a întâmplat ceva. Poate că a avut accident pe șosea în drum spre ea sau poate că a uitat de ea și și-a programat o ședință după-amiaza târziu! Când vede mașina tatălui ei trăgând în parcarea din fața clădirii centrului comunitar, ajunge afară înainte ca tatăl ei să apuce să iasă din mașină. „Unde *ai fost*?", îl întreabă, cu o urmă de panică în glas. „Hei", spune tatăl coborând din mașină și luând-o în brațe, „știi că n-aș putea vreodată să uit de tine", continuă el pe un ton mieros. „Tocmai am avut o convorbire telefonică ce a durat mai mult decât credeam."

Îți sună cunoscut? Dacă funcțiile executive slabe ale fiului sau fiicei tale te scot din minți, mai mult ca sigur că la tine respectivele abilități sunt foarte puternice. Probabil că știi cum se desfășoară lucrurile, așa cum știe Donna – fiul tău trebuie cicălit continuu pentru a se pregăti să plece la școală la timp, în vreme ce tu nu ai întârziat la serviciu niciodată în cinci ani. Fiica ta trăiește o dramă de câte ori se produce o schimbare în program, pe când ție nimic nu îți place mai mult decât să fii surprins. Copilul tău pare să nu se apuce niciodată de teme dacă nu e amenințat că-și pierde toate privilegiile sau să le termine dacă nu stai tu pe capul lui, în timp ce primul lucru pe care îl faci tu este să-ți rezolvi treburile casnice și obligațiile, pentru a scăpa de o grijă. Donna nu-și poate explica cum de fiul ei suportă să fie atât de dezorganizat. Dar asta pentru că ea nu are o memorie de lucru atât de bună ca aceea pe care se bazează Jim și nu înțelege cum poate aceasta să țină loc în mare măsură abilităților organizaționale de care duce lipsă. Similar, dacă ești adeptul începerii fără întârziere a unor activități neplăcute și pari să știi instinctiv cum să fragmentezi o sarcină în mai multe subactivități, atunci e de două ori mai fustrant să-ți vezi copilul lăsând pe ultima sută de metri un proiect pe termen lung și apoi neștiind de ce să se apuce mai întâi.

În munca noastră cu copii care au probleme în ceea ce privește funcțiile executive, am descoperit că lucrurile par mai grave atunci respectivii copii au părinți ale căror tipare privitoare la punctele forte și la cele slabe sunt foarte diferite de ale lor. Dacă și Donnei i-ar lipsi abilitățile organizatorice, poate că ar fi mai înțelegătoare cu deficiențele fiului ei și ar fi mai dispusă să-i împărtășească cum a învățat ea să compenseze acest punct slab. În schimb, ea simte uneori că fiul ei vine de pe altă planetă și îi este greu să treacă de cealaltă parte a baricadei și să-l ajute să-și formeze abilitatea care îi lipsește.

Mindy nu-și poate închipui de ce tatăl ei nu înțelege cât de important este să fii punctual și nu-și poate liniști imediat supărarea produsă de întârzierea lui. Deoarece tatăl lui Mindy nu consideră a fi o problemă majoră faptul că întârzie puțin și rareori își iese din fire, el continuă să nu fie punctual când trebuie să o ia de undeva și nu încetează să se minuneze de reacția ei „exagerată". Cei doi nu se înțeleg cu adevărat unul pe celălalt, iar controlul emoțional slab al lui Mindy nu este adus în discuție – cel puțin, nu de tatăl ei.

În situațiile în care părinții au un anumit set de funcții executive slabe și puternice, iar copiii au un alt set, lor le lipsește ceea ce noi numim „o bună potrivire". Nu numai că posibilitatea izbucnirii unui conflict între părinte și copil cu privire la activitățile zilnice este mai mare, dar nici nu se creează un cadru prielnic pentru a-ți ajuta copilul să-și formeze abilitățile care-i lipsesc. După cum vei afla în Capitolele 5–8 și odată ce te vei fi familiarizat cu intervențiile descrise în Partea a III-a, există numeroase căi de a-ți ajuta copilul să compenseze și chiar să elimine punctele slabe ale unor abilități executive. Toate implică, într-o oarecare măsură, o altfel de interacțiune cu copilul tău. Până ce nu vei înțelege în ce fel se potrivesc – sau nu – punctele slabe și forte ale funcțiilor tale executive cu cele ale copilului, va fi greu să-ți dai seama unde să schimbi felul tău de a acționa. Când vei dobândi o mai bună înțelegere atât a naturii funcțiilor executive în general, cât și a stilului tău propriu de prelucrare a informațiilor, ți se va părea mai ușor să-ți înțelegi copilul și să identifici strategiile de intervenție care se potrivesc bine cu punctele lui forte.

Ca o ironie, nu doar faptul de a avea aceleași puncte forte cu copilul tău vă va ajuta să lucrați împreună pentru a vă eficientiza munca și pentru a-ți ajuta copilul să-și exerseze funcțiile executive cu scopul de a și le dezvolta și mai bine. Ci și faptul de a avea aceleași puncte slabe. Dar numai cu condiția să fiți conștienți de această potrivire. Dacă nu începeți cu adevărat de la înțelegerea faptului că amândurora vă lipsește, să zicem, capacitatea de a vă menține concentrarea, veți ajunge teribil de frustrați atunci când veți încerca să duceți la bun sfârșit o sarcină de amploare, cum ar fi să faceți împreună curățenie în garaj. O mulțime de reproșuri vor fi pasate de la unul la altul în momentul în care vă veți da seama că această misiune neplăcută se lungește din ce în ce mai mult. E mai ușor să observi că fiul tău nu se concentrează decât să recunoști în tine aceeași slăbiciune. De aceea este atât de important să-ți identifici în acest capitol propriile tale puncte forte și puncte slabe. Când vă implicați într-un proiect sau într-o activitate de rutină știind că atât tu, cât și copilul tău întâmpinați același fel de dificultăți în materie de funcții executive, veți putea găsi soluții să treceți peste obstacole cu umor și cooperare.

După ce îți descoperi propriul tipar de funcții executive, e posibil să descoperi și că tu și copilul tău aveți o altfel de potrivire, la care nu te-ai fi așteptat. S-ar putea să ai un punct forte care să completeze în mod firesc punctul slab al copilului tău. Tatăl lui Mindy, de exemplu, este extrem de flexibil. Odată ce recunoaște în asta un punct forte, ar putea găsi o strategie prin care să îi arate lui Mindy că flexibilitatea o poate ajuta să facă față unor situații în care așteptările ei nu sunt satisfăcute. Poate că ea ar putea afla că există alternative care ar face-o să evite supărările și pierderea controlului. De exemplu, tatăl i-ar putea explica că el nu ține evidența timpului la fel de bine ca ea și că ar fi bine să aștepte 20–30 de minute înainte de a începe să-și facă griji pentru el. Sau i-ar putea sugera să joace amândoi un joc al estimării timpului de întârziere – ea poate nota cifra pe o bucată de hârtie și, dacă aceasta se potrivește cu cea reală, va câștiga o steluță de aur. Ambele idei au în plus avantajul de a o ajuta pe Mindy să înțeleagă faptul că ea și tatăl ei sunt diferiți. Viața este plină de oameni care întârzie, iar dacă Mindy învață să accepte lipsa de punctualitate a tatălui ei – cine știe? – i-ar putea fi de folos pentru a da dovadă de toleranță și față de soțul ei, când va ajunge să constate că s-a căsătorit cu cineva la fel ca „dragul și bătrânul ei tătic".

Pentru a te ajuta să-ți descoperi punctele slabe și forte ale funcțiilor tale executive, completează chestionarul următor.

CHESTIONAR DE FUNCȚII EXECUTIVE PENTRU PĂRINȚI

Citește fiecare element și evaluează-l în funcție de cât de bine crezi că te definește. Apoi adaugă cele trei punctaje în fiecare secțiune.

Dezacord puternic	1
Dezacord	2
Înclin să nu fiu de acord	3
Neutru	4
Înclin să fiu de acord	5
Sunt de acord	6
Sunt întru totul de acord	7

PUNCTAJ TOTAL ______

1. Nu trag concluzii pripite.
2. Gândesc înainte să vorbesc.
3. Nu trec la acțiune până nu cunosc toate faptele.

PUNCTAJ TOTAL ______

4. Am o bună memorie a faptelor, datelor și detaliilor.
5. Țin foarte bine minte lucrurile pe care mi-am luat angajamentul să le fac.
6. Rareori trebuie să mi se amintească să îndeplinesc o sarcină.

PUNCTAJ TOTAL ______

7. Foarte rar mă las condus de emoție când sunt la serviciu.
8. Lucrurile mărunte nu mă afectează emoțional și nici nu îmi distrag atenția de la treaba de care mă ocup.
9. Pot amâna să iau în seamă sentimentele mele personale până când sarcina a fost dusă la bun sfârșit.

PUNCTAJ TOTAL ______

10. Oricare ar fi lucrul pe care îl am de făcut, cred în faptul că nu trebuie amânat nici o clipă în plus.
11. Nu îmi stă în fire să tărăgănez lucrurile.
12. Rareori mi se întâmplă să las o treabă nerezolvată până în ultimul moment.

PUNCTAJ TOTAL ______

Sursă: *Cum să crești un copil inteligent și de succes* de Peg Dawson și Richard Guare. Copyright 2009 de The Guilford Press.

13. Mi se pare simplu să mă concentrez la ce am de făcut.
14. Odată ce încep o treabă, lucrez cu sârguință până când o duc la bun sfârşit.
15. Chiar şi după ce sunt întrerupt, mi se pare uşor să continui de unde am rămas cu lucrul.

PUNCTAJ TOTAL ______

16. Când îmi planific programul de peste zi, identific prioritățile și nu mă abat de la ele.
17. Când am multe de făcut, mi-e uşor să-mi îndrept atenția asupra lucrurilor celor mai importante.
18. De regulă fragmentez o sarcină de amploare în mai multe sarcini mici, stabilind termene-limită corespunzătoare pentru fiecare dintre ele.

PUNCTAJ TOTAL ______

19. Sunt o persoană organizată.
20. Este ceva firesc pentru mine să-mi păstrez curățenia și ordinea la locul unde lucrez.
21. Mă pricep să întreţin sisteme pentru organizarea muncii mele.

PUNCTAJ TOTAL ______

22. La sfârşitul zilei, de obicei am terminat ceea ce mi-am propus să fac.
23. Mă pricep să estimez de cât timp am nevoie pentru a face ceva.
24. De obicei sunt punctual la întâlniri și alte activități.

PUNCTAJ TOTAL ______

25. Mă gândesc la mine ca la cineva care este hotărât să-și atingă scopul propus.
26. Renunț cu ușurință și fără întârziere la plăceri imediate în vederea atingerii unor obiective pe termen lung.
27. Cred în stabilirea și atingerea unor niveluri înalte de performanță.

PUNCTAJ TOTAL ______

28. Îmi evaluez permanent performanțele și concep metode pentru a-mi îmbunătăți rezultatele.
29. Sunt capabil să iau distanță față de o anumită situație, pentru a avea o privire de ansamblu și a lua decizii obiective.
30. „Citesc" bine o situație și îmi adaptez comportamentul în funcție de reacțiile celorlalți.

PUNCTAJ TOTAL ______

31. Accept cu calm evenimentele neaşteptate.
32. Mă adaptez cu uşurinţă la schimbările de plan şi de priorităţi.
33. Mă consider flexibil şi adaptabil la schimbare.

PUNCTAJ TOTAL ______

SCOR

Elemente	Funcţii executive	Elemente	Funcţii executive
1–3	Inhibarea răspunsului	4–6	Memorie de lucru
7–9	Controlul emoţiilor	10–12	Putere de concentrare
13–15	Iniţierea unei sarcini	16–18	Planificare/Stabilirea priorităţilor
19–21	Organizare	22–24	Gestionarea timpului
25–27	Perseverenţă în atingerea unui obiectiv	28–30	Flexibilitate
		31–33	Metacogniţie

Punctele slabe ale funcţiilor executive ale copilului tău (punctajele cele mai mici)	Punctele forte ale funcţiilor executive ale copilului tău (punctajele cele mai mari)
______	______
______	______
______	______

Deoarece acesta este un chestionar scurt care cuprinde un număr limitat de elemente pentru fiecare abilitate executivă, e posibil ca rezultatele să nu vă reprezinte în totalitate, însă ele vă vor ajuta să vă faceți o idee cu privire la funcțiile executive pe care vă vine cel mai la îndemână să le utilizați și, de asemenea, cu privire la cele care vă dau cele mai multe bătăi de cap. De-a lungul anilor, utilizând acest chestionar cu grupe de adulți am constatat că punctajul mediu pentru fiecare din cele 12 domenii ale funcțiilor executive este de 13–15 (din totalul de 21), iar diferența medie dintre cel mai mare punctaj al unui domeniu și cel mai mic este de aproape 14 (maximumul fiind 18). Aceasta sugerează faptul că oamenii se văd, pe ansamblu, ca având funcții executive destul de bine dezvoltate, dar că sunt în același timp capabili să identifice puncte slabe și forte distincte.

Dacă nu sunteți încă siguri de profilul funcțiilor voastre executive, luați unul câte unul punctele slabe și pe cele forte și încercați să vă amintiți dacă în copilărie aveați aceleași abilități bine dezvoltate, respectiv slab dezvoltate. Dacă răspunsul e afirmativ, înseamnă că funcțiile voastre executive slabe și puternice sunt cu adevărat înnăscute. De exemplu, copil fiind (Peg este cea care povestește acum), îmi amintesc cum mama stătea cu gura pe mine să-mi fac curat în cameră. Nu era vorba despre faptul că nu-mi plăcea să am o cameră curată, însă mi se părea că lucrul acesta presupune un *efort prea mare*. Chiar și acum, adult fiind, mă lupt cu aspectul acesta. În schimb, îmi aduc aminte că întotdeauna am fost extrem de conștientă de noțiunea de timp – cât îmi ia să fac unele lucruri, de cât timp am nevoie pentru a ajunge într-un loc – iar astăzi dispun de abilități excelente de gestionare a timpului. Observ aceleași puncte forte și puncte slabe la copiii mei – ambii mei fii adulți se luptă cu sarcina de a face ordine, dar sunt întotdeauna punctuali la o întâlnire. Însă se pare că au moștenit de la tatăl lor abilitatea de a-și controla emoțiile, așa încât astăzi mă tachinează când mă panichez că nu găsesc cheile de la mașină la locul lor sau din cauza altor inconveniente temporare sau minore.

Bineînțeles că prin acest exercițiu ți-ai putea aminti, așa cum se întâmplă ocazional cu câte unul dintre participanții la atelierele noastre, că acolo unde cândva ai avut un punct slab, astăzi ai un punct forte, deoarece un părinte te-a ajutat să dobândești o funcție executivă prin faptul că a pus mereu accentul pe ea. Rememorând din perioada copilăriei punctele slabe și forte ale funcțiilor tale executive și comparându-le cu cele ale propriilor părinți și ale copiilor tăi, vei reuși să observi

Flexibilitatea – antidotul nepotrivirii dintre părinte și copil

Chestionarul pe care l-ai completat a scos în evidență că flexibilitatea e un punct forte pentru tine? Dacă răspunsul e afirmativ, te poți considera norocos, în cazul în care tiparele funcțiilor executive ale tale și ale copilului tău sunt opuse. Să fii flexibil înseamnă să te adaptezi destul de ușor la persoanele din jur, ceea ce te ajută să nu te enervezi prea tare când ai de-a face cu funcțiile executive mai slab dezvoltate ale copilului tău, oricare ar fi acestea.

- Folosește faptul că ai devenit conștient de acest dar ca să faci o promisiune specială, și anume de a-ți păstra cumpătul în momentele în care funcțiile executive slabe ale copilului tău tind să te scoată din minți.
- Pe de altă parte, dezavantajul ar fi că s-ar putea să-ți vină greu să pui în practică o intervenție prin care să-ți ajuți copilul să-și consolideze o abilitate mai slab dezvoltată și să te ții de ea până când o va da rezultate. Dar deocamdată să ne concentrăm pe aspectul pozitiv, da?

că părinții și copiii pot avea funcții executive similare sau diferite. Acest exercițiu te ajută să afli mai multe despre tine, dar și despre potrivirea dintre tine și copilul tău.

În cazul celui de-al doilea tipar – cel în care punctele tale slabe coincid cu cele ale copilului –, tensiunile pornesc adesea de la faptul că fiului sau fiicei tale îi lipsește capacitatea de a compensa lipsurile tale sau de a contracara efectul negativ al propriilor tale puncte slabe. De exemplu, dacă tu și fiica ta aveți o memorie de lucru slabă și aptitudini organizatorice nesatisfăcătoare, atunci faptul de a ține minte pe unde se află hârtia cu acordul parental pentru participarea la excursii sau carnetul de note sau apărătorile din echipamentul de fotbal va fi un lucru foarte dificil. Am putea adăuga că soții care au profiluri diferite ale funcțiilor executive vor avea deseori discuții din aceleași motive.

Cum compensăm atunci când potrivirea nu e prea bună

Așadar, ce este de făcut când apar astfel de tipare? Iată câteva sfaturi care ar putea face lucrurile să meargă mai bine:

Când punctele tale forte coincid cu punctele slabe ale copilului tău:

- *Vezi dacă puteți ajunge la o înțelegere, astfel încât copilul* să-ți accepte ajutorul acolo unde el *are un punct slab, iar tu unul forte, astfel încât slaba dezvoltare a abilității lui să nu-i aducă necazuri.* De exemplu, dacă tu știi să-ți gestionezi timpul, iar fiul tău nu, ar putea să te lase să-l ajuți să estimeze cât timp i-ar lua să termine de scris rezumatul unei cărți și să-și planifice lucrul în consecință. Ne grăbim să adăugăm, totuși, că unii – poate mulți – copii vor opune rezistență unui asemenea sfat sau ajutor din partea părinților, mai ales în adolescență, când nu îi interesează să asculte de sfatul părinților lor în *nici o* privință, cu atât mai puțin în situațiile în care părinții lasă impresia că propriile lor abilități le depășesc pe cele ale copiilor lor.

- *Folosește în mod creativ punctele tale forte pentru a-ți ajuta copilul să-și consolideze propriile abilități.* Dacă, de exemplu, ai aptitudini organizatorice bune, ai mai mari șanse să-ți ajuți copilul să-și dezvolte sisteme de organizare eficiente (descrise mai amănunțit în Capitolul 16) decât ai fi avut dacă acestea ar fi fost și în cazul tău un punct slab. Dar, așa cum tocmai am subliniat, copilul tău poate să nu fie deschis față de dorința ta de a-l ajuta, astfel încât va trebui să fii inventiv și subtil ca să îți accepte intervenția. Să presupunem că fiica ta are o înclinație spre artele vizuale. Tu știi că una dintre modalitățile prin care să poți gestiona cu ușurință sarcinile cotidiene este aceea de a avea recipiente care să te ajute să organizezi materialele. Probabil că fiica ta va fi dispusă să se folosească de această metodă dacă veți merge împreună la magazin să-i cumperi tăvițe colorate și truse de depozitare bine compartimentate, autocolante și markere pentru decorarea lor. După cum ai citit în paginile anterioare, tatăl lui Mindy și-a folosit capacitatea de a fi flexibil inventând un mod amuzant de a o face pe fiica lui să-și controleze emoțiile. Un părinte care se pricepe la planificare ar putea să-și ajute copilul să învețe cum să ducă la bun sfârșit o sarcină complexă apelând la metoda notării fiecărui pas pe un cartonaș separat, după care să amestece cartonașele și să-i ceară copilului să le așeze într-o ordine logică.

- *Fă-ți un scop din a identifica acele abilități care la tine sunt slabe, iar la copilul tău sunt bine dezvoltate.* Dacă vei înțelege că, în parte, sursa frustrărilor tale constă în diferența dintre profilul abilităților tale și cel al abilităților copilului tău, vei ajunge să reacționezi cu mai mult calm atunci când vei vedea manifestându-se punctele lui slabe. Însă nu te opri aici; amintește-ți – și amintește-i și copilului – unde are el o abilitate bine dezvoltată și care ție îți lipsește. Lucrul acesta vă va ridica moralul atunci când aveți mai mare nevoie. Poate că inhibarea răspunsului este un punct forte pentru tine și unul slab pentru el. Vei putea trece peste asta dacă îți vei da seama că flexibilitatea, o funcție executivă la fel de importantă, este bine dezvoltată în cazul copilului tău, dar nu și în cazul tău: „Ții minte când am fost ultima oară împreună la cinema, iar la filmul pe care doream să-l văd se vânduseră toate biletele? Eram gata să plec acasă înfuriat, când tu ai zis: «Hei, am putea merge să vedem alt film!» Când am constatat că nu ne plăcea nici un alt film, tu ai fost cel care a sugerat să jucăm o partidă de minigolf și să ne întoarcem apoi să vizionăm filmul cu următoarea serie. Tu știi să te adaptezi situațiilor mult mai bine decât mine".

Când tu și copilul tău aveți aceleași puncte slabe:

- *Fă în așa fel încât să râzi de punctele slabe comune, în loc să plângi din pricina lor.* „Fiule, capacitatea de organizare a amândurora lasă de dorit, așa că poate ne ajutăm reciproc. Îmi dau seama că e ca și când un orb îl conduce pe alt orb, dar altă posibilitate nu avem."

- *Din moment ce nici unul dintre voi nu se poate pretinde superior, poate veți reuși să găsiți și să dezbateți soluții pentru problemele voastre comune.* Poate că ai observat că nu poți purta un dialog cu fiica ta de 13 ani fără ca tensiunea să apară între voi. Ar fi bine să vă puneți amândouă mintea la contribuție pentru a găsi modalități prin care să vă ajutați una pe alta să vorbiți despre subiecte sensibile fără a lăsa emoțiile să vă domine.

• Înainte de a te lua cu mâinile de păr *atunci când copilul tău face ceva, mai bine amintește-ți că ai întâmpinat aceleași dificultăți în copilărie, și totuși ai devenit un adult apreciat.* Spune-ți în gând că fiul sau fiica ta se va descurca bine până la urmă, în ciuda dificultăților sistemului. Eventual te-ai putea gândi la o poveste din copilăria ta pe care să i-o spui copilului tău. Îmi amintesc (Peg vorbește acum) când îmi povestea mama că frații ei trebuiau să o tragă înapoi ca să asculte finalul poveștii *Hänsel și Gretel* citită de mama ei și astfel să afle că totul se termina cu bine până la urmă. Fiind eu însumi un copil care se lupta să-și controleze emoțiile, m-am liniștit când am auzit că mama mea avusese aceeași problemă când era mică.

• Încearcă o abordare mai sistematică *pentru a te ocupa de propria ta funcție executivă slabă și în același timp a lucra la consolidarea aceleiași funcții în cazul copilului tău.* Pașii pe care trebuie să-i urmezi în acest sens sunt următorii:

1. Identifică abilitățile slabe ale copilului tău prin completarea chestionarului corespunzător din Capitolul 2.
2. Identifică-ți propriile abilități slabe prin completarea chestionarului din acest capitol. Încearcă să fii cât mai sincer! Îți va fi de folos ca la completarea chestionarului să participe și soția/soțul sau cineva care te cunoaște bine.
3. Identifică două sau trei comportamente repetitive ale copilului tău care indică o funcție executivă slabă asupra căreia vrei să-ți concentrezi eforturile și care

corespunde unei funcții executive care e și în cazul tău slab dezvoltată.

4. Fă același lucru și în cazul tău. Identifică situațiile în care slaba dezvoltare a respectivei funcții executive îți afectează eficiența în desfășurarea activității cotidiene.
5. Descoperă ce anume din acest comportament al tău îi deranjează cel mai tare pe ceilalți și găsește o strategie pentru a îndrepta problema ce apare în situația respectivă.
6. Vorbește cu copilul tău despre problemele lui de comportament și despre situațiile în care acestea apar. Explică-i faptul că și tu întâmpini dificultăți similare și vorbește-i despre felul în care ai de gând să le depășești.
7. Găsiți de comun acord o soluție la problemele copilului tău și o strategie care să-i amintească să folosească soluția aleasă.
8. Urmărește-i comportamentul și aplică strategia.

Îți recomandăm acest proces din mai multe motive. În primul rând, completând chestionarul atât pentru tine, cât și pentru copilul tău, vei primi confirmarea că există abilități executive slabe comune. În al doilea rând, identificând situații care vă creează dificultăți amândurora poți înțelege mai bine semnificația acelei abilități și modul în care vă afectează pe amândoi. Astfel, vei deveni mai înțelegător cu copilul, în condițiile în care înainte simțeai doar iritare. În al treilea rând, concepând o strategie de intervenție pentru tine îți va fi mai ușor să identifici potențialele strategii pe care copilul le poate folosi.

Să parcurgem acest proces pornind de la exemplul unui părinte și al unui copil cu aptitudini organizatorice slabe.

Ellen Scott vede că această problemă a fiicei ei de 13 ani, Amanda, creează frecvent tensiuni în familie. Amanda își pierde caietul de clasă și astfel nu mai are pe ce să noteze temele de făcut pentru a doua zi la școală. Își uită caietul de teme în dezordinea de pe biroul de acasă, deoarece nu își pune de cu seară în ghiozdan toate lucrurile necesare și nu verifică pentru a se asigura că are tot ce îi trebuie pentru a doua zi la școală. În plus, nu își găsește hainele cu care vrea să se îmbrace din cauza dezordinii din dormitor. În ceea ce o privește, Ellen își dă seama că cel puțin o dată sau de două ori pe săptămână își lasă telefonul mobil la întâmplare, ceea ce îi creează dificultăți în a-l găsi și dificultăți în a-și aminti că trebuie să-l ia cu ea dimineața, când pleacă la serviciu. De asemenea, uită mereu să își încarce telefonul, astfel încât chiar și atunci când îl are la ea, bateria este deseori descărcată.

Mai întâi, Ellen se decide asupra unei strategii care să o ajute să-și amintească unde a pus telefonul. Aparatul îi permite să-l programeze pentru a emite semnale sonore zilnic, astfel că ea îl activează pentru a suna imediat ce a ajuns acasă de la serviciu, amintindu-i să pună telefonul la încărcat. Setează, de asemenea, alarma și pentru a-i aminti dimineața să și-l ia cu ea.

Acum, ea se așază lângă Amanda pentru a discuta despre problemele ei organizatorice. Îi descrie cum a decis ea să-și rezolve această problemă ce ține de organizare, cerându-i Amandei să identifice o situație-problemă pe care ar dori să o abordeze în același fel. Amanda alege să caute întâi o metodă prin care să nu mai rătăcească caietul de clasă. Ea decide ca în fiecare dimineață când se trezește, să pună pe pat un bilețel de culoare galben-neon, pe care să scrie: „Ți-ai pus caietul de clasă în ghiozdan?". Seara ea va vedea semnul când va da la o parte cuvertura de pe pat. În acel moment se va duce cu bilețelul până la ghiozdan, se va asigura că acel caiet se află înăuntru și apoi va lipi bilețelul pe ghiozdan, astfel încât dimineața să își amintească să îl pună la loc pe pat înainte de a pleca spre școală.

Când suprasolicitarea adâncește lacunele

Cu toții știm că atunci când suntem stresați, abilitatea noastră de a face față problemelor se deteriorează. Cel mai elocvent exemplu: dacă ești genul care „își iese ușor din pepeni“ (o slabă abilitate de stăpânire a emoțiilor) în situații obișnuite, știi că ai răbufni mai rapid și mai intens într-o zi ca aceasta: te-ai trezit în toiul nopții ca să-ți îngrijești băiatul preșcolar care e răcit. Apoi, fiica ta de clasa a doua începe să facă o criză de furie exact în momentul în care autobuzul de școală ajunge în fața casei, deoarece nu-și găsește jucăria pe care trebuie să o prezinte săptămâna aceea în fața clasei în cadrul unei activități libere. Abia reușești să o calmezi, când soțul tău te anunță că a dus mașina la service pentru revizie și că are nevoie să-l lași la birou, în drum spre serviciul tău. Când ajungi la birou, șeful te înștiințează că un client urmează să sosească într-o vizită neanunțată pentru a afla situația contului său, în condițiile în care tu știi că ai rămas în urmă cu activitatea. Dacă ai reușit să-ți controlezi emoțiile față de șeful tău, e posibil ca toate să se spargă în capul bietei tale secretare.

Ne-am ocupat ani de zile de punctele slabe și forte ale funcțiilor executive și am aflat că în situații stresante sau de suprasolicitare, capacitatea de a face apel la funcțiile tale executive este pe ansamblu în declin, dar abilitățile cele mai susceptibile de deteriorare sunt acelea care au fost slabe de la bun început. Uneori numim asta „teoria organului slab" (în orice boală, organele care sunt cele mai slabe de la bun început sunt și cele mai susceptibile să cedeze la un moment dat). Dick a învățat, spre exemplu, să-și dea seama că sunt foarte stresată (din nou Peg e cea care vorbește) atunci când îmi pune o întrebare inofensivă la care eu răspund cu dinții încleștați. Controlul emoțiilor nu este punctul meu forte. Iar atunci când merg în biroul lui și găsesc masa de conferințe acoperită cu vrafuri de hârtii, dosare și cărți, știu că Dick s-a angajat în mult prea multe proiecte și că aptitudinile lui organizatorice nu funcționează.

Când cele mai slabe funcții executive ale tale par să fie și mai slabe, acesta poate fi indiciul că nivelul tău de stres este în creștere. Știind acest lucru despre tine, vei putea să pui în aplicare sisteme care să te ajute să reduci stresul sau să faci față declinului funcționării funcțiilor executive. Asta ar putea însemna să-i ceri soțului, unui prieten sau chiar copilului tău să te ajute cu lucruri cu care nu te ajută de obicei sau ar putea însemna amânarea obiectivelor și proiectelor până ce vei depăși situația stresantă. Proiectele amânate pot foarte bine include și efortul pe care îl faci pentru ca fiul sau fiica ta să-și îmbunătățească funcțiile executive. Perioadele în care te confrunți cu o boală în familie, cu eșecuri financiare sau cu conflicte maritale nu sunt tocmai potrivite pentru a încerca să-ți înveți copilul cum să-și facă ordine în cameră. Schimbarea comportamentului – al tău sau al copilului – este o muncă dificilă, și există mai multe șanse să fie încununată de succes dacă se desfășoară în perioade de liniște.

Chiar și atunci când nu ai de-a face cu factori de stres majori, trebuie să ții cont de situațiile zilnice care ți-ar putea afecta capacitatea de a urma în mod eficient orice plan legat de îmbunătățirea funcțiilor executive ale copilului tău. O zi stresantă la serviciu, insuficient somn în noaptea de dinainte sau necesitatea de a posti pentru a te supune unei proceduri medicale în ziua următoare te poate face să-ți ieși repede din sărite sau te poate face să ai mai puțină răbdare cu copilul tău. Când au loc asemenea evenimente, o modalitate de a te pregăti ar fi să accepți faptul că va fi nevoie de un efort suplimentar din partea ta pentru a-ți păstra calmul, a perservera sau a obține consecințele dorite. Acest lucru va fi important mai ales în situații în care consecvența este esențială. Dacă urmărești să îl înveți pe copilul tău să accepte un NU ca răspuns, e mai bine să depui un efort suplimentar și să-ți păstrezi poziția decât să cedezi și să hotărăști că vei încerca din nou mâine.

Totuși, câteodată este mai bine să lăsăm deoparte planul pentru scurt timp. Dacă tu și fiica ta ați făcut un pact că astăzi este ziua în care veți gândi un plan pentru proiectul ei la științe, poți decide că, din motive neprevăzute, nu este tocmai o zi bună pentru așa ceva. Poți prezenta problema ca având două posibile soluții: „Susie, știu că ți-am promis să te ajut cu proiectul la științe, dar nu prea mă simt în apele mele astăzi. Ai prefera să lucrezi singură la el şi să faci cât ştii, sau ai prefera să aştepți până mâine, când voi fi în stare să te ajut?" Uneori, aceste schimbări neprevăzute îi fac pe copii să se ridice peste înălțimea aşteptărilor din partea părinților.

Nu doar nivelul tău de stres îți poate afecta intervenția, ci și stresul resimțit de copil. Care evenimente ar putea să-l facă pe un copil să se simtă stresat? În general, probabil că aceleaşi care îți provoacă și ție stres – să aibă prea multe de făcut și prea puțin timp pentru asta, să știe că se așteaptă de la el să facă ceva de care nu e capabil, să simtă că e criticat pe nedrept (mai ales dacă este vorba despre un lucru asupra căruia nu are control) sau să aibă probleme în relații, în general. În viața unui copil, asta ar putea însemna să primească o mulțime de teme de făcut de la mai mulți profesori sau să i se dea o temă creativă care să-i solicite gândirea neconvențională. Sau e posibil ca fiul tău să sosească acasă și să povestească despre faptul că profesorul lui de științe l-a acuzat că a copiat la test de la un alt coleg și că nu a vrut să-l lase să explice cum s-au întâmplat lucrurile. Sau poate că fiica ta îți spune că a auzit întâmplător cum fetele vorbeau despre ea în baie și râdeau de faptul că are sâni atât de plați în clasa a VIII-a.

Oricare dintre aceste evenimente îi poate afecta copilului performanțele. *Modul* în care interferează cu performanțele depinde parțial de profilul funcțiilor executive puternice și slabe ale copilului. Felul în care îți ajuți copilul să facă față acestor situații poate varia în funcție de profilul abilităților lui, deși, în general, îți recomandăm să afli ce simte el în legătură cu acea problemă (ceea ce psihologii numesc *ascultare reflexivă* – „Probabil că te simți copleșit de numeroasele teme primite" sau „Cu siguranță te simți neputincios când vezi că profesorul nu vrea să asculte și varianta ta").

Vestea bună este că, dacă recunoști problemele drept ceea ce sunt – suprasolicitări ale organismului, de pe urma cărora au de suferit mai ales abilitățile slab dezvoltate –, poți interveni fie înainte, fie în timpul sau după ce problema apare, pentru a-i micșora efectul negativ.

Conștientizarea factorilor de stres care suprasolicită organismul și adâncesc lacunele în planul abilităților executive reprezintă un mod important de a începe să-ți concentrezi atenția asupra gradului de potrivire dintre copilul tău și mediu atunci când încerci să-l ajuți să-și formeze și consolideze abilitățile executive. Părinții și profesorii transformă mediul astfel încât acesta să fie propice dezvoltării adecvate a copilului. Modificarea mediului este deosebit de importantă atunci când sarcina pe care o are acesta de dus la bun sfârșit îi solicită foarte mult abilitățile executive slab dezvoltate. Uneori copilul poate refuza o sarcină care nu se potrivește deloc cu abilitățile lui executive. Alteori trebuie să găsești o cale de a manipula mediul, inclusiv aspecte ale sarcinii în sine, pentru a o face să se potrivească cu abilitățile fiului sau fiicei tale. Următorul capitol te va învăța cum să procedezi în acest sens.

Capitolul 4

Creează potrivire între sarcină și copil

Carmen este o fată timidă în vârstă de 10 ani care nu poate fi spontană și se simte ciudat când interacționează cu oamenii. Trupa ei de cercetașe organizează o petrecere la un sanatoriu, iar șefa cercetașelor a atribuit membrelor trupei diferite roluri și responsabilități pentru acest eveniment. Ele s-au gândit să facă și o tombolă, iar lui Carmen i s-a cerut să strângă biletele de tombolă de la toți rezidenții din sanatoriu, după care să anunțe numerele pe măsură ce acestea sunt extrase. Carmen acceptă sarcina fără să spună nimic, însă după ce mama ei o ia cu mașina, aceasta observă că fiica ei este deosebit de tăcută pe drum. Când o întreabă dacă este totul în regulă, Carmen răspunde că da, păstrându-și însă mina serioasă până seara. În cele din urmă, înainte să se pregătească de culcare, atunci când ea și mama ei petrec împreună un timp stând de vorbă în liniște, Carmen îi povestește mamei despre rolul ei la petrecere și îi mărturisește că nu vrea cu nici un chip să facă ce i s-a cerut. Mama ei știe din experiență că astfel de situații duc la dureri de stomac și la nopți nedormite. Așadar, îi sugerează să se gândească împreună ce altceva ar putea face în schimb. Carmen cântă foarte bine la pian și în ultima vreme a exersat de multe ori cântece de Crăciun, așa că mama îi sugerează să asigure muzica de fundal la petrecere. Lui Carmen îi place ideea și este sigură că exersând suficient va căpăta încredere în ea astfel încât să iasă totul bine. În ziua următoare, mama ei o sună pe șefa trupei, explicându-i că micile conversații și discursul în fața unui auditoriu îi provoacă lui Carmen o stare de nervozitate. Ea sugerează ca fiica ei să cânte, în schimb, la pian. Șefa trupei, care nu știa despre acest talent al lui Carmen, acceptă propunerea cu mult entuziasm.

În capitolul anterior ți-am oferit ocazia de a-ți da seama în ce fel potrivirea dintre funcțiile tale executive și cele ale copilului poate afecta interacțiunea voastră. Probabil că ți-ai dat deja seama dacă sarcinile zilnice pe care copilul tău trebuie să le efectueze devin și mai dificile decât sunt (pentru amândoi) din cauză că tu ai foarte bine dezvoltată o abilitate care la copilul tău e slab dezvoltată sau din cauză că sarcinile respective solicită niște abilități care în cazul amândurora lasă puțin de dorit. Această descoperire are o mare putere de a netezi calea în vederea unei mai bune colaborări între voi. Ea îți poate deschide ochii asupra unor abordări la care nu te-ai gândit și, în mod sigur, reduce conflictul. Înveți să profiți de pe urma respectivelor puncte forte ale tale și sfârșești prin a amplifica șansele copilului tău de a-și dezvolta și exersa funcțiile executive de care are nevoie.

Poți vedea beneficiile în povestea lui Carmen și a mamei sale. Aceasta din urmă are o fire sociabilă și nu a avut întotdeauna foarte multă răbdare cu firea reticentă a fiicei sale. Acum însă, când înțelege că fiicei sale îi lipsește flexibilitatea și nu-și poate stăpâni emoțiile, propune rapid o alternativă care se mulează pe punctele forte ale lui Carmen, în loc să piardă timp căutând să o convingă să facă ceva ce ei i s-ar părea atât de dificil, încât n-ar ieși nimic pozitiv de pe urma experienței.

Mama lui Carmen a sesizat nepotrivirea dintre abilitățile fiicei sale și sarcina care i se dăduse. Când între abilitățile copilului și sarcina care i s-a dat există o bună potrivire, sarcina va fi abordată cu încredere și dusă până la capăt cu ușurință. Când nu există potrivire, răspunsul copilului nu este atât de previzibil. Situațiile de expunere în public îi provoacă lui Carmen anxietate, iar anticiparea lor îi provoacă simptome fizice neplăcute. Din fericire pentru Carmen, activitatea de cercetaș este o activitate care se desfășoară în timpul liber, fiind astfel mai flexibilă decât alte activități pe care copiii trebuie să le desfășoare, cum ar fi cele din clasă.

Desigur, o altă posibilitate pentru Carmen ar fi fost să renunțe cu totul la eveniment. Aceasta este întotdeauna o opțiune în cazul activităților discreționare. Provocarea constă în a cântări avantajele și dezavantajele: nu-ți dorești ca fiul sau fiica ta să simtă că eșuează în tot ceea ce face; pe de altă parte, nu dorești să-i răpești oportunitățile de dezvoltare personală pe care aproape orice activitate le oferă unui copil aflat în formare. Astfel, dacă găsești o cale prin care să îl faci să participe și să se simtă și competentă, mai mult ca sigur că va dobândi de pe urma acestei experiențe abilități noi sau îmbunătățite.

Părinții acționează pornind de multe ori de la concepția greșită potrivit căreia copiii dezvoltă respect de sine dacă îi lăudăm pentru că sunt deștepți, sau talentați, sau atletici. Aprecierile pot fi de ajutor (deși există reguli pentru ca aprecierile să fie eficiente, și vom discuta despre ele în Capitolul 8). În realitate, o cale importantă pentru dezvoltarea stimei de sine o constituie acceptarea provocărilor și depășirea lor. Cu cât își testează abilitățile în mai multe domenii, cu atât devin mai încrezători că pot face față oricărui obstacol. Arta de a fi părinte implică și capacitatea de a identifica cât mai corect provocările care sunt potrivite pentru nivelul de dezvoltare al copilului, astfel încât acesta să le depășească cu succes și fără prea mare efort.

Uneori poate fi evident că cea mai bună alegere ar fi să îndepărtăm copilul de anumite situații, ca de pildă atunci când cerințele solicită un set de funcții executive pe care copilul nu le are. De aceea, în multe biserici, copiii vin să asiste doar la începutul slujbei religioase, după care pleacă la școala de duminică înainte ca atenția sau controlul impulsurilor să le fie solicitate prea mult. Părinții înțelepți își dau seama dacă fiul sau fiica lor poate să tolereze o întrunire de familie, în caz contrar găsind un babysitter pentru evenimente precum o nuntă, unde este mare probabilitatea ca cel mic să întrerupă ceremonia. Acolo unde nu există potrivire între cerințele unei sarcini și comportamentul normativ pentru o anumită vârstă, adulții vor încerca să găsească alternative. Lucrul acesta poate fi oarecum mai dificil de realizat dacă fiul sau fiica ta este în urma altor copii de vârsta lui. Ca părinte, este de datoria ta să te implici și să iei decizii care să-l protejeze pe copil. Iată un exemplu:

Sherry, în vârstă de 8 ani, a fost invitată pentru prima oară să doarmă la cineva, cu ocazia zilei de naștere a prietenei ei, Laura. Mama lui Sherry știe că aceasta adoarme greu, doar cu lumina aprinsă, temându-se de zgomotele pe care le aude noaptea. Deseori se trezește în toiul nopții și vine în camera părinților doar ca să se asigure că sunt acolo. Aceștia au încercat diverse metode și au reușit să amelioreze problema, dar consideră că fiica lor nu este pregătită încă să doarmă în altă casă. Mama ei o sună pe mama Laurei și îi explică situația, iar apoi îi spune lui Sherry că o va lăsa la petrecere, dar că trebuie să se întoarcă să doarmă acasă, din moment ce a doua zi au un eveniment în familie la care vrea ca fiica ei să fie prezentă. Sherry așteptase cu nerăbdare petrecerea, dar mama ei și-a dat seama că fiica ei s-a bucurat când a auzit că nu-și va petrece noaptea la prietena ei acasă.

Din păcate, nu toate situațiile cu care se confruntă copilul tău pe parcursul unei zile pot fi modificate astfel încât să se potrivească funcțiilor executive ale acestuia. Școala este, cu siguranță, un exemplu în acest sens.

> Roger, în vârstă de 10 ani, urăște să scrie. Scrisul lui de mână e urât, actul mecanic al scrisului e lent și laborios pentru el, și nu are niciodată idee despre ce să scrie. Ultima problemă este cea mai gravă! Stă în bancă și se holbează la foaia albă din fața lui, simțindu-se neajutorat. Frustrarea crește în el până când izbucnește. „Nu știu să-mi fac tema asta stupidă!", strigă la mama lui. „Nu știu de ce doamna Carson ne tot dă să scriem. N-am de gând s-o fac, și nu mă poți obliga!" Apoi mototolește hârtia din fața lui, izbește stiloul de perete și pleacă precum o vijelie spre dormitor, ca să înceapă niște jocuri video. Mama lui se ia cu mâinile de cap. *De ce se poartă Roger în felul ăsta?* se întreabă. După ce i-a descris profesoarei comportamentul lui, aceasta s-a arătat sincer surprinsă. La școală, Roger niciodată nu s-a plâns (deși profesoara a recunoscut că are obiceiul să tragă de timp când are ceva de scris, astfel încât este nevoită să-i ceară să-și termine lucrarea acasă).

Și Roger are probleme în ceea ce privește flexibilitatea și controlul emoțiilor (și, de asemenea, abilități de metacogniție slabe, ceea ce înseamnă că nu poate găsi o soluție rezonabilă la problema pe care o are în față), iar sarcina care i-a fost dată face apel tocmai la funcțiile lui executive slabe. Deoarece este vorba despre o cerință legată de școală, iar funcțiile lui executive slabe fac să-i fie dificil să-și însușească o abilitate școlară importantă, mama lui Roger nu poate să încerce, pur și simplu, să îi găsească fiului ei altceva de făcut în acest caz, așa cum a procedat mama lui Carmen într-o situație similară. În cazul lui Roger, este necesar să se găsească modalități de a modifica exercițiul de scriere, astfel încât acesta să fie mai ușor de dus la bun sfârșit de către Roger. Vestea bună e că în asemenea cazuri există mult mai multe posibilități pentru soluționarea problemei decât ar părea la prima vedere.

- Mama lui Roger poate să discute cu fiul ei despre semnificația cerinței înainte ca acesta să se apuce de scris, ajutându-l să vină cu idei și să-și organizeze gândurile.
- Ea ar putea să-i propună ca el să dicteze compunerea, scăpându-l astfel de munca manuală care face ca scrisul să fie pentru el mult mai dificil.
- Sau e posibil ca profesoara să fie dispusă să îi reducă sarcina – de exemplu, cerându-i să scrie două propoziții în loc să scrie un paragraf întreg sau un paragraf în loc de trei.

Acestea ar fi doar câteva variante. Multe alte idei le-ar putea veni mamei lui Roger și profesoarei, dacă își vor pune mintea la contribuție pentru a rezolva problema. Însă dacă soluțiile pe care le găsesc se doresc a fi într-adevăr eficiente, ele trebuie să știe exact cu ce se confruntă, în sensul că trebuie să aibă în vedere ce presupune sarcina, mediul în care aceasta trebuie rezolvată și capacitățile copilului:

1. *Când* știi că *copilul tău are anumite puncte slabe la nivelul funcțiilor executive, fii foarte atent la reacțiile emoționale*

și comportamentale ale copilului față de sarcina care i-a fost dată. Carmen nu a fost în stare să stea de vorbă cu șefa trupei de cercetașe pentru a-i spune că nu poate duce la îndeplinire sarcina care i s-a dat. La început, nici măcar mamei nu a vrut să-i spună, dar în timpul ritualului liniștit dinaintea culcării, când ea obișnuia să-i împărtășească mamei cele mai profunde gânduri ale ei, Carmen a reușit să se confeseze. Roger, de asemenea, s-a purtat diferit la școală și acasă. La școală, înconjurat de colegi, i-ar fi fost rușine să dea frâu liber acceselor de furie, așa cum făcea acasă. Dacă mama lui Carmen nu ar fi acordat atenție comportamentului ușor schimbat al fiicei ei în drum spre casă, după întâlnirea cu cercetașele, ar fi putut trece cu vederea faptul că se întâmplase ceva cu ea și nu și-ar fi dat niciodată seama că lui Carmen i se ceruse să facă ceva ce ei i se părea extrem de dificil. Carmen ar fi putut suferi un eșec în final, ceea ce ar fi expus-o pericolului potențial despre care am discutat anterior. Dacă mama lui Roger ar fi considerat că fiul ei este doar un rebel care vrea să scape de teme, nu ar fi aflat niciodată cât de grele i se păreau lui exercițiile de scriere, deoarece profesoara nu observase la școală că ar avea o astfel de problemă. Cu cât mai mult rămânea problema neabordată, cu atât mai greu ar fi putut deveni scrisul pentru Roger și cu atât mai mult s-ar fi obișnuit el să evite situațiile în care i se cerea să scrie.

2. *Când copilul tău evită să facă un lucru, ia în considerare și posibilitatea că nu este capabil să-l facă.* Copiii reacționează la sarcini dificile prin comportamente și reacții emoționale dintre cele mai variate, care la o primă vedere nu indică faptul că ei *nu pot* face ceea ce li s-a cerut să facă. Carmen avea tendința să se închidă în ea și să aibă dureri de stomac. Roger își ieșea din fire. Alți copii sunt experți în a evita activitatea

respectivă. Aceștia încep să-și ascută creioanele, să piardă vremea cu ascuțitoarea și să găsească orice scuză numai ca să nu se apuce de scris, dacă acesta li se pare un lucru greu de făcut. Mai pot încerca să facă conversație cu un coleg, cu fratele, cu profesorul sau cu părintele, sau lasă atenția să le fie distrasă de tot ce se întâmplă în imediata lor apropiere. Ei pot începe să se maimuțărească, să devină neascultători sau să se plângă de oboseală (de fapt, sarcinile ce presupun efort chiar au efectul de a induce oboseală unor copii). Copiii se manifestă în toate aceste feluri în loc să spună: „Nu știu să fac asta".

Bineînțeles, există și copii care exact așa procedează – spun că nu știu să facă un lucru –, însă mult prea adesea răspunsul părinților sau al profesorilor la această declarație deschisă și sinceră este: „*Bineînțeles* că știi. E foarte *ușor*!" Din păcate, efectul unei astfel de replici este de a-l face pe copil să se simtă cu atât mai „prost", deoarece tocmai i s-a spus că sarcina pe care nu știe cum să o rezolve este una ușoară. Dacă i-ai spus așa ceva copilului în legătură cu anumite sarcini, întreabă-te dacă nu cumva ele implicau funcții executive care în cazul tău sunt dezvoltate, iar în cazul copilului tău sunt mai puțin dezvoltate. Dacă așa stau lucrurile, atunci tentația ta de a-i răspunde astfel reprezintă indiciul că trebuie să cercetezi mai atent sarcina respectivă și să afli de ce copilul tău nu o poate îndeplini. Este datoria adulților (părinți și profesori mai ales) să identifice ce anume la sarcina respectivă dă naștere unui astfel de răspuns emoțional și comportamental, astfel încât să ajungă să înțeleagă comportamentul din fața lor și natura obstacolelor care duc la acel comportament.

3. *Dă-ți seama ce funcții executive solicită o anumită sarcină și întreabă-te dacă fiul sau fiica ta le posedă.* Bineînțeles că

nu trebuie să faci acest lucru pentru orice activitate casnică sau temă pe care trebuie să o facă copilul tău, dar în cazul în care acesta opune rezistență la o anumită activitate pe care o are de îndeplinit acasă sau la școală, merită să te gândești dacă nu cumva o parte din acea rezistență e cauzată de o slabă potrivire între acea activitate și abilitățile sale. Având în vedere că ai aflat care sunt punctele slabe ale funcțiilor executive ale copilului tău când ai completat chestionarul de la Capitolul 2, vei putea să-ți pui pur și simplu întrebarea dacă sarcina care îi dă bătăi de cap face cumva apel la unele dintre acele funcții executive slab dezvoltate în cazul lui. Alternativ, mai poți porni de la sarcină și parcurge lista de funcții executive pentru a stabili care anume joacă un rol predominant în îndeplinirea acelei sarcini.

Hai să luăm ca exemplu curățenia în cameră. Aceasta este o sarcină pe care aproape orice părinte o cere de la copilul său și se așteaptă să o realizeze, dar dacă privești îndeaproape funcțiile executive necesare, vei vedea că există multe feluri în care un copil cu slabe funcții executive poate să se poticnească. Pentru ca un copil să fie absolut independent în privința curățeniei în cameră, la un nivel minim necesar, funcțiile executive următoare sunt cele care i se solicită:

- Inițierea sarcinii – copilul trebuie să fie capabil să se apuce de treabă fără să i se amintească.
- Puterea de concentrare – copilul trebuie să își continue treaba până când o vede terminată.
- Planificarea/Stabilirea priorităților – copilul trebuie să-și facă un plan de atac și să decidă ce este important și ce nu este important (de exemplu, ce merită păstrat și ce trebuie aruncat).

- Organizare – copilul trebuie să găsească o cale de a-și gestiona lucrurile, așezându-l pe fiecare la locul lui.

Când o sarcină presupune multiple funcții executive, vei constata că eșecul apare când copilul trebuie să folosească o abilitate slabă. În această situație, poți lucra la consolidarea abilității respective. Dacă inițierea sarcinii este problema, atunci stabiliți împreună momentul în care trebuie începută curățenia în cameră și în ce fel vrea copilul să i se amintească să se apuce de treabă. Dacă puterea de concentrare este problema, atunci stabiliți împreună mai multe etape în care să facă curat în cameră și elaborați un plan pentru fiecare etapă în parte. Dacă planificarea este problema, atunci tu și copilul așezați-vă și faceți o listă cu pașii ce trebuie urmați pentru a face curățenie în cameră, pentru a putea apoi să verificați dacă ei au fost respectați întocmai. În cazul în care organizarea lasă de dorit, atunci gândește-te cum ți-ai putea ajuta copilul să-și amenajeze camera astfel încât să-i fie mai ușor să-și aranjeze lucrurile. Aceste exemple sunt exact genul de lucruri pe care le vei învăța citind Partea a III-a a cărții.

4. *Dă-ți seama dacă mediul face dificilă ducerea la bun sfârșit a unei sarcini de către copilul tău.* Pentru copiii cu funcții executive slabe sau cu abilități abia formate, lucruri aparent minore din mediul înconjurător le pot obstrucționa folosirea acelor abilități. Surse de distragere a atenției, precum un televizor care emite un zgomot de fundal sau o conversație interesantă la care pot trage cu urechea, pot interfera cu activitatea lor. Pentru unii copii, faptul de a fi observați atunci când desfășoară o activitate dificilă este suficient ca să îi facă să se oprească, mai ales dacă simt că sunt și judecați. Dacă întâmpini

dificultăți în a-ți determina copilul să exerseze la pian, atunci stăpânirea impulsului de a-i oferi „sfaturi constructive“ în timp ce exersează la pian este, probabil, o idee bună.

Pe de altă parte, în unele cazuri, a lăsa copilul să se descurce pe cont propriu cu sarcina pe care o are de îndeplinit poate să împiedice procesul. De exemplu, copiii cu putere de concentrare slabă se lasă distrași cu multă ușurință de factori externi sau interni, fiindu-le imposibil să mai continue. În cazul copiilor cu abilități de planificare deficitare, soluția de a-i lăsa să se descurce complet singuri îi poate pune în imposibilitatea de a începe sau de a face progrese într-o activitate anume. Problema apare mai ales atunci când activitatea este una deschisă (adică există mai multe căi posibile sau soluții posibile). Mulți copii, în momentul în care sunt lăsați singuri să facă ceva, se simt copleșiți de sarcina respectivă – fie li se pare că sunt mulți pași de parcurs, fie cred că le va lua foarte mult timp să o termine; fără ca cineva să stea în preajmă și să le insufle încredere, încurajându-i prin remarci pozitive, aceștia se descurajează imediat și se dau bătuți.

Se întâmplă, de asemenea, să fii derutat de faptul că fiul sau fiica ta folosește eficient o funcție executivă într-un anumit context, dar în alte situații nu reușește s-o mai folosească. Uneori, motivul îl reprezintă structura amplă pe care o situație anume o impune. Spre exemplu, un copil este capabil să termine un exercițiu scris la școală (unde este înconjurat de copii care fac același lucru și unde profesorul stă cu ochii pe el și poate verifica periodic cum se descurcă, oferindu-i, eventual, sfaturi), dar e posibil să nu fie în stare să facă și acasă aceeași temă scrisă (unde are parte de mai puțină supraveghere și nu este atât de încrezător că mama sau tatăl lui va putea să îl ajute când se împotmolește). Dacă vei identifica factorii ce contribuie la succesul copilului, în primul caz, sau la eșecul lui, în al doilea caz, vei putea să „reglezi" mediul ca să sporești probabilitatea succesului.

Un factor care influențează semnificativ capacitatea copilului de a-și folosi bine abilitățile executive este gradul de interes al copilului față de sarcina care i se propune sau motivația lui pentru a reuși. Copiii care uită permanent să ducă la școală caietele cu teme nu au aceeași problemă când este vorba despre un CD pe care vor să i-l împrumute unui prieten. Copiii care uită să rămână după ore ca să se pregătească cu profesorul de matematică pentru testarea de a doua zi nu întâmpină probleme în a-și aminti că aceea este ziua în care unul din părinți le-a promis că pot merge la mall după ore ca să își folosească cardul pentru cadouri. Dacă îl regăsești pe copilul tău în aceste descrieri, nu înseamnă neapărat că el are o memorie de lucru slabă, ci doar că motivația suplimentară pe care o are copilul ca să se angajeze într-o anumită activitate depășește memoria în mod firesc slabă a acestuia. Cunoscând faptul că toți copiii își pot folosi mai eficient funcțiile executive când motivația este puternică, vei putea găsi căi de a lega rezolvarea sarcinii de factorii motivaționali care îl ademenesc pe copilul tău să facă un efort în plus pentru a duce la îndeplinire sarcina care presupune din partea lui folosirea funcțiilor executive ce nu îi sunt la îndemână.

Capitolul 6 va descrie mult mai amănunțit factorii de mediu care îl pot împiedica pe copil să-și folosească funcțiile executive, oferind totodată sugestii despre cum să modifici mediul pentru ca el să se bucure de mai mult succes. În Capitolul 8 se va discuta mai mult despre cum să oferi unui copil motivația de a-și folosi și consolida funcțiile executive slabe.

5. *Dacă uneori copilul tău poate să îndeplinească sarcina, dar nu o poate îndeplini tot timpul, înseamnă pur și simplu că ai identificat o funcție executivă slabă.* Există o mare diferență între a fi capabil să rezolvi o sarcină și a fi capabil să rezolvi acea sarcină în mod constant. Aceia dintre voi pentru care organizarea reprezintă o provocare înțeleg cât se poate de bine acest lucru dacă îl explicăm în contextul păstrării ordinii și curățeniei pe birou. Bineînțeles, sunteți perfect capabili să vă faceți curat pe birou. Știți cum se face asta. Spre exemplu, decideți ce lucruri să păstrați pe birou, luându-le pe celelalte, unul câte unul, și găsindu-le un alt loc (fie le aruncați, fie le îndosariați, le puneți într-o cutie, le dați altcuiva să se ocupe de ele etc.). Odată ce v-ați făcut curat pe birou, gândiți-vă totuși ce greu este să *păstrați curățenia* în fiecare zi. Acesta este adesea motivul pentru care copiii au o problemă când se confruntă cu sarcini care le solicită funcțiile executive slabe: poate că știu ce au de făcut sau cum să facă lucrul respectiv, dar să-l facă permanent, zi după zi, atât de mult timp cât le cer părinții sau profesorii să-l facă este o cu totul altă poveste!

Dacă te confrunți cu astfel de situații în cazul fiului sau fiicei tale, ai la dispoziție câteva opțiuni. Poți încerca să stăpânești situația, ca să nu-ți scape de sub control. Asta înseamnă că un copil cu probleme organizatorice, de exemplu, ar trebui să petreacă 10 minute în fiecare seară pentru a-și face curat în cameră în loc să aștepte până în weekend, când dezordinea va fi mult mai mare. În cazul unui copil cu probleme de gestionare a timpului, e nevoie să-i impui un program de lucru pentru proiectul pe care crede că îl poate termina în 30 de minute, în condițiile în care tu știi foarte bine că i-ar putea lua câteva ore.

Totuși, în unele cazuri, s-ar putea să descoperi că cel mai bine este să alegi „bătăliile" pe care merită într-adevăr să le duci. Asta înseamnă să lași lucrurile să curgă din când în când – spre exemplu, să sari peste rutina curățeniei în cameră atunci când copilul a avut multe teme sau multe ore de antrenament. Copiii care își controlează cu greu emoțiile sunt cei mai afectați de stresul provocat de diverși factori, stres care își spune cuvântul atât asupra capacității lor de a-și stăpâni impulsurile, cât și asupra folosirii altor funcții executive. Oboseala, foamea, suprastimularea, o zi proastă la școală, o schimbare neașteptată în program, toate pot influența mobilizarea resurselor și a funcțiilor executive, solicitându-le părinților să facă ajustări din mers pentru a-i ajuta să-și controleze comportamentul. În cazul în care părinții constată totuși că au lăsat de prea multe ori lucrurile să curgă, ei trebuie să vadă dacă pot reduce factorii care au dus la supraaglomerarea copilului. De câte ori este posibil, e recomandabil ca mai degrabă să se reducă cerințele decât să fie scutiți copiii de orice obligații. Spre exemplu, în loc să-i pui să-și petrează 10 minute făcând curățenie la locul de joacă, mai bine îi îndemni să-și strângă doar piesele de Lego, urmând să-și așeze celelalte jucării a doua zi.

6. *Dacă fiul sau fiica ta a reușit de câteva ori să ducă la bun sfârșit sarcina, încearcă să-ți dai seama ce anume a dus la reușită.* Poate că te-ai trezit uneori spunând: „Te-ai plâns și ultima oară când a trebuit să faci lucrul ăsta, deși până la urmă l-ai făcut, așa că încetează să te mai vaiți și apucă-te de treabă". Dacă ai spus așa ceva, înseamnă că ai trecut cu vederea niște factori importanți. În primul rând, în ce măsură și în ce fel ți-ai sprijinit copilul data tecută să-și ducă la îndeplinire cu

succes sarcina? E posibil să fi făcut nenumărate lucruri care să-i ușureze copilului tău munca, fără să-ți dai seama:

- Ai discutat cu copilul tău despre ce anume are de făcut înainte de a se apuca de lucru (ceea ce noi numim uneori „amorsarea pompei")?
- Ai împărțit sarcina pe care o avea de făcut în mai multe etape de execuție?
- I-ai dat voie copilului să ia o pauză după ce a lucrat timp de numai 5 minute?

Acestea sunt doar câteva dintre posibilități. Dacă te simți încurcat văzând capacitatea inconsecventă a copilului de a îndeplini o sarcină, încearcă să treci în revistă experiențele reușite și eșecurile. Ai putea chiar să notezi diverși factori de mediu implicați în cele două tipuri de experiențe, împărțind foaia în două coloane și comparând, pentru a vedea unde se ascunde cheia succesului.

7. *În cazul în care copilul pare să aibă funcțiile executive necesare pentru a îndeplini sarcina, problema constă cumva în faptul că nu are încredere în șansele lui de reușită?* Există o altă variabilă importantă care ajută la stabilirea gradului de potrivire între sarcină și funcțiile executive ale copilului. Este vorba despre autoevaluarea capacității de a reuși. Dacă ai analizat cu atenție sarcina și ai comparat funcțiile executive solicitate cu abilitățile propriului copil, luând în considerare și mediul în care trebuie să se desfășoare activitatea respectivă, însă tot nu ți-ai putut da seama de ce copilul tău n-ar putea să rezolve sarcina respectivă, poate fi vorba doar despre lipsa de încredere a acestuia în forțele lui. Motivele sunt numeroase:

- Sarcina i se pare prea amplă, iar el nu poate privi dincolo de mărimea ei, ca să vadă că fiecare pas pe care ea îl presupune poate fi parcurs de el fără dificultate.
- A încercat și a eșuat în atâtea alte sarcini, încât consideră că și în cazul acesteia i se va întâmpla la fel.
- Eforturile lui au avut parte de critică în trecut și nu mai vrea să riște – lucru valabil mai ales în cazul copiilor cu tendințe perfecționiste (care deseori au părinți perfecționiști) – din moment ce, indiferent cât de bine face ceva, nu satisface niciodată în totalitate așteptările părinților sau ale altor persoane pe care vrea să le mulțumească ori să le impresioneze.
- Mereu s-a găsit cineva să îi sară în ajutor imediat ce a întâmpinat un obstacol, astfel încât nu a învățat să se descurce pe cont propriu (sau cu minimum de ajutor).

Câteodată o sarcină se încadrează perfect în limitele de competență ale copilului. Însă în cazul în care copilul nu se consideră capabil să o realizeze, e posibil să se lase antrenat de aceleași diversiuni pe care le-ar folosi dacă s-ar confrunta cu o sarcină ce îi depășește posibilitățile. Din fericire, poți gestiona ambele situații în același fel – modifică pe ici, pe colo sarcina pentru a-l ajuta pe copil să ajungă ușor la rezultatul dorit. Când sarcina nu depășește capacitatea copilului de a o rezolva, succesul se obține, de obicei, mai repede, și problema dispare mai rapid atât timp cât copilul își vede reușita și are un feedback pozitiv din partea celorlalți cu privire la acea reușită.

În multe cazuri, modul în care poți gestiona astfel de situații constă în a-l ajuta pe copil să înceapă să facă lucrul respectiv, oricare ar fi acesta, asigurându-l că *nu-l vei lăsa de izbeliște* (adică îi vei oferi suportul necesar pe parcursul desfășurării activității respective). Poate că îți va fi de folos comparația cu învățarea mersului pe bicicletă după ce roțile ajutătoare au fost scoase. Asigură-te că copilul tău știe că îl vei ajuta la fel cum ai făcut-o când l-ai ținut de partea din spate a bicicletei ca să nu cadă, până în momentul în care ți-a spus că se poate descurca singur. Dacă sarcina se încadrează cu adevărat în limitele de competență ale copilului, atunci asigurarea ta plus susținerea pe care i-o acorzi de la început ar trebui să-i fie suficiente pentru a ajunge în scurt timp să spună: „De-acum mă descurc și singur". Această abordare este utilă mai ales când copilul are o temă pentru acasă pe care nu crede că o poate face. Ajută-l s-o înceapă, oferă-i mici sugestii și cuvinte de încurajare și laudă-l că își vede de treabă sau că încearcă din răsputeri să se descurce singur. Și sari să-i acorzi ajutor suplimentar când îl vezi că devine descurajat sau că se blochează.

A-i oferi posibilitatea să exerseze sau să facă repetiții în ceea ce privește o situație-problemă reprezintă o altă modalitate de a-l ajuta pe copil să capete încredere în el. Să zicem că fiul tău vrea să invite un prieten la el, dar nu știe cum să procedeze. Pune-i la dispoziție un scenariu și trasnformă situația într-un joc de rol pe care să-l repeți cu el până se simte confortabil să dea acel telefon. Ai putea să anticipezi și posibile răspunsuri din partea interlocutorului, cum ar fi refuzul de a accepta invitația din diverse motive, asigurându-te astfel că fiul tău este pregătit pentru orice variantă.

Oricare ar fi detaliile, când există o potrivire slabă între sarcina încredințată, mediu și profilul funcțiilor executive ale copilului, acesta din urmă va încerca să controleze situația fie sustrăgându-se, fie evitând-o. În scenariile descrise mai devreme, Carmen și Roger au reacționat încercând să evite situația. Un copil cu sindromul Asperger*, care este inflexibil și face cu greu față unor conversații obișnuite, remodelează situația astfel încât să o facă să se potrivească abilităților lui și domină conversația cu subiecte care îl interesează pe el. Chiar și copiii care nu au sindromul Asperger și care dau dovadă uneori de lipsă de flexibilitate au această problemă și îi fac față în același fel. Copiii cu un slab control al emoțiilor sau al impulsurilor întâmpină deseori dificultăți în gestionarea situațiilor în care se întâmplă multe lucruri în jurul lor sau în care evenimentele se succedă cu rapiditate. Ei pot face față acestor provocări fie părăsind locul, fie retrăgându-se într-un colț liniștit. Când era preșcolar, fiul meu cel mic (Peggy este cea care vorbește acum) începea să se poarte urât cu copiii care veneau la el în vizită și stăteau prea mult. El nu știa cum să le spună să plece acasă, dar știa că eu îi voi descifra comportamentul și le voi spune acestora că joaca s-a încheiat. În Partea a II-a a acestei cărți vom așterne o serie de condiții pe care este necesar să le înțelegi pentru a face schimbările care să mărească gradul de potrivire dintre copil și sarcinile care îi sunt încredințate.

* Deși terminologia de „tulburare Asperger" este preferată de Asociația Americană de Psihiatrie în DSM-IV-TR, afecțiunea este mai degrabă cunoscută sub numele de „sindrom Asperger", pe care îl vom folosi și noi în această carte. (n.a.)

Partea a II-a

Clădirea unei temelii care să poată fi de ajutor

Capitolul 5

Zece principii pentru îmbunătățirea funcțiilor executive ale copilului tău

Până acum trebuie să-ți fi făcut cât de cât o idee despre importanța pe care o au funcțiile executive pentru capacitatea unui copil de satisfacere a cerințelor impuse celor de vârsta lui. Probabil că ți-ai format o imagine mai clară asupra punctelor slabe și forte ale copilului tău și a motivului pentru care acesta întâmpină dificultăți în îndeplinirea unor sarcini, în timp ce pe altele le duce cu ușurință la bun sfârșit. E posibil să-ți fi venit deja niște idei despre cum să folosești avantajul punctelor forte astfel încât copilul tău să acționeze la fel de inteligent precum este – și să nu mai fie atât de împrăștiat. Și putem pune rămășag că nivelul conflictului e deja puțin mai scăzut acum, când știi cum să sporești gradul de potrivire dintre tine și copilul tău și cum să te descurci cu inevitabilele divergențe.

În acest capitol, am distilat toate aceste informații în zece principii care să-ți ofere îndrumarea necesară pentru a-ți ajuta copilul să crească și să se dezvolte. Le poți folosi pentru a pune în aplicare strategiile din Partea a III-a ținând cont de circumstanțele și caracteristicile unice ale copilului tău sau pentru a-ți crea propriile strategii. Indiferent ce vei decide, ele reprezintă „regulile" necesare pentru a-l ajuta pe copilul tău să facă față unor sarcini care acum i se par adevărate provocări, pentru a-i dezvolta acele funcții executive care lasă de dorit și pentru a-l încuraja să-și exerseze funcțiile executive în vederea amplificării la maximum a potențialului său în domeniile respective. Vei citi mai multe despre cel mai important dintre aceste principii în restul Părții a II-a.

1. *Formează-i tu* abilitățile în care nu excelează în loc să aștepți să le dobândească singur prin observație sau osmoză.

Se pare că unii copii au o capacitate înnăscută de a-și folosi eficient funcțiile executive, în timp ce alții se poticnesc și se chinuie când sunt lăsați pe cont propriu. E oarecum la fel ca în cazul învățării cititului. Puțini copii par să învețe singuri să citească, în vreme ce majoritatea au nevoie de educația formală în acest scop. Mai există și un procent mic de copii care nu par să își formeze această abilitate rapid sau ușor chiar dacă au parte de îndrumare la clasă în acest sens. Mulți părinți și profesori sprijină dezvoltarea funcțiilor executive prin ceea ce psihologii numesc „învățare incidentală" – adică ei oferă structuri lejere, modele, recompense ocazionale și indicii, considerând că este suficient. Poate că era suficient pe vremuri, când așteptările la adresa copiilor erau mai scăzute, iar procentul de supraveghere și sprijin din partea părinților și a profesorilor era mai mare.

În ziua de astăzi, numeroși copii se luptă, la un moment dat, cu o sarcină care le solicită funcțiile executive la un nivel ce îi depășește. Pentru a ne adapta la această lume din ce în ce mai complexă, nu putem lăsa dezvoltarea funcțiilor executive la voia întâmplării. Trebuie să le oferim copiilor noștri îndrumare directă – să definim problemele comportamentale, să identificăm modele de conduită, iar apoi să dezvoltăm și să implementăm o secvență educațională care să cuprindă supravegherea atentă, în primul rând, urmată de o diminuare treptată a îndemnurilor și a sprijinului acordat. În Capitolul 7 vom descrie mai în detaliu acest proces, menit să abordeze anumite sarcini. Există însă modalități mai accesibile copilului de învățare a funcțiilor executive, și anume prin eșafodaje și chiar prin jocuri ce încurajează dezvoltarea funcțiilor executive în general, în locul trasării unei sarcini ce necesită anumite abilități. Această abordare este de asemenea descrisă mai pe larg în Capitolul 7. În același timp, observă cum acest principiu se leagă de principiul numărul 3. Când îl înveți pe copil o abilitate, modificându-i sarcina pe care o are de îndeplinit pentru a o face mai accesibilă lui, pornești de la aspectul exterior, însă scopul este acela de a forma în interior abilitatea solicitată de sarcina respectivă, astfel încât copilul să o asimileze în repertoriul lui și să o aplice singur atunci când este cazul.

2. Ia în considerație nivelul de dezvoltare al copilului.

Nu avem pretenția ca un copil de 5 ani să planifice și să pregătească masa în timpul programului de grădiniță, nu avem pretenția ca un copil de 10 ani să își facă singur bagajul pentru tabăra de vară și nu ne așteptăm ca un copil de 14 ani să locuiască singur. Cu toate acestea, pe parcursul practicii noastre clinice am întâlnit numeroși părinți care aveau așteptări nerealiste în raport cu nivelul de independență al copilului. Odată am avut de-a face, de exemplu, cu un părinte care se aştepta ca fiica lui de 8 ani să-şi amintească singură în fiecare dimineaţă că trebuie să-şi ia tratamentul pentru astm, lucru pe care majoritatea copiilor nu reuşesc să-l facă, trebuind să li se amintească cel puţin până în clasele a III-a şi a IV-a, dacă nu mai mult. De asemenea, zi de zi discutăm cu părinţi care au copii abia intraţi la liceu şi care sunt iritaţi deoarece aceştia nu au un plan clar cu privire la colegiul pe care vor să îl urmeze. Din experienţa noastră, ştim că nu este ceva ieşit din comun ca până şi liceenii din ani terminali să aibă nevoie de asistenţă în acest proces, fie din partea părinţilor, fie din partea dirigintelui, fie din ambele părţi.

Să înţelegi ce este normal pentru fiecare vârstă în parte astfel încât să nu ai aşteptări exagerate de la copil reprezintă primul pas în abordarea funcţiilor executive slabe. Am inclus în Capitolul 2 (pp. 62–63) un tabel cu vârstele la care să ne aşteptăm din partea copiilor să rezolve diferite sarcini ce implică funcţii executive. Am inclus şi liste de verificare detaliate în Partea a III-a, pe care le poţi consulta pentru a identifica stadiul la care se află copilul tău în ceea ce priveşte dezvoltarea funcţiilor executive.

Însă a şti ce este specific fiecărei vârste este doar o parte din întregul proces. Când abilităţile copilului tău sunt întârziate sau deficitare în raport cu vârsta, trebuie să preiei controlul şi să intervii, pornind de la nivelul de dezvoltare la care se află copilul în acel moment. Dacă un copil normal de 12 ani este capabil să-şi facă curat în cameră pe baza unui program săptămânal şi după una-două atenţionări (sau trei!), iar copilul tău nu a făcut acest lucru de unul singur în viaţa lui, atunci majoritatea structurilor şi strategiilor care funcţionează în general la copiii de 12 ani probabil că nu vor funcţiona şi la el. Va trebui să adaptezi cerinţele sarcinii la nivelul de dezvoltare al copilului tău, dacă acesta este diferit față de cel al colegilor lui sau de cel care e conform așteptărilor tale. Același tabel din Capitolul 2 te va ajuta să-ți faci o idee despre vârsta pe care o are copilul tău din punctul de vedere al dezvoltării acestuia, cel puțin în ceea ce privește anumite funcții executive care te îngrijorează.

3. *Treci* de la extern la intern.

După cum am mai spus, ai îndeplinit rolul lobilor frontali ai copilului tău atunci când acesta era bebeluș. Orice proces de formare a funcțiilor executive începe cu ceva *din afara* copilului. Înainte de a-ți învăța copilul să nu fugă în stradă, ai stat lângă el și l-ai ținut de mână când a trebuit să traversați, ca să te asiguri că nu va păți nimic. În cele din urmă, pentru că i-ai repetat regula: „Uită-te în stânga și-n dreapta înainte să traversezi", copilul tău a asimilat-o, apoi ai observat că a pus-o în aplicare, iar acum se descurcă să treacă singur strada. În toate modurile posibile, organizezi și structurezi mediul înconjurător al copilului tău astfel încât să compensezi funcțiile executive pe care acesta nu și le-a dezvoltat încă. Așadar, atunci când te hotărăști să-ți ajuți copilul să-și dezvolte într-un mod eficient funcțiile executive, întotdeauna să începi prin a schimba mediul său extern, pentru a ajunge apoi la strategii care îi cer copilului să se transforme în interior. Câteva exemple:

- Sugerează-i să se spele pe dinți înainte de culcare, în loc să aștepți să-și amintească singur.
- Dă-i sarcini scurte, în loc să aștepți din partea lui să petreacă mult timp pentru a îndeplini diverse activități casnice.

- Organizează petreceri scurte pentru a evita suprastimularea copilului în cazul în care acesta are dificultăți în a-și controla emoțiile.
- Cere-i micuțului tău de creșă sau de grădiniță să te țină de mână atunci când treceți printr-o parcare.

4. Amintește-ți că a acționa în plan extern include și modificările pe care le poți aduce mediului de viață al copilului, sarcinii sau modului în care interacționezi cu el.

Asigură-te că iei în considerație toate cele trei posibilități de fiecare dată când ai de gând să încerci să modifici ceva din mediul extern al copilului pentru a face sarcina mai accesibilă și a încuraja dezvoltarea funcțiilor executive. Poți face schimbări minore în mediul fizic sau social. E vorba despre a face lucruri simple precum a avea grijă ca un copil cu ADHD să-și facă temele în bucătărie, unde poate fi mai bine supravegheat, îndrumat și încurajat să continue ce are de făcut. Pentru un copil cu un slab control al emoțiilor, asta poate însemna să-și găsească tovarăși de joacă mai mici decât el sau să-și limiteze întâlnirile de joacă la un singur copil o dată, sau să aibă la îndemână un părinte ori o bonă care să-l monitorizeze în condițiile în care la ceilalți copii de vârsta lui nu mai este cazul. Mai poți modifica sarcina în numeroase feluri pentru a obține rezultatul dorit, iar în Partea a III-a vei afla cum să procedezi în acest sens. În fine, poți schimba modul în care tu (sau alți adulți, cum ar fi profesorii) interacționezi cu copilul tău. Poate că deja o faci, acum când știi ce asemănări și deosebiri sunt între funcțiile tale executive și cele ale copilului tău, dar vei mai găsi în Capitolul 6 niște idei specifice ca să interacționezi diferit și ca să modifici mediul sau sarcina.

5. Folosește-te de impulsul înnăscut al copilului de a fi stăpân pe situație și de a deține controlul, în loc să lupți cu acest impuls.

După cum știe orice părinte care are copil de 2 ani, de la vârste foarte fragede copiii se luptă din răsputeri să preia controlul asupra propriilor vieți. Ei fac asta devenind mai stăpâni pe situație și luptându-se să obțină ce vor și când vor. Partea de stăpânire a situației este urmărită cu mare plăcere de părinți: perseverența cu care un copil exersează ridicatul în picioare sau urcatul scărilor este înlocuită în următorii ani de învățarea mersului pe bicicleta cu două roți, și, mulți ani mai târziu, de învățarea condusului unei mașini. Părinții au tendința să fie ușor ambivalenți cu privire la căile prin care copiii lor se luptă să obțină ceea ce vor atunci când vor, căci ceea ce *ei* vor nu se potrivește întotdeauna cu ceea ce vor părinții.

Cu toate acestea, există mijloace prin care să susții agenda copilului tău, continuând totodată să îți păstrezi poziția de superioritate în fața acestuia. Acest lucru presupune:

- Să creezi o rutină a activităților din programul copilului, astfel încât el să știe ce și când se întâmplă și să le accepte ca făcând parte din viața lui zilnică. Lucrul acesta este valabil mai ales pentru activitățile desfășurate zi de zi, cum ar fi mesele, orele de culcare, activitățile casnice și temele. Se creează astfel anumite momente din zi și anumite activități care îl fac pe copil să-și dea seama că agenda părinților are prioritate. Când ocupi acel „spațiu", este mai puțin probabil ca copilul tău să-și revendice drepturile asupra lui, fiind așadar mai puțin reticent în a urma planul pe care l-ai conceput.

- Oferă-i variante, pentru ca el să simtă că deține oarecum controlul. Aici ne referim la alegerea de către copil a unor activități casnice, a momentului sau a ordinii în care le va face.
- Divizarea sarcinilor dificile în segmente mai mici și creșterea treptată a dificultății lor.
- Folosirea negocierii. Scopul aici este să ne îndepărtăm de acel NU rostit automat, în același timp însă asigurându-ne că cel mic face întâi „ce trebuie" pentru a ajunge apoi să facă „ce vrea". Această evoluție de la „a trebui" la „a vrea" mai este cunoscută și ca „Legea bunicii", deoarece bunicile au fost întotdeauna experte în a-și convinge nepoții să îndeplinească o sarcină casnică înainte să primească unul dintre delicioasele lor fursecuri de casă cu fulgi de ciocolată.

6. Modifică sarcina în funcție de rezistența la efort a copilului tău.

Unele sarcini presupun mai mult efort decât altele, lucru la fel de adevărat pentru adulți, ca și pentru copii. Gândește-te la treaba pe care o ai de făcut la serviciu și pe care o tot amâni – știi tu, aceea care, atunci când te gândești la ea, face să-ți vină în minte un milion de lucruri mai presante de făcut. Sau adu-ți aminte de câte săptămâni îți hărțuiești soțul sau soția să repare un anumit lucru. Nu că el sau ea – sau tu, în acest caz – nu l-ar *putea* face.

În realitate însă, există două tipuri de sarcini dificile: cele la care nu te pricepi foarte bine și cele la care te pricepi, dar nu-ți plac. Același lucru este valabil și pentru copii, și pot fi aplicate diverse strategii în funcție de tipul de sarcină adus în discuție.

Dacă ne referim la sarcini la care copilul nu se prea pricepe, o veți aborda amândoi împărțind-o în pași mici și începând fie cu primul și mergând mai departe, fie cu ultimul și luând-o înapoi; și nu treceți la pasul următor până ce copilul nu stăpânește pasul respectiv. Ia drept exemplu făcutul patului. Să începi cu sfârșitul ar însemna să faci toată treaba, mai puțin ultimul pas (așezarea pernelor pe pat după ce cuvertura a fost pusă la locul ei). Să începi cu începutul ar însemna să-i ceri copilului să întindă așternutul de deasupra. Apoi îți lauzi copilul pentru că a făcut treabă bună și îi limitezi atribuțiile la acel prim pas până când acel pas devine a doua natură a lui și îl poate face cu ochii închiși, trecând abia după aceea la pasul următor.

Dar, într-adevăr, al doilea tip de sarcină dificilă reprezintă pentru părinți o provocare. E vorba despre acele sarcini în privința cărora îți acuzi copilul că „pur și simplu a decis că nu-i plac". Sentimentul nostru este că, în cazul în care sarcina a devenit un câmp de luptă între tine și copil, probabil nu mai este vorba doar despre faptul că acea sarcină i se pare dezagreabilă. Sfatul nostru este: dacă ai dus aceeași luptă de mai multe ori și nu ai câștigat, este preferabil să schimbi natura luptei. Țelul urmărit devine acela de a-l învăța pe copil să depună efort, ajutându-l în acest scop să depășească dorința de a renunța sau de a face un alt lucru care îi place. Poți reuși acest lucru făcând în așa fel încât primul pas să i se pară *suficient de ușor* și recompensându-l imediat ce l-a finalizat. Răsplata are rolul de a-l face pe copil să înțeleagă că există o recompensă pentru efortul depus la finalizarea primei etape. Apoi vei crește nivelul de efort pe care copilul trebuie să-l depună pentru a primi o nouă recompensă. Poți face acest lucru fie crescând cerințele sarcinii, fie mărind timpul pe care copilul trebuie să îl aloce înainte de a i se oferi răsplata meritată.

Am descoperit că atunci când lucrăm cu părinți ai căror copii opun rezistență la sarcinile care presupun efort, este util să-i facem să folosească o scală, să zicem de la 1 la 10, pentru a estima cât de grea i se pare copilului sarcina. Zece este valoarea unei sarcini pe care copilul o poate face, dar i se pare *foarte, foarte* grea, în timp ce unu reprezintă valoarea ce nu necesită *efectiv nici un efort*. Scopul este de a concepe sau modifica sarcina în așa fel încât să ajungă la valoarea de trei.

Ca exemplu, să-mi fac curat în birou (Peggy este cea care vorbește acum) echivalează pentru mine cu a mă cățăra pe muntele McKinley (iar eu nu sunt alpinistă), în mare parte deoarece mi se pare că va dura o veșnicie. Să-mi fac curat în tot biroul înseamnă un 10 pe scala de efort. Mi-aș putea petrece un minut făcând acest lucru? Bineînțeles, asta ar fi floare la ureche – și ar însemna 1 pe scara de efort. Ce ar însemna un 3? Păi, eventual să muncesc între 10 și 15 minute. Desigur, îmi va lua mai mult timp să-mi curăț biroul decât mi-ar lua dacă aș face toată treaba odată, însă voi termina mai repede decât aș termina dacă nu m-aș apuca niciodată de ea.

În același fel îți poți ajuta copilul să folosească scala pentru a pune la cale cum să-și facă treaba pe care o are de făcut. Să zicem că treaba pe care aștepți să o facă temeinic copilul tău de 13 ani, în timpul verii, este să tundă gazonul. Și să zicem că îl vânezi de săptămâni bune să facă acest lucru. În cele din urmă îți dai seama că el evită deoarece i se pare incredibil de plictisitor (și deci teribil de obositor). S-ar putea să fie util să-i explici scala de efort de la 1 la 10 și să facă o estimare pentru tunsul ierbii, întrebându-l apoi cum crede că ar putea coborî valoarea de la 10 la 3. Primul lui răspuns ar putea fi: „Pune-mi la dispoziție o mașină de tuns iarba cu scaun și niște gadgeturi". După ce îi vei explica faptul că așa ceva iese din discuție, îi poți cere să aprecieze cât timp ar trebui să taie iarba ca să ajungă la valoarea de 3 pe scala de efort sau dacă există o recompensă pentru care ar fi dispus să așeze sarcina mai jos pe scala respectivă.

Această scală poate fi aplicată și în cazul temelor pentru acasă. Ai putea să o convingi pe fiica ta să înceapă planificarea temelor prin a evalua dificultatea fiecăreia dintre ele pe scala de efort. Apoi va putea decide în ce ordine să se apuce de ele, în funcție de evaluarea făcută – și ai putea să o încurajezi să fragmenteze temele cu valori mai ridicate pe scala de efort în secvențe mai mici (sau chiar să alterneze exercițiile ușoare cu cele grele).

7. Folosește stimulentele pentru a îmbunătăți învățarea.

Stimulentele sunt recompense, pur și simplu. Ele pot fi simple, constând dintr-un cuvânt de laudă, sau elaborate, ca de exemplu un sistem de puncte care să îi permită copilului să câștige recompense zilnic, săptămânal sau lunar.

În cazul anumitor sarcini – și al anumitor copii – stăpânirea în sine a acelei abilități reprezintă un stimulent suficient. Majoritatea copiilor au înnăscută dorința de a stăpâni anumite deprinderi, cum ar fi ridicatul în picioare, urcatul pe scări, mersul pe bicicletă sau condusul mașinii. Numeroase sarcini pe care așteptăm de la copii să le îndeplinească sunt lipsite de stimulente intrinseci, deși aceasta variază oarecum de la copil la copil. Am întâlnit, de pildă, copii cărora le plăcea să își ajute mamele să facă curățenie prin casă sau să-și ajute tații să aranjeze lucrurile în garaj. Răsplata vine fie din șansa de a petrece timp în compania unui părinte, șansa de a face treabă ca un „om mare" ori, mai rar, din satisfacția pe care o ai când vezi produsul final (de pildă, o casă sau un garaj curat). În cazul multor altor copii, aceleași sarcini provoacă atâta aversiune încât fac tot ce le stă în puteri pentru a le evita. Temele pentru acasă sunt un alt exemplu. Sunt puțini copiii care abia așteaptă să ajungă acasă ca să își facă temele, dar pentru unii, nota pe care o vor primi pentru o temă bine făcută – sau evitarea umilinței provocate de o notă mică – este suficientă ca să îi mobilizeze să-și facă treaba cu promptitudine și temeinicie. Cu toate acestea, pentru mulți dintre copiii cu care lucrăm, recompensele și pedepsele asociate temelor nu sunt suficiente pentru a-i face să se apuce de ele fără a fi nevoie de luptă înainte. Dacă ai un asemenea copil, s-ar putea să te gândești la încurajări suplimentare pe care să le folosești pentru a-l face pe copil să-și înceapă temele fără ca situația aceasta să devină un adevărat câmp de luptă.

Stimulentele au efectul de a face ca efortul învățării unei abilități sau al îndeplinirii unei sarcini să fie mai puțin neplăcut. Vom discuta mai mult despre acest subiect în Capitolul 8, însă mai spunem că recompensele au un efect energizant asupra comportamentului. Ele ne dau motiv să privim înainte și să perseverăm în rezolvarea sarcinilor dificile, ajutându-ne să combatem orice gând sau sentiment negativ pe care îl avem legat de sarcina încredințată. Mi-am adus aminte (vorbește

Peg) de înghețata de casă cu care mă răsfăța tatăl meu în zilele călduroase de vară din copilăria mea. La rândul meu, știam că merita să dau la manivelă cot la cot cu frații mei (deși aveam mușchii brațelor slab dezvoltați!) datorită recompensei care mă aștepta la sfârșitul zilei, după munca grea depusă.

În fine, oferirea unui stimulent după îndeplinirea unei sarcini îl învață pe copil să amânc satisfacția, ceea ce reprezintă în sine o abilitate prețioasă. Capitolul 8 va descrie un proces de creare a sistemelor de oferire a stimulentelor care să însoțească învățarea de noi abilități.

8. Oferă-i copilului doar atât sprijin cât are nevoie pentru a reuși.

Principiul acesta pare foarte simplu și evident, dar în realitate, implementarea lui este mai complicată decât dă impresia la prima vedere. El cuprinde două componente la fel de importante: (1) *doar atât sprijin* și (2) *cât are nevoie pentru a reuși*. Părinții și alți adulți care lucrează cu copilul au tendința să facă două tipuri de greșeli. Fie îi oferă prea mult sprijin, ceea ce înseamnă că cel mic reușește în ceea ce își propune, dar nu își dezvoltă abilitatea de a obține performanțe în mod independent, fie îl sprijină prea puțin, astfel încât acesta eșuează – și, din nou, nu își dezvoltă abilitatea de a obține performanțe în mod independent.

Iată un exemplu simplu. Când copiii sunt capabili să-și deschidă singuri ușa, încetăm să mai facem acest lucru în locul lor, dar suntem gata să intervenim la primul semn de neputință. Poate că cel mic ajunge până la clanță, dar nu știe cum să apese pe ea. Atunci, mama sau tatăl își pun încet mâna peste a lui și apasă până ce ușa se deschide. Data viitoare când copilul va da peste o ușă închisă, poate că va ști să apese pe clanță, dar nu suficient de tare pentru ca ușa să se deschidă. Din nou îi iei mâna în mâna ta, dar numai după ce a încercat singur și nu a reușit. Repetând de mai multe ori, copilul va reuși în cele din urmă să deschidă singur ușa. Însă dacă tu insiști să o deschizi în locul lui, el nu va învăța niciodată să se descurce singur. Sau dacă ai stat pur și simplu în spatele lui și ai lăsat frustrarea să îl copleșească în timp ce încerca fără succes să deschidă ușa, el nu a învățat nimic legat de felul în care trebuie să deschidă ușa, decât poate doar faptul că acesta este un efort neplăcut, pe care va încerca să îl evite cu orice preț.

Același principiu se aplică în cazul oricărei sarcini pe care dorești ca cel mic să o poată îndeplini. Caută să-ți dai seama cât de departe poate duce efectuarea sarcinii de unul singur, și apoi poți interveni – nu îndeplini sarcina în locul lui, totuși; doar oferă-i sprijin (fizic sau verbal, în funcție de situație) pentru a putea trece peste obstacol și a o duce la capăt cu succes. Lucrul acesta ar putea necesita puțină practică, și cu siguranță presupune o atentă observare a copilului, dar veți reuși până la urmă.

9. Menține sprijinul acordat copilului și supravegherea asupra acestuia până când începe să stăpânească abilitatea sau efectuează cu succes sarcina.

Vedem părinți care știu să împartă sarcinile în segmente mai mici, să formeze abilități și să consolideze șansele de reușită a copilului lor, și cu toate acestea cei mici nu reușesc să dobândească abilitățile dorite. De cele mai multe ori, acest lucru e cauzat de faptul că părinții eșuează în aplicarea acestui principiu și/sau a următorului. Acești părinți stabilesc un proces sau un procedeu, văd că funcționează, și atunci se retrag din peisaj, așteptându-se ca cel mic să continue să se descurce pe cont propriu. Unul dintre cele mai frecvente exemple cu care ne confruntăm este sistemul pe care părinții îl concep pentru a-și ajuta copiii să devină organizați. Le pot arăta să parcurgă procesul de ordonare a biroului de lucru, de exemplu, sau pot să le cumpere caiete și biblioraftruri în care să își organizeze materialele pentru școală, și chiar să îi ajute arătându-le cum să le folosească, însă este prea devreme ca ei să aștepte din partea copiilor să continue această schemă de organizare de unii singuri.

Am auzit de la niște prieteni că cei de la Franklin Planner spun că e nevoie de trei săptămâni pentru a-ți crea un obicei nou. Nu știm sigur dacă această informație are la bază un studiu de cercetare sau dacă este valabilă măcar pentru adulți, dar în ceea ce îi privește pe copii – mai ales pe aceia cu funcții executive deficitare – intervalul de timp prognozat este, probabil, prea optimist, cel puțin în cazul în care se speră ca funcția executivă formată să fie pe deplin operațională în acest interval de timp. Noi îi încurajăm permanent pe părinți să fie atenți la cele mai mici semne de progres. Cu cât definești mai exact problema pe care trebuie să începi să o rezolvi, cu atât este mai mare șansa de a vedea un progres. Înainte de a te apuca să implementezi oricare dintre intervențiile descrise în această carte, sau chiar o intervenție gândită de tine, s-ar putea să ai nevoie să îți acorzi câteva minute pentru a așterne pe hârtie cu exactitate problema cu care te confrunți în acel moment. Descrie comportamentul în termeni preciși (de exemplu, „uită să dea la verificat caietul cu teme pentru acasă"; „plânge de fiecare dată când se produce o schimbare în program") și estimează sau calculează de câte ori se întâmplă sau cât durează. Dacă este vorba despre un comportament care implică o anumită intensitate (cum ar fi accesele de furie), poți face evaluarea pe o scală de la *ușor* la *sever*. În mod periodic (asta însemnând la câteva săptămâni), verifică-ți notițele pentru a vedea dacă există vreun progres vizibil. La sfârșitul acestui capitol îți vom pune la dispoziție o fișă de monitorizare a progreselor înregistrate de copilul tău.

Ar trebui totuși să precizăm că în stadiile foarte timpurii ale încercării de modificare a unui comportament, mai întâi acesta se poate înrăutăți înainte de a se ameliora. Dacă cel mic plânge pentru că vrea să te întinzi lângă el în pat până adoarme, iar tu încerci să îl dezveți de acest obicei, e posibil ca plânsetele să se întețească înainte de a începe să scadă în intensitate. Este de așteptat ca orice intervenție la nivel de comportament, menită să rezolve o problemă de control emoțional sau de inhibare a răspunsului – mai ales dacă strategia ta presupune ignorarea unui set comportamental și înlocuirea lui cu altul –, să aibă ca rezultat agravarea acelei probleme înainte ca îmbunătățirile să devină evidente.

Cu cât planifici (și măsori) mai atent o intervenție, cu atât mai devreme e posibil să vezi un progres. Din experiența noastră, unii părinți se pricep mai bine să implementeze intervenții precise și să urmărească evoluția decât alții. Pentru cei care nu sunt atât de preciși, verificările periodice vor fi de ajutor, ei putând astfel să observe dacă se înregistrează, într-adevăr, vreun progres.

10. Când îți retragi sprijinul, supravegherea și încurajările, fă-o în mod treptat, niciodată brusc.

Chiar dacă îi oferi copilului tău sprijin suficient de mult timp încât acesta să poată învăța să execute o sarcină sau să-și folosească în mod independent o abilitate, ai putea fi tentat să îți retragi brusc ajutorul. Dimpotrivă, este nevoie să faci lucrul acesta treptat, astfel încât copilul să poată căpăta progresiv independența legată de abilitatea respectivă. Să ne întoarcem puțin la analogia cu mersul pe bicicletă despre care am vorbit în Capitolul 2. Dacă ai învățat vreodată un copil să meargă pe bicicletă, atunci știi că la început trebuie să-l ții de partea din spate, pentru a nu-și pierde echilibrul, iar după ce copilul are deja oarecare exercițiu, îi poți da drumul preț de o secundă sau două, pentru a vedea dacă acesta continuă să meargă drept fără a oscila prea mult. Apoi, treptat, mărești din ce în ce mai mult intervalele de timp în care îl lași să meargă singur. Nu îl ții constant de partea din spate a bicicletei, după care să îi dai brusc drumul, așteptându-te ca cel mic să-și continue drumul fără să cadă.

Amintește-ți de principiul numărul 8: „Oferă-i copilului doar atât sprijin cât are nevoie pentru a reuși". Nu continua să-i oferi copilului sugestii și imbolduri când nu mai are nevoie de ele. Dar nici nu trece de la totul la nimic!

Vom vorbi mai mult despre procesul de scădere gradată în următoarele trei capitole, iar în Partea a III-a vom asista la desfășurarea procesului în sine prin ilustrații detaliate.

Vei putea să apelezi la aceste principii de câte ori va trebui să te decizi cu privire la modul în care să abordezi o sarcină care îi ridică probleme copilului tău sau oricând vei dori să șlefuiești o abilitate deja formată. De fapt, s-ar putea să ți se pară util să revezi din când în când aceste principii, în momentele în care te afli în impas sau te blochezi în utilizarea strategiilor prezentate în Partea a III-a a cărții. Uneori uităm cât de important este să ne raportăm la regulile de bază atunci când viața și provocările ei ne-o cer – nouă și copiilor noștri.

Trei căi de întipărire a funcțiilor executive

Aceste principii încorporează un mod de a privi orice comportament pe care dorești să îl schimbi, inclusiv dobândirea și utilizarea de funcții executive. Specialiștii în management comportamental îi spun adesea „modelul ABC“. În cadrul acestui model, A înseamnă „antecedent“, B corespunde „comportamentului“, iar C reprezintă „consecința“. Ideea este că există trei oportunități pentru a lua măsuri de modificare a comportamentului în direcția în care ne dorim: schimbând ceea ce se întâmplă înainte de manifestarea lui (factori externi, de mediu), țintind direct asupra comportamentului în sine (prin educație) și impunând consecințe (stimulente sau pedepse). În Capitolul 6 vom discuta despre modificarea mediului în vederea reducerii problemelor legate de funcțiile executive, prin concentrarea atenției asupra a ceea ce este antecedent comportamentului – acele circumstanțe externe care înrăutățesc sau ameliorează problemele legate de funcțiile executive. În Capitolul 7 ne îndreptăm atenția asupra comportamentului în sine, explicându-ți cum poate fi învățat în mod direct copilul tău să-și folosească funcțiile executive. În fine, în Capitolul 8 vom vorbi despre folosirea motivației pentru a încuraja copiii să-și folosească funcțiile executive. După ce vei citi aceste capitole, vei avea tot ceea ce îți trebuie pentru a concepe propriile intervenții care să te ajute să îmbunătățești funcționarea funcțiilor executive ale copilului tău – sau, cel puțin, o bază solidă de înțelegere a întregului proces, care te va ajuta să folosești la maximum intervențiile create de noi pentru tine și prezentate în Partea a III-a.

CÂT DE MULT PROGRESĂM?

Data	**Funcția executivă**	**Descrierea exactă a comportamentului** (Cum se manifestă/cum sună?)	**Frecvența** (Cât de des au loc aceste manifestări comportamentale? – de câte ori pe zi, pe săptămână etc.)	**Durata** (Cât durează?)	**Intensitatea** (Pe o scală de la 1 la 5, cât de intens este comportamentul?)
Data primei verificări		Comportamentul arată/sună la fel?	Cât de des mai are loc acum?	Cât mai durează acum?	Cât de intens mai e acum?
Data celei de-a doua verificări					

Sursă: *Cum să crești un copil inteligent și de succes* de Peg Dawson și Richard Guare. Copyright 2009 de The Guilford Press

CAPITOLUL 6

Modificarea mediului

A înseamnă *Antecedent*

Jonas, în vârstă de 4 ani, a fost un copil dificil încă de la naștere. Bebeluș fiind, a avut colici, un somn neregulat, a fost mofturos cu mâncarea, și imediat ce și-a putut exprima preferințele a început să se plângă de etichetele de la haine, de pantalonii strânși pe picior și de cusăturile de la șosete. Părinții au descoperit că la petrecerile de familie se pierdea cu firea, și aproape că prevedeau la minut când avea să-și iasă din fire. Episoadele de furie păreau să răbufnească din nimic – deși părinții lui au observat că ele erau legate mai ales de momentele în care îi era foame, era obosit sau suprastimulat. Se părea că acesta reprezenta singurul mod prin care Jonas reușea să-și gestioneze emoțiile. Treptat, părinții lui au găsit căi de atenuare a problemei. Pe cât posibil, i-au făcut un program fix – ore de culcare și de trezire, ore de masă și de baie, toate se petreceau în fiecare zi la aceeași oră. I-au limitat accesul la televizor, au eliminat desenele animate care conțineau scene violente și au conceput diverse ritualuri înainte de culcare. Întâlnirile de joacă s-au limitat la un singur prieten o dată și la nu mai mult de o oră și jumătate. Când erau invitați la petreceri de familie, soseau cu o mică întârziere și plecau mai devreme – și, dacă era necesar, unul din părinți îl lua pe Jonas la o plimbare scurtă în timpul petrecerii. Rezultatul acestor schimbări în obiceiurile familiei a fost că toanele și accesele de furie ale lui Jonas s-au diminuat substanțial.

Probabil că ești suficient de familiarizat cu funcțiile executive individuale pe care le-am descris până acum pentru a-ți putea da seama că Jonas are probleme cu controlul emoțiilor. Metodele pe care le-au folosit părinții lui pentru a-l ajuta să-și reducă răbufnirile emoționale intră în categoria strategiilor despre care vom discuta în acest capitol. În loc să facă un efort direct de a-l învăța pe Jonas cum să-și stăpânească emoțiile, părinții lui au făcut efortul de a structura factorii externi (antecedentele), reducând astfel posibilitatea ca aceștia să îl copleșească pe copil. Vă aduceți aminte de principiul numărul 3 de la Capitolul 5? Pentru mama și tatăl lui Jonas, acesta s-a dovedit a fi „regula de aur". Ei și-au dat seama că era nerealist să se aștepte ca un copil atât de mic să învețe să-și stăpânească emoțiile, de aceea i-au structurat activitățile zilnice astfel încât emoțiile lui să scape mai greu de sub control. Au luat în calcul toate posibilitățile de modificare a factorilor externi (de la principiul numărul 4), punând însă accent pe factorul social și pe elementele fizice ale mediului.

Principiul schimbării, într-o primă fază, a factorilor externi e atât de important – și eficient – datorită faptului că ridică de pe umerii copilului povara luării unei decizii. Nu îi ceri copilului să-și controleze propriul comportament și nici nu îl înveți să și-l controleze decât, poate, prin puterea exemplului tău. De asemenea, este posibil ca această abordare să ți se pară ușor de preluat deoarece, în calitate de părinte, ești deja obișnuit să faci modificări în mediul ambiant pentru a evita pericolele la care cineva cu un comportament imatur se poate expune atât de ușor. Ai construit bariere fizice ca să îți protejezi copilul care tocmai învăța să meargă, astfel încât să nu cadă pe scări, ai eliminat din calea lui obiectele fragile, iar astăzi stabilești programe prin care te asiguri că cel mic doarme suficient, cumperi mâncare sănătoasă și ai grijă să nu mănânce prea mult în timpul orelor de masă sau de gustare, controlezi și monitorizezi calitatea emisiunilor televizate la care se uită copilul și durata de timp alocată vizionării, și așa mai departe. Acum ai să înveți să te ocupi de punctele slabe ale funcțiilor sale executive cam în același fel.

După cum am explicat, până când lobii frontali ai copilului tău se dezvoltă suficient de mult încât el să ajungă să facă propriile alegeri și să ia propriile decizii, tu, ca părinte, joci rolul de lobi, făcând alegeri și luând decizii în locul lui. Pe măsură ce copilul tău se maturizează – iar vârsta la care se întâmplă acest lucru nu coincide întotdeauna cu vârsta la care se maturizează ceilalți – începi treptat să-i predai ștafeta în procesul de luare a deciziilor. După cum ai aflat în capitolul 5, primele tale încercări de a remedia deficiențele de funcționare a abilităților executive vor fi *exterioare* copilului. Vei începe prin a schimba *mediul*, și nu *copilul*. În timp, îți vei transfera eforturile astfel încât copilul să ajungă obiectul intervențiilor tale. Vei face acest lucru învățându-ți copilul cum să-și formeze abilități, însă chiar și atunci când vei începe acest proces de învățare, va trebui să pornești dinspre *exterior* spre *interior*.

Să revenim la Jonas. Părinții lui au abordat abilitatea lui slabă de control al emoțiilor făcând eforturi care erau în întregime de natură externă. Conceperea unui program și a unei rutine zilnice, modificarea programului de urmărire a emisiunilor de la televizor, reducerea expunerii la evenimente care să îl suprasolicite – nici unul din aceste eforturi nu a fost destinat să îl învețe pe Jonas să își tempereze comportamentul sau să își stăpânească emoțiile. Însă ele au avut rolul a a ajuta familia să funcționeze normal, deoarece au redus posibilitatea ca evenimentele care îi produceau lui Jonas tulburări emoționale să mai aibă loc. Pe măsură ce Jonas va crește, părinții lui vor putea să discute cu el despre lucrurile care îl deranjează și despre căi prin care ar putea să le evite sau să le facă față atunci când se confruntă cu ele. Făcându-l să își înțeleagă mai bine propriul comportament – atunci când el va fi pregătit mental pentru acest lucru – îl vor ajuta pe Jonas să se adapteze la mediul ambiant în așa fel încât să-ți satisfacă nevoile (de exemplu, să plece din proprie inițiativă de la o petrecere zgomotoasă și să se retragă în camera lui o vreme, ca să se joace). De asemenea, îl vor ajuta să învețe cum să facă față situațiilor supărătoare atunci când apar, de pildă folosind tehnicile de autosugestie sau solicitând ajutorul unui adult.

La dispoziția ta se află o gamă largă de metode prin care să modifici sau să structurezi factorii externi cu scopul de a contracara efectul funcțiilor executive slabe sau încă nedezvoltate, însă toate se încadrează în cele trei categorii menționate în principiul numărul 4 din Capitolul 5. Unele idei ți se vor putea părea familiare. Poate că ai folosit unele dintre ele, fără să-ți dai seama de asta. Ori le-ai utilizat când și când, nu în mod permanent. Dacă fiul sau fiica ta are ADHD, probabil că ai învățat deja câteva tehnici de modificare comportamentală. Te rog să nu tragi concluzia că nu ai nimic de aflat aici, dacă ceva din ceea ce am scris mai sus este valabil pentru tine. Îți vom oferi căi prin care să folosești în mod sistematic aceste strategii, te vom ajuta să alegi acele metode pe care nu le-ai mai utilizat până acum, și îți vom arăta cum să îți îndrepți atenția într-un mod mai specific asupra metodelor care vizează acele deficiențe anume ale funcțiilor executive ale copilului tău, în loc să le încerci pe toate, la întâmplare. În cazul unora dintre copii, efortul concertat de a regla mediul, fie și într-un mod simplu, este exact ceea ce trebuie pentru ca dezvoltarea funcțiilor executive să poată lua startul. Așadar, te rog să nu pleci de la ideea că ai încercat toate astea până acum și că nu s-a dovedit a fi suficient. Vei afla mai multe despre planificarea intervențiilor asupra copilului tău în Partea a III-a.

Schimbă mediul fizic sau social pentru a diminua problemele

Aceste tipuri de schimbări pot lua nenumărate forme în funcție de punctul slab al funcției executive și de domeniul problematic specific. În termeni de schimbare fizică, copiii care întâmpină dificultăți cu temele pentru acasă din cauza problemelor legate de inițierea unei activități, de puterea de concentrare și de gestionarea timpului deseori au de câștigat dacă își fac temele în bucătărie, unde există mai puține lucruri care să le distragă atenția, cum ar fi jucăriile, și unde supravegherea parentală este la îndemână. Unui copil cu probleme organizatorice care îl fac să aibă o cameră dezordonată, limitarea numărului de jucării pe care le poate păstra sau achiziționarea de coșuri și lăzi pentru fiecare categorie de jucării (cu etichete vizibile) îl va ajuta să își păstreze mai ușor curățenia în cameră. În cazul copiilor impulsivi, părinții ar trebui să le restricționeze accesul la medii, situații și aparaturi care le pot crea probleme. Un copil care fuge în stradă ca să își recupereze mingea nu trebuie lăsat să se joace în curtea din fața casei. Dacă un copil aruncă cu jucării când e supărat, părinții ar trebui să nu îi lase la îndemână obiecte scumpe sau fragile. Pentru copiii care nu au răbdare să aștepte, părinții pot alege restaurante unde mâncarea este servită repede sau unde copilul se poate mişca printre mese ori poate participa la diverse activităţi care să-l ţină ocupat până când îi este adusă mâncarea.

Unii copii beneficiază de pe urma gestionării mediului social. În cazul celor cu control emoţional scăzut, se impune restrângerea numărului de copii cu care se joacă sau a timpului petrecut în compania acestora. Pentru copiii cu probleme de flexibilitate sau de stăpânire a impulsurilor, pregătirea unor activităţi structurate social precum jocurile organizate sau mersul la cinema funcţionează de multe ori mai bine decât întâlnirile de joacă simple.

Iată câteva dintre modalităţile în care poţi face schimbări în mediul social şi fizic al copilului:

• *Construieşte bariere fizice sau creează nişte zone în care accesul e interzis.* În special pentru copiii cu probleme de inhibare a răspunsului, a pune un gard în jurul curţii sau portiţe în dreptul scărilor, a lua din calea lor obiectele fragile, a încuia camere precum atelierul cu scule al tatălui, a prelua controlul asupra jocurilor video reprezintă tot atâtea căi de a controla mediul înconjurător. Cunoaştem părinţi cu copii impulsivi care ascund cheile de la maşină pentru a se asigura că aceştia nu dau ture noaptea cu maşina ca să se distreze, dar acesta ar putea fi un exemplu extrem pentru majoritatea părinţilor.

• De asemenea, ia în calcul introducerea de bariere pentru tehnologie ca mijloc de a gestiona problemele funcţiilor executive. Aceste bariere se referă la preluarea de către părinţi a controlului asupra vizionărilor la televizor şi asupra jocurilor video (Xbox, spre exemplu, le oferă părinţilor posibilitatea de a specifica cât timp pe zi sau pe săptămână îşi poate petrece copilul lor jucând jocuri; consola se închide automat când timpul a expirat). Modalități prin care să controlezi folosirea calculatorului includ introducerea de parole pentru accesarea lui și/sau a internetului, dar și utilizarea de filtre pentru a monitoriza site-urile pe care le vizitează copilul. Dacă iei decizia de a-ți lăsa copilul să navigheze pe site-uri precum myspace sau Facebook, asigură-te că îi cunoști parola și verifică-l din când în când. Atenționează-l că faci asta și verifică-l constant, verifică-i inclusiv istoricul de pe internet, pentru a vedea ce pagini web a accesat.

- *Redu sursele de distragere a atenției.* Am organizat ateliere de lucru cu copii din școala gimnazială despre temele pentru acasă și ne-au spus că unul dintre cele mai mari obstacole în calea terminării temelor la timp este zgomotul din casă. Aici poate fi vorba despre un frate mai mic care se uită la desene animate după-amiaza târziu sau despre un frate mai mare care a dat muzica la maximum. Crearea unui „interval de timp liniștit" pentru efectuarea temelor pentru acasă mărește capacitatea copilului de a se concentra pe ceea ce are de făcut și de a fi eficient. Alte momente în care trebuie limitată distragerea atenției sunt cele dinainte de culcare și cele în care copilul ajută în gospodărie. Mulți tineri obișnuiesc să asculte muzică (de exemplu, la iPod) pentru a se detașa de zgomotele din jur; aparatele izolatoare fonic, precum căștile Bose, constituie un alt mod de a ține la distanță sursele de distragere a atenției.
- *Oferă structuri de organizare.* Ții minte zicala aceea veche: „Un loc pentru toate și toate la locul lor"? Cu siguranță, copiilor le va fi mai ușor să-și dezvolte aptitudinile organizatorice dacă sunt aplicate sisteme de organizare. Oferindu-le dulapuri cu multe rafturi și cuiere, lăzi de depozitare pentru echipamentele de sport și jucării, coșuri în fiecare cameră pentru rufele murdare vei face ca lucrurile să fie mult mai

simple. Iar acesta este doar un exemplu care demonstrează că dacă îl imboldești pe copil să-și așeze bunurile personale la locul lor, el își va însuși într-un final (pe la vârsta de 21–25 de ani!) conceptul de organizare. Poți, de asemenea, contribui la modelarea aptitudinilor organizatorice informându-l pe copil care e nivelul de organizare pe care îl aștepți de la el și cum va fi satisfăcută această așteptare. De exemplu, fă o fotografie care să ilustreze felul în care vrei să arate produsul final (cum ar fi o baie curată, o cameră de joacă ordonată etc.), astfel încât să compari împreună cu copilul tău rezultatul muncii lui cu ceea ce e în fotografie. Elevii din ciclul gimnazial se pot folosi de PDA (asistent digital personal) pentru a-i ajuta să-și organizeze sarcinile și să-și planifice timpul.

- *Redu complexitatea socială a unei activități sau a unui eveniment.* Copiii care au probleme cu controlul emoțiilor, cu flexibilitatea sau cu inhibarea răspunsului se luptă deseori cu situațiile sociale complexe în care sunt implicați o mulțime de oameni sau în care regulile sunt permisive. A simplifica înseamnă a scădea numărul de persoane sau a structura mai bine activitatea. Limitarea numărului de participanți la o petrecere și o atentă organizare a activităților pot reprezenta cheia pentru a înlocui un fiasco cu un „ce bine s-a simțit toată lumea". Situațiile sociale nu foarte clar definite sunt dificil de gestionat în special de către copiii inflexibili. În acest caz, povara de pe umerii copilului poate fi redusă aranjând în așa fel încât activitatea aleasă să dicteze interacțiunea socială (de exemplu, urmărirea la televizor a unui eveniment sportiv sau a unui film, vizitarea unui muzeu sau a unui parc acvatic). Poate fi utilă instituirea de reguli clare pentru fiecare situație socială și reamintirea regulilor înainte de începerea evenimentului. Regulile pentru întâlnirile pe terenul de joacă pot fi următoarele: „Jucați-vă cu câte o jucărie, apoi faceți schimb, fără să vă certați". Aducându-le aminte copilului tău și prietenilor lui regulile de la bun început, situezi acele reguli în memoria lor de lucru, astfel încât copiii să le poată reține mai ușor și să le aplice.

- *Schimbă amestecul social.* Deși a învăța să trăiești și să lucrezi cu diferite tipuri de oameni reprezintă o lecție de viață importantă pentru copii, există perioade în care este normal ca părinții să preia controlul și să modifice dinamica socială. Poate că anumiți copii nu sunt tocmai potriviți ca parteneri de joacă pentru fiica ta. Sau poate descoperi că fiul tău se joacă grozav cu mai mulți copii atâta vreme cât în grup nu se află și Joey (cu care se joacă bine când sunt doar ei doi). Nu e nimic greșit în a vrea să structurezi întâlnirile de joacă sau alte situații sociale pentru a evita combinațiile nereușite. Când acest lucru nu este posibil (la o petrecere în familie, de exemplu), nu uita să monitorizezi îndeaproape situația, ca să eviți astfel problemele. Noi recomandăm, de asemenea, să-i explici copilului tău dinainte ce opțiune de rezervă are. Spre exemplu, i-ai putea spune: „Când o să observ că nu te mai simți bine, vom proceda în felul următor". Și asigură-te că poți găsi o portiță de scăpare – un loc unde copilul sau părintele se poate retrage în cazul apariției unor probleme – care să nu fie stânjenitoare pentru nici unul dintre ei.

Modifică natura sarcinilor pe care trebuie să le efectueze copilul

Mulți tineri cu funcții executive slabe se descurcă foarte bine atât timp cât ei decid cum să-și petreacă timpul. Sunt atrași de sarcini care li se par atrăgătoare și se țin de ele câtă vreme sunt amuzante. În momentul în care acestea încetează să mai fie amuzante, ei își îndreaptă atenția spre un alt lucru care li se pare distractiv. Așa se explică de ce vacanțele de vară sunt mai puțin stresante decât perioadele din timpul anului școlar – pentru că balanța dintre activitățile distractive și cele nedistractive înclină în favoarea primelor.

În calitate de părinți, știm cu toții că există foarte puține persoane care trec prin viață făcând doar lucruri distractive. Dacă îi pregătim pe copii pentru o lume a adulților caracterizată prin muncă și responsabilități familiale, ei vor putea face față sarcinilor care nu le sunt neapărat pe plac, fie că este vorba despre treburi casnice, fie că e vorba despre teme, petreceri de familie plictisitoare sau despre respectarea unor programe ori activități de rutină. Mulți copii pot să lase deoparte preferințele și să facă un lucru care nu îi atrage neapărat. Copiii cu funcții executive slabe nu sunt în stare de asta.

Există mai multe căi prin care poate fi ușurată adaptarea copilului la situație prin modificarea sarcinilor care îi sunt impuse:

- *Scurtează sarcina.* Când este vorba despre copiii care au în special probleme la nivel de inițiere a unei sarcini sau la nivelul puterii de concentrare, spunem în general că atunci când încep un lucru, „ei trebuie să aibă deja viziunea finalului". În special acestor copii este mai bine să li se încredințeze mai multe sarcini scurte decât să li se ceară să grebleze toate frunzele din curte, când curtea li se pare la fel de mare ca pădurea Sherwood.
- *Dacă le încredințezi sarcini ample, oferă-le frecvent câte o pauză.* În cazul în care pădurea Sherwood trebuie greblată și nu există nici o cale să-ți scutești fiul sau fiica de la a face acest

lucru, sparge sarcina în mai multe bucăți. Îndeamnă-ți copilul să grebleze câte o porțiune odată sau să grebleze în reprize de câte 15 minute, în loc să-i ceri să facă acest lucru fără întrerupere, de la început până la sfârșit.

• *Oferă-i copilului un motiv de bucurie la terminarea sarcinii.* Vom discuta mai pe larg despre acest lucru în Capitolul 8, când vom aborda sistemele motivaționale, însă una dintre cele mai puternice modalități de a-i schimba copilului perspectiva asupra sarcinii pe care o are de îndeplinit este de a-i oferi ceva amuzant de făcut după ce neplăcuta sarcină a fost dusă la bun sfârșit.

• *Explică fiecare pas pe înțelesul lui.* În loc să-l trimiți în dormitor cerându-i „să-și facă curat în toată camera", împarte sarcina în mai multe subsarcini. Deseori, aceste subsarcini pot fi enumerate pe o listă:

1. Pune hainele murdare în coșul cu rufe de spălat.
2. Așază hainele curate pe rafturi sau pe umerașe.
3. Pune cărțile în bibliotecă.
4. Așază jucăriile în lada lor.

O abordare similară poate fi folosită la culcare sau la trezire, sau în orice altă activitate ce presupune mai mult de un pas. În Capitolul 10 vom discuta despre rutina activităților zilnice și despre modalități de a le segmenta.

• *Creează un program pentru copil.* E un proces asemănător cu crearea de liste cu activitățile de efectuat, însă poate fi aplicat pe scară mai largă, cu scopul de a face ziua să decurgă mai lin. Stabilirea unui moment exact din zi în care să aibă loc anumite activități de rutină precum ora mesei, ora de culcare, treburile casnice și temele nu doar că le permite copiilor să știe ce urmează să facă, dar îi ajută și să dobândească un simț al ordinii și rutinei – abilități necesare pentru a-i ajuta să-și dezvolte mai târziu alte abilități, mai sofisticate, de planificare, organizare și gestionare a timpului.

- *Oferă-le varietate și posibilitatea de a alege.* În loc să îi punem pe copii să facă aceleași treburi în fiecare zi, mai bine întocmim o listă de sarcini de unde să o poată alege pe cea pe care doresc să o facă, astfel încât să nu li se mai pară atât de neplăcută. Îi poți, de asemenea, lăsa să aleagă când vor să o facă, deși este cu dus și întors – mai ales pentru copiii (sau părinții!) cu o memorie de lucru slabă, deoarece vor avea probabil nevoie să li se aducă aminte când trebuie făcut acel lucru.
- *Fă sarcina să pară cât mai atrăgătoare.* Asta ar putea însemna să-l lași pe copil să facă lucrul respectiv cu ajutorul cuiva mai degrabă decât singur, sau să îi dai voie să asculte radioul ori CD-ul preferat în timp ce lucrează. Unii părinții dau dovadă de inteligență atunci când transformă sarcina într-un joc. „Vezi dacă poți termina de făcut curat în cameră înainte să-ți expire timpul" poate să ofere o motivație, la fel ca: „Hai să facem pariu – câte piese de logo crezi că se află înșirate pe jos? Pariez că 100 – tu câte pariezi că sunt?" Alte căi prin care să transformi treburile casnice într-o joacă sunt:
    - Provoacă-l pe copil să adune de pe jos 10 lucruri într-un minut.
    - Programează sesiuni de „curățenie rapidă". Una dintre învățătoarele pe care le cunoaștem organizează sesiuni de„curățenie rapidă" pentru a-i determina pe elevi să o ajute să facă ordine în clasă. Momentele acestea sunt urmate de 15 minute de joacă liberă.
    - Transformă curățenia din camera de joacă într-un joc precum „Scaunele muzicale". Când muzica se oprește,

copiii „îngheață", iar apoi adună doar obiectele la care pot ajunge din locul în care au rămas încremeniți.

- Notează activitățile casnice care trebuie făcute pe bucăți de hârtie diferite, împăturește-le și pune-le într-un borcan. Copiii vor alege pe rând câte un bilet și vor trebui să realizeze sarcina respectivă.

Schimbă felul în care tu sau alți adulți interacționați cu copilul tău

Cu cât înțelegi mai bine funcțiile executive și rolul pe care îl joacă ele pentru ca copilul tău să devină independent, cu atât îți vei da seama mai ușor cum poți schimba modul în care interacționezi cu acesta în așa fel încât să încurajezi dezvoltarea funcțiilor executive. În mod concret, există mai multe căi de a interacționa cu copilul tău înainte, în timpul și *după* situații ce implică punerea în aplicare a funcțiilor executive, pentru a mări posibilitatea ca acele situații să fie bine gestionate, în acel moment sau pe viitor.

Ce poți face înainte de a apărea o situație

- *Discută în prealabil cu copilul despre ceea ce va urma și cum va proceda el.*

Sara urmează să își viziteze bunica după-amiază. Mama Sarei știe că bunica ține să fie scoasă pe rând câte o jucărie din coș și pusă la loc înainte de a fi luată alta. Așa că în mașină, în drum spre casa acesteia, ea și Sara discută despre cum își vor petrece după-amiaza și fac o înțelegere ca Sara să facă un efort să țină minte să se joace pe rând cu jucăriile. Mama îi mai spune Sarei cât de încântată va fi dacă va vedea că fiica ei este în stare să respecte această regulă, știind cât de importantă este pentru bunica.

Se poate discuta în avans în cazul oricărei funcții executive slabe, dar lucrul acesta este valabil mai ales pentru copiii care întâmpină dificultăți în ceea ce privește flexibilitatea, controlul emoțiilor sau inhibarea răspunsului.

• *Folosește încurajări verbale sau mementouri.* De fapt, aceasta este varianta prescurtată a pregătirii prealabile. „Adu-ți aminte ce am discutat mai devreme“ îi va aminti copilului conversația purtată anterior, în cadrul căreia au fost stabilite niște reguli sau s-a anticipat o situație. Alte exemple de acest gen ar putea fi: „Ce regulă trebuie respectată atunci când te joci în curtea din fața casei?“; „Ce trebuie să faci înainte de a-l suna pe Mike și a-l invita să vină pe la tine?“; „Ce trebuie să faci mai întâi când ajungi acasă de la școală?“ Toate aceste exemple au ceva în comun: *ele obligă copilul să regăsească o informație.* Ai putea să-ți pui întrebarea: „Care e diferența dintre a-i cere copilului meu să-și facă curat în cameră înainte de a-l invita pe Mike în vizită la el și a-l întreba ce trebuie să facă înainte de a-l suna pe Mike?“ Iată în ce constă diferența: cerându-i fiului tău să regăsească singur informația, îi ceri, de fapt, să își folosească propriile funcții executive, în special *memoria de lucru*. Acest lucru îl ajută să se apropie mai mult de câștigarea independenței. Bineînțeles, dacă nu își amintește ce trebuie să facă, îi poți da indicii – dar nu-i spune pur și simplu: „Fă-ți curat în cameră!“ În schimb, oferă-i minimum de informație necesară pentru a răspunde singur la întrebare. I-ai putea spune: „Nu ții minte? Am discutat despre asta aseară, înainte de culcare“. Sau: „Să faci curat... *unde?*“

• *Pregătește alte indicii, precum indicii vizuale, bilețele scrise, liste, înregistrări audio, alarme.* Un bilet pe masa din bucătărie, pe care să scrie: „Te rog, plimbă câinele înainte de a începe să te joci pe calculator" îl determină pe copilul cu memorie de lucru deficitară să fie atent la ce are de făcut când ajunge acasă de la școală, în absența mamei. Uneori și niște indicii tangibile pot fi utile; să îi cerem copilului să își pună ghiozdanul în fața ușii ca să se împiedice de el când fuge dis-de-dimineață să prindă autobuzul pentru școală ar fi un exemplu în acest sens. Liste de cumpărături, liste cu ce e de făcut, liste cu bagajele de vacanță sunt lucruri pe care adulții le folosesc ca să își amintească un volum mare de informații. Noi am descoperit că în general copiii – mai ales cei cu abilități executive deficitare – sunt reticenți față de liste și nu le place nici măcar să audă de ele. Pentru a-ți obișnui copilul cu ele, fă întâi lista cu lucrurile tale și îndeamnă-l „să se uite peste ea". Mai devreme sau mai târziu, copilul tău își va da seama cât de utilă este această strategie și va proceda la fel, la rândul lui. Și mulțumită tehnologiei moderne, semnalele sonore ale telefoanelor mobile îți stau la dispoziție și nu sunt deloc costisitoare. În cazul copiilor cu probleme legate de memoria de lucru, de inițierea unei sarcini, de gestionarea timpului și de planificare, poți folosi aceste sisteme sonore pentru a-l îmboldi pe copil să facă ce are de făcut – treburi casnice, teme, întâlniri, telefoane pe care a promis că le dă, sau orice altceva funcționează pentru a face față detaliilor complexe ale creșterii unui copil în secolul XXI în America. După mulți ani, părinții și institutorii cu care am lucrat ne-au recomandat unele dintre aceste dispozitive și servicii, cum ar fi Time Timers și WatchMinders (ambele au pagini de web care vă stau la dispoziție în secțiunea de Resurse de la sfârșitul cărții).

Căi prin care poți interacționa cu copilul tău în timpul unei activități sau al unei situații-problemă

- *Antrenează-ți copilul să scoată la iveală comportamentul exersat.* O vorbă de genul „Adu-ți aminte ce-am discutat", spusă la momentul potrivit, adică înainte ca problema să apară, poate conta pentru copilul cu memorie de lucru slabă sau cu un control deficitar al impulsurilor. Se poate chiar să dorești să strigi rapid „Stop!" și să scoți pentru scurt timp copilul din situația respectivă, pentru a-l instrui mai în detaliu. Noi considerăm uneori util să le dăm copiilor „cartonașe cu indicii" pe care le pot păstra la ei ca să își amintească la ce abilitate au de lucrat sau cum să pună în practică ceea ce au fost învățați în acest sens. Un exemplu de cartonaș cu indicii pentru „Ascultare" apare la pagina 162 (și mai cuprinde un spațiu unde se poate nota momentul în care copilul a folosit o anumită abilitate).
- *Amintește-i copilului să își verifice lista sau programul.* În fazele timpurii de învățare a unei metode sau a unui procedeu, copiii nu uită doar faptul că există un procedeu de urmat, ci și că el este scris pe hârtie. O atenționare blândă de a verifica lista îl poate readuce pe drumul bun. Din nou, în loc să le spunem ce pas trebuie să facă în continuare și ce au de făcut exact, mai bine îi îndemnăm să-și verifice lista, transferând responsabilitatea de la părinte la copil.
- *Monitorizează situația pentru a înțelege mai bine mecanismele declanșatoare și alți factori care influențează capacitatea copilului de a-și folosi cu succes funcțiile executive.* Chiar și atunci când nu poți interveni suficient de repede sau nu poți face nimic la momentul respectiv pentru a preîntâmpina

o problemă, îți poți folosi abilitățile de observare pentru a identifica factorii care contribuie la crearea problemei. Fiind de față în momentul producerii situației-problemă, ai posibilitatea să vezi cum fiica ta cea mare o provoacă subtil pe sora ei mai mică să își iasă din fire. Sau poți observa cum tachinarea fiului tău de către copiii mai mari din cartier îl determină să se ia de sora lui mai mică în timpul cinci. Bineînțeles, nu ai cum să fii tot timpul la fața locului pentru a vedea din ce cauză apar problemele, dar atunci când se întâmplă să fii prezent, încearcă să te retragi și să analizezi obiectiv situația, având astfel ocazia să înveți o mulțime de lucruri despre cum să gestionezi o situație similară în viitor.

Ce poți face după aceea pentru a îmbunătăți felul în care copilul tău își folosește funcțiile executive data viitoare

- *Laudă-ți copilul pentru buna folosire a funcțiilor executive.* „Îmi place cum ți-ai început temele după ce ți-am atras o singură dată atenția în sensul ăsta“, „Îți mulțumesc că ai dat dovadă de autocontrol atunci când fratele tău te-a tachinat“ și „M-a impresionat felul în care ai reușit să lași deoparte jocurile video fără să te plângi, atunci când a trebuit să ajuți la treburile casnice“ constituie exemple de moduri prin care poți consolida folosirea eficientă a funcțiilor executive. Vom discuta mai amănunțit despre acest subiect în Capitolul 8.
- *Chestionarea.* Asta înseamnă să treci în revistă situația pentru a vedea ce lecții s-au desprins din ea. Vorbește cu copilul tău despre ce s-a întâmplat, ce a funcționat bine și ce nu, și cum se poate proceda mai bine data viitoare. Această tactică trebuie folosită în mod judicios. Chestionarea ar trebui făcută după ce

CARTONAȘE CU INDICII PENTRU ASCULTARE

Săptămâna:		**Luni**		**Marți**		**Miercuri**		**Joi**		**Vineri**	
	Cine? Când?										
Mimica feței											
Fii atent și manifestă-ți interesul											
Nu te foi											
Nu întrerupe											
Punctajul total al abilității evaluate											

+ = independent; a = cu ajutor; – nu a folosit abilitatea sau a folosit-o incorect

a trecut ceva timp de la incident, pentru a evita stârnirea unui nou val de resentimente legate de evenimentul produs. Ea va trebui, de asemenea, făcută cu delicatețe. Cunoaștem părinți îngrijorați din pricina dificultății copilului lor de a-și face prieteni, care simțeau nevoia să-și chestioneze copilul după fiecare ieșire în societate. Intervenția lor are ca efect sporirea anxietății copilului față de contactele sociale și nu îl ajută nicidecum să găsească alte moduri de a interacționa cu ceilalți. Cu toate acestea, când este folosită judicios, chestionarea poate juca rolul de „moment educativ".

- *Consultă-te cu cei implicați în eveniment.* Aceasta poate însemna să ceri părerea soțului/soției, care a fost martor(ă) la eveniment și care îți va spune punctul lui/ei de vedere asupra celor întâmplate. Sau mai poate însemna să îi dai un sfat bonei despre cum să gestioneze pe viitor această situație. Cu alte cuvinte, consultându-te cu alte persoane vei avea ocazia să-ți schimbi propriul comportament sau să le sugerezi celorlalți să trateze lucrurile într-un mod diferit, pentru a trece mai ușor peste eveniment data viitoare.

După cum am spus de la început, modificarea mediului nu implică vreo schimbare din partea copilului. Totuși, multe dintre strategiile descrise de noi îi vor ajuta, în timp, pe copii să își însușească procedee care să le ușureze dezvoltarea funcțiilor executive. În unele cazuri, timpul și răbdarea își vor spune cuvântul. Întrebarea este cât de mult îți permiți să aștepți. Dacă fiul sau fiica ta înregistrează un regres la școală sau suferă sub o altă formă din pricina lipsei funcțiilor executive, s-ar putea să-ți dorești să combini modificarea mediului cu instruirea directă, așa cum vom descrie în capitolul următor. Poți schimba factorii externi, pune în aplicare intervenții pentru sarcinile care prezintă probleme, aborda o întreagă funcție executivă (sau chiar două–trei) în toate domeniile în care interacționează copilul, folosi eșafodaje și jocuri pentru a-i oferi copilului un ajutor mai apropiat de universul lui, oferi încurajări (sau nedoritele pedepse) pentru folosirea funcțiilor executive, sau alege orice combinație de intervenții. Totul depinde de gravitatea problemelor cu care se confruntă copilul și de cât de mult timp poți investi. Vei citi despre toate aceste opțiuni începând cu următorul capitol, iar apoi în Partea a III-a.

CAPITOLUL 7

Predarea funcțiilor executive în mod direct

B reprezintă *comportamentul*

Noriko, în vârstă de 8 ani, trecea prin momente groaznice când trebuia să se pregătească dimineața pentru școală. Îi lua o veșnicie să se îmbrace, pierdea timpul la micul dejun și devenea brusc interesată de televizor când trebuia să se spele pe dinți sau să se pieptene. Mama ei avea senzația că a doborât un record după ce reușea să o facă să treacă prin toate etapele rutinei de dimineață. „Noriko, caută-ți pantofii; Noriko, spală-te pe față; Noriko, pregătește-ți ghiozdanul ca să-ți pun gustarea în el". Ascultându-și propria voce, mama lui Noriko ajunsese să nu și-o mai suporte, dar știa că fără a o împinge de la spate și a-i aminti permanent ce are de făcut, Noriko ar fi pierdut autobuzul. În cele din urmă a hotărât că lucrurile trebuie să se schimbe. Ea și Noriko s-au așezat într-o seară după cină și au compus o listă cu pregătirile pe care fata le are de făcut înainte de a merge la școală. Noriko avea talent la desen, așa că mama ei a pus-o să facă un desen pe o bucată de carton pentru fiecare pas prevăzut în rutina de dimineață. Mama ei a dus desenele la serviciu și a folosit mașina de laminat pentru a le acoperi cu plastic, pe fiecare în parte. A cumpărat velcro (arici) și a muncit împreună cu fiica ei să atașeze o mică bandă pe spatele fiecărui desen și pe un panou care fusese tăiat în așa fel încât să încapă toate. A împărțit panoul în două coloane și a scris: DE FĂCUT și EFECTUAT! I-a explicat lui Noriko că de acum nu avea să-i mai spună ce are de făcut în fiecare dimineață, dar că avea să-i amintească să se uite pe panou și să verifice pașii. De fiecare dată când termina o activitate, muta cartonașul de la rubrica DE FĂCUT la coloana EFECTUAT! Dacă Noriko reușea să parcurgă întreaga listă cu 15 minute înainte de a veni autobuzul, avea voie să se uite la televizor, la desene animate, până sosea momentul plecării. După câteva săptămâni în care mama i-a reamintit lui Noriko să consulte panoul, aceasta a început să-și ducă rutina de dimineață la capăt singură. Mama ei s-a mirat cât de ușor părea totul acum – ba chiar avea timp să se bucure și de o ceașcă de cafea în vreme ce Noriko se uita la televizor.

Capitolul anterior s-a axat pe modalitățile de modificare a mediului ambiant (antecedentele) pentru reducerea impactului asupra funcțiilor executive slabe ale copilului. Acesta este cel mai simplu mod de a trata o problemă legată de funcțiile executive slabe, fiind adecvată mai ales pentru cei mici – motiv pentru care Capitolul 6 începe cu exemplul unui băiețel de 4 ani. Problema este că intervențiile asupra mediului nu sunt portabile. Dacă ele reprezintă tot ce deții în portofoliul tău parental, va trebui să te asiguri că modificările s-au produs în toate mediile cu care vine în contact copilul. Acest lucru este destul de greu de realizat chiar și atunci când te afli alături de copil, dar să te aștepți că vei putea să ai vreo putere asupra adulților care se ocupă de el la școală, la biserică, în trupa de cercetași, pe terenul de sport sau acasă la prietenii lui, pentru a contracara orice problemă, este întru totul nerealist.

Alternativa constă în a lucra cu copilul pentru a-l ajuta să-și dezvolte mai bine modul de funcționare a funcțiilor executive. Noi facem asta în unul sau două moduri: fie învățându-i pe copii abilitatea pe care dorim să o aibă, fie oferindu-le motivația pentru a-și exersa abilitățile pe care le au, dar nu le prea folosesc. În general îi încurajăm pe părinți să utilizeze ambele modele, așa încât s-ar putea să vrei să citești acest capitol împreună cu Capitolul 8 înainte de a hotărî ce abordare să alegi pentru copilul tău. Mama lui Noriko a folosit instruirea și motivația pentru a-și ajuta fiica să treacă peste un moment dificil din viața ei cotidiană – a învățat-o un set de pași pe care să-i urmeze și i-a oferit drept recompensă posibilitatea de a se uita la televizor, dacă reușea să parcurgă rutina de dimineață într-un mod eficient. În capitolul următor vom vorbi despre strategiile ce pot fi folosite pentru a oferi copiilor motivație ca să-și folosească sau exerseze funcțiile executive. Deocamdată, hai să ne concentrăm asupra modului în care le formăm aceste abilități.

Iată două căi prin care îți poți învăța copilul să își însușească funcții executive:

1. O poți face într-un mod firesc și informal prin felul în care reacționezi la comportamentul copilului și vorbești cu el încă de când e mic, dar și prin jocuri care să încurajeze dezvoltarea unor funcții executive diverse.
2. Ai posibilitatea să alegi o abordare directă, învățându-l pe copil cum să se poarte atunci când se confruntă cu sarcini care îi solicită funcțiile executive slabe.

În acest capitol îți vom explica cum să aplici ambele variante. De fapt, mulți părinți le aleg pe ambele. Eșafodajele și jocurile sunt ocazii grozave de a „strecura“ în mintea copilului informații prețioase, la fel cum ai strecura în corpul lui nutrienții necesari preparându-i milk shake-uri din fructe și iaurt. Copilul asimilează lecții valoroase pentru dezvoltarea și folosirea funcțiilor lui executive în alte contexte decât cele legate de îndeplinirea obligațiilor casnice sau de alte activități nedorite. Între timp, poți ținti una sau două sarcini de rutină care dau bătăi de cap tuturor, stabilind o intervenție specifică prin care să îl înveți pe copil să facă acel lucru și să dobândească funcțiile executive necesare. (Sau poți folosi intervențiile pe care le-am conceput deja pentru o listă lungă de activități din rutina zilnică, care de obicei sunt dificile pentru orice familie; vezi Capitolul 10.)

Dobândirea funcțiilor executive prin educație informală

Studiile arată că aproape toți copiii ai căror mame folosesc cu aceștia „eșafodaje verbale" de la vârsta de 3 ani tind să aibă la vârsta de 6 ani abilități de rezolvare a problemelor și comportamente direcționate spre atingerea unui obiectiv mai bune decât copiii ai căror mame nu folosesc această tehnică. Ce înțelegem prin „eșafodaj"? Un ansamblu de explicații, îndrumări și întrebări pe care le adresăm copiilor în funcție de nivelul lor de dezvoltare. Este, de fapt, un alt mod de a spune „sprijinul necesar oferit copilului pentru a reuși", punând accent pe ajutorul acordat lui pentru înțelegerea relațiilor interumane, realizarea conexiunilor între diferite concepte sau crearea legăturii între cunoștințe nou dobândite și bagajul informațional deja format. Cu cât reușesc să facă mai bine toate aceste lucruri – să vadă tipare, să facă conexiuni, să folosească cunoștințele anterioare –, cu atât le va fi mai ușor să conceapă planuri și scheme de organizare. Ba chiar aceste abilități formează baza *metacogniției*, a unor funcții executive complexe care implică folosirea gândirii pentru a rezolva probleme. Cu cât este mai extinsă gama cunoștințelor de bază copiilor și cu cât au exersat mai mult ca să dobândească acea cunoaștere și ca să conecteze noile informații la cele deja existente, cu atât mai ușor le va fi să acceseze acele informații și să le folosească în diferite scopuri, inclusiv pentru conceperea unui plan de activitate, pentru organizarea materialului și pentru rezolvarea problemelor.

Eșafodaje verbale

Eșafodajul verbal este o strategie puternică pe care părinții o aplică deseori din instinct cu copiii lor, poate pentru că rezultatele sunt imediate. Citind mândria de pe fața unui copil de 2 ani când acesta arată cu degetul animalul denumit de tine dintr-o carte pentru copii sau când ridică numărul corect de degete întrebat fiind câți ani are este firesc să ne dorim să menținem acest tip de eșafodaj. Transformarea pregătirii mesei sau a altor treburi casnice într-un joc de copii reprezintă pentru cel mic și pentru părinte momente plăcute. Din păcate, mulți dintre părinți discută în ziua de astăzi prea puțin cu copiii lor, bazându-se pe televizor sau pe alte aparate care să-l țină ocupat în timp ce Mama și Tata încearcă să facă cât mai multe într-un timp din ce în ce mai scurt. Dacă te afli în această situație, ține minte că eșafodajul verbal poate fi folosit într-o mulțime de contexte pe parcursul unei zile – când te îmbraci dimineața, la ora cinei, remarcând lucruri pe care le vezi din mașină în drum spre școală sau grădiniță, când te uiți la televizor și în contextul unor activități recreative pe care copilul le îndrăgește.

FOLOSIREA EŞAFODAJELOR LA PREŞCOLARI

Tipul de eşafodaj	Exemple
Întrebări/afirmaţii care asociază obiectele cu locul lor specific	„Ce piesă se potriveşte aici?" (se indică cu degetul o piesă dintr-un puzzle) „Unde se află tricoul care se potriveşte cu aceşti pantaloni scurţi?"
Legarea unei activităţi, a unui obiect sau a unui subiect de conversaţie de o experienţă anterioară	„Aceea este o girafă. Ai mai văzut una la grădina zoologică." „E ca şi când ai face prăjituri" (de exemplu, când copilul se joacă cu Play-Doh).
Folosirea cuvintelor pentru a descrie experienţe, cu focalizare mai ales asupra descrierilor senzoriale	„Are gust picant." „Fluierul acela face ca o gaiţă albastră."
Descrierea caracteristicilor unui obiect care îi dau unicitatea, utilitatea, funcţionalitatea sau a trăsăturilor specifice care pot fi folosite în rezolvarea problemelor	„Nu are aceeaşi culoare" (în timpul unei activităţi unde este necesară asortarea culorilor). „Loveşte cuiul. Este cel rotunjită la capăt."
Specificarea funcţiei sau activităţii ce poate fi derulată cu obiectul respectiv	„Măsoară temperatura bebeluşului" (când îi arăţi copilului un termometru). „Asta foloseşti ca să-ţi ştergi nasul" (copilul ţinând în mână o batistă).

Verbalizarea și demonstrația practică a modului în care se face un lucru	„Așa faci mașina să înainteze." „Așa se deschide un borcan."
Asocierea sentimentelor și emoțiilor cu motivul declanșării lor	„Fratele tău plânge pentru că vrea mingea." „Se va înfuria dacă îi iei acel lucru."
Predarea raportului cauză–efect sau a ceea ce trebuie să facă pentru ca lucrurile să funcționeze	„Trebuie să-ți pui niște pantofi dacă te duci afară, pentru că este rece și nu poți merge desculță." „Dacă apeși prea tare, vei rupe vârful creionului."
Încadrarea unor obiecte specifice în clasificări generale	„Privește toate animalele: un câine, o pisică, un urs." „În căsuța ta de jucărie există mobilier. Uite un scaun și o masă."
Sprijinirea copilului în vederea înțelegerii activităților, prin stabilirea legăturii între două aspecte ale unei activități	„Avem nevoie de un tort dacă vrem să facem o petrecere aniversară." „Hai să ne jucăm de-a «Ursul doarme, doarme». Dă-mi mâna."

Adaptare după S.H. Landry, C.L. Miller-Loncar, K.E. Smith, P.R. Swank (2002). „The role of early parenting in children's development of executive processes", *Developmental Psychology* nr. 21, pp. 15-41. Copyright Taylor & Francis Group. Adaptare cu aprobare.

(Vezi exemple de eșafodaje verbale adecvate pentru discuțiile cu preșcolari în tabelul de la paginile 170–171.) Probabil că vei fi încântat să constați cât de mult i-ai clădit deja copilului tău funcții executive prin acest tip de eșafodaj – și posibil vei fi motivat să obții mai mult.

Cu cât îi ajuți mai mult pe copii să se gândească la ceea ce fac și la motivul pentru care fac acel lucru – sau să se gândească la primejdiile la care se pot expune prin faptele și comportamentul lor –, cu atât mai mult vor fi capabili să folosească acea gândire în rezolvarea situațiilor-problemă. Copiii care înțeleg faptul că anumite evenimente atrag după sine anumite sentimente își vor controla mai ușor emoțiile și își vor stăpâni impulsurile. Cu cât înțeleg mai bine raportul cauză–efect, cu atât mai bine își vor putea planifica o acțiune. Iar dacă explici de ce este important un lucru, copiii își vor aminti mai repede acea informație esențială atunci când au nevoie de ea. Desigur, simplele explicații nu sunt suficiente pentru a-l ajuta pe copil să ajungă la o mai bună stăpânire a funcțiilor executive, dar, pe de altă parte, este greu de crezut că o lecție educativă lipsită de explicații va fi eficientă.

Alte modele de eșafodaje verbale care să contribuie la predarea funcțiilor executive în cadrul activităților de zi cu zi sunt:

- Întreabă, nu da mură-n gură. „De ce te-am rugat să te speli pe mâini înainte de masă? Ce s-ar întâmpla dacă te-aș lăsa să stai treaz toată noaptea? Ce te-ar putea ajuta să îți amintești să îi dai profesoarei foaia cu avizul părintelui?"
- *Explică în loc să dai ordine.* Uneori, noi, părinții, dăm ordine directe și indicații precise care sporesc diferența de putere dintre noi și copiii noștri: „Fă ce-ți spun!" sau „Pentru

că spun eu!“ Este de înțeles. Ajungem să obosim. Mințile noastre sunt ocupate cu alte gânduri și simțim că nu avem timpul și energia de a ne opri ca să găsim explicația și cuvintele potrivite pentru vârsta și capacitatea copiilor noștri. Și, uneori pe bună dreptate, bănuim că atunci când copilul ne cere să-i oferim un motiv, nu face decât să pună în aplicare o tactică de tergiversare. Și chiar dacă ar fi așa, este mai puțin probabil ca dând ordine să încurajăm dezvoltarea funcțiilor executive; preferabil este să punem în aplicare o abordare care să scoată în evidență motivul pentru care îi cerem ceva. În primul și-n primul rând, ține minte că funcțiile executive sunt acele abilități pe care le folosim pentru a executa sarcini. Cu cât înțelegem mai bine o situație dată – cauză și efect, de ce este important un lucru, de ce trebuie să facem ceva într-un anume fel, și așa mai departe –, cu atât putem folosi o informație fie pentru a concepe propriul nostru plan de executare a sarcinii, fie pentru a avea motivația necesară ca să utilizăm procesul alcătuit de altcineva pentru noi. „Dacă nu iei medicamentele, o să te doară iarăși gâtul“ sau „Dacă îți lași bicicleta afară, va rugini la noapte când va ploua“ reprezintă exemple ale acestei abordări. Explicațiile consolidează procesul de metacogniție, dar și memoria de lucru. Ne amintim unele lucruri mai repede atunci când avem la bază un motiv. Dacă cineva îți spune: „Nu uita să-ți iei pașaportul cu tine în aeroport, căci altfel nu te vor lăsa să urci în cursa spre Jamaica și vei pierde vacanța“ nu este mai mare probabilitatea să îți amintești de pașaport decât dacă cineva ți-ar spune: „Nu uita să iei cu tine pașaportul“? Același lucru este valabil și pentru copil. Bineînțeles că această abordare ar trebui să fie folosită cu discernământ. Unii copii vor încerca să se sustragă de la ce au de făcut, cerând o mulțime de explicații legate de motivul pentru care trebuie să facă acel lucru. Răspunde-le la întrebare prima oară când ți-o pune copilul, dar nu continua în același fel dacă urmează și alte întrebări.

• *Dă-i copilului de înțeles că știi prin ce trece și de ce.* „Ești dezamăgită pentru că ți-ai făcut planuri să mergi să dormi peste noapte la Jane, și ai aflat că astăzi nu e posibil." „Ești îngrijorat că o să faci vreo greșeală când îți susții discursul și că toată lumea va râde de tine."

• Încurajează-l să se autoevalueze. Când îi oferi soluții, emiți judecăți de valoare sau îi spui cum să procedeze diferit data viitoare, îl privezi de posibilitatea de a gândi de unul singur. „Ce poți face pentru a ieși din această încurcătură?"; „Cum crezi că ți-a ieșit proiectul de cercetaș?"; „Ce crezi că ai putea schimba data viitoare pentru ca prietenul tău să nu-și dorească să mai plece atât de devreme acasă?"

Folosește jocurile pentru a-i dezvolta copilului funcțiile executive

Jocurile reprezintă o altă modalitate firească, informală de a-ți ajuta copilul să-și dezvolte funcții executive. Chiar și cele clasice precum tablele, tablele chinezești și șahul solicită, printre altele, abilități de planificare, putere de concentrare, inhibarea răspunsului, memorie de lucru și metacogniție. Cele mai simple jocuri desfășurate pe o tablă de joc, precum „Piticot", necesită din partea copiilor mici atenție, inhibarea răspunsului și perseverență în atingerea unui scop, în timp ce jocuri ca „Monopoly" și „Cluedo" necesită în plus planificare și memorie de lucru. „Battleship", jocul cu nave de război, necesită atenție, planificare și organizare, inhibare și metacogniție. Organizarea acestor jocuri în familie seara și încurajarea copiilor să participe la ele alături de frații și de prietenii lor este întotdeauna bine-venită.

În cazul multor copii care consideră mai atrăgătoare jocurile video decât cele desfășurate pe o tablă de joc și cu care sunt mai familiarizați părinții și bunicii, vom menționa câteva exemple reprezentative care ajută la formarea de funcții executive. Multe dintre acestea intră în categoriile strategii/rezolvare de probleme. Pentru copiii mici, jocurile Webkinz presupun să ai grijă de un „animăluț de casă". Pentru o grupă mai largă de vârstă, „Legenda Zeldei", „Simcity" și variantele lor, și „Command & Conquer" le solicită copiilor puterea de concentrare, inhibarea răspunsului, capacitatea de planificare și de organizare și perseverența în urmărirea unui obiectiv. Bineînțeles, conținutul variază în funcție de vârstă, însă probabil că ești la curent cu jocurile pe care le joacă colegii copilului tău. Jocurile video demonstrative și previzualizările pot fi urmărite pe Game Revolution, GameSpot sau GameSpy, disponibile pe internet. Evaluările jocurilor video pot fi găsite pe Electronic Software Rating Board, Common Sense Media și Family Media Guide. PTA-ul are o broșură PTA/ESRB pe Video Game Safety, oferind părinților indicii despre jocuri și monitorizarea lor.

Dintr-o categorie diferită fac parte antrenarea virtuală a echipelor sportive, devenită populară în rândul copiilor, „jocul" implicând majoritatea funcțiilor executive enumerate mai sus, la care se adaugă inițierea unei sarcini și gestionarea timpului.

Poți chiar să formezi funcții executive prin jocuri care au trecut proba timpului, cum ar fi „X și Zero", „Spânzurătoarea" și „Douăzeci de întrebări" (când așteptați să intrați la cabinetul medical, când faceți o călătorie cu mașina sau când așteptați la restaurant să vi se aducă ce ați comandat).

Trebuie să subliniem că deși aceste activități îmbunătățesc funcțiile executive, încă nu s-a demonstrat cât de bine pot fi folosite în viața reală funcțiile astfel deprinse. În acest punct, rămâne o întrebare deschisă. Transferul de informații este posibil cu atât mai mult cu cât îți ajuți copilul să înțeleagă cum poate o abilitate învățată într-o anumită situație să fie folosită într-o altă situație (de exemplu, părintele către copil: „Brad, înainte să ne gândim să luăm un animal de casă, hai mai bine să ne dăm seama de ce anume avem nevoie").

Învățarea de funcții executive pe parcursul desfășurării activităților familiale

Un alt mod distractiv și stimulator de a forma funcții executive îl reprezintă activitățile în familie precum planificarea mesei, gătitul, cumpărăturile săptămânale, sesiunile de cumpărare a hainelor, planificarea vacanțelor și activitățile bancare. Nu vorbim aici despre distribuirea de sarcini în casă, ci de implicarea copiilor în activitățile care sunt importante pentru o familie. Acestea pot fi instrumente ideale de învățare, deoarece sunt incluse stimulente (cumperi sau mănânci ceea ce alegi tu, economisești bani la bancă sau faci ceva amuzant în vacanță). În afară de asta, ele oferă o gamă largă de opțiuni de participare (de la adăugarea unui ingredient până la pregătirea mesei) și un mare grad de independență. Deoarece pot fi începute la orice vârstă, este recomandată începerea lor de când copiii sunt mici, având în vedere că probabilitatea ca aceștia să fie încântați de alegeri este mai mare decât perceperea treburilor casnice ca pe o corvoadă.

Iată câteva considerații importante de reținut pentru ca aceste activități să fie eficiente în dezvoltarea funcțiilor executive:

- *Ca părinte trebuie să participi activ și să fii disponibil, pentru a modela abilitățile, a pune întrebări și a încuraja copilul.* Cu alte cuvinte, trebuie să fii un lob frontal foarte bun. Nu este suficient să-ți inviți copilul să ia parte la planificarea treburilor, iar apoi să-l lași să procedeze cum îi vine.
- *Copilul trebuie să aibă posibilitatea de a face alegeri și puterea de a lua decizii.* Dacă familia nu mai pregătește masa conform planificării la care a participat și copilul, dacă nu respecți lista de cumpărături de la supermarket așa cum a fost alcătuită împreună cu el sau dacă spui că îi dai voie copilului să-și aleagă activitățile pentru vacanță și apoi îi respingi toate ideile, acesta își va pierde interesul. Aceasta înseamnă că înainte de a apela la ajutorul copilului, trebuie să decizi ce alegeri din partea lui poți accepta. Dacă mâncarea nesănătoasă nu reprezintă o opțiune pe lista de cumpărături sau în meniul casei, asigură-te că cel mic știe dinainte acest lucru. Concepe o listă cu alimente excluse înainte de a începe procesul de brainstorming. Sau spune clar că cel mic nu poate alege destinația pentru vacanță, dar poate să planifice o activitate de vacanță.
- *Pregătește-te să măsori cu precizie gradul de interes al copilului, capacitatea lui de atenție* și *rezistența, și oferă-i suficient ajutor pentru ca el să reușească în ce are de făcut și ca să fie apreciat, indiferent de lucrul pe care îl face.* Pentru a-i ține atenția și interesul vii, comunică-i cu ceva timp înainte, dacă e posibil, că ai aprecia ajutorul pe care ți l-ar acorda în luarea deciziei cu privire la detaliile pregătirii mesei, a listei

de cumpărături, a vacanței etc. („Ashley, după ce termini de jucat, m-ai putea ajuta cu...?"). Alege un moment în care nu este implicat în alte activități interesante pentru el și întreabă-l dacă momentul e potrivit. Mai ales în cazul copiilor mici, alege activități de scurtă durată, variante concrete din care să aleagă, și la primul semn de lipsă de atenție sau de lipsă de interes, mulțumește-i și încheie activitatea. Mai târziu, după ce alegerea a fost făcută, comunic-o familiei, prietenilor și oricui se află prin preajmă („Ashley m-a ajutat să aleg/a decis meniul din această seară"). Copiii mai mari pot fi dornici să ofere mai mult din timpul lor sau pot cere să fie implicați mai mult (de exemplu, în găsirea de rețete, în organizarea mesei, în căutarea de opțiuni pentru vacanță). Câtă vreme opțiunile disponibile sunt cunoscute, încurajează-i să se implice în proces cum doresc.

Intervenții directe pentru predarea funcțiilor executive

Toate abordările informale discutate până acum pot fi foarte utile pentru copilul tău, dar există posibilitatea ca, dacă ai luat această carte și ai citit până aici, să ai un copil cu o abilitate deficitară specifică, care necesită o intervenție mai bine direcționată. Ceea ce urmează este o secvență educațională ce poate fi folosită pentru predarea oricărui tip de comportament (nu doar a celor asupra cărora ne-am concentrat atenția în această carte). Ea reprezintă cadrul intervențiilor pe care le-am conceput pentru sarcini de rutină specifice în Capitolul 10 și pentru conceperea unor intervenții gândite de tine special pentru anumite abilități executive, în Capitolele 11–21.

Pasul 1: Identifică comportamentul-problemă asupra căruia vrei să intervii

Poate suna mai simplu decât este în realitate. Cu cât ești mai frustrat de copil, cu atât ești mai tentat să abordezi comportamentul-problemă în termeni generali, mai degrabă decât să descrii acțiuni specifice. Când spunem că un copil este „leneș", „iresponsabil", „nepriceput" sau „nepăsător", cuvintele comunică niște aspecte despre copilul în discuție, însă nu ne oferă un punct de plecare pentru predarea funcțiilor executive. Descrieri folositoare sunt acelea care oferă detalii asupra comportamentelor văzute sau auzite. Ele identifică, de asemenea, când sau în ce context apare problema. Iată câteva exemple:

- Smiorcăieli și lamentări când e timpul pentru teme.
- Nu se apucă de făcut ceva până nu i se amintește.
- Își lasă lucrurile personale împrăștiate prin toată casa.
- Se grăbește când își face temele, rezultatul fiind o muncă de mântuială și plină de greșeli.

De ce este important de definit comportamentul-problemă? Deoarece te ajută să te lămurești ce anume, mai exact, urmează să îl înveți. Să înveți pe cineva să nu mai fie aiurit pare o sarcină aproape imposibilă. Să înveți un copil să nu-și mai arunce lucrurile personale pe podeaua din camera de zi este un obiectiv mai ușor de atins. Ceea ce ne conduce spre următorul pas al secvenței educaționale.

Pasul 2: Stabilește un obiectiv

Deseori, obiectivul constă în reformularea în sens pozitiv a comportamentului-problemă. Un obiectiv reprezintă ceea ce se așteaptă din partea unui copil să facă, formulat în termeni care să descrie comportamente ce pot fi văzute sau auzite. Pornind de la comportamentele-problemă descrise mai sus, obiectivele ar fi:

- Să se apuce de teme fără lamentări.
- Să îndeplinească treburile casnice fără să i se amintească.
- Să își adune lucrurile împrăștiate în camera de zi înainte de a merge la culcare.
- Să își efectueze temele cu atenție, făcând minimum de greșeli.

Uneori poate fi suficient să stabilești un obiectiv într-un mod mai degrabă informal, și să-l ascunzi în adâncul minții. „Până ce fiul meu va absolvi liceul, sunt sigură că va fi capabil să-și facă curat în cameră." Totuși, în cazul unor funcții executive deficitare care sunt greu de educat – și importante –, este mai bine să fii deschis și explicit. Să-și aducă aminte să ia cu el acasă echipamentul pentru sport și să nu își uite acasă temele pentru școală sunt exemple de obiective la care vrem să lucrăm cât se poate de direct cu copilul nostru.

Implică-ți copilul în stabilirea obiectivului

Când obiectivele intră în această categorie, ni se pare mai util să implicăm copilul în procesul de stabilire a obiectivului decât să îi impunem așteptările noastre. Probabil ai remarcat că această idee urmează aceeași linie ca ideea oferită în discuția despre eșafodaj din capitolul anterior: orice lucru care încurajează participarea și gândirea critică, independentă stimulează funcțiile executive. În scenariul cu care începe acest capitol, mama lui Noriko și fiica ei s-au așezat și au discutat problema.

Ea și-a adus contribuția recunoscând că problema era reală și că le împiedica pe amândouă să aibă un început de zi lin. Posibil ca mama să fi spus ceva de genul: „Noriko, cum te simți când în fiecare dimineață te bat la cap să faci anumite lucruri?“ Și se poate ca Noriko să-i fi răspuns: „Îmi creează o dispoziție proastă“. În acest moment, mama probabil că i-a spus: „Ce-ai zice să punem la cale un plan care să ne facă diminețile mai plăcute?“

Stabilește obiective temporare

Fixarea rezultatului final este importantă în procesul de învățare a abilităților, dar nu vei ajunge acolo imediat. Va trebui așadar să stabilești și să accepți obiective temporare de-a lungul procesului. Începerea temelor fără îndemnuri prealabile poate fi un obiectiv principal, dar în fazele de început s-ar putea să fie nevoie să accepți ca obiectiv începerea temelor cu nu mai mult de trei îndemnnuri.

Cum îți dai seama dacă un obiectiv temporar este rezonabil? Ideal ar fi să pleci de la un lucru elementar – măsori comportamentul la momentul dat și îți fixezi ca prim obiectiv intermediar ceva ce poate aduce o ușoară îmbunătățire în comportamentul vizat. Deci dacă vei constata că fiicei tale trebuie să i se reamintească de cinci sau șase ori să își înceapă temele, atunci scăderea numărului de îndemnuri la trei sau patru reprezintă un prim pas rezonabil.

Când spunem „măsori comportamentul la momentul dat“, ne referim într-adevăr la „măsurare“. În exemplul de mai sus, aceasta înseamnă să „numeri“ de câte ori apare acel tip de comportament. Există mai multe moduri de a măsura, cum ar fi:

• *Măsoară cât timp trece între momentul în care copilul îți spune că se va apuca de ceva și momentul în care chiar o face* (ca în situația: „Sarah a acceptat să își înceapă lecțiile în fiecare seară la ora 7. Înainte de a pune în practică o intervenție, mama observă timp de o săptămână la cât timp după ora 7 se apucă fiica ei de treabă").

• *Măsoară cât durează să facă ceva* (ca în situația: „Joey spune că va exersa la trompetă o jumătate de oră în fiecare zi. Mama lui nu crede că va respecta acest interval de timp, așa că măsoară cât exersează el în realitate, ca să aibă un reper atunci când va discuta cu el despre această problemă").

• *Numără de câte ori se manifestă comportamentul în discuție.* Poate fi vorba despre comportamente pozitive (ca atunci când numeri zilele în care copilul și-a amintit să își facă temele) sau despre comportamente-problemă (ca atunci când numeri accesele de furie pe care copilul de 4 ani le are pe parcursul unei zile). Dacă un tip de comportament se repetă de puține ori, le poți număra pe toată durata zilei. Dacă repetările sunt frecvente, atunci alege o parte a zilei asupra căreia să-ți concentrezi atenția (ca atunci când numeri protestele pe care le exprimă copilul înainte de cină).

• *Calculează numărul de îndemnuri necesare până ce copilul tău ajunge să facă ceea ce îi ceri.*

• *Creează o scală* de la 1 la 5 și evaluează severitatea comportamentului-problemă. Dacă fiul tău are o problemă în a-și controla stresul și anxietatea, o scală de la 1 la 5 pentru ca tu și copilul tău să măsurați nivelul anxietății poate arăta cam așa:

1 – Mă descurc bine.
2 – Încep să fiu puțin îngrijorat.

3 – Acum sunt deja agitat.
4 – Simt că sunt cu adevărat supărat.
5 – S-ar putea să-mi pierd controlul!

Pentru alte sugestii despre cum să folosești scala de la 1 la 5 îți recomandăm cartea *The Incredible 5-Point Scale* de Kari Dunn Buron și Mitzi Curtis.

Aceste tipuri de date elementare sunt de multe ori mai utile atunci când poți vizualiza rezultatele. Un exemplu în acest sens îl constituie graficul de la pagina 184.

Dacă stabilirea unei baze elementare și a unor obiective precise reprezintă mai mult decât ți-ai propus, ar trebui totuși să iei în calcul „unele îmbunătățiri" drept obiectiv temporar. Pe măsură ce timpul trece, dacă vei constata că nu se ameliorează nimic, ar fi bine să te gândești să iei niște măsuri concrete suplimentare.

Pasul 3: Evidențiază pașii pe care copilul trebuie să-i facă pentru a atinge obiectivul

În Partea a III-a îți vom oferi o mulțime de exemple în acest sens, folosindu-ne de acele tipuri de situații-problemă pe care părinții ni le semnalează ca fiind cele mai frustrante. Dar întorcându-ne la Noriko, ea și mama ei au întocmit un tabel cu diferite sarcini ce trebuiau duse la îndeplinire dimineața, înainte ca Noriko să plece de acasă, pentru ca ea să prindă autobuzul spre școală. Alte abilități, precum învățarea stăpânirii emoțiilor și a controlului impulsurilor sau canalizarea frustrărilor, pot reprezenta o provocare dacă te gândești

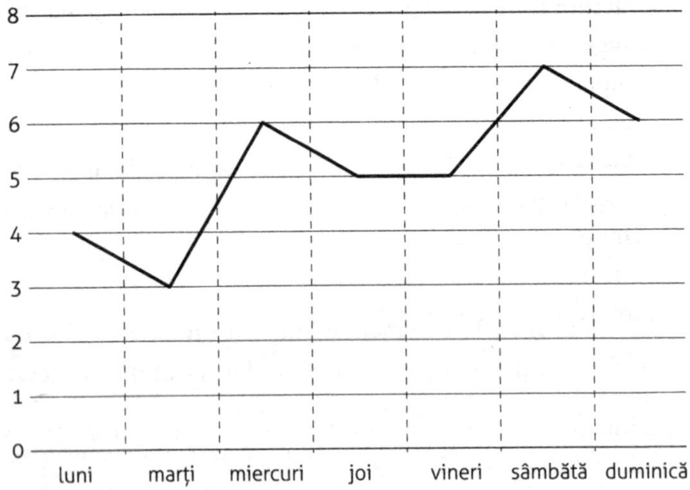

Reminder pentru treburile casnice

să folosești acest procedeu, însă, din nou, îți vom da exemple despre cum poate funcționa totul în Partea a III-a.

Pasul 4: Transformă pașii într-un tabel, o listă sau un set scurt de reguli de urmat

Prin acesta se realizează câteva lucruri. În primul rând, acest pas te obligă să gândești limpede, logic și succint când este vorba despre abilitățile pe care încerci să le formezi. În al doilea rând, în felul acesta ai în permanență înregistrată secvența educativă, astfel încât să vă puteți raporta la ea tu și copilul tău și să puteți rememora procesul. În al treilea rând, prin bifarea fiecărui punct de pe listă, copilul tău are satisfacția de a-și monitoriza progresul în raport cu obiectivul fixat. Acțiunea de bifare a fiecărui punct din tabel pe măsură ce el a fost atins servește drept factor intermediar de consolidare de-a lungul drumului spre atingerea obiectivului principal (finalizarea sarcinilor sau o recompensă ce poate să însoțească finalizarea sarcinilor). În ultimul rând, clădește un simț al răspunderii – este un mod de a afla dacă copilul a făcut într-adevăr ce a spus că face.

Noriko și mama ei au desenat un program pe care Noriko să îl urmeze, însă un alt mod prin care să-ți faci copilul să respecte rutina de dimineață ar fi să creezi o listă la fel ca aceea de la pagina 186. Aceasta va cuprinde o coloană unde poți bifa de câte îndemnuri a fost nevoie pentru fiecare pas în parte și este utilă pentru situațiile în care cea mai mare sursă de frustrări o reprezintă numărul de îndemnuri pe care trebuie să le adresezi copilului pentru a parcurge rutina de dimineață. După o săptămână în care ai utilizat această listă, progresele vor fi deja vizibile – la fel și aspectele problematice (înțelegând prin aceasta pașii care necesită cel mai mare număr de îndemnuri). O copie a acestei liste este inclusă în Capitolul 10 (pp. 234–239). Un tabel necompletat care poate fi folosit în scopuri generale este de asemenea inclus la sfârșitul acestui capitol, pentru aceia care doresc să-și creeze propria listă de verificare care să vizeze abilitatea specifică pe care intenționează să o formeze.

LISTĂ CU ACTIVITĂȚILE DE DIMINEAȚĂ

Sarcina	Numărul de îndemnuri (notate printr-o bară) (////)	Realizată (✓)
Te trezești		
Te îmbraci		
Iei micul dejun		
Te speli pe dinți		
Te piepteni		
Pregătești ghiozdanul pentru școală		

Sursă: *Cum să crești un copil inteligent și de succes* de Peg Dawson și Richard Guare. Copyright 2009 de The Guilford Press.

Înainte de a trece la pasul următor, am vrea să vorbim despre un alt tip de abilitate pe care vrem să le-o predăm copiilor. Să zicem că Todd, în vârstă de 12 ani, are o problemă cu controlul emoțiilor. Lucrul aceste iese la iveală în diferite situații, dar ceea ce îl scoate din minți pe tatăl lui este că acesta se aprinde imediat ce întâmpină un obstacol în timpul temelor. Se întâmplă aproape cu orice fel de temă, însă tatăl lui a observat că la matematică este cel mai grav. Decide așadar să poarte o discuție cu Todd despre cum să-și stăpânească frustrările când e vorba de matematică. Tatăl lui Todd este suficient de inteligent ca să știe că o asemenea conversație în timpul unei crize nu ajută la nimic, așa că așteaptă până ce fiul lui termină una din temele pentru casă care nu-i pun probleme. Începe conversația remarcând cât de bine s-a descurcat la lecții de data aceasta, în comparație cu alte dăți, și îl întreabă pe Todd care ar putea fi explicația. Acesta îi spune: „Deh, am știut foarte bine ce să fac. Mi-am amintit că Mr. Frank ne-a spus cum să ne facem tema. Mă enervez când nu-mi pot aminti sau când cred că mi-am amintit, dar nu-mi iese exercițiul".

Tatăl lui Todd îl întreabă dacă știe înainte să se apuce de o temă că va întâmpina dificultăți, sau dacă asta se întâmplă pe parcurs. Todd îi răspunde: „Ambele cazuri, dar ce mă enervează cel mai tare este atunci când cred că știu cum se face, dar nu reușesc să-i dau de capăt".

Dând dovadă de empatie și de ceea ce psihologii numesc „ascultare reflexivă" (a oglindi sentimentele copilului, ca de pildă: „Asta te-a înfuriat atât de tare, încât ți-a venit să arunci cât colo manualul de matematică, așa-i?"), tatăl lui Todd a reușit să-l facă pe acesta să chibzuiască dacă putea face ceva care să îl ajute să-și controleze frustrarea mai bine. În cele din urmă, Todd a recunoscut că atunci când simțea că își pierde controlul din cauza temei la matematică, putea face două lucruri: în primul rând, să se distanțeze de problemă, luând o pauză de câteva minute. În mod concret, să se ridice de la birou și să coboare în living, unde probabil că tatăl lui citea ziarul. Dacă nici după ce își limpezea mintea, tot nu reușea să rezolve problema (iar Todd a fost de acord că dacă proceda astfel, reușea să-și amintească uneori cum să efectueze tema), atunci al doilea lucru era ca Todd să apeleze la ajutorul tatălui său. Regulile pentru a te descurca la matematică pot fi rezumate în două cuvinte: „mergi" și „vorbește". Tatăl lui a luat un cartonaș și a scris pe el:

Colacul de salvare în matematică

1. Mergi
2. Vorbește

El a lipit cartonașul pe biroul lui Todd, ca să nu uite.

Pasul 5: Verifică dacă fiul sau fiica ta urmează procedura

Este imperios necesar să înțelegem aici că nu ne putem aștepta de la copii să învețe o nouă abilitate după o primă expunere a pașilor care se impun. Ar fi ca și când am crede că un copil poate să respecte toate regulile de baseball după un singur antrenament. Copiii au nevoie de sprijin permanent și de monitorizare în timpul exersării unei noi abilități, iar acest sprijin trebuie oferit în mod firesc, nu cu resentimente din partea părintelui.

Recomandăm începerea acestui pas prin una sau două sesiuni practice – ceea ce s-ar putea numi „o repetiție generală". Odată ce Noriko și mama ei au terminat de desenat programul de dimineață, mama i-a spus: „Hai să încercăm să-l punem în aplicare". Ea și Noriko au luat-o pe scări în sus, iar Noriko s-a întins pe patul din dormitorul ei și s-a prefăcut că doarme, când mama a venit și i-a spus (cum numai mamele știu să o facă): „Trezește-te, Noriko, soarele meu!" Atunci, Noriko a sărit din pat, s-a dus la panoul cu programul de dimineață de pe biroul ei și a mutat cartonașul cu „Trezirea" de la coloana DE FĂCUT la coloana EFECTUAT! Apoi s-a prefăcut că se îmbracă și mută al doilea cartonaș desenat pe panou, după care s-a prefăcut că a ajuns la capătul listei.

Noriko și mama ei erau acum pregătite pentru procesul de testare în viața reală. În prima săptămână, mama a trebuit să îi reamintească să folosească programul conceput. Mama ei a descoperit bucuroasă că de fiecare dată când Noriko muta un cartonaș de pe prima pe a doua coloană, căuta cu nerăbdare desenul următor de pe listă, percepând ca pe o răsplată firească posibilitatea de a trece la pasul următor al secvenței, cu mult înainte ca mama să înceteze să o mai împingă de la spate.

Pentru tatăl lui Todd a fost ceva mai greu să-l convingă pe acesta să treacă printr-o sesiune de exersare a procedurii de stăpânire a frustrării. Până la urmă, Todd era în pragul adolescenței și i se părea că acest joc de rol e o „prostie". Astfel, tatăl s-a gândit că, pentru început, ar putea juca el rolul lui Todd, urmând procedura. A mormăit în barbă câteva înjurături inventate de el la adresa manualului de matematică, s-a făcut că îl ridică în aer ca și când s-ar fi pregătit să arunce cu el perete și s-a oprit la mijlocul gestului. „Hei, oprește-te!", a spus, iar apoi vocea i-a devenit sarcastică: „Tata vrea să cobor până la el. În regulă, o să cobor, dar nu-mi convine". Jocul de rol i-a reușit destul de bine din moment ce Todd a fost dornic să creeze, la rândul lui, propria versiune a acestui sketch. Ei l-au jucat în două moduri diferite – unul în care simplul fapt că Todd a coborât în living l-a ajutat să rezolve problema, și altul în care Todd a cerut ajutorul tatălui său. Odată efectuate aceste repetiții, Todd nu s-a mai simțit ciudat prima oară când a folosit într-o situație reală această procedură, așa cum se temea tatăl lui că se va întâmpla. Cu toate acestea, în fiecare seară înainte ca Todd să se apuce de teme, timp de câteva săptămâni, tatăl lui i-a spus: „Deci, Todd, care-i planul când simți că începi să devii nervos?" După un timp, tatăl lui Todd a observat că acesta folosea același procedeu și atunci când avea de făcut teme la alte materii care îi provocau frustrări.

Pasul 6: Diminuează progresiv supravegherea

Acest pas este, practic, o reiterare a ultimelor două principii descrise în Capitolul 5. Greșelile constau de cele mai multe ori în sprijinirea inadecvată și insuficientă a procesului de formare a unei abilități sau în eșecul reducerii treptate a sprijinului acordat.

Iată un exemplu despre cum funcționează diminuarea progresivă. Molly, în vârstă de 13 ani, este acum în clasa a VII-a. Ea a fost înscrisă la o școală nouă unde volumul de teme este mult mai mare decât era în clasa a VI-a, parțial din cauza faptului că e prima oară când schimbă clasele, iar profesorii par să nu își coordoneze temele date elevilor. Când au primit cel dintâi raport cu progresele înregistrate la școală, părinții lui Molly au aflat că ea nu își făcuse o mulțime de teme, fiind amenințată să rămână corigentă la mai multe materii. Din discuția pe care au avut-o cu Molly pe acest subiect, ea le-a spus: „Nu pot să țin pasul cu tot ce am de făcut. Mereu uit lucruri". Stând de vorbă cu dirigintele, părinții au aflat că profesorilor de la clasă li se cerea să posteze toate temele date elevilor pe pagina de web a școlii. Ei au făcut așadar o înțelegere cu Molly ca fiecare sesiune de teme să înceapă prin verificarea acestei pagini de web și prin conceperea unui plan. Împreună au întocmit un formular în care ea avea să scrie toate materiile la care primise teme și ora la care plănuia să se apuce de fiecare temă în parte (un calendar zilnic al temelor este prezentat în Capitolul 10,

p. 262, și, de asemenea, la sfârșitul acestui capitol). În formular, părinții au adăugat o coloană cu ora la care își termină de făcut temele.

La început, Molly și mama ei au completat împreună formularul, după-amiaza târziu, când mama ei se întorcea acasă de la serviciu. Molly avea nevoie să i se reamintească pentru a se apuca de teme la ora stabilită și pentru a nota ora la care își termina tema. Treptat, mama ei a constatat că își putea restrânge numărul de îndemnuri și timpul alocat supravegherii. Până la sfârșitul clasei a VII-a, Molly a continuat să verifice site-ul școlii în fiecare zi ca să fie sigură că nu uită ceva, dar efectuarea temelor devenise în mare măsură o rutină care, în afară de faptul că trebuia să facă o listă cu sarcinile de dus la îndeplinire, nu mai necesita păstrarea unui calendar detaliat.

Pași pentru diminuarea progresivă a supravegherii

Nivelul de independență în planificarea temelor

- Completează un formular cu ajutorul altcuiva; are nevoie de îndemnuri ca să folosească formularul în timp ce își face temele.
- Are nevoie de îndemnuri pentru a folosi formularul și de supraveghere pe parcursul procesului.
- Are nevoie de îndemnuri pentru a folosi formularul și de verificare, după efectuarea temelor.
- Are nevoie de îndemnuri pentru a folosi formularul; nu e necesară verificarea ulterioară.
- Folosește formularul de unul singur, fără a i se spune.

Cum arată așadar procesul de predare a unei abilități?

Hai să refacem procesul folosind drept exemplu o altă responsabilitate specifică pentru perioada copilăriei: curățenia în cameră. La fel cum este nevoie de timp pentru a dezvolta limbajul la copil, tot așa e nevoie de timp ca el să învețe cum să-și facă curat în cameră fără a fi ajutat. La început, părinții care se hotărăsc să-și învețe copilul să facă acest lucru se comportă ca și când ar fi lobii frontali ai copilului. Și ce anume fac aceștia?

- Pun la dispoziție un plan, o schemă de organizare și un set specific de îndrumări.
- Monitorizează rezultatele obținute.
- Oferă încurajări/motivații și feedback despre reușita abordării.
- Rezolvă problemele când ceva nu funcționează cum trebuie.
- Stabilesc când anume este sarcina cu adevărat îndeplinită.

Astfel, *Faza 1* în predarea dereticării în cameră vizează mai mult părinții. Iată câteva lucruri pe care părinții le pot spune copiilor în timp ce supraveghează procesul:

- „Să începem acum."
- „Pune camioanele în cutia asta."
- „Bagă hainele murdare în coșul cu rufe de spălat."
- „Așază-ți cărțile în bibliotecă."

- „Vezi că ai uitat două jucării sub pat."
- „Nu cred că toate jucăriile alea o să-ți încapă într-o singură cutie; va trebui să iei o cutie nouă."
- „După ce termini, poți merge să te joci cu prietenii."
- „Știu că nu-ți place să faci asta, dar nu mai ai mult și o să vezi că, după aceea, o să te simți grozav."
- „Nu-i așa că e frumos să știi că ți-a terminat toată treaba pe ziua de azi?"

Pași pentru conceperea unei intervenții directe care să conducă la învățarea funcțiilor executive

1. Identificarea comportamentului-problemă asupra căruia vrei să intervii.
2. Stabilește un obiectiv.
   - Implică-ți copilul în stabilirea obiectivului.
   - Stabilește obiective temporare.
3. Evidențiază pașii pe care copilul trebuie să-i urmeze pentru a atinge obiectivul dorit.
4. Transformă pașii într-un tabel, o listă sau un set scurt de reguli de urmat.
5. Verifică dacă fiul sau fiica ta urmează procedura.
6. Diminuează progresiv supravegherea.

În *Faza 2*, părinții furnizează aceleași informații, dar fără a mai fi agentul direct. Ei creează un tabel, o agendă de lucru desenată sau o casetă audio pentru a-i da o direcție copilului. În această etapă, în loc să îi spună copilului ce să facă, părinții spun: „Uită-te în tabel".

LISTĂ		
Sarcina	**Numărul de îndemnuri (notate printr-o bară)** (////)	**Realizată** (✓)

Sursă: *Cum să crești un copil inteligent și de succes* de Peg Dawson și Richard Guare. Copyright 2009 de The Guilford Press.

CALENDARUL ZILNIC AL TEMELOR

Data______________

Subiect/sarcină	Am toate materialele necesare?	Am nevoie de ajutor?	Cine mă va ajuta?	De cât timp am nevoie?	Când o să încep?	Realizat (✓)
	Da ❑ Nu ❑	Da ❑ Nu ❑				
	Da ❑ Nu ❑	Da ❑ Nu ❑				
	Da ❑ Nu ❑	Da ❑ Nu ❑				
	Da ❑ Nu ❑	Da ❑ Nu ❑				
	Da ❑ Nu ❑	Da ❑ Nu ❑				
	Da ❑ Nu ❑	Da ❑ Nu ❑				

Sursă: *Cum să crești un copil inteligent și de succes* de Peg Dawson și Richard Guare.

În *Faza 3*, părinții mai fac încă un pas în spate. În loc să îi spună copilului să se uite pe tabel, îi vor spune: „Ce trebuie să faci?" Întrebând mai degrabă decât spunând, și formulând întrebarea oarecum vag, îl forțăm pe copil să rezolve o problemă de unul singur (sau cel puțin să extragă din memoria de lucru ce are de făcut mai departe).

În *Faza 4*, transferul este deja complet. Copilul se va trezi sâmbătă dimineața, se va uita de jur împrejur prin camera în dezordine și își va spune: „Ce am de făcut?" Bineînțeles, până la acest moment se poate ca respectivul copil să fi devenit deja adolescent sau tânăr în toată firea! Uneori, copiii au nevoie de mult timp pentru a asimila acest tip de proces.

Nu dispera. Puștii chiar învață, iar procesul poate fi grăbit (sau măcar menținut pe o direcție) dacă te asiguri că au o motivație. Acesta este subiectul despre care vom discuta în capitolul următor.

CAPITOLUL 8

Oferă-i copilului motivația pentru a deprinde și a-și folosi funcțiile executive

C reprezintă „consecința“

Părinții fetiței de 3 ani pe nume Melissa tocmai încep să o facă să se gândească la faptul că trebuie să pună la locul lor lucrurile după ce le folosește. Ca parte a ritualului dinainte de culcare, ea și mama sau tatăl ei strâng jucăriile aruncate prin cameră. În timp ce fac acest lucru, părinții folosesc cuvinte de încurajare ca să o stimuleze să continue („Am așezat puzzle-ul la locul lui; acum mai avem doar de strâns păpușile.“), iar după ce au terminat, o laudă pentru ajutorul oferit. Părinții își dau seama cât de bine funcționează acest lucru atunci când Melissa începe să se laude singură; „Sunt foarte harnică, nu-i așa, tati?“, spune Melissa într-o seară înainte ca tatăl ei să apuce să facă aceeași remarcă.

Raj, în vârstă de 9 ani, este mare amator de jocuri video. Ar putea petrece ore în șir jucându-se, iar părinții constată că trebuie să-i limiteze timpul alocat acestei activități în favoarea mișcării în aer liber. Toamna, la începerea unui nou an școlar, părinții îi spun lui Raj că sunt îngrijorați de cât de mult timp își petrece cu jocurile video și de cât de puțină mișcare face, întrebându-l ce crede că se poate face în acest sens. Ei stabilesc așadar împreună o nouă regulă: nu mai mult de o oră pe seară la jocuri și nu înainte de a fi desfășurat activități în aer liber. Mai târziu, când Raj descoperă un joc video care are încorporate și exerciții fizice, părinții schimbă regula și îi permit ca din două în două zile să considere aceste exerciții ca făcând parte din ora lui de mișcare zilnică.

Logan are 13 ani și a fost dintotdeauna un schior înfocat. De curând însă, a remarcat că toți prietenii lui și-au luat snowboard, așa că și-a manifestat și el dorința de a încerca. Toată iarna trecută și-a bătut părinții la cap să-i cumpere o placă, dar nu una oarecare, ci modelul cel mai performant, ca să poată începe să practice snowboard-ul la nivel competițional.

Încă de la începerea ciclului gimnazial, părinții lui Logan au fost îngrijorați de atitudinea lui față de școală. Lor le este teamă că o să devină un elev dezinteresat, în ciuda faptului că e inteligent și că vrea să meargă la colegiu, astfel că părinții decid să facă ceva pentru a-l încuraja să muncească mai mult pentru școală. La începutul clasei a VIII-a, ei vorbesc cu Logan despre grijile pe care și le fac. Îi spun că, știindu-l un copil activ, care urăște să stea pe scaun și să învețe, sunt deschiși să încheie o înțelegere cu el, dacă crede că există ceva care să-l stimuleze să lucreze mai mult pentru școală. Logan le reamintește de snowboard-ul pe care și l-ar dori înainte să vină iarna. Împreună, ei bat în cuie un acord prin care Logan se angajează să țintească la calificativul B* sau la un calificativ mai mare la testele scrise și orale. Dacă într-o săptămână nu ia mai mult decât

* Echivalentul notei 8 în sistemul românesc (n. tr.)

un C* la o evaluare orală sau scrisă, va primi 20 de puncte. Pentru fiecare calificativ B sau mai mare, va primi încă 5 puncte. Dacă ajunge să adune 300 de puncte până de Crăciun, părinții lui sunt de acord să-i cumpere snowboardul dorit în chip de cadou de Crăciun. A fost nevoie de un oarecare efort pentru a-i convinge pe profesorii lui Logan să le comunice regulat notele de la teste, dar au simplificat lucrurile rugându-i pe profesori să le trimită e-mail doar atunci când Logan lua un C sau un calificativ mai slab decât. Pentru a câștiga punctele suplimentare, Logan trebuia să le arate testul ca dovadă a calificativului primit. Deoarece notele lui s-au îmbunătățit în scurt timp, profesorii n-au avut mult de muncă cu trimiterea e-mailurilor.

Aceste trei scenarii descriu diferite moduri în care poți folosi strategii motivaționale pentru a-ți ajuta copilul să-și dezvolte funcțiile executive. Uneori, ca în cazul Melissei, tot ce trebuie să faci este să-ți amintești să folosești cuvinte de laudă la adresa comportamentului său. Sau, cum a fost în cazul lui Raj, trebuie doar să te asiguri că face întâi *ce trebuie*, și abia după aceea *ce vrea*. Câteodată, recunoaștem, strategiile motivaționale trebuie să fie mai elaborate, ca în situația lui Logan, unde se impuneau o planificare și o supraveghere atente.

Motivația este importantă fie că încerci să-l faci pe copil să nu se abată de la succesiunea de reguli sau pași ai unei intervenții concepute de tine, fie că doar încerci să încurajezi copilul să-și folosească funcțiile executive formate deja în repertoriul lui comportamental. Unii părinți recurg la pedepse sau la sancțiuni, dar noi preferăm, în general, o abordare mai echilibrată care să conducă la obținerea de rezultate pozitive.

---

* Echivalentul notei 7 în sistemul românesc (n. tr.)

Un neajuns important în folosirea pedepsei este acela că nu i se spune copilului ce trebuie să facă, ci doar ce *nu* trebuie să facă. În plus, această abordare, care este focalizată pe aspectele negative, poate deteriora relația dintre părinte și copil. Mult prea des, părinții care au folosit o abordare punitivă ne spun: „Nu mi-a mai rămas nimic de care să îl privez", iar copiii spun: „Nu mai am nimic de pierdut".

Consolidarea funcțiilor executive prin cuvinte de apreciere

Așa cum ați observat în primul scenariu de mai sus, nimic nu e mai simplu decât să lauzi și să recunoști niște merite. De exemplu, părinții îi pot spune copilului lor de 5 ani: „Ți-ai amintit să te speli pe dinți după micul dejun fără ca eu să trebuiască să te îndemn. Bravo!" Dacă ești tentat să crezi că un lucru bine făcut reprezintă o răsplată în sine, adu-ți aminte că discutăm despre copii aici. Ei caută mereu să obțină aprobarea ta pentru ceea ce fac, și, primind-o, cu siguranță se simt încurajați să repete gestul pentru a primi din nou aprecierea ta. (Și-apoi, ce adult cunoști care să nu aibă nevoie de cuvinte de laudă, măcar din când în când?)

Am descoperit, de fapt, că aprecierea este unul dintre cele mai subestimate (și mai puțin folosite) instrumente de promovare a unei schimbări de comportament pe care părinții le au la dispoziție. Specialiștii care studiază comportamentul recomandă, în general, ca pentru fiecare corecție verbală adresată copilului, părinții să formuleze trei enunțuri pozitive. În practică, raportul acesta e greu de obținut. Totuși, este un obiectiv care merită stabilit.

Aprecierea eficientă...

1. Trebuie formulată imediat ce remarcăm un comportament pozitiv.
2. Se referă la aspectele specifice ale realizării copilului. („Mulțumesc pentru faptul că ți-ai strâns jucăriile imediat ce te-am rugat.")
3. Îi oferă copilului informații despre valoarea lucrului realizat. („Când te pregătești la timp pentru a merge la școală, dimineața decurge foarte lin.")
4. Îi dă de înțeles copilului că a făcut un efort deosebit pentru a duce la bun sfârșit acea sarcină. („Am observat cât de tare te-ai stăpânit să nu-ți ieși din fire!")
5. Îl orientează pe copil să-și evalueze mai bine comportamentul în raport cu sarcina de îndeplinit și să găsească soluții pentru rezolvarea problemei. („Îmi place cum ai gândit în legătură cu acea situație și cum ai găsit soluția potrivită.")

Trebuie, de asemenea, să subliniem faptul că unele cuvinte de apreciere sunt mai eficiente decât altele. Aprecierea generală („Cuminte fată!"; „Bună treabă!") este de departe mai puțin eficientă decât aprecierea specifică, individualizată față de copil și de comportamentul pe care dorim să-l consolidăm. Caseta de mai jos ne învață cum trebuie folosite cuvintele de apreciere pentru a fi eficiente.

Distracție la linia de sosire

După cuvintele de apreciere, următorul stimul ușor de oferit este să-i dai copilului ceva la care să se gândească cu nerăbdare, știind că-l va obține după ce își va folosi abilitatea dorită sau după ce va parcurge toți pașii necesari pentru a-și însuși abilitatea dorită. Aceasta este o strategie foarte utilizată, ce are efect atunci când părinții urmăresc să-i facă pe copii să îi ajute la treburile casnice sau să desfășoare alte activități care nu le sunt pe plac. După ani de lucru cu familiile (și după ani în care ne-am observat atent propriul nostru comportament), am constatat că atunci când știi că te așteaptă ceva plăcut la capătul unei sarcini neplăcute, capeți mai multă energie pentru a o duce la capăt. În termeni mai tehnici, acest lucru îți *induce un imbold pozitiv*, care te ajută să combați orice gând sau sentiment negativ în legătură cu sarcina pe care o ai de îndeplinit. Această abordare poate fi eficientă atât în cazul adulților, cât și al copiilor, și chiar recompensele mărunte ne

Formularea unui îndemn în cuvinte pozitive, nu în cuvinte negative

Copiilor li se spune frecvent: „Nu te poți juca pe calculator până nu îți faci curat în cameră!" sau „Nu poți ieși la joacă până ce nu pui la locul lor vasele din mașina de spălat!" Îți recomandăm insistent să transformi negațiile în afirmații: „De îndată ce vei termina curățenia în dormitor, te poți juca pe calculator" sau „Poți ieși afară la joacă imediat ce golești mașina de spălat vase". Diferența poate că este subtilă, dar importantă, credem noi. Când subliniezi accesul la o activitate dorită, în loc să subliniezi lipsa de acces la activitatea dorită, îl faci pe copil să stea cu ochii pe ce are de câștigat la final, și nu pe lucrul pe care îl are de făcut ca să obțină acea răsplată. Informațiile legate de comportament pe care le-am adunat arată că această mutare a accentului de la interdicție la răsplată este cu adevărat eficientă; am observat o creștere a gradului de respectare a indicațiilor și o diminuare a respingerii unei sarcini și a luptei pentru putere atunci când adulții au folosit fraze afirmative în loc de fraze negative în relația cu copiii lor.

pot impulsiona. Eu (cea care vorbește este Peg) mă răsplătesc deseori printr-una sau două reprize de joc *Free Cell* după ce termin un pasaj dificil din raportul psihologic la care lucrez. Și atunci când am de făcut seara un lucru ce presupune mult efort (cum ar fi să dau telefoane – urăsc lucrul ăsta!), îmi rezerv plăcerea de a mânca un desert abia după ce am dus la bun sfârșit sarcina.

Folosirea unor sisteme motivaționale mai formale

Cu toate acestea, cuvintele de apreciere și răsplata finală nu sunt întotdeauna suficiente pentru a-l încuraja pe copil să-și utilizeze abilitățile slabe. În acest caz poate fi de ajutor să folosești un sistem de motivare mai formal. Dacă fiul sau fiica ta are ADHD, e posibil să fii deja familiarizat cu acest gen de sistem. În caz contrar, urmează acești pași:

Pasul 1: Descrie comportamentul problematic și stabilește un obiectiv

Îți poate suna cunoscut acest pas deoarece este identic cu primii doi pași prezentați în capitolul anterior legat de predarea funcțiilor executive. Așa cum îți amintești poate, este important să descrii cât mai fidel posibil comportamentul problematic și comportamentul spre care țintești. Spre exemplu, dacă faptul că uită să facă diverse treburi casnice după ce vine de la școală reprezintă problema, obiectivul ar fi ca „Joe să-și îndeplinească atribuțiile casnice de zi cu zi, fără să i se amintească, înainte de ora 16.30“.

Pasul 2: Alege posibile recompense și sancțiuni

Primul pas în alcătuirea unui sistem de recompense constă din a concepe un program de lucru în care sarcinile mai puțin atrăgătoare să preceadă întotdeauna sarcinile preferate. Acesta este un alt mod de a descrie Legea Bunicii, despre care v-am vorbit în Capitolul 5. În unele cazuri, nu este nevoie de nimic mai mult. Atunci când mai trebuie făcut ceva, sistemele de motivare au efect mai mare atunci când copilul beneficiază de un „meniu" de recompense din care să aleagă. Cu cât este mai mare răsplata, cu atât mai multe puncte trebuie să câștige copilul pentru a o primi. Meniul trebuie să includă recompense mai mari, mai valoroase, pe care să le poată câștiga după o săptămână sau o lună, și recompense mai mici, necostisitoare, pe care să le poată primi zilnic. Recompensele pot include stimulente „materiale" (cum ar fi o mâncare preferată sau jucării micuțe) sau o activitate dorită (precum șansa de a juca un joc cu un părinte, profesor sau prieten). Poate fi necesară și introducerea unor sancțiuni în sistem – de obicei, restricționarea accesului la o activitate privilegiată până după realizarea unei sarcini (ca de exemplu șansa de a urmări emisiunea favorită la televizor sau de a vorbi la telefon cu un prieten). Un exemplu despre felul în care acest proces poate fi aplicat pentru a rezolva problema îndeplinirii obligațiilor casnice este oferit în caseta de mai jos.

În vreme ce această carte se axează în primul rând pe lucrurile pe care le poți face acasă, un mod eficient de a folosi strategiile motivaționale pentru a îmbunătăți funcțiile executive la școală este acela de a lega atingerea obiectivului comportamental la școală de răsplata oferită acasă. Acest lucru este eficient din mai multe motive. În primul rând, este un mod plăcut prin care școala și familia conlucrează în vederea rezolvării problemei. În al doilea rând, servește drept mecanism pentru comunicarea pozitivă dintre școală și familie. Și, în fine, părinții au deseori la dispoziție o gamă mai largă de stimulente decât profesorii. Când există o abordare coordonată, un carnet de note reprezintă adesea un instrument prin care profesorii le pot comunica părinților câte puncte a obținut copilul într-o zi.

Model de formular pentru planificarea recompensei

Comportamentul problematic

Uită de obligațiile casnice după ce vine de la școală

Obiectiv

Îndeplinirea lor înainte de ora 16.30 fără să i se amintească

Posibile recompense (copilul câștigă 2 puncte pentru fiecare zi în care atinge obiectivul urmărit)

Zilnic (1 punct)	Săptămânal (5 puncte)	Pe termen lung
Posibilitatea de a urmări o emisiune la televizor	Posibilitatea de a închiria un joc video	Cumpărarea unui joc video (20 de puncte)
Timp suplimentar pentru jocurile video	Invitarea unui prieten să rămână peste noapte în weekend	Cumpărarea unui CD (12 puncte)

Un joc împreună cu un părinte	Mama va pregăti desertul preferat	O masă în oraș (15 puncte)
O jumătate de oră în plus înainte de culcare	Șansa de a alege meniul pentru cină	

Posibile sancțiuni

Se poate juca cu prietenii numai după îndeplinirea obligațiilor casnice

Acces la televizor/video doar după realizarea sarcinilor casnice

Pasul 3: Întocmește un contract având ca obiect aspectele comportamentale

În contract va trebui să scrie exact ce anume acceptă copilul să facă și exact care vor fi rolul și responsabilitățile părinților. Pe lângă puncte și recompense, nu uita să apreciezi efortul copilului de a respecta termenii contractului. De asemenea, asigură-te că acest contract nu conține sarcini imposibile. Evită pedepsele pe care nu ești capabilă sau dornică să le impui (de exemplu, dacă ambii părinți lucrează și nu sunt acasă, nu vei putea monitoriza dacă fiul sau fiica ta se apucă de teme imediat după ce a venit de la școală, astfel încât trebuie întocmit un contract alternativ). Un contract comportamental care să însoțească sistemul de motivare este descris în caseta prezentată la paginile 210–211. Formulare necompletate pe care le poți folosi pentru a schița sisteme de motivare și a întocmi contracte comportamentale sunt prezentate la sfârșitul acestui capitol.

Model de contract comportamental

Copilul este de acord: să îndeplinească atribuțiile casnice înainte de ora 16.30, fără îndemnuri verbale.

Ca să-și ajute copilul să atingă obiectivul, părinții trebuie: să lase pe masa din bucătărie o listă cu sarcinile încredințate, pe care acesta să o găsească atunci când se întoarce de la școală.

Copilul va câștiga: cinci puncte pentru fiece zi în care își duce la îndeplinire atribuțiile fără a i se aminti. Punctele pot fi folosite în chip de capital cu care se achiziționează obiecte trecute în meniul de recompense.

În cazul în care copilul nu își îndeplinește angajamentul: el nu va câștiga nici un punct.

Pasul 4: Evaluează procesul și fă schimbări, dacă e necesar

Trebuie să te avertizăm că, din experiența noastră, rareori se întâmplă ca sistemul de motivare să funcționeze perfect de prima dată. În plus, copiii se pricep uimitor de bine să găsească portițe de evadare în orice contract comportamental („Ai spus că trebuie doar să-mi *termin* temele până la 17.30, nu și că ele trebuie făcute *corect*!"). În general este ceva obișnuit să revii asupra regulilor prevăzute în contract, a punctelor acordate sau a recompenselor specifice alese, înainte ca acesta să funcționeze în felul în care îți dorești.

Deseori, părinții ne întreabă în ce fel pot elabora un astfel de sistem doar pentru unul dintre copiii familiei, nu pentru toți, deoarece va părea că îi „răsplătesc" pe cei cu probleme de comportament, neglijându-i pe cei fără probleme. Am descoperit că majoritatea fraților sunt înțelegători cu acest proces, dacă li se explică cu grijă cum funcționează. Dacă totuși apar probleme, ai la îndemână mai multe opțiuni:

1. Stabilește un sistem similar pentru ceilalți copii, în acord cu obiectivele lor specifice (fiecare copil are ceva de îmbunătățit).
2. Încheie o înțelegere formală prin care promiți ca, din când în când, să organizezi ceva special pentru ceilalți copii din familie, astfel încât să nu se simtă dați la o parte.
3. Oferă-i copilului recompense de care să se bucure întreaga familie (cum ar fi o ieșire la un restaurant chinezesc).

Utilizarea strategiilor motivaționale pentru consolidarea funcțiilor executive în general

Toate exemplele pe care le-am dat vizează un comportament-țintă specific, ce trebuie îmbunătățit (să își amintească ce are de făcut, să ia note bune, să își strângă jucăriile etc.). Poți folosi aceleași strategii cu scopul de a-ți ajuta copilul să-și dezvolte funcțiile executive în sens mai larg decât concentrându-te doar pe comportament. În cazul în care decizi să lucrezi la aspecte legate de inițierea unei sarcini – de exemplu, de fiecare dată când copilul începe să facă ceva fără a fi nevoie să i se reamintească –, îl poți încuraja pe copil în acest sens. „Mulțumesc pentru că ai golit mașina de spălat vase imediat ce ai venit de la școală“ și „Mă bucur că te-ai apucat de teme înainte de ora 5, așa cum am discutat“ constituie exemple de cuvinte de apreciere specifice care se focalizează pe inițierea unei sarcini. Dacă simți că este nevoie de încurajări mai puternice, atunci de fiecare dată când copilul se apucă imediat de lucrul pe care îl are de făcut, sau când respectă planul stabilit de comun acord, fără să fie nevoie de mai mult de un îndemn, poți pune un jeton într-un borcan. Când acesta se umple (sau când copilul a câștigat numărul stabilit de jetoane), copilul își poate primi recompensa.

Dacă ai rămas alături de noi până în acest punct, probabil că ai înțeles deja cele trei mari abordări ce tratează punctele slabe ale funcțiilor executive ale copilului tău. În cele ce urmează vom trece de la „imaginea de ansamblu" la aplicațiile practice. Așadar, dacă nu știi sigur cum să folosești ce ai învățat până acum, continuă să citești. Îți vom oferi metode de predare a funcțiilor executive și scene desprinse din experiența noastră de părinți și clinicieni care rezolvă multitudinea de probleme ce apar în viața de zi cu zi din cauza funcțiilor executive nu tocmai perfecte ale copiilor.

FORMULAR DE PLANIFICARE A STIMULENTELOR

Comportament problematic

Obiectiv

Posibile recompense

Zilnic	Săptămânal	Pe termen lung

Eventuale sancțiuni/pedepse

Sursă: *Cum să crești un copil inteligent și de succes* de Peg Dawson și Richard Guare.

CONTRACT DE COMPORTAMENT

Copilul este de acord să: ________________________________

____

____

____

____

____

Ca să își ajute copilul să atingă obiectivul stabilit, părinții trebuie să:

____

____

____

____

____

Copilul va câștiga: ________________________________

____

____

____

____

____

În cazul în care nu va respecta înțelegerea, copilul va: __________

____

____

____

____

____

PARTEA A III-A

Reunirea tuturor elementelor

Capitolul 9

Organizarea pe primul loc

În Capitolele 6–8 ai învățat ABC-ul conceperii intervențiilor în vederea îmbunătățirii funcțiilor executive ale copilului: schimbă antecedentele (modifică mediul ambiant), abordează direct comportamentul (învață-l abilitatea necesară) și schimbă consecințele (oferă stimulente). Destul de simplu, dar cu ce să începi? Cât de multe lucruri ai într-adevăr de făcut pentru a influența în sens pozitiv viața copilului tău?

După cum am promis încă de la începutul acestei cărți, vom face în așa fel încât să ușurăm procesul de îmbunătățire a funcțiilor executive ale copilului tău, punându-ți la dispoziție mai multe abordări. Cât anume vei dori să faci în mod concret este alegerea ta. Vei putea avea un impact măsurabil asupra fiului sau fiicei tale, în funcție de limitele timpului și energiei de care dispui.

De fapt, suntem atât de dedicați ideii de a face ca acest proces să fie unul ușor, încât prima și cea mai importantă regulă pe care vrem să ți-o oferim este aceasta:

1. Mai întâi, fă minimumul necesar pentru a asigura reușita copilului tău

Desigur, te poți folosi de toate explicațiile date în Capitolele 5–8 și poți combina toate abordările posibile legate de intervenție din Capitolele 9–21 pentru a concepe un plan elaborat și multifuncțional. La un moment dat e posibil să dorești să faci acest lucru. Însă citești această carte pentru a-ți ușura viața și, în același timp, a-ți ajuta copilul să-și consolideze abilitățile necesare pentru ca acesta să reușească în viață. Așadar, încearcă mai întâi intervenția minimă:

• *Dacă poți scăpa doar făcând niște modificări minore asupra mediului ambiant, pe care copilul tău să le asimileze, în cele din urmă, de unul singur, atunci procedează în felul acesta.* Un bilețel pe masa din bucătărie, pe care să scrie: „Te rog să ieși cu câinele la plimbare după ce vii de la școală" este un exemplu de schimbare ambientală. Dacă lași bilețelul la vedere timp de trei săptămâni, și apoi îl iei, va mai plimba copilul câinele fără să-i amintești? În caz afirmativ, înseamnă că memoria lui de lucru a început să funcționeze. Dacă îți întrebi copilul cât timp îi ia să-și facă tema la matematică, apoi compari timpul estimat cu cel real și constați că diferența a devenit aproape nesemnificativă, înseamnă că abilitatea lui de gestionare a timpului este pe drumul cel bun. (Vezi Capitolul 6 pentru o discuție detaliată despre cum să modifici mediul pentru a consolida dezvoltarea funcțiilor executive.)

• *Sau dacă crezi că copilul tău are deja o anumită abilitate, dar trebuie încurajat să o folosească, simpla folosire a unei strategii motivaționale este suficientă.* Poate că ai deschis un fișier special pe calculator în care să o ajuți pe fiica ta să păstreze evidența temelor pentru acasă, însă ea continuă să-și noteze temele la întâmplare, pe manuale sau pe caietele de notițe. În acest caz, o strategie motivațională trebuie să arate cam așa: arătându-ți fișierele în fiecare seară după ce-și termină temele, va putea câștiga 5 puncte. Când va ajunge la 25 de puncte, îi vei permite să descarce de pe iTunes pe iPod-ul ei cântecul preferat. Ori poate că fiul tău trebuie ajutat să învețe să nu-i mai vorbească urât fratelui său mai mic. O strategie motivațională specifică acestei situații ar fi aceasta: stabilește drept țintă ora dinainte de cină și introdu într-un borcan câte un jeton pentru fiecare 10 minute în care nu l-ai auzit vorbind urât. Dacă până la cină va câștiga 4 jetoane, va primi desertul favorit. (Vezi Capitolul 8 pentru mai multe lămuriri despre cum să creezi sisteme motivaționale.)

- *În cazul în care ești de părere că fiul sau fiica ta înregistrează progrese semnificative doar în urma unor eșafodaje sau jocuri, acordă-le acestora prima șansă.* Să înveți să câștigi și să pierzi cu eleganță (adică să dai dovadă de control emoțional) este o cerință bine-venită atunci când participi la diverse jocuri. La fel de important e să înveți să-ți aștepți rândul și să fii tolerant față de nivelul mai slab al colegului de echipă. (Vezi Capitolul 7.)

Însă cel mai probabil vor exista abilități care trebuie predate și abilități care necesită o abordare multidirecțională. Să luăm ca exemplu proiectele școlare pe termen lung. Fragmentarea unei sarcini în subsarcini și intervale de timp mai scurte este un lucru pe care mulți copii trebuie să-l învețe. Formarea acestei deprinderi (așa cum am arătat în Capitolul 10) și exersarea ei prin parcurgerea de câteva ori a acestor pași pot fi suficiente pentru învățarea abilităților respective. Sau să ne gândim la abilitatea de gestionare a timpului. Dacă fiul sau fiica ta nu este în stare să-și gestioneze timpul deoarece nu știe cât îi ia să îndeplinească anumite sarcini, îl (o) poți învăța abilitatea de a estima timpul și apoi i-o poți consolida prin exerciții, și e posibil să nu mai aibă nevoie de nimic altceva pentru a deveni priceput(ă) în gestionarea lui. Capitolele 9–21 îți vor arăta cum să predai fiecare dintre cele 11 funcții executive când problema copilului este că nu știe cum să procedeze.

Ce e de făcut însă dacă îți înveți copilul să își însușească o abilitate, îl pui să o exerseze, iar acesta continuă să se eschiveze sau recurge la o serie de tactici de amânare de fiecare dată când are ceva de făcut? Este un semn clar că trebuie să apelezi la o abordare multidirecțională. Uneori nu este suficientă înțelegerea procesului în sine, iar copilul simte că anumite abilități cer din partea lui un efort atât de mare, încât este în stare să facă orice pentru a evita sarcina respectivă. În aceste cazuri, Capitolele 9–21 îți arată, de asemenea, cum să elaborezi un program care să încorporeze tehnici motivaționale și modalități de soluționare a problemelor, astfel încât o sarcină ce îi pare pe moment „imposibilă" copilului să devină, în cele din urmă, abordabilă.

Iată ce ai de făcut atunci când trebuie să ai o abordare centrată mai direct pe obiectivul de a-i oferi copilului tău abilitatea care îi lipsește.

2. Apoi, învață principiile care stau la baza strategiilor eficiente

Acest capitol oferă îndrumări pentru intervențiile privitoare la funcțiile executive insuficient dezvoltate. Principiile pe care le vei citi aici constituie baza tuturor strategiilor pe care vei învăța să le folosești citind această carte. Parcurge acest capitol înainte de a pune în practică orice intervenție cu copilul tău. Revino asupra lui atunci când strategia adoptată nu funcționează, poate din cauza faptului că ai uitat un sfat important și este necesar să ajustezi strategia pentru a-l integra.

3. Acum îndreaptă-ți atenția spre activități cotidiene specifice

În munca noastră, părinții vin cu un set de probleme cotidiene previzibile legate de funcțiile executive slabe. Părinții preșcolarilor sau ai elevilor abia integrați în ciclul primar se plâng adesea de incapacitatea copiilor lor de a parcurge activitățile de rutină din programul de dimineață, de a se pregăti eficient de culcare, de a-și face ordine în dormitor sau în camera de joacă, sau de a-și stăpâni impulsurile. Părinții elevilor din ultimele clase ale ciclului primar sau din gimnaziu se plâng de multe ori că aceștia nu reușesc să-și termine temele, să aibă caiete îngrijite sau să ducă la bun sfârșit proiecte pe termen lung. Suntem conștienți că aceste lupte pe tema unor activități de rutină îți pot strica ziua atât ție, cât și copilului – zi de zi și săptămână de săptămână. Poți aduce rapid o îmbunătățire dacă ataci în mod direct activitățile acestea de rutină cu ajutorul schemelor directoare pe care le-am creat pentru tine. *De aceea îți recomandăm cu tărie ca după ce ai încercat strategiile de efort minim enumerate mai sus, pasul următor să fie acela de a încerca utilizarea intervențiilor gata fabricate din Capitolul 10.* Capitolul 10 îți oferă planuri detaliate, inclusiv orice fel de formulare și de liste de care ai putea avea nevoie ca să implementezi planul, pentru 20 de activități zilnice diferite care adesea creează probleme copiilor cu funcții executive nedezvoltate.

Alege o activitate zilnică anume pe care dorești să o abordezi

Îți va fi ușor dacă vei trece în revistă lista cu activitățile zilnice de la începutul capitolului și o vei bifa imediat pe aceea despre care simți că e blestemul vieții tale. Poate că luptele duse cu copilul pentru ca acesta să fie gata la timp pentru școală îl afectează prea tare ca să mai reușească să se concentreze la primele ore de la clasă, ceea ce va avea repercusiuni asupra notelor primite la citire. Ori poate că bătălia pe care o duci ca să-ți determini copilul să meargă la culcare te întoarce pe dos într-o asemenea măsură încât nu mai reușești să adormi. În cazuri ca acestea știi asupra cărei activități să te focalizezi mai întâi.

Ce e de făcut însă dacă te uiți peste lista cu activități de rutină zilnică și îți vine să bifezi o duzină de activități care vă pun probleme zi de zi ție și copilului tău? De unde știi cu care să începi? Iată câteva idei:

- *Începe cu problema care, dacă s-ar rezolva, v-ar face viața mult mai ușoară atât ție, cât și copilului.* Deoarece îmbunătățirea calității vieții este unul dintre scopurile noastre primordiale, acesta este cel mai bun reper de la care să pornești. Maggie nu era sigură dacă pe Cindy, fetița ei de 6 ani, o afectau certurile dinainte de culcare (în realitate, în momentele de tensiune maximă, ea chiar credea că pe Cindy o încânta această încleștare a voințelor). Numai că pe Maggie o extenuau atât de tare, încât era incapabilă să mai adoarmă, plus că se simțea un părinte incompetent pentru faptul că, pe vremea când fetița ei avea 4 ani, a ratat intimitatea momentelor în care trebuia să-i citească povești înainte de culcare. Așadar, ea a ales ritualul de culcare drept cea dintâi activitate asupra căreia să se focalizeze.

• *Începe cu o problemă minoră, ușor de abordat.* Avantajul acestei abordări constă în faptul că rezultatele se văd imediat, ceea ce îți conferă încrederea necesară pentru a face față unor provocări mai mari. Brad a ales să își ajute fiul în fiecare seară când acesta trebuia să dea de mâncare câinelui. Era o sarcină ușoară, care îi lua foarte puțin timp, însă Trey părea să uite mereu de ea, iar tatăl lui simțea că își pierde răbdarea când trebuia să-i amintească de nenumărate ori același lucru, primind de fiecare dată un răspuns de genul: „Într-un minut!" Și tu poți fragmenta o metodă prezentată de noi, cu scopul de a o simplifica și mai mult, țintind o activitate casnică foarte simplă pe care să o abordezi.

• *Oferă-i copilului șansa de a alege care activitate să fie abordată mai întâi.* Și nouă ne convine acest lucru, deoarece în felul acesta copilul își asumă problema, dar și găsirea unei soluții, și astfel se trezește în el dorința de a stăpâni situația. Jessie a decis că are nevoie de cineva care să o ajute să exerseze la pian, în vederea concertului pe care urma să-l susțină. Motivația ei a fost aceea că bunicii urmau să vină în oraș special pentru recital, făcând-o să își dorească să aibă o interpretare fără cusur.

• *Alege o problemă la a cărei soluționare să poată participa și altcineva.* Dacă tu și soțul tău cădeți de acord asupra problemei ce trebuie rezolvate și vă asumați împreună acest lucru, efortul ce cade pe umerii unuia din parteneri este mai mic, iar intervenția are, astfel, șanse mai mari de reușită. Parcurgeți activitatea de rutină aleasă și hotărâți ce are de făcut fiecare dintre voi. Asigurați-vă că ați căzut de acord asupra detaliilor, căci, după cum se știe, de aici apar discuțiile. Familia Gonzales a optat pentru temele pentru acasă, și totul a decurs perfect. Unul dintre părinți îl ajuta pe fiul său cu temele la matematică, iar celălalt pregătea, între timp, cina; apoi, cel care gătise se ocupa de tema la literatură, cât timp celălalt părinte spăla vasele.

• *Fixați-vă obiective pe termen lung.* Lucrul acesta este important mai ales când vorbim despre copiii mai mari, în cazul cărora adolescența începe să își arate semnele. Când mi-am dat seama că fiul meu de 13 ani (Peg este cea care vorbește) are dificultăți în ceea ce privește funcțiile executive din mai multe domenii, nu știam pe ce să mă axez mai întâi. În cele din urmă, m-am întrebat: „Ce abilități sunt absolut necesare atât pentru a reuși la colegiu, cât și pentru un viitor loc de muncă?" Astfel, am decis că a face curat în dormitor nu reprezenta o prioritate, în vreme ce respectarea termenelor-limită și responsabilitatea față de tot ce avea de făcut constituiau priorități de prim rang. Odată ce am luat această decizie, am început să-i monitorizez temele punându-i două întrebări de fiecare dată când se întorcea de la școală: „Ce ai de făcut? Când o să faci?"

Ce funcții executive dorești să formezi la copilul tău?

Fiecare activitate de rutină despre care se vorbește în Capitolul 10 este precedată de funcțiile executive cerute. Vei observa că toate aceste activități de rutină, deși sunt concepute pentru a se adresa unei anumite probleme din viața de zi cu zi, au de fapt drept scop faptul de a lucra simultan cu mai multe funcții executive. Copiii care întâmpină dificultăți în respectarea rutinei programului de dimineață, de exemplu, deseori au de luptat și cu inițierea unei sarcini (se apucă greu de un lucru), cu puterea de concentrare (nu reușesc să fie consecvenți până la capăt atunci când se apucă de ceva), și cu memoria de lucru (pierd din vedere pe parcurs ce au de făcut). Punând în aplicare o intervenție care să vizeze un anumit tip de problemă, de fapt contribui simultan și la îmbunătățirea altor funcții executive. Bănuiești, probabil, că în timp vei vedea îmbunătățiri și în cazul altor tipuri de activități zilnice care implică aceleași funcții executive, fără să acționezi direct asupra activităților respective. (Cu toate acestea, așa cum am menționat înainte, nu te aștepta ca lucrurile acestea să se petreacă peste noapte, și poate nici chiar într-o lună. Uneori, în cazul anumitor copii, va trebui să menții intervenția o vreme destul de îndelungată, până ce abilitățile vor fi asimilate.)

4. În final, țintește anumite funcții executive slabe

Dacă problemele copilului tău sunt practic omniprezente, mai ales în cazul în care cele aflate în Capitolul 2 te-au ajutat să identifici doar una sau două funcții executive slabe responsabile de toate problemele copilului tău, sau dacă activitățile de rutină care îți dau cele mai multe bătăi de cap nu figurează în Capitolul 10, e recomandabil să treci peste instrucțiunile noastre și să-ți concepi propriile strategii. Sau poate că vei dori să folosești atât metodele prezentate de noi în Capitolul 10, cât și să-ți concepi propriile tale planuri. Fiecare dintre capitolele 11–21 abordează în profunzime o anumită abilitate, oferindu-ți informații suplimentare în acest sens, ajutându-te să analizezi în detaliu punctele slabe ale abilității respective și arătându-ți apoi cum au construit alți părinți intervenții eficiente. Poți să alegi orice problemă cu care se confruntă copilul tău și să concepi un plan de atac care fie îl va învăța abilitatea discutată în acest capitol, fie îl va ajuta pe copil să și-o consolideze, atunci când ea este deja formată, dar nu este folosită cum trebuie. De asemenea, oricare dintre Capitolele 11–21 oferă câteva sfaturi de ordin general pentru consolidarea unei abilități independent de o schemă de intervenție complet elaborată.

Cum hotărăști ce funcție executivă să ai în vedere?

Dacă începi prin a folosi planurile create de noi și prezentate în Capitolul 10, vei remarca, probabil, că activitățile de rutină la care copilul tău are cea mai mare nevoie să fie ajutat reclamă toate aceleași funcții executive. Acesta este un mod de a stabili abilitățile individuale la care trebuie lucrat în continuare. Ai la dispoziție și chestionarele din Capitolul 2 (pp. 68–79) pe care le-ai folosit pentru a evalua funcțiile executive ale copilului. În fine, poți confirma evaluarea inițială a copilului completând chestionarul scurt de la începutul fiecăruia dintre capitolele ce vizează abilitățile care crezi că îi lipsesc copilului tău.

Aceste chestionare sunt asemănătoare cu scala pe care ai completat-o în Capitolul 2, numai că de data aceasta îți cerem să evaluezi cât de bine sau cât de des consideri că fiul sau fiica ta manifestă fiecare dintre tipurile de comportament enumerate de noi, astfel încât să îți dai seama dacă ai nevoie doar de sfaturile noastre generale sau dacă trebuie să începi să elaborezi propriile strategii de intervenție. În cazul în care decizi să-ți concepi singur o strategie, te poți inspira din ideile sugerate în Capitolele 5–8. Deoarece credem cu tărie în eficiența listelor de verificare, am întocmit o asemenea listă pentru a te ajuta să-ți amintești toate elementele de care trebuie să ții seamă atunci când stabilești un plan care să-l ajute pe copilul tău să facă față unei anumite probleme sau funcții executive slabe. (Vezi pagina 229). Dacă dorești să-ți reîmprospătezi memoria cu privire la semnificația fiecărui element de pe lista de verificare, am indicat paginile unde am discutat în detaliu despre elementul respectiv.

Sfaturi pentru conceperea cu succes a unui program de intervenție propriu

Fie că utilizezi intervențiile noastre din Capitolul 10, fie că îți creezi propriul plan – fie că recurgi la ambele variante –, intervenția ta va avea mai mult succes dacă vei ține cont de următoarele idei:

- *Ajută-ți copilul să-și însușească planul.* Implică-l cât mai mult posibil în conceperea intervenției. Fii atent la recomandările lui, include în plan sugestiile pe care le dă și încearcă să-i satisfaci cerințele de câte ori poți. Fii deschis la compromisuri pentru a-i da copilului impresia că el deține controlul asupra planului. După cum am discutat în Capitolul 5, ține minte că una dintre forțele care modelează comportamentul copilului este nevoia de a deține controlul și de a fi stăpân pe situație – folosește acest lucru în avantajul tău de câte ori poți.

- *Amintește-ți de importanța potrivirii dintre el și sarcină.* Nu uita că ceea ce funcționează în cazul tău nu i se potrivește neapărat și copilului. Am descoperit, de exemplu, că schemele de organizare care i se potrivesc unui individ nu pot fi aplicate în cazul altui individ. Întreabă-l pe copil ce crede că funcționează în cazul lui.

- *Profită de orice ocazie pentru a schimba impresii cu copilul tău.* Brainstorming-ul în sine este un mod de a construi funcții executive. Dacă fiul tău nu știe ce anume i s-ar potrivi, trasnformă discuția într-o ședință de brainstorming sau oferă-i variante și află care anume simte că i s-ar potrivi.

- *Fii pregătit să-ți modifici strategiile.* Asumă-ți faptul că primul plan pe care îl vei concepe va necesita ajustări. În Capitolul 10, am enumerat o serie de modificări și ajustări pe care le poți lua în calcul. În capitolele despre abilități (Capitolele 11–21), multe dintre scenariile prezentate de noi demonstrează faptul că încercările inițiale s-au bucurat de un oarecare succes, dar au mai avut nevoie de îmbunătățiri pentru a produce maximum de beneficii.

- De câte ori este posibil, exersează, pune în practică jocuri de rol sau repetă procedura înainte de a o pune în aplicare. Lucrul acesta este important mai ales dacă funcția executivă vizată este inhibarea răspunsului sau controlul emoțional. Deoarece evenimentele se produc rapid în viața reală și pentru că problema de comportament apare adesea în situații încărcate de tensiune, cu cât copilul exersează mai mult în momente în care emoția lui nu atinge punctul culminant, cu atât va ști el să urmeze scenariul prestabilit, în momentele tensionate.

- *Folosește mereu laude multe și feedback pozitiv.* Chiar dacă folosești alte elemente motivatorii, nu trebuie să renunți la cuvintele de apreciere. Având în vedere că scopul oricărui program de încurajare este acela de a diminua necesitatea unor recompense materiale, factorii sociali de încurajare (lauda sau feedback-ul pozitiv) îl ajută pe copil să depășească faza recompensei palpabile.

• *Utilizează imbolduri vizuale de câte ori poți.* Mult prea adesea, îndemnurile verbale „intră pe-o ureche și ies pe cealaltă". Atunci când utilizezi sugestii verbale, fă-o ca să-i atragi copilului atenția asupra unor suporturi vizuale cum ar fi planurile de lucru alcătuite sub formă de desen, tabelele, listele de verificare, motto-urile scrise sau sloganurile de tipul: „Verifică tabelul", „Care este punctul următor din planul tău de lucru?"

• *Pornește de la simplu (cât mai simplu)!* Începe cu acel comportament care ridică probleme minore, astfel încât reușita în modelarea lui să vă ofere, ție și copilului tău, gustul succesului imediat. Când treci la probleme mai complicate, urmărește, de asemenea, să obții rezultatul dorit prin stabilirea unor obiective inițiale care să poată fi atinse. Obiectivul tău pe termen lung poate fi acela ca fiul tău să reușească să-și facă temele de unul singur, fără a avea nevoie de prezența ta, însă un prim pas rezonabil în acest sens ar fi să-l faci să lucreze singur timp de 2 minute. Dacă știi că ai tendința să stabilești obiective prea înalte, ia ideea de la care ai plecat în stabilirea unui obiectiv și împarte-o în două (înjumătățește-o ca timp, efort, grad de dificultate, progres țintit).

• *De câte ori ai posibilitatea, măsoară progresul descoperind ceva ce poate fi cuantificat, apoi reprezintă printr-un grafic rezultatele obținute.* Dacă nu ești sigur că programul funcționează, găsește o cale prin care să aduni datele necesare pentru a răspunde acestei întrebări. Apropo, graficele pot avea un puternic efect de încurajare asupra copiilor (de fapt, asupra oricărei persoane, indiferent de vârstă). Dacă folosești sisteme bazate pe puncte, ai mecanismul de feedback inclus, dar îți recomandăm să transformi punctele într-un grafic. Câteva exemple de comportamente cuantificabile și posibil de redat într-un grafic ar fi: numărul de teme neefectuate pe săptămână; numărul de „accese de furie“ pe zi; numărul de zile din săptămână în care copilul și-a amintit ce să ducă sau să aducă de la școală; numărul de momente în care o schimbare de plan nu a stârnit plânsul copilului; numărul de seri pe săptămână în care temele au fost făcute înainte de ora stabilită de comun acord.

Cum procedezi dacă copilul respinge în totalitate planurile tale?

În cazul în care, după ce ai trecut prin toate metodele de predare a abilităților, de scenarii și de intervenții la nivel comportamental, ești entuziast să pui în aplicare unele dintre ele, dar copilul le respinge pe toate, iată ce poți încerca să faci:

- *Încearcă să negociezi.* Fii pregătit să renunți la ceva pentru a obține, în schimb, altceva (dar asigură-te că ambele părți implicate au de câștigat).

- *Gândește-te la niște elemente motivaționale mai puternice.* Am descoperit că părinții și profesorii deseori păcătuiesc prin zgârcenie. Nu uita că de multe ori noi le cerem copiilor cu funcții executive deficitare să îndeplinească sarcini care presupun un efort uriaș din partea lor. Dacă lor li se pare că sarcina respectivă este mai mare decât recompensa, vor continua să opună rezistență.

- *În cazul în care copilul tău respinge toate încercările tale de a-l antrena într-un plan de dezvoltare comportamentală (lucru care se întâmplă cel mai probabil în adolescență), poți construi totuși un sistem bazat pe raportul dintre cauză și efect.* Pentru ca fiica ta să beneficieze de privilegiile pe care și le dorește, fă în

CONCEPEREA INTERVENȚIILOR

	Pașii intervenției	Pagina de referință
1.	Stabilește obiectivul comportamental. Comportamentul-problemă: ____________________ Comportamentul-țintă: ____________________	 179 180–181
2.	Ce elemente de sprijin legate de mediul ambiant vei oferi? (Ia în considerație toate posibilitățile.) ___ Schimbarea factorilor de mediu fizici sau sociali (Exemplu: adaugă bariere fizice, diminuează factorii perturbatori, oferă structuri organizatorice, diminuează complexitatea socială) ___ Schimbarea naturii sarcinii (Exemplu: scurteaz-o, fragmenteaz-o, oferă o recompensă atrăgătoare la final, creează un program, dă-i copilului posibilitatea să aleagă, fă ca sarcina să fie mai distractivă) ___ Schimbarea modului în care adulții interacționează cu copilul (Exemplu: repetiții, îndemnuri, mementouri, instruire, cuvinte de apreciere, chestionări, feedback)	 149–153 153–157 157–164
3.	Ce procedură trebuie urmată pentru a forma o abilitate? Cine îi va preda/va superviza procedura? Care vor fi pașii de urmat de către copil? 1. ____________________ 2. ____________________ 3. ____________________ 4. ____________________ 5. ____________________ 6. ____________________	183–193
4.	Ce stimulente vor fi folosite pentru a-l încuraja pe copil să învețe, să exerseze sau să folosească o abilitate? (Ia în considerație toate posibilitățile.) ___ Cuvinte de apreciere specifice ___ Un lucru dorit pe care să-l dobândească după ce sarcina (sau o parte din ea) a fost dusă la îndeplinire ___ Un meniu de recompense și sancțiuni Posibile recompense zilnice ____________________ ____________________ Posibile recompense săptămânale ____________________ ____________________ Posibile recompense pe termen lung ____________________ ____________________	197–209 201 204–211

așa fel încât să răspundă mai întâi cerințelor tale („Te voi duce cu plăcere la mall să-ți petreci timpul cu prietenele, dar mai întâi trebuie să-ți faci curat în cameră").

• *Dacă nimic nu pare să funcționeze, iar problemele ce apar sunt destul de grave, apelează la ajutor specializat, respectiv la un terapeut, trainer sau profesor.* Capitolul 22 îți oferă sugestii în acest sens.

PLANUL DE JOC PE SCURT

1. Întâi încearcă să modifici mediul (Capitolul 6) folosind eșafodajele și jocurile (Capitolul 7) sau oferind stimulente.
2. Dacă nu este suficient, învață principiile și îndrumările ce stau la baza strategiilor eficiente de formare a abilităților executive (Capitolul 9).
3. Începe să intervii utilizând planurile noastre gata făcute, pentru a ataca mai ales activitățile zilnice problematice (Capitolul 10).
4. Dacă nu e destul, concentrează-ți eforturile asupra anumitor funcții executive (Capitolele 11–21).
   - Urmează sfaturile generale pentru a-ți sprijini copilul să-și utilizeze abilitățile slabe cu mai multă eficiență și perseverență.
   - Dacă copilului îi lipsește cu desăvârșire o abilitate, concepe propriile intervenții, urmărind cadrul de „Concepere a intervențiilor" (din acest capitol).

CAPITOLUL 10

Planuri gata făcute pentru a-ți învăța copilul să ducă la bun sfârșit activitățile de rutină zilnică

Următoarele 20 de tipuri de activități de rutină sunt cele care le dau copiilor cele mai mari bătăi de cap. Le-am grupat începând cu activitățile casnice de rutină, apoi cu cele legate de școală, cu sarcini ce presupun control emoțional, flexibilitate și, la sfârșit, inhibarea răspunsului. Aruncă o privire pe listă și fără îndoială atenția îți va fi atrasă exact de domeniile în care tu și copilul tău aveți nevoie de ajutor. Revino la Capitolul 9 dacă identifici mai multe domenii și nu știi cu care anume să începi. Am trecut pe listă și numărul capitolului unde regăsești fiecare funcție executivă la care face apel o anumită activitate de rutină, pentru eventualitatea în care dorești să lucrezi mai concret o abilitate specifică.

Activitatea de rutină	**Pagina**
1. Pregătirea de dimineață pentru a pleca la școală	234
2. Ordinea în cameră	239
3. Așezarea lucrurilor la locul lor	242
4. Contribuția la treburile casnice	246

Adaptează intervențiile conform vârstei copilului

În unele cazuri, vârsta la care e recomandată o anumită intervenție va fi dictată fie de sarcina cu rol de dezvoltare care se regăsește în activitatea de rutină, fie de programa școlară. Nu ne așteptăm ca elevii din clasa întâi să învețe pentru testări (cu excepția testelor de ortografie), să lucreze la proiecte pe termen lung, să scrie eseuri, astfel că aceste tipuri de activități de rutină nu sunt concepute pentru această grupă de vârstă. Având în vedere că multe dintre activitățile de rutină descrise în această carte se adresează copiilor din a doua jumătate a ciclului primar, iată câteva sugestii pentru felul în care să adaptezi strategiile la copiii mai mici sau mai mari, atunci când acest lucru se impune.

Îndrumări cu caracter general pentru *elaborarea metodelor instructive destinate copiilor mai mici*:

- Activitățile să fie de scurtă durată.
- Limitează numărul de pași pe care activitatea îi presupune.
- Pentru fixarea cunoștințelor, folosește imagini mai degrabă decât liste sau instrucțiuni scrise.
- Pregătește-te să oferi sugestii și supraveghere, iar în unele cazuri ajută-l pe copil să efectueze activitatea de rutină, lucrând cot la cot cu el.

Îndrumări cu caracter general pentru *elaborarea metodelor instructive destinate copiilor mai mari*:

- Atrage-l ca partener de lucru atunci când concepi metoda instructivă, când alegi modalitățile de a-l răsplăti și când cauți soluții la eventuale probleme apărute pe parcurs în legătură cu metoda instructivă respectivă, în efortul de a o îmbunătăți.
- Fii deschis să negociezi mai curând decât să îți impui punctul de vedere.
- De câte ori este posibil, folosește indiciile vizuale în locul celor verbale (deoarece ultimele pot fi catalogate drept cicăleală de către copiii mai mari).

1. Pregătirea de dimineață pentru a pleca la școală

Funcții excutive cerute: Inițierea unei sarcini (Capitolul 15), putere de concentrare (Capitolul 14), memorie de lucru (Capitolul 12).

Grupa de vârstă: Sugestiile noastre se referă la copii cu vârste cuprinse între 7 și 10 ani, dar metoda aceasta poate fi adaptată și la copii mai mici sau mai mari doar prin modificarea gradului de sofisticare a sarcinilor.

1. Întocmește împreună cu copilul o listă cu ce are de făcut înainte de a pleca la școală dimineața (sau imediat după ce s-a trezit, în cazul copiilor mai mici).
2. Decideți împreună ordinea fiecărei activități.
3. Transformă lista într-un punct de reper. (Listele de verificare ce urmează a fi prezentate sunt doar niște modele pe care le poți folosi ca atare sau modifica, adăugând sarcinile proprii pe coloana din stânga.)
4. Fă mai multe copii și expune-le pe un panou.
5. Vorbește cu copilul despre cum va decurge întregul proces din momentul în care se va trezi. Explică-i că la început îi vei indica fiecare punct de pe listă ce urmează a fi dus la îndeplinire, iar el va trebui să bifeze pe listă de fiecare dată când o sarcină a fost îndeplinită.
6. Exersează sau propune un joc de rol cu întregul proces, astfel încât copilul să înțeleagă cum va decurge totul – cu alte cuvinte, ia fiecare sarcină în parte și pune-l pe copil să-și imagineze că o duce la bun sfârșit și că apoi bifează pe listă sarcina îndeplinită.

7. Stabilește cât timp trebuie să ia fiecare activitate de rutină în parte, în așa fel încât copilul să ajungă la timp la școală (sau ca să îi mai rămână puțin timp de joacă înainte de a merge la școală sau de a ajunge în alt loc).
8. Pune sistemul în funcțiune. La început va trebui să-l îndemni pe copil să facă primul pas, să urmărești când îl face, să îl trimiți să bifeze sarcina pe listă, să îl lauzi după fiecare pas finalizat și să îl îndemni să treacă la următorul pas.
9. Odată ce copilul și-a însușit procesul și este capabil să urmeze metoda de unul singur în limitele de timp stabilite, lista de verificare poate să dispară.

Diminuarea supravegherii

1. Îndeamnă-ți copilul să înceapă programul de rutină și supraveghează-l pe parcurs, adresându-i în mod constant cuvinte de apreciere și de încurajare și oferind un feedback constructiv.
2. Îndeamnă-ți copilul să înceapă programul de rutină, asigură-te că s-a apucat de fiecare sarcină în parte și retrage-te între cele două sarcini, pentru a reveni doar ca să verifici dacă a trecut la pasul următor.
3. Îndeamnă-ți copilul să înceapă programul de rutină, verifică-l din când în când (la fiecare doi pași, apoi la trei pași etc.).
4. Îndeamnă-ți copilul să înceapă programul de rutină și verifică împreună cu el la sfârșit pașii făcuți.

LISTĂ DE VERIFICARE PENTRU RUTINA DE DIMINEAȚĂ

Sarcina	**Numărul de îndemnuri** (notate printr-o bară) (/ / / /)	**Realizată** (✓)
Trezirea		
Îmbrăcarea		
Micul dejun		
Așezarea farfuriei murdare în mașina de spălat vase		
Spălarea pe dinți		
Pieptănarea		
Pregătirea ghiozdanului pentru școală		

LISTĂ DE VERIFICARE A PREGĂTIRII PENTRU ȘCOALĂ

Sarcina	Realizată (✓)
TOATE lecțiile făcute	
TOATE materialele la locul lor (caiete, dosare etc.)	

Lucruri de luat la școală	Așezate în ghiozdan (✓)
Tema pentru acasă	
Caietele/dosarele	
Manualele	
Cartea de lectură individuală	
Foaia cu acordul părinților	
Banii de gustare	
Echipamentul de sport	
Observații pentru profesor	
Manualul pentru teme	
Altele:	
Altele:	

Sursă: *Cum să crești un copil inteligent și de succes* de Peg Dawson și Richard Guare. Copyright 2009 de The Guilford Press.

Modificări/Ajustări

1. Dacă este necesar, oferă-i o răsplată dacă și-a încheiat procesul la timp sau cu minimum de îndemnuri. Sau adaugă câte un punct pentru fiecare sarcină dusă la bun sfârșit și cu minimum de îndemnuri (cădeți de acord asupra numărului de îndemnuri permise ca să câștige punctul).
2. Folosește un cronometru – sau un ceas cu alarmă – pentru a marca începutul fiecărui pas și provoacă-ți copilul să finalizeze sarcina înainte ca soneria să se audă.
3. Ajustează timpul sau programul în funcție de necesități – de exemplu, trezește-l pe copil mai devreme sau verifică dacă există puncte de pe listă care pot fi sărite sau realizate de cu seară.
4. În loc să întocmești o listă de verificare, scrie fiecare sarcină pe un cartonaș și cere-i copilului să-ți înmâneze cartonașul, să efectueze sarcina, iar după ce o încheie să ia următorul cartonaș.
5. În cazul unui copil mai mic, folosește imagini în locul cuvintelor, întocmește o listă scurtă și asumă-ți faptul că va trebui să continui să-i oferi îndemnuri.
6. Această abordare poate fi adaptată și pentru copiii care trebuie să verifice dacă și-au pus toate lucrurile necesare pentru școală. Un model de asemenea listă de verificare vă este, de asemenea, oferit în carte.

2. Ordinea în cameră

Funcții executive necesare: Inițierea unei sarcini (Capitolul 15), putere de concentrare (Capitolul 14), memoria de lucru (Capitolul 12), organizare (Capitolul 17).

Grupa de vârstă: Sugestiile noastre se referă la copii cu vârste cuprinse între 7 și 10 ani, dar această metodă poate fi adaptată și la copii mai mici sau mai mari doar prin modificarea gradului de sofisticare a sarcinilor.

1. Întocmește împreună cu copilul o listă cu pașii necesari pentru a face ordine în cameră. Aceasta poate arăta așa:
   - Pune-ți hainele murdare în coșul de rufe.
   - Așază-ți hainele curate în dulap.
   - Aranjează-ți jucăriile pe rafturi sau în cutii.
   - Pune-ți cărțile în bibliotecă.
   - Fă curățenie pe birou.
   - Aruncă gunoiul.
   - Pune lucrurile de unde le-ai luat (farfuriile murdare în bucătărie, prosoapele la baie etc.).
2. Transformă lista într-o listă de verificare (un model pe baza listei de mai sus este prezentat în cele ce urmează; folosește-l ca atare sau modifică-l, adăugând propriile idei pe coloana din stânga).
3. Decide când consideri că sarcina este finalizată.
4. Hotărăște ce fel de indicii și îndemnuri va primi copilul înainte și în timpul ducerii la îndeplinire a unei sarcini.
5. Decide cât ajutor îi oferi copilului la început (obiectivul pe termen lung este acela ca copilul tău să-și facă ordine în cameră singur).

6. Decide în ce mod va fi evaluată calitatea activității făcute.
7. Pune în funcțiune metoda, cu tot cu îndemnurile, sugestiile și ajutorul pe care ați stabilit de comun acord că îl vei oferi.

Diminuarea supravegherii

1. Îndeamnă-ți copilul să înceapă programul de rutină și supraveghează-l pe parcurs, adresându-i constant cuvinte de apreciere și de încurajare și oferindu-i un feedback constructiv.
2. Îndeamnă-ți copilul să înceapă programul de rutină, asigură-te că s-a apucat de fiecare sarcină în parte și retrage-te între cele două sarcini, pentru a reveni doar ca să verifici dacă a trecut la pasul următor.
3. Îndeamnă-ți copilul să înceapă programul de rutină, verifică-l din când în când (la fiecare doi pași, apoi la trei pași etc.).
4. Îndeamnă-ți copilul să înceapă programul de rutină și verifică împreună cu el la sfârșit pașii făcuți.

Modificări/Ajustări

1. Dacă este necesar, oferă-i elemente care să-l motiveze. Asta poate însemna fie să-i promiți că îl lași să facă ceea ce-i place după ce-și termină treaba, fie să-i oferi puncte pentru finalizarea fiecărui pas, respectiv recompense prevăzute în meniul de recompense. Răsplătirea copilului pentru că a parcurs fiecare pas cu nu mai mult de unul sau două îndemnuri reprezintă un alt mod de organizare a sistemului de recompense.

2. Dacă în ciuda prezenței tale constante, a îndemnurilor și laudelor, copilul tot nu poate urma programul de rutină, începe prin a lucra cot la cot cu el, împărțind cu el efectuarea sarcinii.
3. Dacă nici acest lucru nu este posibil, ia în calcul abordarea sarcinii de la coadă la cap – tu faci ordine în toată camera, mai puțin într-un colț, unde îl lași pe copil să facă același lucru, sub supravegherea și încurajările tale. Treptat adaugă alte porțiuni din cameră până ce copilul va reuși să facă totul de unul singur.
4. Fă în așa fel încât camera să fie ușor de aranjat – folosește cutii de depozitare în care copilul să-și poată „arunca" jucăriile și pune etichete pe fiecare.
5. Fă o poză ca să-i arăți ce înseamnă o cameră curată, astfel încât atunci când copilul își termină treaba, să poată compara ce a făcut cu imaginea prezentată de tine în fotografie.
6. În cazul unui copil mai mic, folosește pe parcursul fiecărui pas imagini mai degrabă decât cuvinte; limitează numărul de pași; așteaptă-te ca el să aibă nevoie de ajutor, nu te aștepta să facă totul singur.

LISTĂ DE VERIFICARE A ORDINII ÎN CAMERĂ

Sarcina	**Numărul de îndemnuri** (notate printr-o bară) (/ / / /)	**Realizată** (✓)
Punerea hainelor murdare în coşul de rufe		
Punerea hainelor curate în dulap		
Aşezarea jucăriilor la locul lor (pe rafturi sau în cutii)		
Aşezarea cărţilor în bibliotecă		
Aranjarea lucrurilor de pe birou		
Aruncarea gunoiului		
Aşezarea lucrurilor în locul de unde au fost luate (exemplu: farfurii, căni, prosoape, echipament sport etc.)		
Altele:		
Altele:		

Sursă: *Cum să creşti un copil inteligent şi de succes* de Peg Dawson şi Richard Guare. Copyright 2009 de The Guilford Press.

3. Așezarea lucrurilor la locul lor

Funcții executive necesare: Organizare (Capitolul 17), inițierea unei sarcini (Capitolul 15), putere de concentrare (Capitolul 14), memorie de lucru (Capitolul 12).

Grupa de vârstă: Sugestiile noastre se referă la copii cu vârste cuprinse între 7 și 10 ani, dar această metodă poate fi adaptată și la copii mai mici sau mai mari doar prin modificarea gradului de sofisticare a sarcinilor.

1. Întocmește împreună cu copilul o listă cu lucrurile pe care acesta le lasă de regulă împrăștiate prin casă.
2. Identifică locul potrivit pentru fiecare obiect în parte.
3. Decide când trebuie puse la loc lucrurile (de exemplu, imediat ce ajunge acasă de la școală, după ce termină lecțiile, înainte de culcare, după ce nu le mai folosește etc.) .
4. Decide o „regulă" pentru îndemnuri – câte îndemnuri sunt permise înainte de a fi impusă o penalitate (de exemplu, i se interzice accesul la unele dintre lucrurile personale sau i se retrage un alt privilegiu). Un model în acest sens este prezentat mai jos.
5. Decide unde va fi expus programul.

Diminuarea supravegherii

1. Amintește-i copilului că eforturile pe care le faceți au drept scop să îl înveți să-și pună lucrurile la locul lor.
2. Afișează lista într-un loc vizibil și adu-i aminte să o folosească de fiecare dată când pune un obiect la locul lui.
3. Laudă-l sau mulțumește-i de fiecare dată când își strânge un lucru.

4. După ce copilul a exersat acest sistem timp de câteva săptămâni, cu multe cuvinte de apreciere și îndemnuri din partea ta, încetează treptat să îi mai aduci aminte ce trebuie să facă. Ține lista la vedere și fii gata ca acum să impui sancțiuni dacă uită. De exemplu, în cazul în care o jucărie, un obiect preferat sau un articol vestimentar nu se află la locul lui, copilul nu va mai putea beneficia de el o vreme. Dacă este vorba despre un obiect indispensabil (cum ar fi ghiozdanul pentru școală), atunci impune o amendă sau retrage-i unul din privilegii.

Modificări/Ajustări

1. Dacă este necesar, oferă-i elemente care să-l motiveze. Unul din modurile în care poți face asta este să pui în fiecare zi într-un borcan un anumit număr de jetoane și să extragi câte unul de fiecare dată când copilul lasă împrăștiat un lucru. Jetoanele pot fi preschimbate în mici cadouri sau activități care îi fac plăcere copilului, în chip de recompensă.
2. Dacă este prea greu pentru copil să țină minte să pună la locul lor obiectele imediat ce le-a folosit sau în anumite momente ale zilei, stabilește o anumită oră din zi în care lucrurile să fie strânse și așezate la locul potrivit.
3. În cazul copiilor mai mici, folosește imagini, liste scurte de sarcini, și asumă-ți faptul că ei au încă nevoie multă vreme de imbolduri și/sau de ajutor.

AȘEZAREA LUCRURILOR LA LOCUL LOR

Obiectul	**Locul unde trebuie pus**	**Când trebuie pus**	**Numărul de îndemnuri** (notate printr-o bară) (/ / / /)	**Realizată** (✓)
Echipamentul de sport				
Îmbrăcăminte de exterior (geci, mănuși etc.)				
Alte haine				
Încălțăminte				
Teme pentru acasă				
Ghiozdan				
Altele:				
Altele:				

Sursă: *Cum să crești un copil inteligent și de succes* de Peg Dawson și Richard Guare. Copyright 2009 de The Guilford Press.

4. Contribuția la treburile casnice

Funcții executive necesare: Inițierea unei sarcini (Capitolul 15), putere de concentrare (Capitolul 14), memorie de lucru (Capitolul 12).

Grupa de vârstă: Orice vârstă; chiar și preșcolarilor le pot fi încredințate treburi casnice simple, scurte.

1. Întocmește împreună cu copilul o listă cu treburile casnice pe care trebuie să le facă.
2. Stabilește cât timp are la dispoziție pentru fiecare sarcină.
3. Decide când trebuie terminată treaba (ziua și/sau ora).
4. Creează un program, pentru ca tu și copilul tău să puteți ține minte sarcina care trebuie efectuată. Găsești mai jos un model de listă creată în acest scop.
5. Decide unde va fi expusă lista.

Diminuarea supravegherii

1. Îndeamnă-ți copilul să înceapă fiecare sarcină și supraveghează-l, adresându-i constant cuvinte de apreciere și de încurajare, și oferindu-i un feedback constructiv.
2. Îndeamnă-ți copilul să înceapă programul de rutină, asigură-te că s-a apucat de fiecare sarcină în parte și retrage-te apoi, pentru a reveni doar ca să verifici dacă a trecut la pasul următor.
3. Îndeamnă-ți copilul să înceapă programul de rutină, verifică-l din când în când (la fiecare doi pași, apoi la trei pași etc.).
4. Îndeamnă-ți copilul să înceapă programul de rutină și verifică împreună cu el la sfârșit pașii făcuți.

Modificări/Ajustări

1. Dacă este necesar, oferă-i elemente care să-l motiveze să termine la timp ce a început și cu minimum de îndemnuri. Sau oferă-i câte un punct pentru fiecare pas dus la bun sfârșit cu minimum de imbolduri (cădeți de acord asupra numărului maxim de imbolduri permise înainte de a câștiga un punct).
2. Folosește un cronometru – sau un ceas cu alarmă – pentru a marca începutul fiecărui pas și provoacă-ți copilul să finalizeze sarcina înainte ca soneria să se audă.
3. Ajustează timpul sau programul în funcție de necesități – de exemplu, trezește-l pe copil mai devreme sau verifică dacă există puncte de pe listă care pot fi sărite sau realizate de cu seară.
4. În loc să întocmești o listă de verificare, scrie fiecare sarcină pe un cartonaș și cere-i copilului să-ți înmâneze cartonașul, să efectueze sarcina, iar după ce o încheie să ia următorul cartonaș.
5. Pentru copiii mai mici, folosește imagini în locul cuvintelor, întocmește o listă scurtă și asumă-ți faptul că va trebui să continui să-l îndrumi.

ÎNDEPLINIREA OBLIGAȚIILOR CASNICE

Sarcina	Timpul alocat	Ziua și ora când trebuie efectuată
1.		
2.		
3.		
4.		

	Duminică	Luni	Marți	Miercuri	Joi	Vineri	Sâmbătă
	Sarcina efectuată (✓)	Sarcina efectuată (✓)	Sarcina efectuată (✓)	Sarcina efectuată (✓)	Sarcina efectuată (✓)	Sarcina efectuată (✓)	Sarcina efectuată (✓)
1.							
2.							
3.							
4.							

Sursă: *Cum să crești un copil inteligent și de succes* de Peg Dawson și Richard Guare. Copyright 2009 de The Guilford Press.

5. Instituirea unui program de exersare/antrenament*

Funcţii executive necesare: Iniţierea unei sarcini (Capitolul 15), putere de concentrare (Capitolul 14), planificare (Capitolul 16).

Grupa de vârstă: În special 8–14 ani; în cazul copiilor sub această vârstă, activităţi precum dansul, muzica şi sportul ar trebui să aibă mai degrabă un scop recreativ decât de dobândire a unei abilităţi, cu toate că şi copiii mai mici îşi formează abilităţi şi prin lecţii de balet, de acrobaţie, cursuri de fotbal etc.

1. În mod ideal, acest proces trebuie să înceapă în momentul în care copilul tău se decide prima dată asupra unei abilităţi pe care vrea să şi-o formeze şi care necesită a fi exersată constant. Înainte de a alege, purtaţi o discuţie despre ceea ce presupune stăpânirea acelei abilităţi (sau formarea ei doar în scop recreativ!). Discutaţi despre cât de des trebuie să exerseze, pe ce durată se întinde cursul, ce alte responsabilităţi mai are copilul şi dacă programul îi permite un efort susţinut în acest sens.
2. Realizează un program săptămânal cu zilele în care se ţin cursurile. Vezi modelul de mai jos.
3. Discută despre îndemnurile de care copilul are nevoie pentru a-şi aminti să exerseze.
4. Discută despre modul în care tu şi copilul tău veţi stabili dacă acest program funcţionează. Cu alte cuvinte, ce criterii de evaluare a succesului trebuie să ia copilul în consideraţie pentru a continua să exerseze.

* În cazul unui instrument muzical, al unui sport sau al altei abilităţi care necesită practică constantă. (n.a.)

5. Decide după ce interval de timp vei discuta cu copilul dacă este cazul să continue. Mulți părinți nutresc convingerea că atunci când copilul lor se hotărăște să învețe să cânte la un instrument sau să facă un sport (mai ales atunci când lucrul acesta costă, ca de pildă achiziționarea unui instrument), acesta trebuie să-și ia angajamentul că va exersa suficient de mult timp pentru ca cheltuielile în acest scop să merite să fie făcute. Dat fiind faptul că numeroși copii se plictisesc repede de astfel de activități, este bine să încheiați o înțelegere dinainte legată de perioada minimă în care să urmeze activitatea aleasă, înainte de a putea aduce în discuție renunțarea la ea.

Diminuarea supravegherii

1. Îndeamnă-ți copilul să înceapă să exerseze la orele stabilite de comun acord și să bifeze activitatea pe listă după ce a terminat. Pune lista de verificare undeva la vedere, pentru a se folosi de ea ca punct de reper.
2. Folosește un memento scris și o listă de verificare. În cazul în care copilul nu începe să exerseze după 5 minute de la momentul stabilit, adu-i aminte verbal. Dacă începe la timp, arată-i că apreciezi acest lucru.

Modificări/Ajustări

1. Poate că tu și copilul tău veți dori să alegeți o oră de începere ușor de ținut minte – cum ar fi imediat după cină sau după emisiunea preferată de la televizor. În felul acesta, activitatea anterioară reprezintă un imbold pentru a începe o altă activitate.

2. Dacă fiul sau fiica ta nu reușește să se apuce să exerseze fără să i se amintească, pune-i la dispoziție un cronometru de bucătărie sau un ceas cu alarmă.
3. Dacă fiul sau fiica ta nu respectă întocmai timpul programat inițial pentru a exersa, ia în considerație mai degrabă modificarea programului decât renunțarea la activitate. Scurtează timpul de exersare sau dă-i motiv să se gândească cu nerăbdare la ceva după ce termină de exersat (de exemplu, programează repetițiile *exact înainte* de o activitate preferată).
4. Dacă crezi că trebuie să adaugi încă un element motivațional pentru a face exersarea mai plăcută, poate că e timpul să regândești întregul proces. În cazul în care copilul este reticent când trebuie să exerseze cât i se cere, înseamnă că, până la urmă, nu manifestă o dorință nemaipomenită de a stăpâni acea abilitate. De multe ori părinții sunt cei care vor ca fiii sau fiicele lor să învețe ceva (în special să cânte la un instrument), iar procesul în sine nu îi atrage deloc pe copii. Dacă este și cazul vostru, atunci discută deschis cu copilul tău – și apoi oferă-i motivații suplimentare ca să-l convingi să își dezvolte acea abilitate.

ÎNVĂȚAREA UNEI ABILITĂȚI NOI

ÎNAINTE de a începe, răspunde la următoarele întrebări:

1. Ce anume vreau să învăț?

2. De ce vreau să învăț acest lucru?

3. Ce implică învățarea acestei abilități (cursuri, exersare etc.) și cât timp trebuie alocat?

Ce trebuie făcut	Când trebuie făcut?	Cât timp necesită?
Cursuri		
Exersat		
Altele (Exemplu: jocuri, expoziții, recitaluri)		

4. Trebuie să renunț la tot ce făceam până acum ca să-mi fac loc în program?

Dacă te decizi să mergi mai departe, planifică-ți calendarul de lucru completând căsuțele ce urmează. Notează la ce oră se va desfășura fiecare activitate și cât va dura. Poți folosi acest tabel pentru a ține evidența programului de exersare bifând cu un X în dreptul fiecărei ședințe, după terminarea ei.

	Luni	Marți	Miercuri	Joi	Vineri	Sâmbătă	Duminică
Cursuri							
Ședință de exersare							
Jocuri, expoziții, recitaluri							

Sursă: *Cum să crești un copil inteligent și de succes* de Peg Dawson și Richard Guare.

6. Ora de culcare

Funcții executive necesare: Inițierea unei sarcini (Capitolul 15), putere de concentrare (Capitolul 14), memorie de lucru (Capitolul 12).

Grupa de vârstă: Sugestiile noastre se referă la copii cu vârste cuprinse între 7 și 10 ani, dar această metodă poate fi adaptată și la copii mai mici sau mai mari doar prin modificarea gradului de sofisticare a sarcinilor.

1. Stabilește împreună cu copilul ora de culcare. Întocmește o listă cu toate lucrurile ce trebuie făcute înainte de culcare. Aici poți include strângerea jucăriilor, pregătirea hainelor pentru a doua zi, verificarea ghiozdanului pentru a doua zi (Vezi „Tema pentru acasă"), îmbrăcarea în pijama, spălarea pe dinți și pe față sau îmbăierea.
2. Transformă pașii într-o listă de verificare sau într-un calendar de lucru desenat. Vezi modelul de la pagina 255.
3. Discută despre timpul de care este nevoie pentru fiecare sarcină în parte. Dacă vrei, cronometrează fiecare sarcină, ca să știi exact cât durează.
4. Calculează timpul total și scade-l din ora de culcare, ca să știi când trebuie copilul să înceapă rutina specifică serii (de exemplu, dacă ora de culcare este 8 și îi va lua o jumătate de oră să parcurgă întregul program de rutină, copilul va trebui să-l înceapă la 7.30).
5. Îndeamnă-ți copilul să înceapă pregătirea de culcare la ora stabilită.
6. Urmărește fiecare pas făcut, încurajează-l să-și verifice lista pentru a vedea ce pas urmează și laudă-l de fiecare dată după ce termină o sarcină.

Diminuarea supravegherii

1. Îndeamnă-ți copilul să înceapă fiecare sarcină și supraveghează-l, adresându-i constant cuvinte de apreciere și de încurajare și oferindu-i un feedback constructiv.
2. Îndeamnă-ți copilul să înceapă programul de rutină, asigură-te că s-a apucat de fiecare sarcină în parte și retrage-te apoi, pentru a reveni doar ca să verifici dacă a trecut la pasul următor.
3. Îndeamnă-ți copilul să înceapă programul de rutină, verifică-l din când în când (la fiecare doi pași, apoi la trei pași etc.).
4. Îndeamnă-ți copilul să înceapă programul de rutină și verifică împreună cu el la sfârșit pașii făcuți.

Modificări/Ajustări

1. Introdu recompense și pedepse. De exemplu, în cazul în care copilul încheie activitățile de rutină la ora de culcare sau chiar înainte de ea, va primi drept răsplată o mică amânare înainte de stingerea luminii. Dacă nu încheie activitățile de rutină până la ora de culcare, în seara următoare le va începe cu 15 minute mai devreme.
2. Folosește un cronometru – sau un ceas cu alarmă – care să-l ajute să-și dea seama cât timp îi ia fiecare etapă în parte.
3. În loc să întocmești o listă de verificare, scrie fiecare sarcină pe un cartonaș și cere-i copilului să-ți înmâneze cartonașul, să efectueze sarcina, iar după ce o încheie să ia următorul cartonaș.
4. În cazul copiilor mai mici, folosește imagini în locul cuvintelor și asumă-ți faptul că va trebui să continui cu îndrumarea copilului.

RUTINA DINAINTE DE CULCARE

Sarcina	**Numărul de îndemnuri** (notate printr-o bară) (/ / / /)	**Realizată** (✓)
Strângerea jucăriilor		
Verificarea ghiozdanului pentru a doua zi		
Întocmirea unei liste cu ce ai de făcut mâine		
Pregătirea hainelor pentru ziua următoare		
Îmbrăcarea în pijama		
Spălarea pe față sau îmbăierea		
Spălarea pe dinți		

Sursă: *Cum să crești un copil inteligent și de succes* de Peg Dawson și Richard Guare. Copyright 2009 de The Guilford Press.

7. Efectuarea ordinii pe birou

Funcții executive necesare: Inițierea unei sarcini (Capitolul 15), putere de concentrare (Capitolul 14), organizare (Capitolul 17), planificare (Capitolul 16).

Grupa de vârstă: Sugestiile noastre se referă la copii cu vârste cuprinse între 7 și 10 ani, dar bineînțeles că majoritatea copiilor de 7 ani nu pot petrece prea mult timp la birou, așa că, dacă trebuie să adaptezi strategiile la alte grupe de vârstă, probabil că va trebui să le adaptezi pentru copii mai mari – mărește doar gradul de sofisticare a sarcinii.

Primii pași: Aranjarea lucrurilor de pe birou

1. Dă totul jos de pe birou.
2. Hotărăște în ce sertar să bagi fiecare obiect. Lipește etichete pe fiecare sertar.
3. Pune obiectele în sertarele corespunzătoare.
4. Asigură-te că ai un coș lângă tine în care să pui hârtia de reciclat.
5. Decide ce obiecte trebuie să stea pe birou (un suport pentru creioane, un capsator, tăvițe de pus foile pe care le folosești în mod curent și diverse dosare etc.). Gândește-te să montezi și un panou pe perete, pe care să prinzi bilețele care să te ajute să-ți aduci aminte anumite lucruri sau anumite termene-limită.
6. Așază obiectele acolo unde dorește copilul.
7. Fă o poză cu biroul, așa cum trebuie să arate el, pentru a servi drept model. Afișează poza pe perete sau pe panoul de lângă birou.

Pași pentru menținerea ordinii pe birou

1. Înainte de a începe temele sau orice activitate ce se desfășoară pe birou, asigură-te că acesta arată ca în fotografie. În caz contrar, îndepărtează obiectele în plus și fă-l să arate ca în poză.
2. După terminarea temelor, așază lucrurile la locul lor pentru ca biroul să arate din nou ca în fotografie. Acest pas poate fi integrat în rutina dinainte de culcare.
3. O dată pe săptămână, uită-te prin suporturile/tăvile de pe birou și decide ce trebuie să rămână acolo unde este, ce lipsește din ele și ce trebuie aruncat la gunoi sau reciclat.

Diminuarea supravegherii

1. Îndeamnă-ți copilul să înceapă fiecare sarcină și supraveghează-l, adresându-i constant cuvinte de apreciere și de încurajare și oferindu-i un feedback constructiv.
2. Îndeamnă-ți copilul să înceapă, asigură-te că a trecut la pasul 1 al procedurii și revino la sfârșit ca să verifici dacă a terminat. Fă același lucru cu pasul 2. La pasul 3, stai lângă el să asiști la curățarea tăviței pentru hârtii.
3. Îndeamnă-ți copilul să efectueze toți cei trei pași ai procedurii de curățenie, dar pleacă de lângă el și întoarce-te la final.
4. Amintește-i să înceapă procedura. Pe parcurs (de exemplu, înainte de culcare) verifică dacă biroul este curat. Oferă-i cuvinte de laudă și un feedback constructiv.

Modificări/Ajustări

1. Pe măsură ce copilul urmează procedura, continuă să o perfecționezi. Spre exemplu, pot exista posibilități mai bune de aranjare a biroului sau a sertarelor, iar aceste modificări pot fi incluse în proces.
2. Treci pe la un magazin de papetărie pentru a căuta materiale noi care să îl ajute pe copil să-și aranjeze sau să-și țină la îndemână lucrurile necesare, fără a supraîncărca suprafața de lucru.
3. La fel ca și în cazul altor proceduri, oferă-i o recompensă pentru că desfășoară activitatea de rutină așa cum se cuvine.

LISTĂ DE VERIFICARE A EFECTUĂRII ORDINII PE BIROU

Sarcina	Luni	Marți	Miercuri	Joi	Vineri	Sâmbătă	Duminică
Curățarea suprafeței de lucru							
Golirea coșurilor							
Compararea fotografiei cu aspectul biroului							

Sursă: *Cum să crești un copil inteligent și de succes* de Peg Dawson și Richard Guare.

8. Tema pentru acasă

Funcții executive necesare: Inițierea unei sarcini (Capitolul 15), putere de concentrare (Capitolul 14), planificare (Capitolul 16), gestionarea timpului (Capitolul 18), metacogniție (Capitolul 21).

Grupa de vârstă: 7–14 ani.

1. Explică-i copilului că planificarea temei pentru acasă reprezintă o cale bună de a învăța să concepi alte planuri și calendare de lucru. Explică-i că atunci când ajunge acasă de la școală, înainte de a se apuca de altceva, este bine să-și facă întâi un plan pentru teme folosind drept model formularul pe care i-l vei pune la dispoziție. (Vezi modelul de la p. 262.)
2. Pașii pe care trebuie să-i urmeze copilul:
   a) Să scrie pe o hârtie tot ce are de făcut ca temă pentru acasă (nu trebuie detaliat, deoarece indicațiile amănunțite se găsesc în caietele și manualele copilului).
   b) Să se asigure că are toate materialele necesare pentru efectuarea temelor.
   c). Să stabilească dacă are nevoie de ajutor la teme și cine îi va oferi acest ajutor.
   d) Să estimeze cam cât timp îi ia fiecare temă.
   e) Să noteze când va începe fiecare temă.
   f) Să-ți arate planul, ca să-l poți ajuta să facă eventuale ajustări (de exemplu, legate de estimarea timpului).
3. Îndeamnă copilul să înceapă temele conform orei stabilite în plan.
4. Monitorizează-i activitatea. În funcție de copil, asta poate să însemne să stai lângă el de la început până la sfârșit sau să îl verifici periodic.

Diminuarea supravegherii

1. Îndeamnă-ți copilul să facă planul și să înceapă activitățile, adresându-i constant cuvinte de apreciere și de încurajare și oferindu-i un feedback constructiv. Dacă este necesar, stai lângă el până își termină tema.
2. Îndeamnă-ți copilul să conceapă un plan și să-și înceapă temele conform programului. Verifică-l des și oferă-i cuvinte de apreciere și încurajare.
3. Îndeamnă-ți copilul să elaboreze planul și să-și înceapă temele la timp. Verificați împreună tema, după ce a fost făcută.

Modificări/Ajustări

1. Dacă fiul sau fiica ta nu dorește să scrie planul, fă tu lucrul acesta, dar cere-i să-ți spună ce să scrii.
2. Dacă copilul tău are tendința de a uita ce teme are de făcut atunci când nu și le-a notat nicăieri, modifică planificarea în așa fel încât să cuprindă toate materiile posibile și vorbește despre fiecare materie cu copilul, pentru a-l ajuta să-și amintească ce teme are de făcut.
3. Creează un calendar separat pentru proiectele pe termen lung, astfel încât copilul să țină evidența muncii pe care o presupun aceste teme (Vezi „Proiecte pe termen lung").
4. Oferă recompense pentru începerea/terminarea temelor la timp și pentru că își amintește de ele fără atenționarea din partea nimănui.
5. În cazul copiilor de vârstă mai mică, stabilirea orei și a locului pentru efectuarea temelor poate fi suficientă, deoarece aceștia au cel mult una sau două teme. Cerându-le să estimeze cât le va lua să efectueze fiecare temă poate fi util, deoarece le stimulează capacitatea de gestionare a timpului.

CALENDARUL ZILNIC AL TEMELOR

Data________________

Subiect/sarcină	Am toate materialele necesare?	Am nevoie de ajutor?	Cine mă va ajuta?	De cât timp am nevoie?	Când o să încep?	Realizat (✓)
	Da ❑ Nu ❑	Da ❑ Nu ❑				
	Da ❑ Nu ❑	Da ❑ Nu ❑				
	Da ❑ Nu ❑	Da ❑ Nu ❑				
	Da ❑ Nu ❑	Da ❑ Nu ❑				
	Da ❑ Nu ❑	Da ❑ Nu ❑				
	Da ❑ Nu ❑	Da ❑ Nu ❑				

Sursă: *Cum să crești un copil inteligent și de succes* de Peg Dawson și Richard Guare. Copyright 2009 de The Guilford Press.

9. Gestionarea sarcinilor flexibile

Funcții executive necesare: Controlul emoțiilor (Capitolul 13), flexibilitate (Capitolul 19), metacogniție (Capitolul 21).

Grupa de vârstă: 7–14 ani.

Pentru mulți copii, cea mai mare provocare în ceea ce privește temele pentru acasă o repezintă sarcinile flexibile. Acestea presupun: (1) mai multe răspunsuri corecte posibile; (2) mai multe moduri de a ajunge la răspunsul corect sau la rezultatul dorit; (3) sarcina în sine nu oferă un feedback bine definit privitor la îndeplinirea ei, lăsându-l pe copil să aprecieze dacă a finalizat-o sau nu; (4) sarcina nu are un punct de plecare bine precizat, lăsându-l pe copil să decidă de unde să înceapă.

Exemple de sarcini flexibile:

- Formarea de propoziții din cuvinte dictate
- Orice temă de compunere/eseu
- Rezolvarea unei probleme de matematică în mai multe moduri (de exemplu: „În câte feluri diferite poți împărți 24 de obiecte în grupe de numere egale?“)
- Alegerea unei strategii de rezolvare a unei probleme complexe de matematică
- Răspunsurile la întrebări de genul „De ce?“
- Căutarea de răspunsuri la întrebări din text legate de studii sociale, atunci când răspunsul nu constă doar dintr-un singur cuvânt corect sau dintr-o singură noțiune concretă.

Există două căi de a-i ajuta pe copii să rezolve sarcini flexibile: (1) revizuiește sarcina pentru a face ca rezolvarea ei să fie mai puțin flexibilă (2) învață-i cum să trateze astfel de sarcini. Deoarece problemele de abordare a sarcinilor flexibile apar în special atunci când copiii au ca temă de casă astfel de sarcini, este important să discuți cu profesorul, pentru ca acesta să înțeleagă dificultățile pe care le întâmpină copilul (deseori problemele sunt mai evidente acasă decât la școală) și de ce e important să se facă modificări.

Modalități prin care poți scădea gradul de flexibilitate al sarcinilor de acest fel:

- Stai de vorbă cu copilul în timp ce efectuează tema – fie îl ajuți să o înceapă, fie discutați fiecare pas în parte și stai lângă el până parcurge toată tema.
- Nu-i cere copilului să vină cu idei proprii – oferă-i tu variante din care să aleagă sau îngustează numărul de variante pe care le are la dispoziție. Poate vei dori să faci acest lucru în colaborare cu profesorul de la clasă, pentru ca acesta să înțeleagă cum și de ce este modificată cerința. În timp, poți renunța treptat la aceste modificări, de pildă crescând numărul de variante propuse sau încurajându-l pe copil să adauge variante noi la cele propuse de tine.
- Dă-i copilului fițuici sau liste de procedură (de exemplu, pașii prin care să rezolve o împărțire la matematică).
- Modifică cerința astfel încât să nu mai includă rezolvarea problemei. Spre exemplu, cere-i să exerseze ortografia cuvintelor scriind de 10 ori același cuvânt în loc să alcătuiască propoziții, sau construiește propoziții în care copilul să trebuiască să completeze cuvântul lipsă.

Din nou, este bine să faci aceste schimbări informându-l pe profesor și obținând acordul acestuia.

- Oferă-i șabloane pentru realizarea cerinței. Acestea îl ajută pe copil să rezolve pas cu pas tema.
- Oferă-i copilului sprijin înainte de a se apuca de tema scrisă – faceți schimb de idei în legătură cu rezolvarea în scris a cerinței și organizați acele idei (Vezi „Redactarea unui eseu").
- Cere-i profesorului să pună la dispoziție rubrici de evaluare în care să specifice exact care anume sunt cerințele în cazul fiecărei teme de acest fel.

Cea mai simplă cale de a-l ajuta pe copil să se obișnuiască cu sarcinile flexibile este aceea de a-l asista pe parcursul temei, folosind metoda gândirii cu voce tare. Cu alte cuvinte, formulează cu voce tare modele de gânduri și strategii necesare pentru a ataca sarcina. Lucrul acesta presupune, în general, oferirea în faza de început a unei îndrumări atente, a unui sprijin substanțial care, pe parcurs, poate scădea, astfel încât, la final, copilul să-și poată planifica singur rezolvarea temei pentru acasă. În cazul copiilor cu probleme serioase de flexibilitate, se poate vorbi despre gestionarea cu succes a sarcinilor flexibile în ani de zile, timp în care cerințele au fost modificate și copilul a beneficiat de sprijin din partea părinților și a profesorilor.

10. Proiecte pe termen lung

Funcții executive necesare: Inițierea unei sarcini (Capitolul 15), putere de concentrare (Capitolul 14), planificare (Capitolul 16), gestionarea timpului (Capitolul 18), metacogniție (Capitolul 21).

Grupa de vârstă: 8–14 ani; și copiilor de 7 ani le poate fi încredințat un asemenea proiect, dar acesta va fi simplificat, la fel și intervenția pe care o presupune.

1. Uită-te împreună cu copilul peste cerință pentru a te asigura că amândoi ați înțeles-o. Dacă cerința îi permite copilului alegerea subiectului, alegerea subiectului trebuie să fie primul pas. Mulți copii nu se pot gândi la un subiect anume, iar dacă acesta este și cazul copilului tău, ar trebui să faceți schimb de idei oferindu-i o multitudine de sugestii care să pornească de la domeniile ce prezintă interes pentru el.
2. Folosind Formularul de planificare a unui proiect, scrieți pe o hârtie posibile subiecte. După ce ați găsit între 3 și 5 subiecte, întreabă-l din nou pe copil care anume îi place.
3. Ajută-l să facă alegerea finală. Pe lângă faptul de a se gândi care subiect i se pare interesant, alte lucruri la care să mediteze pentru a face alegerea finală ar fi: (a) selectarea unei tematici care să nu fie nici prea vastă, nici prea restrânsă; (b) dificultatea găsirii de referințe și surse; (c) dacă subiectul are „un ceva anume“ care îl face să fie mai amuzant pentru copil sau mai atrăgător pentru profesor.
4. Folosind Formularul de planificare a unui proiect, decideți ce materiale și resurse sunt necesare, de unde le poate procura copilul și când (ar fi bine să completezi ultima coloană

după finalizarea următorului pas). Resurse posibile sunt: paginile de web de pe internet, cărțile de la bibliotecă, lucruri pe care s-ar putea să fie nevoie să le comandați (cum ar fi broșuri de călătorie), oameni care ar putea fi intervievați sau locuri de vizitat (de exemplu muzee, situri istorice etc.). De asemenea, ia în considerație orice material artistic sau de construcție care ar fi necesar dacă proiectul implică construirea unui lucru.

5. Folosind Formularul de planificare a unui proiect, enumeră toți pașii ce trebuie făcuți pentru a termina proiectul, și apoi stabilește o limită de timp pentru fiecare pas în parte. Poate fi de ajutor să transferi aceste informații într-un calendar lunar pe care să-l agăți de perete sau pe un panou cu afișaj din plută care să stea lângă biroul copilului, pentru ca acesta să urmărească ușor ce are de făcut și când.
6. Îndeamnă-l pe copil să respecte timpul consacrat fiecărui pas. Înainte de a începe un pas, purtați o discuție legată de ceea ce presupune finalizarea lui – înțelegând prin aceasta întocmirea unei liste cu lucruri de făcut pentru fiecare pas în parte. Planificarea pasului următor va fi realizată imediat după încheierea pasului anterior, astfel încât copilul să-și dea seama ce are de făcut în continuare și să-i fie mai ușor să demareze pasul care urmează.

Diminuarea supravegherii

Copiii care au probleme cu abilitățile de planificare și metacogniție cerute de sarcinile flexibile trebuie ajutați pe termen lung. Folosind ca punct de reper Formularul de planificare a unui proiect, poți treptat să îi predai responsabilitatea de a completa de unul singur acest formular. Atunci când simţi că el este capabil să lucreze ceva mai independent, stai lângă el cu formularul în faţă şi indică-i segmentele pe care le poate face singur şi pe cele unde trebuie ajutat. Probabil că va fi în continuare nevoie să îi aminteşti multă vreme copilului să încheie la timp fiecare pas, până când el va reuşi singur să se descurce în această privinţă.

Modificări/Ajustări

Oferă-i recompense copilului după cum e necesar pentru că atinge obiectivele legate de respectarea limitei de timp şi de finalizarea proiectului în intervalul de timp stabilit; poţi oferi puncte bonus drept răsplată pentru terminarea fără îndemnuri din afară a proiectului (sau cu un număr minim, prestabilit de îndemnuri).

FORMULAR DE PLANIFICARE A UNUI PROIECT PE TERMEN LUNG

Pasul 1: Alegerea subiectului		
Care sunt subiectele posibile?	De ce îmi place acest subiect?	Ce anume nu îmi place la el?
1.		
2.		
3.		
4.		
5.		
Subiectul ales în cele din urmă:		
Pasul 2: Identificarea materialelor necesare		
De ce materiale sau resurse ai nevoie?	De unde le procuri?	Când le procuri?
1.		
2.		
3.		
4.		
5.		
Pasul 3: Identificarea sarcinilor proiectului și a termenelor-limită		
Ce trebuie să faci? (Enumeră fiecare pas)	Când o vei face?	Bifează ca realizat
Pasul 1:		
Pasul 2:		
Pasul 3:		
Pasul 4:		
Pasul 5:		
Pasul 6:		
Pasul 7:		
Pasul 8:		
Pasul 9:		
Pasul 10:		

11. Redactarea unui eseu

Funcții executive necesare: Inițierea unei sarcini (Capitolul 15), putere de concentrare (Capitolul 14), planificare (Capitolul 16), organizare (Capitolul 17), gestionarea timpului (Capitolul 18), metacogniție (Capitolul 21).

Grupa de vârstă: 8–14 ani; de regulă, copiii nu încep să scrie eseuri până în clasa a III-a, iar acestea sunt scurte, conținând mai puțin de 5 paragrafe în cazul copiilor cu vârstele cele mai mici din această grupă de vârstă; așadar, dacă fiul sau fiica ta are doar 8 ani, poate va trebui să scurtezi forma eseului, în conformitate cu vârsta sa.

Pasul 1: Brainstorming pentru găsirea unor subiecte

Dacă copilul tău trebuie să vină cu un subiect despre care să scrie, asigură-te că înțelegeți exact cerințele lucrării, înainte de a vă apuca de treabă. Poate că va fi nevoie să îl suni pe profesor sau pe un coleg al copilului pentru a lămuri indicațiile. Regulile brainstorming-ului sunt că orice idee este acceptată și scrisă pe hârtie într-o primă fază – cu cât este mai îndrăzneață și mai originală, cu atât mai bine, deoarece din asemenea idei se nasc deseori ideile bune, aplicabile. În acest stadiu nu se acceptă nici un fel de critică din partea părintelui sau a copilului. În cazul în care copilului nu îi vine nici o idee, aruncă în joc câteva idei de-ale tale pentru a „unge rotițele". Atunci când tu și copilul epuizați ideile de posibile subiecte, treceți în revistă lista și încercuiți-le pe cele care vi se par mai promițătoare. Poate că fiul sau fiica ta își va da seama imediat despre ce anume vrea să scrie. În caz contrar, discutați ce îi place sau îi displace la fiecare subiect în parte pentru a încercui mai uşor alegerea potrivită.

Pasul 2: Brainstorming privitor la conţinut

Odată ce subiectul a fost ales, procesul de brainstorming poate începe din nou. Cere-i copilului: „Spune-mi tot ce ştii sau ai dori să ştii despre acest subiect". Din nou, notează pe hârtie orice idee sau întrebare – cu cât mai nebunească, cu atât mai bună în acest stadiu.

Pasul 3: Organizează conţinutul

Acum uită-te peste toate ideile sau întrebările notate pe hârtie. Împreună cu copilul, decide dacă materialul poate fi grupat în vreun fel. Dacă tema dată este despre porcul furnicar, spre exemplu, ai putea grupa informaţiile în funcţie de felul în care arată, locul unde trăieşte, hrană, inamici, cum se protejează etc. Creează idei principale şi scrie dedesubt ideile secundare. Unii părinţii consideră utilă folosirea de post-it-uri. În timpul procesului de brainstorming, fiecare idee individuală este notată pe un post-it separat. Acestea pot fi organizate apoi pe o masă, sub ideile principale, pentru a forma o ciornă a eseului. Apoi, eseul poate fi scris (sau dictat) pornind de la această ciornă.

Pasul 4: Scrie paragraful introductiv

Adesea, aceasta este cea mai dificilă parte a lucrării. La nivel elementar, paragraful introductiv descrie foarte succint despre ce va fi vorba în lucrare. De exemplu, un paragraf de introducere într-o lucrare despre porcul furnicar ar putea suna cam așa:

> Acest eseu este despre un animal ciudat numit porc furnicar. La sfârșitul lecturii acestui eseu vei afla cum arată el, ce mănâncă, ce dușmani are și cum știe să se apere de ei.

Un alt lucru specific unui paragraf introductiv ar fi să-l „captiveze pe cititor“ – să-i ofere cititorului o informație care să-i trezească curiozitatea. Spre exemplu, la sfârșitul rândurilor de mai sus ai putea adăuga încă două propoziții:

> Cititorul va afla, de asemenea, semnificația numelui de *porc furnicar* și din ce limbă provine. Și dacă nici acest lucru nu v-a stârnit interesul, vă voi mai povesti de ce animalul acesta are o limbă lipicioasă – deși s-ar putea să nu vreți cu adevărat să aflați!

Un copil cu probleme de scriere va întâmpina dificultăți în scrierea unui paragraf introductiv fără ajutor, deci va fi nevoie de intervenția ta. S-ar putea să fie suficient doar să pui întrebări de genul: „Ce-ai vrea să rețină lumea după ce va citi eseul tău?“ sau „De ce crezi că pe oameni i-ar interesa așa ceva?“ Dacă are nevoie de și mai mult ajutor, îi poți oferi un model de la care să pornească. Scrie un paragraf introductiv pe o temă asemănătoare celei alese de copil sau folosește modelul de mai sus în chip de exemplu. Dacă copilul are nevoie de mai multe îndrumări pentru scrierea acestui paragraf, oferă-i-le. Apoi verifică dacă poate scrie singur mai departe. Nu uita, primul paragraf este deseori cea mai grea parte a unui eseu.

Pasul 5: Scrie restul eseului

Pentru a-i oferi copilului încă puţină îndrumare, sugerează-i să împartă restul eseului în secţiuni care să aibă la început câte o idee principală (cam la fel cum este scris acest manual). Ajută-l să întocmească o listă de idei principale şi apoi vezi dacă poate continua să-şi facă tema de unul singur. Fiecare paragraf trebuie să înceapă cu o idee principală sau cu o propoziţie care conţine o idee majoră. După această propoziţie de început urmează trei până la cinci propoziţii ce dezvoltă sau explică ideea de bază. Este utilă folosirea cuvintelor de legătură între propoziţii sau paragrafe. Exemple de cuvinte de legătură simple ar fi: „şi, deoarece, de asemenea, în schimb, dar, deci". Exemple de structuri de legătură mai complexe ar fi: „cu toate acestea, cu atât mai mult, pe de altă parte, astfel, în consecinţă, în cele din urmă, în concluzie".

La început, când învaţă să scrie, copiii care întâmpină probleme de scriere au nevoie de ajutor substanţial. În etapa timpurie vei avea impresia că îi scrii jumătate din lucrare. Cu timpul, lucrurile vor sta mai bine, mai ales dacă închei fiecare sesiune de scriere cu aprecieri pozitive la adresa copilului, legate de aspectele care au funcţionat corespunzător. Îi vei putea spune: „Chiar mi-au plăcut ideile principale pe care le-ai găsit de data aceasta singur, fără ajutor din partea mea".

Dacă, în timp, nu se vede nici un progres – sau dacă simţi că nu ai timpul sau priceperea necesare pentru a-ţi ajuta copilul să facă acest gen de lucrări – vorbeşte cu profesorul pentru a vedea dacă îi poate acorda un ajutor suplimentar la şcoală. Chiar dacă eşti dornic să ajuţi în felul acesta, s-ar putea totuşi să fie mai bine să ceri un ajutor suplimentar de la şcoală în cazul în care constaţi că fiul sau fiica ta este mult în urma colegilor lui/ei de aceeaşi vârstă.

MODEL DE SCRIERE A UNUI ESEU FORMAT DIN CINCI PARAGRAFE

Paragraf introductiv

Propoziția 1 prezintă în rezumat despre ce este vorba în eseul tău:

Propoziția 2 se axează pe ideea principală a textului:

Propoziția 3 aduce detalii sau explică de ce e important subiectul ales:

Paragrafele din cuprinsul textului

Paragraful 1, ideea principală:

Detaliu cu rol auxiliar 1:
Detaliu cu rol auxiliar 2:
Detaliu cu rol auxiliar 3:

Paragraful 2, ideea principală:

Detaliu cu rol auxiliar 1:
Detaliu cu rol auxiliar 2:
Detaliu cu rol auxiliar 3:

Paragraful 3, ideea principală:

Detaliu cu rol auxiliar 1:
Detaliu cu rol auxiliar 2:
Detaliu cu rol auxiliar 3:

Paragraful final

Reia cel mai important aspect al eseului tău (ce anume ar trebui cititorul să înțeleagă și să rețină):

12. Pregătirea pentru testările de la şcoală

Funcţii executive necesare: Iniţierea unei sarcini (Capitolul 15), putere de concentrare (Capitolul 14), planificare (Capitolul 16), gestionarea timpului (Capitolul 18), metacogniţie (Capitolul 21).

Grupa de vârstă: 10–14 ani; copiilor de obicei nu li se dau testări până în clasa a IV-a, şi chiar şi atunci învăţătoarea le va spune ce anume să studieze, aşa că această metodă probabil nu îţi este de folos până ce copilul tău trece măcar în clasa a V-a.

1. Păstrează împreună cu copilul un calendar lunar în care să scrii fiecare testare ce urmează.
2. Cu 5 zile sau o săptămână înainte de testare, fă un plan de studiu cu copilul.
3. Folosind Lista strategiilor de învăţare, pune-l pe copil să aleagă strategia pe care vrea să o folosească pentru a învăţa.
4. Pune-l pe copil să-şi facă un plan de studiu cu 4 zile înainte de testare. Cercetările în domeniul psihologiei făcute de-a lungul mai multor ani arată că atunci când trebuie asimilate informaţii noi, *exersarea distribuită pe o perioadă mai lungă este mai eficientă decât exersarea concentrată într-un timp scurt*. Cu alte cuvinte, dacă îţi propui să înveţi 2 ore pentru un test, este mai bine să împarţi acest interval în segmente mai mici (de pildă 30 de minute pe seară, timp de 4 zile) decât să petreci 2 ore învăţând în seara dinaintea testării. Cercetările mai arată că informaţiile asimilate sunt consolidate prin somn, astfel încât o noapte de somn odihnitor este mai benefică decât „tocitul" din seara premergătoare lucrării.

5. Pentru copiii cu probleme legate de puterea de concentrare, folosirea mai multor strategii pe rând, fiecare dintre ele pentru scurt timp, este de preferat în comparație cu utilizarea unei singure strategii pe toată perioada învățării. Poți folosi un ceas cu alarmă care să indice timpul necesar fiecărei strategii, iar când se aude soneria, copilul poate trece la strategia următoare (în cazul în care copilul nu dorește să continue cu aceasta).

Diminuarea supravegherii

În funcție de nivelul de independență al copilului, e posibil ca acesta să aibă nevoie de ajutor pentru întocmirea planului de studiu, de îndemnuri pentru respectarea acestui plan și de monitorizare în timp ce parcurge toți pașii. Diminuează treptat monitorizarea punându-l pe copil să verifice împreună cu tine modul în care a pus în aplicare fiecare strategie, menținând în același timp active celelalte forme de ajutor. Îndemnul de întocmire a unui plan și îndemnul de a începe studiul vor fi ultimele elemente de sprijin eliminate.

Modificări/Ajustări

1. După ce copilul a dat testarea sau după ce a primit-o corectată, cere-i să evalueze cum a funcționat planul de învățare. Care strategii au avut cel mai mare succes? Care nu i-a fost de ajutor? Există alte strategii pe care ar vrea să le încerce data viitoare? Ce părere are în legătură cu timpul alocat învățării? A fost suficient? Fă câteva însemnări pe foaia cu planul de studiu, care să-l ajute pe copil la următoarea testare.

2. Dacă copilul tău consideră că a făcut tot ce trebuia, dar rezultatele au fost slabe, discută cu el și cu profesorul pentru a afla unde anume trebuia procedat altfel. A învățat cumva copilul ce nu trebuia sau a folosit o metodă de învățare greșită? Gândește-te să-i ceri profesorului să pregătească un ghid de învățare, dacă nu a făcut-o până atunci.
3. În cazul în care copilul tău ia în continuare note mici la teste, deși a învățat mult timp și din greu, cere-i profesorului să modifice procesul de testare (de exemplu, să extindă durata, să-i ofere șansa de a da testul din nou, de a da teste alternative sau de a-i permite copilului să folosească fițuici sau să țină manualul deschis). Asta presupune ca fiul sau fiica ta să fie evaluat(ă) pentru a stabili dacă se înscrie în categoria copiilor cu nevoi speciale (Vezi Capitolul 23).
4. Pune la punct un sistem de răsplată (recompense pentru notele bune la testări).

LISTĂ DE STRATEGII DE ÎNVĂȚARE

Bifează-le pe cele utilizate.

___ 1. Recitirea textului	___ 2. Recitirea/ organizarea notițelor	___ 3. Citirea în gând sau cu voce tare a punctelor principale
___ 4. Sublinierea textului	___ 5. Punerea în evidență a textului	___ 6. Punerea în evidență a însemnărilor
___ 7. Folosirea ghidului de învățare	___ 8. Întocmirea unei scheme conceptuale	___ 9. Întocmirea/ organizarea de liste
___ 10. Rezolvarea de teste	___ 11. Chestionarea individuală	___ 12. Chestionarea de către o altă persoană
___ 13. Studierea de cartonașe cu informații	___ 14. Memorarea/ repetarea	___ 15. Crearea unei fițuici
___ 16. Învățarea împreună cu un prieten	___ 17. Învățarea în grup	___ 18. Ore de studiu cu profesorul
___ 19. Învățarea împreună cu părinții	___ 20. Solicitarea ajutorului	___ 21. Altele:

PLAN DE STUDIU

Data	Ziua	Ce strategii voi folosi? (scrie numărul strategiei)	Timpul alocat fiecărei strategii
	Cu 4 zile înainte de test	1. ____ 2. ____ 3. ____	1. ____ 2. ____ 3. ____
	Cu 3 zile înainte de test	1. ____ 2. ____ 3. ____	1. ____ 2. ____ 3. ____
	Cu 2 zile înainte de test	1. ____ 2. ____ 3. ____	1. ____ 2. ____ 3. ____
	Cu 1 zi înainte de test	1. ____ 2. ____ 3. ____	1. ____ 2. ____ 3. ____

Evaluare ulterioară testului

Cum a decurs învățarea? Răspunde la următoarele întrebări:

1. Ce strategii au funcționat cel mai bine?

2. Ce strategii nu au fost de prea mare ajutor?

3. Ți-ai alocat suficient timp studiului? Da Nu

4. Dacă nu, ce ar fi trebuit să faci în plus?

5. Ce schimbări vei face data viitoare?

13. Deprinderea de a gestiona sarcini care necesită un efort substanțial

Funcții executive necesare: Inițierea unei sarcini (Capitolul 15), putere de concentrare (Capitolul 14).

Grupa de vârstă: Orice vârstă.

Există două moduri fundamentale de a face ca sarcinile dificile din punctul de vedere al copilului să pară mai puțin demoralizante. Taie din cantitatea de efort cerută, scurtând sarcina sau simplificând-o, sau oferă-i motivația necesară pentru a-și dori să facă acel efort în schimbul unei recompense. Exemple de moduri în care poți face asta:

1. Fragmentează sarcina în segmente mai mici, astfel încât nici unul dintre ele să nu presupună mai mult de 5 minute de lucru. Oferă-i copilului o mică răsplată la sfârșitul fiecărui segment.
2. Dă-i voie copilului să decidă cum să împartă sarcina. De exemplu, fă o listă cu teme pentru acasă sau activități casnice și lasă-l să hotărască cât anume din fiecare trebuie să facă pentru a beneficia de o scurtă pauză.
3. Dă-i copilului un motiv pentru care să își dorească să termine activitatea cât mai repede. Spre exemplu, el are voie să se joace seara pe calculator timp de 45 de minute dacă și-a terminat tema pentru acasă (și/sau a activității casnice) fără să se plângă, în intervalul de timp stabilit și corect din punctul de vedere al calității (adică nu mai mult de o greșeală la tema de matematică, de exemplu).
4. Recompensează-l pe copil pentru că e dispus să îndeplinească o sarcină ce presupune efort. Ai putea, de exemplu,

să schițezi o listă cu activitățile casnice și să-l lași pe copil să le aranjeze în funcție de efortul cerut. Apoi îi vei putea oferi o recompensă mai mare (mai mult timp de jucat jocuri video) dacă va alege sarcinile mai dificile. Ar fi util să creați o scală a efortului – 1 pentru cea mai ușoară sarcină și 10 pentru cea mai grea sarcină pe care și-ar putea imagina copilul că o poate face. Odată ce el va învăța să folosească scala, va trebui să îl înveți cum să transforme o sarcină dificilă (să zicem, una evaluată la 8–10) într-o sarcină ușoară (evaluată la 3–4).

Modificări/Ajustări

Dacă asemenea abordări nu îl ajută pe copilul tău să ducă la bun sfârșit o sarcină fără să comenteze, să se lamenteze, să plângă sau să opună rezistență în alt fel, e de dorit să alegi o abordare mai lentă și mai puțin solicitantă în vederea pregătirii lui pentru tolerarea sarcinilor dificile. Această abordare, menționată mai devreme în subcapitolul „Ordinea în cameră", se numește „de la coadă la cap". Pe scurt, copilul începe sarcina ce presupune efort substanțial de la coadă, efectuând doar ultimul pas, pentru a obține o recompensă. În cazul curățeniei în dormitor, acest ultim pas poate însemna așezarea de către copil a hainelor murdare în coșul cu rufe de spălat după ce, în prealabil, i-ai făcut tu ordine în cameră, sau să-și așeze în ghiozdan lucrurile pentru a doua zi de școală, după ce l-ai ajutat tu să parcurgă pașii de dinainte în cadrul rutinei de dimineață. Repetă în continuare acest proces până când copilului i se va părea ușor de făcut ultimul pas. Apoi treci la penultimul pas și îi ceri să facă doar acești doi ultimi pași din întreaga sarcină, înainte de a-și primi recompensa. În timp, copilul va învăța să parcurgă de la coadă la cap întreaga sarcină până ce va fi în stare să o ducă la bun sfârșit de unul singur. Mulți părinți se vor opune acestei abordări, mai ales dacă știu dinainte că copilul lor își va face în cele din urmă curat în cameră, cu condiția să-l cicălească și să-l hărțuiască suficient de mult. Dar ce părinte își dorește oare să fie sâcâitor la infinit? Abordarea de la coadă la cap îl face, de fapt, pe copil să tolereze activitățile plictisitoare sau foarte dificile și, în cele din urmă, ne scapă de necesitatea de a fi cicălitori.

14. Organizarea caietelor/a temei pentru acasă

Funcţii executive necesare: Organizare (Capitolul 17), iniţierea unei sarcini (Capitolul 15).

Grupa de vârstă: 6–14 ani.

1. Hotărăşte împreună cu copilul tău ce anume trebuie inclus în sistemul de organizare: un loc unde să fie ţinute temele neefectuate? Un alt loc pentru temele finalizate? Un spaţiu pentru foile de hârtie care trebuie îndosariate? Caiete sau dosare de păstrat notiţele de la clasă, teme efectuate, conspecte, fişe de lucru etc.? Un model de listă vă este prezentat în tabelul de verificare de la pagina 285.
2. Odată enumerate aceste elemente, decide cum să îl abordezi pe fiecare în parte. Spre exemplu, tu şi copilul tău puteţi alege un sistem de îndosariere bazat pe culori, alegând câte o culoare diferită pentru temele efectuate, lucrările neterminate, respectiv alte materiale. Sau puteţi alege un dosar mic cu doar trei inele de prins pentru fiecare materie în parte, sau un dosar mai mare care să cuprindă toate materiile. E recomandabil să vizitaţi împreună un magazin de papetărie, pentru a găsi ideile potrivite.
3. Adună toate materialele necesare – din casă, dacă le ai la îndemână, sau de la papetărie, dacă nu le ai. Acestea trebuie să conţină un perforator cu trei perforaţii, foi liniate şi veline, separatoare pentru dosar şi post-it-uri pe care copilul va dori să le folosească pentru a marca hârtiile importante.
4. Aranjează caietele şi dosarele, punând etichete vizibile.
5. Înainte de a se apuca de teme, cere-i de fiecare dată copilului să scoată dosarele pentru teme efectuate, teme neefectuate, şi materiale ce trebuie îndosariate. Pune-l să ia o decizie cu

privire la fiecare material în parte și la locul unde trebuie așezat. Parcurgeți acest proces înainte de a se apuca de teme.
6. Când temele au fost făcute, cere-i să și le așeze în dosarul potrivit și îndosariați orice alt material care trebuie păstrat.

Diminuarea supravegherii

1. Îndeamnă-ți copilul ca atunci când își începe temele, să urmeze procesul de „organizare". Supraveghează-l la fiecare pas pentru a te asigura că toți pașii sunt respectați și bifați pașii pe tabelul de verificare.
2. Îndeamnă-ți copilul să-și înceapă temele prin a urma sistemul de organizare și amintește-i să verifice fiecare pas făcut. Verifică periodic din urmă și verifică la sfârșitul temei pentru a te asigura că tabelul de verificare a fost respectat și că materialele au fost așezate la locul lor.
3. Îndeamnă-l la început, verifică-l la sfârșit și fă verificări ocazionale prin caietele de clasă, dosare și alte hârtii.

Modificări/Ajustări

1. Pe cât posibil, implică-ți copilul în conceperea sistemului de organizare. Am descoperit că ceea ce funcționează pentru o persoană este un dezastru pentru altă persoană, deoarece nu tuturor li se potrivesc aceleași lucruri.
2. Regândește elementele care nu funcționează bine. Din nou, implică-ți copilul în rezolvarea problemei. „Cum ar fi mai bine pentru tine?" este calea potrivită de abordare.
3. Pentru persoanele dezordonate din fire, este nevoie de timp ca acest proces să devină o obișnuință. Nu uita că monitorizarea pe parcursul procesului poate fi indispensabilă.

STABILIREA UNUI SISTEM DE GESTIONARE A CAIETELOR/TEMELOR PENTRU ACASĂ

Element din sistem	**Ce anume vei folosi?**	**Realizat (✓)**
Loc pentru teme neefectuate		
Loc pentru teme finalizate		
Loc de păstrare a materialelor în vederea îndosarierii ulterioare		
Caiete și dosar(e) pentru fiecare materie		
Alte lucruri de care ai putea avea nevoie: 1. 2. 3. 4.		

Sursă: *Cum să crești un copil inteligent și de succes* de Peg Dawson și Richard Guare. Copyright 2009 de The Guilford Press.

MENȚINEREA UNUI SISTEM DE GESTIONARE A CAIETELOR/TEMELOR PENTRU ACASĂ

Sarcina	Luni	Marți	Miercuri	Joi	Weekend
Golește dosarul cu „materiale de îndosariat“					
Caută prin caiete și manuale alte foi rătăcite și pune-le în dosarele potrivite					
Fă-ți temele					
Așază toate temele (și pe cele efectuate, și pe cele neefectuate) la locul potrivit					

Sursă: *Cum să crești un copil inteligent și de succes* de Peg Dawson și Richard Guare. Copyright 2009 de The Guilford Press.

15. Capacitatea de a-și controla emoțiile

Funcții executive necesare: Controlul emoțiilor (Capitolul 13), inhibarea răspunsului (Capitolul 11), flexibilitate (Capitolul 19).

Grupa de vârstă: Orice vârstă.

1. Realizează împreună cu copilul o listă cu lucrurile care îl fac să-și piardă controlul (acestea se numesc „declanșatori"). Poate veți vrea să faceți o listă lungă cu diversele lucruri care îl înfurie pe copil și apoi să vedeți dacă le puteți grupa în categorii mai mari (când i se spune „nu", când pierde la un joc, când i se promite ceva care nu se mai întâmplă etc.).
2. Discută cu el despre cum se manifestă accesele lui de furie (de exemplu, țipete, înjurături, aruncare de obiecte, lovirea unor obiecte sau persoane etc.). Decide ce anume trebuie trecut pe lista cu „nu e voie ". Lista să fie scurtă, astfel încât să vă concentrați pe unul sau două comportamente odată.
3. Acum întocmiți o listă cu lucruri pe care copilul le poate face (se numește „comportament de substituție"). Ar trebui să cuprindă trei sau patru lucruri diferite pe care le poate face, în locul comportamentelor de tipul „nu e voie" selectate.
4. Afișează toate astea pe un Panou cu momente dificile (vezi exemplul ce urmează).
5. Exersează. Spune-i copilului: „Să zicem că ești supărat pentru că Billy a spus că vine pe la tine să vă jucați, însă până la urmă a avut altceva de făcut. Ce strategie vrei să folosești?" (vezi în cele ce urmează niște sfaturi practice detaliate în acest sens).

6. După ce ați exersat câteva săptămâni, începeți să folosiți procesul „de-adevăratelea“, dar, la început, folosiți-l doar în cazul unor ușoare iritări.
7. După exersarea lui cu succes în cazul unor iritări minore, începeți să-l folosiți în cazul declanșatorilor mai puternici.
8. Leagă procesul de un sistem de recompense. Pentru a obține cele mai bune rezultate, folosește două niveluri de recompense: „marea recompensă“ pentru cazurile în care nu se ajunge niciodată la Panoul cu momente dificile, și „mica recompensă“ pentru folosirea cu succes a uneia din strategiile de pe Panoul cu momente dificile pentru a face față situațiilor provocatoare.

Exersarea procedurii

1. Utilizează exemple din viața reală. Ele ar trebui să cuprindă o varietate reprezentând diferite categorii de declanșatori.
2. Organizează sesiunile de practică în așa fel încât să fie rapide și la obiect. De exemplu, dacă una dintre strategiile de gestionare a emoțiilor presupune să înceapă să citească o carte, pune-l pe copil să deschidă o carte și să înceapă să citească, dar nu pierde mai mult de 20–30 de secunde cu asta.
3. Pune-ți copilul să repete fiecare strategie din Panoul cu momente dificile.
4. Organizează scurte sesiuni practice în fiecare zi sau de câteva ori pe săptămână timp de mai multe săptămâni, până să începeți să aplicați strategiile în viața reală.

Modificări/Ajustări

1. La început s-ar putea să fie nevoie să demonstrezi cum se folosește o strategie. Asta înseamnă să vorbești cu voce tare pentru a-i sugera copilului ce anume poate spune sau gândi în momentul în care implementează strategia.
2. Pot exista momente când, în ciuda aplicării unui procedeu, copilul să nu reușească să se stăpânească, să se calmeze sau să folosească una din strategiile de pe Panoul cu momente dificile. În acest caz, îndepărtează-l de situația creată (fizic, dacă este necesar). Avertizează-l dinainte că vei face acest lucru, ca să știe la ce să se aștepte. Spune-i: „Dacă arunci, sau lovești, sau țipi, va trebui întotdeauna să plecăm".
3. În situația în care copilul nu poate folosi în mod eficient strategiile, este timpul să cauți ajutor de specialitate (vezi Capitolul 22).

MODEL DE PANOU CU MOMENTE DIFICILE

	**Declanșatori: lucruri care mă înfurie** 1. Când trebuie să mă opresc dintr-o activitate distractivă. 2. Când e momentul să fac o treabă în casă. 3. Când nu îmi iese ce mi-am propus.
	**Nu e voie** 1. Să lovesc pe cineva. 2. Să sparg ceva.
	**Când trec printr-un moment dificil, am voie:** 1. Să desenez. 2. Să citesc o carte. 3. Să ascult muzică. 4. Să mă joc cu câinele.

Sursă: *Cum să crești un copil inteligent și de succes* de Peg Dawson și Richard Guare. Copyright 2009 de The Guilford Press.

PANOUL CU MOMENTELE MELE DIFICILE

	**Declanșatori: lucruri care mă înfurie** 1. 2. 3.
	**Nu e voie** 1. 2.
	**Când trec printr-un moment dificil, am voie:** 1. 2. 3. 4.

Sursă: *Cum să crești un copil inteligent și de succes* de Peg Dawson și Richard Guare. Copyright 2009 de The Guilford Press.

16. Capacitatea de a-și controla comportamentul impulsiv

Funcții executive necesare: Inhibarea răspunsului (Capitolul 11), controlul emoțiilor (Capitolul 13).

Grupa de vârstă: Orice vârstă.

1. Identifică împreună cu copilul declanșatorii comportamentului impulsiv (urmărirea unei emisiuni la televizor împreună cu frații, jocuri fără reguli clare împreună desfășurate împreună cu prietenii, sau orice altceva).
2. Cădeți de acord asupra unei reguli pentru situația declanșatoare. Regula ar trebui să se axeze pe ce poate face copilul pentru a-și stăpâni impulsurile. Oferă-i posibilitatea de a alege, dacă poți – cu alte cuvinte, tu și copilul tău ar trebui să veniți cu câteva idei despre ce poate să facă pentru a evita o reacție impulsivă nedorită.
3. Discutați despre ce poți tu să faci pentru a-l atenționa pe copil că este pe cale să-și piardă controlul, astfel încât el să bată în retragere sau să folosească una din strategiile convenite. Lucrul acesta funcționează cel mai bine prin transmiterea unui semnal vizual discret (de exemplu, o mișcare a mâinii) care îl poate alerta cu privire la situația problematică.
4. Exersează procedura. Propune un joc de rol de genul „Să ne prefacem că". „Să ne prefacem că ești afară la joacă cu prietenii și unul dintre ei spune ceva care te înfurie. Eu voi fi acel prieten, iar tu vei fi tu." În cazul în care copilului i se pare greu să facă asta, atunci ar trebui să joci tu rolul lui ca să îi arăți cum să gestioneze situația.

5. La fel ca în cazul celorlalte abilități care presupun reguli de conduită, exersează procedura zilnic sau de mai multe ori pe săptămână timp de câteva săptămâni.
6. În momentul în care tu și copilul sunteți gata să transpuneți în practică procedura, amintește-i despre ea chiar înainte să se ivească situația-problemă (de exemplu: „Nu uita de plan!"; „Adu-ți aminte ce-am discutat.").
7. Analizează apoi cum a decurs întregul proces. Poate vei dori să realizezi o scală pe care tu și copilul să o folosiți ca să evaluați cât de bine a funcționat totul (de la 5 – A mers fără probleme! la 1 – *Metoda asta* n-a prea mers!)

Modificări/Ajustări

1. Leagă folosirea cu succes a unui comportament de substituție de o recompensă, dacă ești de părere că procesul ar putea funcționa astfel cu mai multă eficiență și rapiditate. Pentru cele mai bune rezultate, utilizează abordarea „costul reacției". De exemplu, dă-i copilului tău 70 de puncte ca să-și înceapă ziua. De fiecare dată când reacționează impulsiv, scade-i 10 puncte. Îi poți, de asemenea, acorda puncte bonus dacă parcurge o perioadă fără să piardă nici un punct.
2. Dacă impulsivitatea este o problemă semnificativă pentru copilul tău, începe prin a alege un moment din zi sau un comportament impulsiv pe care să-l urmărești, pentru ca șansele de reușită să fie mai mari.
3. Nu uita să-ți lauzi copilul pentru că a dat dovadă de autocontrol. Chiar dacă folosești recompense tangibile, aprecierea socială trebuie să însoțească mereu orice tip de răsplată.

PĂSTRAREA AUTOCONTROLULUI

Lucrurile pe care le fac fără să mă gândesc sunt:

Situațiile obișnuite în care acționez fără să mă gândesc sunt:

Ce voi face pentru a-mi păstra controlul:

17. Capacitatea de a face față anxietății

Funcții executive necesare: Controlul emoțiilor (Capitolul 13), flexibilitatea (Capitolul 19).

Grupa de vârstă: Orice vârstă.

1. Întocmește împreună cu copilul o listă cu situațiile care îi provoacă teamă. Observă dacă ele se încadrează într-un tipar și dacă situații diferite pot fi grupate într-o categorie mai amplă (de exemplu, un copil care devine agitat pe terenul de fotbal, când este ascultat la ore, când susține un recital de pian – toate acestea țin de anxietatea de performanță, adică el devine agitat când trebuie să se manifeste în public).
2. Discută cu copilul tău despre felul în care simte anxietatea, astfel încât el să o recunoască din fazele timpurii. Deseori este o senzație fizică – „fluturi" în stomac, palme transpirate, bătăi accelerate ale inimii.
3. Acum faceți o listă cu lucruri pe care le poate face copilul în loc să se gândească la ceea ce-l îngrijorează (se numește *comportament de substituție*). Trebuie să fie trei sau patru lucruri diferite pe care copilul le poate face ca să se liniștească sau ca să își îndrepte atenția în altă parte.
4. Pune toate astea pe un „Panou al îngrijorării" (ca în exemplul de la pagina 298).
5. Exersează. Spune-i copilului: „Hai să ne prefacem că ești agitat pentru că ai o probă de baseball și ți-e teamă că nu o să fii selecționat în echipă. Ce strategie vrei să folosești?" (Vezi îndrumările mai detaliate în cele ce urmează.)

6. După ce ați exersat câteva săptămâni, începe să pui în practică procesul „de-adevăratelea", dar folosește-l inițial pentru îngrijorări minore.
7. După ce l-ai folosit cu succes în cazul unor situații de îngrijorare minore, treci la anxietăți mai mari.
8. Leagă procesul de o recompensă. Pentru a obține cele mai bune rezultate, utilizează două niveluri de recompense: „marea recompensă", pentru că nu ajunge niciodată în situația de a folosi Panoul îngrijorării, și „mica recompensă", pentru utilizarea cu succes a unei strategii de pe panou în vederea gestionării unei situații delanșatoare.

Exersarea procedurii

1. Folosește exemple din viața reală. Acestea ar trebui să includă o varietate reprezentând diferitele categorii de declanșatori.
2. Fă în așa fel încât ședințele de exersare să fie rapide și eficiente. De exemplu, dacă strategia de gestionare a anxietății presupune exersarea „opririi gândurilor", pune-l pe copil să repete următoarea strategie de vorbire cu sine însuși: cere-i să-și spună răspicat și cu putere (dar în gând) „STOP!". În felul acesta, orice gând este întrerupt pentru moment. Apoi, cere-i să se gândească la o scenă sau o imagine plăcută. Exersați în felul acesta de câteva ori pe zi. Când apare problema sau gândul ce provoacă anxietatea, folosiți această strategie și continuați să o repetați până ce gândul dispare.
3. Pune-l pe copil să exerseze fiecare strategie enumerată pe Panoul îngrijorării.

4. Organizează scurte ședințe de exersare zilnic sau de mai multe ori pe săptămână, timp de câteva săptămâni, înainte de a pune strategia în aplicare în viața reală.

Modificări/Ajustări

1. Posibilele strategii de gestionare a anxietății includ respirația profundă sau lentă, numărarea până la 20, folosirea altor strategii de relaxare, oprirea gândurilor sau ripostarea în gând față de motivele de anxietate, desenarea îngrijorării respective, împăturirea desenului și așezarea lui într-o cutie cu capac, ascultarea muzicii (și eventual dansul), combaterea logicii îngrijorării. Pentru mai multe explicații în acest sens, tastează „relaxare pentru copii" pe un motor de căutare și trece în revistă paginile web găsite. O altă resursă folositoare este o carte scrisă pentru a fi citită de copii și părinți împreună. *Ce să faci... să scapi de griji* de dr. Dawn Huebner.
2. Ca să îl ajuți pe copil să-și stăpânească anxietatea trebuie, în general, să apelezi la o strategie numită „desensibilizare", în care nivelul de anxietate la care este expus copilul este suficient de scăzut pentru a-l putea depăși cu un minim ajutor. De exemplu, dacă unui copil îi este frică de câini, poți începe prin a-i arăta o poză cu un câine, învățându-l ce să își spună în gând („Mă uit la poza asta și mi se face puțin frică gândindu-mă că este un câine adevărat, dar sunt OK, nu mă sperie prea tare. Mă pot uita la poză fără probleme."). Următorul pas ar fi să stai împreună cu copilul în casă și să vă uitați la un câine de afară, discutând despre ceea ce simte el. Treptat, adu copilul mai aproape de câine. O abordare similară poate fi folosită pentru alte frici sau

fobii. Expunerea trebuie să se facă progresiv; nu treci la pasul următor până când copilul nu se simte confortabil cu pasul exersat în prezent. Elementele cruciale în controlul dirijat sunt distanța fizică și timpul – la început, subiectul este ținut departe de obiectul care îi provoacă anxietate, iar expunerea se face pentru foarte scurt timp. Apoi, distanța este redusă, și timpul crește progresiv. Este de ajutor, de asemenea, utilizarea unui text conceput dinainte (cu ceea ce trebuie să spună copilul) și a unei tactici (cum ar fi oprirea gândurilor sau ceva ce poate face pentru a-și distrage atenția).

3. Tipurile de îngrijorări sau de anxietăți vizate de această abordare se referă la: (1) anxietatea de separare (nefericire sau îngrijorare provocate de despărțirea de cei dragi, de obicei de părinți); (2) confruntarea cu situații noi sau neobișnuite; și (3) gândire obsesivă sau fatalistă (îngrijorare din pricină că se poate întâmpla ceva rău). Această abordare ar trebui să funcționeze în toate cele trei cazuri, deși strategiile de exersare a fiecărei situații în parte variază.

MODEL DE PANOU AL ÎNGRIJORĂRII

	**Îmi fac griji atunci când...** 1. Dau o testare la școală. 2. Trebuie să lovesc mingea de fotbal într-un meci. 3. Trebuie să vorbesc în public.
	**Când devin agitat...** 1. Inima îmi bate mai repede. 2. Stomacul mi se strânge. 3. Nu pot gândi limpede.
	**Când sunt îngrijorat sau agitat, pot...** 1. Să fac un desen al îngrijorării și apoi să rup foaia în bucăți. 2. Să folosesc o tehnică de relaxare. 3. Să îmi înfrunt în gând îngrijorarea. 4. Să ascult muzică.

Sursă: *Cum să crești un copil inteligent și de succes* de Peg Dawson și Richard Guare. Copyright 2009 de The Guilford Press.

PANOUL ÎNGRIJORĂRII

Îmi fac griji atunci când...
Când devin agitat...
Când sunt îngrijorat sau agitat, pot...

Sursă: *Cum să crești un copil inteligent și de succes* de Peg Dawson și Richard Guare. Copyright 2009 de The Guilford Press.

18. Capacitatea de a face față schimbărilor ce pot apărea în planurile stabilite

Funcții executive necesare: Controlul emoțiilor (Capitolul 13), flexibilitate (Capitolul 19).

Grupa de vârstă: Orice vârstă.

A-ți ajuta copilul să accepte schimbările de plan fără furie sau supărare mare implică o pregătire prealabilă și mult exercițiu. De câte ori este posibil, trebuie să îi prezinți copilului programul în avans, înainte ca el să apuce să-și facă propriile planuri. Între timp, începe să introduci constant mici modificări în programul, mărind treptat gradul de toleranță al copilului față de situațiile neprevăzute.

1. Stabilește împreună cu copilul un program de activități și de sarcini. Prin aceasta se poate înțelege crearea unui program zilnic organizat sau, pur și simplu, întocmirea unei liste cu evenimente care deja fac parte din programul zilnic. Include orice activitate de genul „trebuie să“ (ore de masă, de culcare etc.) și orice activitate obișnuită (cum ar fi lecțiile, antrenamentele).
2. Încearcă să nu impui o limită de timp decât dacă este necesar (ca în cazul evenimentelor sportive sau al lecțiilor), folosind, în schimb, marje de timp. De exemplu, cina poate fi servită în jurul orei 5.00 p.m., ceea ce poate însemna între 4.30 și 5.30.
3. Explică-i copilului că schimbările sau „surprizele“ pot apărea oricând, în ciuda planurilor și a programelor dinainte stabilite. Oferă-i exemple: în loc de pește, la cină vom

mânca pizza; poți să mai rămâi afară la joacă încă 20 de minute în plus; astăzi trebuie să mergem la dentist.

4. Transformă programul în imagini vizuale, cum ar fi planșe cu activități scrise sau desenate, și expune-le în cel puțin două locuri (de exemplu, în bucătărie și în camera copilului). Fă un cartonaș „Surpriză!" pentru program și explică faptul că atunci când intervine o schimbare, îi vei arăta cartonașul respectiv, îi vei spune ce implică acea schimbare și îl vei pune alături de celelalte activități afișate. (Chiar dacă situația apărută constituie o surpriză pentru toată lumea, poți scoate la iveală cartonașul și urma restul procedurii.)
5. Treci în revistă programul împreună cu copilul fie de cu seară, fie dimineața.
6. Începe să introduci schimbări și arată cartonașul cu „Surpriză!" La început, surpriza ar trebui să fie una plăcută, ca de pildă timp suplimentar pentru joacă, o ieșire în oraș pentru a mânca o înghețată, un joc jucat cu unul din părinți. Apoi, trebuie să introduci progresiv mai multe schimbări „neutre" (suc de mere în loc de suc de portocale, altfel de cereale în locul celor obișnuite etc.). În cele din urmă, include și schimbările mai puțin plăcute (nu putem face activitatea pe care ne-am propus-o din cauza vremii urâte).

Modificări/Ajustări

Dacă cartonașul „Surpriză" și introducerea graduală a schimbărilor nu sunt suficiente, există alte câteva abordări de luat în considerație. Când este posibil, introdu schimbarea cu mult timp înainte să aibă loc evenimentul. Lucrul acesta îi dă copilului timp să se adapteze treptat, nu brusc. În funcție de reacția lui la o schimbare mai puțin plăcută (plânsete, refuz, comentarii), adu în discuție alte conduite pe care copilul le poate încerca pentru a protesta într-un mod acceptabil (cum ar fi completarea unui Formular de plângere). Poți, de asemenea, oferi o recompensă pentru că a făcut față cu succes unei schimbări. Ține minte că reacțiile negative față de situații neprevăzute scad pe măsură ce copilul se confruntă din ce în ce mai des cu ele și le face față cu succes. Atât timp cât expunerea se face treptat și nu implică inițial situații care sunt frustrante sau amenințătoare, el va deveni tot mai flexibil.

GESTIONAREA SCHIMBĂRILOR DE PLAN SAU DE PROGRAM

Program zilnic Data:______________________	
Ora	**Activitatea**
Surpriza:	

Formular de plângere Data:______________________
Natura plângerii:
De ce consideri că situația a fost nedreaptă:
Ce dorești să se fi întâmplat:

Sursă: *Cum să crești un copil inteligent și de succes* de Peg Dawson și Richard Guare.

19. Cum îl înveți să nu plângă din orice

Funcții executive necesare: Controlul emoțiilor (Capitolul 13), flexibilitate (Capitolul 19).

Grupa de vârstă: Orice vârstă.

Când copiii plâng din orice, ei încearcă, de obicei, să-i înduioșeze pe cei din jur, și se folosesc de această metodă deoarece au descoperit în trecut că funcționează. Așa că scopul acestei intervenții nu este de a-i învăța cum să devină mici soldați duri sau ceva asemănător, ci de a-i ajuta să găsească alte căi de a obține ce vor decât plângând. Scopul este de a-i face să folosească cuvintele în locul lacrimilor, în acele situații în care plânsul nu se dovedește a fi o reacție potrivită.

1. Explică-i copilului că dacă plânge prea mult, oamenii nu vor mai fi tentați să-și petreacă timpul în compania lui, și că tu dorești să îl înveți să găsească alte căi de a face față emoțiilor, atunci când e supărat.
2. Spune-i că trebuie să folosească cuvintele în locul lacrimilor, atunci când e supărat. Acest lucru poate fi făcut punându-l pe copil să-și exprime semtimentele („Sunt supărat"; „Sunt trist"; „Sunt nervos" etc.).
3. Explică-i că poate fi util să spună și motivul pentru care are acele sentimente (de exemplu: „Sunt supărat fiindcă speram să merg pe la Joe pe-acasă, dar când am sunat, nu mi-a răspuns nimeni" sau „Sunt nervos deoarece am pierdut la un joc").
4. Când copilul este capabil să folosească cuvinte, reacționează în așa fel încât să-i validezi sentimentele (de exemplu:

„Văd că ești supărat. Faptul că nu ai putut să te joci cu prietenul tău trebuie să te fi dezamăgit foarte tare"). Afirmații de genul acesta îi vor transmite copilului ideea că îl înțelegi și că empatizezi cu el.

5. Fă în așa fel încât copilul să știe dinainte ce se va întâmpla când va apărea o situație neplăcută. Îi poți chiar oferi, în acest sens, un scenariu care să-l ajute să facă față situației. Îi poți spune: „Când îți vine să plângi, folosește în schimb cuvinte precum: «Sunt furios», «Sunt supărat», «Am nevoie de ajutor», «Trebuie să iau o pauză». În momentul în care rostești aceste cuvinte, eu te ascult și încerc să înțeleg ce simți. Totuși, dacă începi să plângi, ești pe cont propriu. Fie voi pleca din cameră, fie îți voi cere să mergi în camera ta până încetezi a mai plânge". La început va fi nevoie să-i amintești periodic de procedura aceasta pentru a-l pregăti să respecte scenariul atunci când apare o situație neplăcută.
6. De îndată ce copilul va începe să plângă, asigură-te că nu va primi atenție din partea nimănui. Iar asta înseamnă nici o atenție din partea *nimănui* (frați, părinți, bunici etc.), așa că trebuie să te asiguri dinainte că toți cei implicați înțeleg procedura. Astfel, plânsul va înceta treptat (dar se poate și înteți la început, până să se domolească).
7. Trebuie avut grijă să nu extindem abordarea la *orice situație de plâns* (deoarece există motive întemeiate pentru care el să plângă). O regulă de aur pentru a aprecia corect este aceea de a analiza atitudinea specifică copiilor de aceeași vârstă într-o situație dată. Este plânsul o reacție firească într-o situație asemănătoare? Plânsul este normal, de pildă, când copilul suferă de o durere fizică sau când el, ori cineva apropiat lui, suferă o nenorocire.

Modificări/Ajustări

Dacă plânsul este bine înrădăcinat, poate ar trebui să introduci niște elemente motivaționale pentru a-l ajuta să folosească vorbele în locul lacrimilor. În funcție de vârsta copilului, îi poți oferi autocolante sau puncte pentru că a folosit cuvinte în locul lacrimilor sau pentru că s-a abținut un timp să nu plângă. Pentru a determina cât de îndelungat ar trebui să fie acel timp, e util să stabilești un punct de plecare la care să te raportezi pentru a afla cât de des plânge copilul tău acum. Am inclus în cele ce urmează un jurnal care să te ajute să stabilești cât de des plânge copilul, cât durează o criză de plâns și care a fost evenimentul declanșator. Acest jurnal este urmat de un „contract" pe care-l poți încheia cu el pentru a gestiona tendința de a plânge. Contractul poate fi completat cu imagini, cuvinte sau cu ambele, în funcție de vârsta copilului.

JURNALUL SUPĂRĂRILOR

Data	Ora	Durata supărării	Eveniment declanşator

Iată ce pot face în loc să plâng:

Iată ce se va întâmpla dacă mă voi abţine din plâns atunci când sunt supărat:

Iată ce se va întâmpla dacă voi plânge din orice:

20. Capacitatea de a găsi soluții la probleme

Funcții executive necesare: Metacogniție (Capitolul 21), flexibilitate (Capitolul 19).

Grupa de vârstă: 7–14 ani; deși metacogniția, în forma ei cea mai avansată, este una dintre ultimele abilități care se dezvoltă, poți implica și copiii mai mici în rezolvarea unei situații-problemă.

1. Vorbește cu copilul despre problema apărută. Acest lucru presupune, de obicei, trei pași: (a) să empatizezi cu copilul sau să îi dai de înțeles că știi prin ce trece („Înțeleg motivul pentru care ești furios“ sau „Probabil că asta te-a supărat foarte tare“); (b) să înțelegi în *termeni generali* situația-problemă („Fă-mă să înțeleg – ești supărat deoarece prietenul cu care sperai să te joci nu mai poate veni pe la tine“); și (c) să definești problema în termeni mai specifici, pentru a găsi soluții prin intermediul schimbului de idei („Ai la dispoziție toată după-amiaza, și nu știi ce să faci“).
2. Folosește brainstorming-ul pentru găsirea de soluții. Gândește-te împreună cu copilul la toate lucrurile posibile care v-ar putea ajuta să rezolvați problema. Poate vrei să stabilești o limită de timp (să zicem 2 minute), pentru că lucrul acesta grăbește, de regulă, procesul sau îl face să arate mai puțin ca o sarcină cu caracter nedefinit. Scrieți pe o hârtie toate soluțiile posibile. Nu critica soluțiile în acest stadiu, deoarece riști să blochezi gândirea creativă.
3. Cere-i copilului să se uite peste toate soluțiile și să aleagă una care îi place mai mult. Poți începe prin a-l pune să

încercuiască primele trei până la cinci soluții preferate, și apoi vorbiți despre plusurile și minusurile fiecăreia.

4. Întreabă-l dacă are nevoie de ajutor ca să aleagă.
5. Discutați despre ce se va întâmpla dacă prima soluție aleasă nu va da roade. În acest caz, va fi necesară înlocuirea ei sau aflarea motivului pentru care nu a funcționat și revizuirea ei.
6. Laudă-l dacă vine cu o soluție bună (și apoi laudă-l din nou dacă soluția a fost pusă în aplicare).

Modificări/Ajustări

Aceasta este o abordare standard pentru rezolvarea unei situații-problemă, ce poate fi folosită pentru toate tipurile de probleme, inclusiv pentru cele interpersonale și pentru obstacolele care îl împiedică pe copil să realizeze ceea ce dorește. Uneori, cea mai bună soluție este aceea de a găsi căi prin care să depășești obstacolele, în vreme ce, în alte situații, este vorba de a-l ajuta pe copil să înțeleagă că nu poate avea ceea ce își dorește.

Câteodată procesul de rezolvare a unei situații-problemă poate conduce la o „negociere", în care tu și copilul cădeți de acord asupra a ceea ce trebuie făcut pentru a obține un rezultat satisfăcător. În acest caz, ar trebui să-i explici copilului că indiferent de soluția găsită de voi, amândoi trebuie să vă obișnuiți cu ideea că trebuie aplicată. Puteți discuta despre cum se negociază un contract de muncă astfel încât atât muncitorii, cât și șefii să obțină o parte din ceea ce-și doresc în urma negocierii.

După ce tu și copilul ați pus în aplicare procesul (și fișa de lucru) în cazul mai multor tipuri de situații-problemă, el ar trebui să poată utiliza singur fișa de lucru. Având în vedere că scopul este acela de a încuraja din partea copilului găsirea de soluții pe cont propriu la situațiile-problemă, cere-i să completeze de unul singur Fișa de lucru cu rezolvarea situațiilor-problemă înainte de a veni la tine pentru ajutor (dacă e necesar). În cele din urmă, el își va însuși întregul proces și va fi capabil să rezolve problemele „din zbor".

Fișa de lucru cu rezolvarea situațiilor-problemă

Care este situația-problemă?
Care ar fi eventualele soluții pentru această situație-problemă?
Ce voi încerca mai întâi?
Dacă nu funcționează, ce voi face?
Cum a mers? Soluția a dat roade?
Ce ar trebui să schimb pe viitor?

Sursă: *Cum să crești un copil inteligent și de succes* de Peg Dawson și Richard Guare.

CAPITOLUL 11

Consolidarea inhibării răspunsului

Inhibarea răspunsului este capacitatea de a gândi înainte să acționezi – să reziști tentației de a spune sau a face ceva înainte de a-ți acorda timp să evaluezi situația. La adulți, *absența* acestei abilități este mai ușor de perceput de către un observator obișnuit decât prezența ei, deoarece majoritatea oamenilor au un nivel de autocontrol care le permite să funcționeze bine acasă și la serviciu. Mulți dintre noi au învățat pe lungul drum spre vârsta adultă, deseori prin experiențe dureroase, cum să gândească înainte de a acționa. Când arătăm cu degetul spre cineva care iese în evidență prin lipsa inhibării răspunsului, găsim o mulțime de zicale și alte expresii pentru a-i descrie comportamentul ce rezultă din asta: spunem despre acea persoană că „vorbește gura fără el“ sau „i-a sărit muștarul“, sau îi spunem pur și simplu: „Dacă tăceai, filosof rămâneai“.

Unii dintre noi folosim destul de bine această abilitate executivă până când suntem puși în fața unei situații cu mare încărcătură emoțională. În aceste vremuri ale comunicării instantanee, e-mailurile furioase pe care expeditorul regretă că le-a trimis imediat ce a făcut-o – sau regretă după ce a primit un răspuns la fel de furios – sunt un produs comun al lipsei de inhibare a răspunsului. Abilitatea noastră de a gândi înainte de a acționa este, de asemenea, grav afectată atunci când am consumat prea mult alcool, am dormit prea puțin sau suntem prea stresați. Dacă te grăbești să tragi concluzii sau dacă acționezi înainte de a cunoaște toate datele problemei sau scoți pe gură tot ce-ți vine fără să gândești, s-ar putea să îți lipsească și ție inhibarea răspunsului. Pentru a-ți ajuta copilul în acest sens, când tu însuți ai acest punct slab, urmărește sugestiile noastre din Capitolul 3.

Cum se dezvoltă inhibarea răspunsului

După cum am afirmat mai devreme în această carte, inhibarea răspunsului apare încă din primele luni de viață. În forma ei cea mai rudimentară, inhibarea răspunsului îi permite copilului mic să „aleagă" dacă să răspundă sau nu la ce se află în fața lui. Înainte de a se naște această abilitate, bebelușii sunt mai mult sau mai puțin la cheremul mediului. Dacă ceva intră în câmpul lor vizual, ei sunt obligați să îl fixeze cu privirea, cel puțin până când acel lucru capătă un sens pentru ei. Odată cu inhibarea răspunsului vine și capacitatea de a ignora sau nu ceva ce îi întrerupe din ceea ce făceau mai devreme. După dezvoltarea limbajului, capacitatea de inhibare a răspunsului evoluează deoarece ei își pot însuși regulile care li se impun de către ceilalți (de exemplu: „Nu atinge cuptorul fierbinte").

Exact așa cum perseverența în atingerea unui scop, în forma ei cea mai avansată și mai complexă, reprezintă funcția executivă supremă ce definește un adult matur, tot la fel și inhibarea răspunsului constituie funcția executivă fundamentală ce permite tuturor celorlalte abilități executive să se dezvolte. Un copil care este sclavul impulsului de moment nu poate iniția o sarcină, nu poate avea putere de concentrare, nu poate planifica, organiza sau găsi soluții la probleme în mod eficient. Unul care dezvoltă o puternică abilitate de inhibare a impulsurilor beneficiază de un avantaj considerabil la școală, își face ușor prieteni, își fixează și își atinge obiectivele.

Un studiu celebru realizat cu mulți ani în urmă arată că abilitatea de inhibare a răspunsului diferă de la copil la copil atunci când sunt foarte mici și că acele variații sunt determinante pentru succesul de care se vor bucura mai târziu în viață. Copii de trei ani au fost lăsați singuri în cameră cu o singură bezea și li s-a dat posibilitatea să aleagă dacă să o mănânce sau să aștepte până când omul de știință avea să se întoarcă în încăpere, caz în care primeau două bezele. Printr-un geam cu vizibilitate doar din camera alăturată, cercetătorii au urmărit cum unii copii și-au stăpânit impulsul de a mânca bezeaua vorbind cu ei înșiși, evitând să se uite la ea sau găsind alte căi de a-și abate atenția de la bezea. Când cercetătorii le-au urmărit parcursul în viață, mulți ani mai târziu, au descoperit că acei copii care își inhibaseră reacția la vârsta de trei ani aveau note mai bune la școală, nu erau certați cu legea și se bucurau de mai mult succes în diverse moduri.

Copiii devin din ce în ce mai capabili să-și folosească majoritatea funcțiilor executive odată cu trecerea timpului și cu avansarea în vârstă, totuși s-ar putea ca dezvoltarea inhibării răspunsului să nu urmeze constant o astfel de traiectorie ascendentă. Se pare că dezvoltarea inhibării răspunsului este mai susceptibilă a fi perturbată în adolescență. Oamenii de știință din domeniul neurologiei care studiază schimbările produse la nivelul creierului în perioada adolescenței au descoperit că există un soi de „deconectare" între centrii de la baza creierului, unde sunt procesate emoțiile și impulsurile, și cortexul prefrontal, locul unde se iau deciziile. Abia încetul cu încetul, pe parcursul întregii adolescențe, și chiar după apariția vârstei adulte, aceste conexiuni devin mai puternice și mai rapide (prin tăierea conexiunilor neuronale și mielinizare, după cum am descris în Capitolul 1), permițându-le tinerilor să-și tempereze reacțiile prin puterea rațiunii. Până când aceste conexiuni devin stabile, tinerii sunt tentați să ia decizii pripite și bazate pe instinct, fără ca acestea să fie influențate de vocea rațiunii pe care lobii frontali o emit.

Între timp, adolescenții suferă în procesul de dezvoltare alte schimbări care fac dificil controlul impulsurilor. Câștigarea autonomiei este o sarcină de dezvoltare crucială, înlesnită mai ales atunci când tinerii ajung să fie puternic influențați de colegii de aceeași vârstă cu ei și când încep să conteste autoritatea parentală. Din păcate, deși această schimbare îi ajută pe tineri să devină independenți, ea are și potențialul de a-i face să devină mai impulsivi. Și ca totul să fie și mai complicat, societatea în ansamblul ei începe să-și slăbească controlul asupra lor, oferindu-le adolescenților mult mai multă libertate în ceea ce privește petrecerea timpului liber și alegerea anturajului. În mod inevitabil, slăbirea controlului, oricât de importantă ar fi, poate duce la luarea de decizii greșite. Dacă avem noroc, deciziile greșite vor avea drept rezultat doar niște lecții bune de viață, fără a afecta definitiv viitorul copiilor noștri sau pe al altcuiva. Însă putem să dăm o mână de ajutor norocului în acest sens, dacă îi învățăm pe copii să-și controleze impulsurile.

La ce nivel se află abilitatea copilului tău de a-și controla impulsurile, în comparație cu nivelul la care ar trebui să se afle, în funcție de vârsta sa ? Scala de valori din chestionarul de mai jos te va ajuta să găsești răspunsul la această întrebare, confirmând sau negând evaluarea preliminară pe care ai făcut-o la Capitolul 2, deoarece îți oferă posibilitatea de a urmări cu mai multă atenție cât de des este capabil copilul să-și folosească această abilitate.

CÂT DE BINE ÎȘI POATE INHIBA COPILUL TĂU IMPULSURILE?

Folosește următoarea scală pentru a evalua în ce măsură realizează copilul tău fiecare dintre sarcinile enumerate. Este de așteptat ca, la fiecare dintre niveluri, copiii să se descurce de la suficient de bine la foarte bine.

Scală

0 – Niciodată sau rareori
1 – Se descurcă, dar nu suficient de bine (cam în 25% din timp)
2 – Se descurcă destul de bine (cam 75% din timp)
3 – Se descurcă foarte bine (întotdeauna sau aproape întotdeauna)

Etapa preșcolară/grădiniță

___ Se comportă corespunzător în situații în care pericolul e evident (de exemplu, nu fuge în stradă după minge, se uită în stânga și-n dreapta înainte de a traversa).
___ Poate împărți jucăriile cu alți copii fără să le acapareze.
___ Poate sta liniștit un timp scurt pentru a asculta instrucțiunile primite de la un adult.

Clasele I–III

___ Respectă reguli simple la clasă (de exemplu, ridică mâna înainte de a vorbi).
___ Poate sta în imediata apropiere a altui copil fără să aibă nevoie de contact fizic.
___ Știe să aștepte până ce părintele își termină convorbirea telefonică pentru a-i spune ceva (posibil să fie nevoie să i se amintească).

Clasele IV–V

___ Face față conflictelor cu colegii fără a sări la bătaie (își poate însă ieși din fire).
___ Respectă regulile de acasă și de la școală fără ca prin preajmă să se afle vreun adult.
___ Se liniștește sau detensionează o situație încărcată emoțional, la îndemnul unui adult.

Clasele VI-VIII

___ E capabil să întoarcă spatele unei confruntări sau provocări din partea unui coleg.
___ Poate să spună „nu" unei activități amuzante dacă alte planuri au fost deja stabilite.
___ Se abține să jignească atunci când este cu un grup de prieteni.

Sursă: *Cum să crești un copil inteligent și de succes* de Peg Dawson și Richard Guare. Copyright 2009 de The Guilford Press.

Dacă ți-ai evaluat copilul în general cu 2 sau mai mult pentru fiecare abilitate specifică vârstei lui, poți spune că nu este foarte deficitar în ceea ce privește inhibarea răspunsului, dar n-ar fi rău să beneficieze de niște imbolduri. Dacă i-ai acordat între 0 și 1 punct, probabil că trebuie să îl înveți pur și simplu această abilitate. Pentru a te ajuta să îți concepi propria strategie de intervenție, îți vom oferi câteva scenarii amănunțite ce descriu situații pentru care deseori părinții ne-au solicitat ajutorul. După descrierea unei intervenții folosite de noi, vei găsi un model, sau un șablon, ce fragmentează intervenția în funcție de acele elemente despre care am discutat în prima jumătate a acestei cărți. În fiecare caz, descriem modificările aduse mediului ambiant, o secvență de predare a unei abilități și un stimulent care îl ajută pe copil să-și consolideze punerea în practică a abilității respective. Nu uita să folosești sugestiile făcute de noi în Capitolul 3 pentru a spori rata de succes a intervențiilor tale în situația în care tu și copilul tău aveți o slabă abilitate de inhibare a răspunsului.

Consolidarea inhibării răspunsului în situații de zi cu zi

- *Întotdeauna să pleci de la premisa că cei mici dau dovadă de un control al impulsurilor foarte scăzut.* Ai putea spune că acest lucru e cât se poate de evident, însă când ai un copil care este inteligent, dar împrăștiat, cu accent pe cuvântul „inteligent“, e foarte ușor să uiți că inteligența nativă nu se traduce prin inhibarea răspunsului atunci când copilul nu are mai mult de 4, 5 sau 6 ani. Chiar dacă inhibarea răspunsului începe să se dezvolte încă din copilărie, copiii de vârstă preșcolară sau din școala primară au de-a face cu o mulțime de impulsuri cu care trebuie să se lupte, fie că este vorba de dorința de a primi patru cupe de înghețată în loc de una, de a nu merge la culcare pentru că nu se simt obosiți sau de a o lua la fugă prin parcarea școlii pentru a-și saluta cel mai bun prieten când o mulțime de mașini se pun în mișcare pentru a ieși pe șosea. Fie că este vorba despre îndepărtarea tentațiilor, cum ar fi supravegherea gustărilor, de stabilirea programelor zilnice, cum ar fi stabilirea orei de culcare, de introducerea unor reguli de conduită (cum ar fi buna purtare la masă sau împărțirea jucăriilor cu alți copii) sau de monitorizarea atentă în situații în care lipsa de autocontrol poate provoca necazuri copilului (ca în cazul parcării aglomerate de la școală), impunerea de limite copiilor noștri îi obișnuiește pe aceștia să-și stăpânească impulsurile și, astfel, încurajează inhibarea răspunsului.

• *Ajută-ți copilul să învețe să amâne satisfacția folosind perioade formale de așteptare pentru lucrurile pe care dorește să le facă sau să le aibă.* A învăța să aștepte să primească ceva reprezintă baza unor funcții executive mult mai sofisticate, pe care ne dorim ca cei mici să și le dezvolte în timp. Dacă fiul sau fiica ta nu poate să aștepte, folosește un ceas cu alarmă și spune-i că atunci când va auzi soneria va putea face sau primi ceea ce-și dorește. La început setează un timp scurt de așteptare și crește-l treptat pe parcurs. Programele de tipul „Întâi/apoi" urmăresc același obiectiv („Întâi îți termini tema la română, apoi te poți juca pe calculator").

• *A le cere copiilor să câștige prin efort ceea ce vor să obțină reprezintă o altă cale de a-i învăța să amâne satisfacția și să-și inhibe impulsurile.* Dacă li se pare greu, oferă-le posibilitatea de a-și face vizibil progresul printr-un grafic sau un tabel de perete.

• *Ajută-ți copilul să înțeleagă că există consecințe pentru controlul slab al impulsurilor.* În unele cazuri, consecințele vor fi evenimente de genul „După faptă, și răsplată" (dacă fiul tău continuă să își lovească colegii, în curând nimeni nu va mai dori să se joace cu el), în vreme ce în alte cazuri va trebui ca tu să impui consecințele („Dacă nu-l poți lăsa și pe fratele tău să se joace pe Xbox, va trebui să ți-l iau o perioadă").

• *Pregătește-ți copilul pentru situații care cer controlul impulsurilor discutând despre ele dinainte.* Întreabă-l: „Ce reguli trebuie să respecți ca să ai voie la jocurile video?" sau „Ce vei face dacă va trebui să aștepți mult timp la coadă pentru a te da pe cel mai mare tobogan de la aqua park?"

• *Exersează inhibarea răspunsului prin jocuri de rol.* Copiii, la fel ca adulții, ar putea avea probleme de autocontrol mai mari decât de obicei atunci când o situație este încărcată emoțional sau când sunt extenuați ori suprastimulați (așa cum se întâmplă în perioada sărbătorilor). Mai ales în aceste cazuri, adu în discuție o posibilă situație dificilă și joacă rolul cuiva care poate pune la încercare abilitatea copilului de a gândi înainte să acționeze sau să vorbească.

- *Oferă-i îndrumări copilului înainte de a se confrunta cu o situație care solicită din partea lui un anumit tip de comportament pe care îl ai în vedere* și răsplătește-l pentru că și-a păstrat autocontrolul. Să zicem că faci eforturi de a-ți ajuta copilul să evite să sară la bătaie atunci când iese afară la joacă. Înainte ca fiul tău să iasă la joacă, întreabă: „Care e comportamentul care ne dă de lucru?", și apoi urmărește cum se desfășoară lucrurile pentru a-i oferi imediat copilului o recompensă în cazul în care a dat dovadă de autocontrol. Este important ca tu sau celălalt părinte al copilului să fiți de față (sau cel puțin să puteți urmări totul de la mică distanță, de pildă de la fereastra casei), ca să puteți vedea cu ochii voștri ceea ce se întâmplă, în loc să vă bazați pe relatarea copilului. Să fii prezent este important și pentru că ai posibilitatea de a încuraja purtarea pozitivă a acestuia.
- *Vezi metoda 16 din Capitolul 10 pentru o secvență de predare cu caracter general menită să îi ajute pe copii să învețe să își controleze purtarea impulsivă.*

Cel mai îndrăgit vis al unui părinte: limitarea întreruperilor în timpul convorbirilor telefonice

Mekhi, un copil energic de 6 ani, este cel mai mic dintre frații săi. Se poate juca singur o perioadă scurtă, dar îi place mai mult să se joace cu un prieten sau cu unul dintre părinți, când se poate. Sora lui de 9 ani nu are prea multă răbdare cu jocurile pe care dorește el să le joace. Părinții, în special mama, se simt frustrați din cauză că Mekhi îi întrerupe de fiecare dată când vorbesc la telefon sau când apare cineva la ușa casei lor. De exemplu, Mekhi răsfoiește o carte când se aude telefonul sunând. De îndată ce mama răspunde, Mekhi apare lângă ea. Uneori, întrebarea pe care o pune e aceeași: „Mami, vrei să joci un joc cu mine?“ Ori vine să se plângă pentru că sora lui s-a purtat urât cu el. Deseori o trage de mână, i se așază în poală sau o atinge pe față. Tatăl lui Mekhi are parte de întreruperi similare, dar nu îl deranjează atât de tare, deoarece își petrece prea puțin timp acasă, mama fiind cea care suferă de pe urma acestui comportament.

Părinții lui Mekhi au încercat o serie de tehnici pentru a evita aceste întreruperi. În cazul în care convorbirea se arată a fi scurtă, ei alternează între a-l ignora pe Mekhi și a-i cere să stea cuminte. Din când în când are loc câte o convorbire importantă, și atunci ei încearcă să-i „cumpere“ tăcerea promițându-i o jucărie nouă. Uneori amână convorbirea pentru mai târziu. Când Mekhi devine gălăgios din cale-afară, îl amenință că va suporta consecințele după încheierea convorbirii. Nu au avut prea mare succes cu nici una dintre abordări și le-ar plăcea să-l vadă pe Mekhi începând să-și stăpânească singur acest tip de comportament.

Părinții lui Mekhi îl întreabă dacă poate să-i ajute la rezolvarea unei probleme. Ei descriu problema și îi explică faptul că este important pentru ei să poată vorbi și asculta ce le spun alte persoane la telefon. Îi dau câteva exemple, iar Mekhi dă și el un exemplu de situație în care vorbește la telefon. Părinții îi cer să se gândească la un lucru pe care l-ar putea face în timpul convorbirii lor telefonice. El sugerează să se joace cu camioanele sau să se uite la televizor. Timpul alocat televizorului este deja limitat la o anumită perioadă din zi, așa că părinții îi cer să vină cu altă idee, iar Mekhi alege jocul Lego. Mekhi desenează pe un cartonaș camioane și piese Lego, și sub fiecare desen scrie, cu ajutorul părinților, cuvântul care-l denumește. Ei vor păstra cartonașul lângă telefon, iar când părinții lui trebuie să sune undeva, îi vor arăta cartonașul, iar el va alege una dintre activități. În primele câteva săptămâni părinții exersează prin jocuri de rol sau punându-i pe membrii familiei ori pe prieteni să sune ocazional, astfel încât Mekhi să poată exersa planul. Ei își dau seama că în fazele de început telefoanele trebuie să fie scurte. De asemenea sunt conștienți de faptul că trebuie să încurajeze constant comportamentul dorit din partea copilului (cel puțin de două ori pe minut), spunându-i că face foarte bine că se joacă. De câte ori au omis să facă acest lucru în primele zile de exersare, Mekhi s-a oprit din joacă și a venit peste ei. De aici au tras concluzia că trebuiau să-l laude înainte de a-i întrerupe. Ei încheie o înțelegere prin care, dacă fiul lor își vede de treabă, poate alege de la magazin noi jocuri Lego sau camioane pe care să le adauge la colecție.

Pasul 1: Stabilirea obiectivului comportamental

Funcții executive vizate: *Inhibarea răspunsului*

Obiectiv comportamental specific: *Să se antreneze într-un joc individual și să nu-și întrerupă părinții când aceștia vorbesc la telefon.*

Pasul 2: Conceperea intervenției

Ce elemente din mediul înconjurător pot ajuta la atingerea obiectivului urmărit?

- *Accesul la jucăriile preferate*

• cartonaş desenat cu jocurile alese
• îndemnul părinţilor să-şi aleagă jocul atunci când sună telefonul

Ce funcţie specifică i se va preda, cine i-o va preda şi ce procedură va fi folosită în acest sens?

Funcţie: inhibarea răspunsului (învaţă să se joace de unul singur în loc să solicite compania părinţilor atunci când aceştia poartă o discuţie la telefon)

Cine i-o va preda? Părinţii

Procedura:
• Mekhi îşi alege două activităţi preferate.
• Părinţii realizează un cartonaş cu desene reprezentând aceste activităţi
• Când părinţii vor să dea un telefon sau când sună telefonul, ei îi arată cartonaşul, iar Mekhi alege o activitate.
• În timpul convorbirii, părinţii îl laudă pentru că îşi vede în continuare de joacă

Ce stimulente vor fi folosite pentru a-l încuraja pe copil să folosească/exerseze acea funcţie?
• Părinţii îl laudă pe Mekhi pentru că se joacă singur.
• Părinţii îi completează colecţia de jucării, dacă se comportă bine.

Chei către succes

• *Nu aştepta prea mult ca să încurajezi comportamentul dorit*. Părinţilor li se pare uneori caraghios să îşi laude copilul pentru că a persistat în activitatea aleasă, în condiţiile în care persistenţa a durat doar un minut. Dar aşa cum părinţii lui Mekhi au descoperit imediat, dacă aştepţi, laşi o fereastră larg deschisă prin care copilul tău să poată fugi de acea activitate şi veni la tine să-i dai atenţie, situaţie în care tot exerciţiul a luat-o deja pe un drum greşit.

- *Nu porni de la premisa că succesul rapid înseamnă și rezolvarea problemei.* În cele mai multe cazuri, dacă urmezi planul și îi dai atenție copilului la intervale scurte de timp, te vei bucura repede de succes. Din acest moment, nu e greu să devii prea încrezător – sau să uiți pur și simplu să lauzi copilul fiindcă nu te-a întrerupt. Însă dacă abandonezi acest exercițiu prea devreme, vechiul tipar comportamental va reveni, și atunci te vei gândi că planul a eșuat pur și simplu. Acordarea atenției trebuie scăzută treptat (de exemplu, de la fiecare 30 de secunde la fiecare 45 sau 60 de secunde, și așa mai departe), până când copilul se poate lăsa prins de o activitate timp de 5–10 minute sau mai mult, fără întrerupere. Cât de mult timp poate fi interesat un copil de o activitate depinde de vârstă, așa că în cazul copiilor mici (de grădiniță și din primele clase primare) va trebui să continui să-i verifici cel puțin la fiecare 5 minute.

Găsirea unei soluții pașnice: descurajarea bătăilor între frați

Evan are 13 ani și este în clasa a VII-a. El este genul de băiat care nu lasă nici un comentariu făcut de altcineva să treacă fără a avea o reacție. Este spontan și amuzant, dar comentariile lui sarcastice sau de altă natură i-au provocat multe neajunsuri.

Evan are doi frați mai mici, de 10 și de 7 ani. El și frații lui au avut întotdeauna conflicte, dar situația pare să se fi înrăutățit în ultimul an, de când Evan a trecut în ciclul gimnazial. Ca majoritatea fraților mai mari de aceeași vârstă cu el, Evan e enervat de prezența fraților săi mai mici. Simplul fapt că se află uneori în preajma lui îl irită, dar simte că situația devine și mai tensionată din cauza comentariilor lor „stupide" și a disputei legate de televizor, de jocurile video și de atenția pe care caută să o primească de la părinți în timpul cinei.

Evan simte că este avantajat de vârstă și ar prefera ca frații lui să nu vorbească decât dacă sunt întrebați. Ei însă nu privesc lucrurile în același fel. Mama lor își dă seama că, uneori, cei doi vor doar ca fratele lor mai mare să le acorde atenție. Ea este, de asemenea, de părere că Evan, fiind mai mare, trebuie să știe cum să-i ia și trebuie să le tolereze mai bine comentariile și comportamentul. Nu numai că Evan nu este în stare de așa ceva, dar reacționează imediat la replicile fraților, țipând și amenințându-i.

Situația a degenerat în așa măsură încât, de fiecare dată când se află acasă toți trei, ei sfârșesc prin a se lua la bătaie. Mama ajunge fie să fie arbitru, fie să îl pedepsească pe Evan pentru reacția lui exagerată față de frații săi. S-a săturat deja. Chiar dacă înțelege că sunt cu toții vinovați, are senzația că dacă Evan n-ar reacționa atât de violent, ea i-ar putea potoli mai ușor pe frații lui.

Mama îl ia deoparte pe Evan pentru a discuta despre ce se întâmplă și pentru a încerca să facă un plan de acțiune. Evan recunoaște că nu îi face plăcere să se bată tot timpul cu frații lui, dar nu știe cum să-și înfrâneze reacțiile. El simte că are nevoie de puțină intimitate și crede că s-ar controla mai bine dacă nu ar sta atât de mult timp în preajma fraților lui. În același timp, ascultă ce îi spune mama lui și acceptă să-și petreacă un oarecare (puțin) timp cu frații lui, atât timp cât situația este sub control.

Evan și mama lui cad împreună de acord ca încăperea în care stă acesta să devină spațiul lui privat, unde frații lui nu vor avea acces fără permisiunea lui. El acceptă pentru început să facă o activitate cu frații lui timp de 20 de minute în fiecare zi din săptămână și câte 30 de minute în weekend. Nu este inclus aici timpul petrecut cu toată familia, cum ar fi mesele în familie sau activități de familie planificate. Evan crede – și mama lui îi dă dreptate– că în timpul astfel structurat este mai puțin probabil să aibă loc certuri, astfel ei pun la punct o listă cu jocuri preferate și alte activități din care frații lui să aleagă ce anume să facă împreună cu Evan. Acesta este de acord să joace orice aleg frații lui și spune că va încerca să nu se certe din cauza regulilor și să nu-i corecteze, deoarece timpul acesta le aparține. Evan îi va anunța când este disponibil sau nu printr-un afiș lipit pe ușă pe care scrie „disponibil", pe o parte, și „ocupat", pe altă parte.

Reacțiile verbale rapide ale lui Evan sunt cam greu de corectat. Mama e de acord ca dacă aude pe vreunul dintre frați zicând ceva provocator (tachinări, insulte etc.), îl va pedepsi. Cu toate acestea, ea nu va accepta plângerile terțe din partea lui Evan sau ale fraților lui. Dincolo de asta, ea crede că Evan are nevoie de îndemnuri și de stimulente care să-l ajute să se stăpânească. El își dorește un telefon mobil, și chiar dacă mama s-a gândit în sinea ei să îi cumpere unul, nu a făcut-o încă și nici nu i-a promis nimic. Ea propune ca atunci când Evan nu este în camera lui, pentru fiecare interval de 2 ore în care nu reacționează și nu se bate cu frații lui, să îi acorde câte un punct. Ea estimează că Evan poate câștiga 2–3 puncte pe zi și mai mult în weekend.

Mama îi spune lui Evan că îi va reaminti în fiecare zi de înțelegerea încheiată. Dacă în cele 2 ore se bate la un moment dat cu frații lui, ea va porni cronometrul de la zero. De îndată ce Evan va câștiga 100 de puncte, ea va fi de acord să-i cumpere un telefon, după care va primi minute în plus pentru punctele acumulate mai departe. Deși acest sistem necesită din partea mamei un timp însemnat de monitorizare, este un preț mic de plătit pentru a elimina întreruperile provocate de bătăile între frați. Acasă, Evan se obișnuiește să ignore comentariile fraților lui, ba chiar reușește să se bucure o vreme de compania lor. Mama este fericită deoarece vede că lucrurile merg din ce în ce mai bine. După aproximativ cinci săptămâni, ea poate să treacă la o abordare mai informală pentru ca Evan să-și câștige minutele în plus la telefon. Ei analizează înainte de culcare cum a decurs ziua. Dacă amândoi trag concluzia că a decurs *foarte bine*, el va câștiga numărul maxim de minute. Dacă ei consideră că a fost în regulă, el primește mai puține minute, iar dacă sunt de acord că ziua a decurs *groaznic*, atunci nu va câștiga nici un minut. În cazul în care părerile lor diferă, vor reveni la abordarea formală de dinainte.

Pasul 1: Stabilirea obiectivului comportamental
Funcții executive vizate: Inhibarea răspunsului Obiectiv comportamental specific: Să își înfrâneze cuvintele de amenințare ca răspuns la comentariile fraților.
Pasul 2: Conceperea intervenției
Ce elemente din mediul înconjurător pot ajuta la atingerea obiectivului urmărit? • Spațiu și timp doar pentru sine • Mama va sancționa comentariile fraților lui Evan. • Activități structurate și timp limitat de interacțiune între frați
Ce funcție specifică i se va preda, cine i-o va preda și ce procedură va fi folosită în acest sens? Funcție: Inhibarea răspunsului (indicarea momentului în care e disponibil pentru frații săi și controlarea reacțiilor la comentariile acestora) Cine i-o va preda? Mama

Procedura:

- Evan stabilește când este disponibil și când nu.
- El acceptă activități comune cu frații lui, dacă acestea sunt limitate în timp și structurate.
- Mama menține granițele și intervine atunci când aude comentarii nepotrivite din partea fraților.
- Mama îi amintește lui Evan zilnic să-și inhibe reacțiile față de frați.
- Atunci când se enervează, Evan pleacă în camera lui.

Ce stimulente vor fi folosite pentru a-l încuraja pe copil să folosească/exerseze acea funcție?

- Lui Evan i se garantează un spațiu privat și un timp numai al lui.
- Evan poate câștiga un telefon mobil și minute în fiecare zi.

Chei către succes

- *Consecvența este crucială încă de la început.* Evan trebuie să se convingă că mama face un efort pentru a-i disciplina pe frații lui mai mici atunci când aceștia fac sau spun ceva care îl enervează. Dacă lucrul acesta nu se întâmplă, va considera sistemul nedrept și va reveni la vechile reacții. Dacă nu ești suficient de rapid în a gestiona comportamentul fraților într-o intervenție ca aceasta, dacă ți se pare că acele comentarii nu reprezintă „mare lucru" și te aștepți ca fiul cel mare să le ignore, atunci planul va pica.
- *Anticipează faptul că vor urma și alte bătăi din moment ce nu ești tot timpul de față pentru a vedea ce se întâmplă.* Mama lui Evan a refuzat să ia în considerație plângerile legate de comportamente la care nu a asistat ea însăși, ceea ce este de înțeles. Dar asta înseamnă că vor exista fapte la care nu va fi martoră. Dacă acest lucru devine o problemă, ar fi bine să stabilești regula ca în cazul în care începe o ceartă, băieții să meargă în camera lor timp de 15 minute.
- *Dacă planul nu pare să funcționeze, poate fi din cauză că le-ai alocat la început un timp prea mare în care să se joace împreună.* Douăzeci de minute poate fi prea mult la început pentru Evan, astfel că trebuie avut în vedere un timp de joacă mai scurt, care să dea rezultate mai bune.

- *Urmărirea permanentă este esențială atunci când vrei să recompensezi comportamentul adecvat al copilului.* Răsplătirea lui Evan pentru că nu s-a certat/nu s-a bătut cu frații lui a avut efect doar fiindcă mama lui a avut mare grijă să-și țină promisiunea de a-i acorda punctele pe care le câștigase, iar apoi i-a cumpărat prompt telefonul în momentul în care a ajuns la 100 de puncte.

CAPITOLUL 12

Îmbunătățirea memoriei de lucru

Memoria de lucru este capacitatea de a reține în minte informații în timpul îndeplinirii unor sarcini complexe. Ne bazăm pe memoria de lucru tot timpul. Este abilitatea de a da o fugă până la magazin pentru a cumpăra câteva lucruri și de a ne aminti care sunt acele lucruri fără să trebuiască să le scriem pe o hârtie. Când îți aduci aminte că trebuie să oprești la spălătorie în drum spre casă de la serviciu înseamnă că ți-ai folosit memoria de lucru. Când te uiți la un număr în cartea de telefon și îl ții minte suficient timp încât să îl formezi din minte, tot memoria de lucru ai folosit-o. Când soțul te roagă să faci un lucru, și tu spui: „Așteaptă întâi să golesc mașina de spălat vase“, iar apoi chiar îți amintești de acel lucru înseamnă că memoria ta de lucru este destul de bună. Nu același lucru se poate spune când nu ții minte ziua de naștere a nimănui, când te întorci acasă doar cu jumătate din treburi rezolvate, cu excepția cazului în care le-ai notat în agendă, și când ai face orice numai să nu trebuiască să prezinți lumea la o petrece-re-cocteil deoarece nu mai știi numele nimănui. În acest caz, folosește sugestiile noastre de la Capitolul 3, destinate îmbunătățirii memoriei de lucru a copilului tău atunci când și tu te confrunți cu aceeași problemă.

Cum se dezvoltă memoria de lucru

Memoria de lucru începe să se dezvolte destul de timpuriu în copilărie. Când te joci cu un bebeluș și îi ascunzi jucăria preferată sub pătură, vei ști că bebelușul își folosește memoria de lucru atunci când ridică pătura pentru a-și recupera jucăria. Asta se întâmplă deoarece bebelușul este capabil să păstreze în memorie imaginea jucăriei, dar și faptul că ai ascuns-o acolo.

Copiii își dezvoltă memoria de lucru *nonverbală* înainte de a o dezvolta pe cea *verbală*, deoarece această abilitate ia naștere înaintea limbajului. Când copiii își dezvoltă și limbajul, memoria de lucru crește, pentru că acum ei pot combina imaginea vizuală cu limbajul pentru a recupera informația.

Așa cum am spus în Capitolul 1, când copiii și adolescenții îndeplinesc sarcini care cer abilități precum memoria de lucru, ei se bazează pe cortexul prefrontal care face toată treaba, în loc să distribuie povara muncii spre alte zone specializate ale creierului, așa cum se întâmplă la adulți. Cu toate acestea, activarea memoriei de lucru presupune un efort conștient mult mai mare la copii și la adolescenți decât la adulți, ceea ce poate servi ca explicație faptului că ei sunt mai puțin tentați să-și folosească memoria de lucru în activitățile de zi cu zi.

Tindem în mod firesc să ne limităm așteptările în ceea ce privește memoria de lucru a copiilor foarte mici. Înaintea vârstei de 4 ani, în general ne așteptăm ca cei mici să își amintească doar lucruri din imediata lor apropiere – în timp sau în spațiu. Dacă vrem ca ei să facă ceva, nu le spunem: „Te-ar deranja să-ți pui jucăriile la locul lor după ce te uiți la *Barney*?" (decât dacă știm că va trebui să-i mânăm de la spate după ce s-au terminat desenele animate). Și deși le-am putea cere să pună toate piesele în cutia de jucării atunci când stăm cu ei în camera de joacă, de obicei nu îi instruim să se ducă în dormitorul lor și să îndeplinească o sarcină asemănătoare fără nici un ajutor.

Treptat, putem să extindem atât timpul, cât și distanța la nivelul așteptărilor pe care le avem din partea copilului nostru cu privire la ceea ce își poate aminti. În chestionarul de mai jos poți evalua unde se situează copilul tău pe scara de dezvoltare, în funcție de tipurile de sarcini pe care copiii sunt capabili să le ducă la bun sfârșit în mod independent în diferite etape ale copilăriei. Această scară îți oferă o perspectivă mai detaliată decât au făcut-o scalele de la Capitolul 2 privitor la cât de bine folosește copilul tău memoria de lucru.

CÂT DE BUNĂ ESTE MEMORIA DE LUCRU A COPILULUI TĂU?

Folosește următoarea scală pentru a evalua în ce măsură realizează copilul tău fiecare dintre sarcinile enumerate. Este de așteptat ca, la fiecare dintre niveluri, copiii să se descurce de la suficient de bine la foarte bine.

Scală

0 – Niciodată sau rareori
1 – Se descurcă, dar nu suficient de bine (cam în 25% din timp)
2 – Se descurcă destul de bine (cam 75% din timp)
3 – Se descurcă foarte bine (întotdeauna sau aproape întotdeauna)

Etapa preșcolară/grădiniță

___ Execută treburi mărunte (de exemplu, își aduce încălțămintea din dormitor când i se cere).

___ Își amintește instrucțiunile abia primite.

___ Urmează o activitate de rutină cu un singur îndemn la fiecare pas (de exemplu, când se spală pe dinți după micul dejun).

Clasele I–III

___ Este capabil să îndeplinească o sarcină compusă din doi sau trei pași.

___ Ține minte instrucțiunile care i s-au dat cu câteva minute în urmă.

___ Urmează doi pași dintr-o activitate de rutină cu un singur îndemn.

Clasele IV–V

___ Își amintește să îndeplinească o sarcină de rutină în gospodărie fără vreun îndemn.

___ Își ia cărțile, fișele și temele la/de la școală.

___ Ține evidența schimbărilor din programul zilnic (de exemplu, diverse activități extrașcolare).

Clasele VI–VIII

___ Este capabil să țină evidența temelor și să rețină cerințele fiecărui profesor de la clasă.

___ Nu uită de evenimentele sau responsabilitățile care nu țin de programul zilnic (de exemplu, formularul cu acordul părinților pentru excursii, instrucțiuni speciale legate de activitățile extrașcolare etc.).

___ Ține minte indicații compuse din mai mulți pași, dacă are suficient timp și exercițiu.

Sursă: *Cum să crești un copil inteligent și de succes* de Peg Dawson și Richard Guare. Copyright 2009 de The Guilford Press.

Dezvoltarea memoriei de lucru în situațiile de zi cu zi

- *Uită-te în ochii copilului atunci când vrei să-i transmiți un lucru pe care să-l țină minte.*
- *Ține la distanță factorii care îi pot distrage atenția, dacă vrei ca fiul sau fiica ta să se concentreze pe ceea ce face* (de exemplu, închide televizorul sau dă mai încet radioul).
- *Pune-l pe copil să repete ceea ce tocmai i-ai spus, ca să te asiguri că te-a auzit.*
- *Folosește îndemnuri scrise – programe de lucru desenate, liste și tabele, în funcție de vârsta copilului.* Amintește-i la fiecare pas să „verifice programul afișat“ sau „să se uite pe listă“.
- *Exersează cu copilul acel comportament pe care vrei să și-l amintească chiar înainte de a fi pus în situația respectivă* (de exemplu: „Ce trebuie să-i spui mătușii Mary după ce îți aduce cadoul de ziua ta?“).
- *Ajută-ți copilul să găsească acele modalități care i se potrivesc de a reține lucrurile importante.*
- În cazul copiilor din ciclul gimnazial, folosește-te de telefonul mobil sau de mesaje (SMS) pentru a le aminti un lucru important pe care îl au de făcut.
- *Gândește-te cum să îi răsplătești pentru a-și fi amintit o informație crucială sau cum să-i pedepsești dacă au uitat.* De exemplu, i se poate permite copilului să închirieze un joc video pentru weekend dacă timp de o săptămână nu uită să aducă de la școală toate materialele necesare pentru temele pentru acasă. Recompensele și penalizările sunt utile doar atunci când memoria de lucru a copilului tău este dezvoltată la nivel mediu.

Gata cu jocul de-a așteptarea: învață-ți copilul să se îmbrace fără să tragă de timp

Annie, o fetiță deșteaptă de 8 ani, elevă în clasa a II-a, are uneori momente când este cu mintea în altă parte, fiind totuși considerată unul dintre cei mai buni copii din clasă. Are numeroase preocupări și se înțelege bine cu colegii. Mama ei și-ar dori să o vadă mai independentă, mai ales când e vorba de lucruri repetitive cum ar fi să își adune hainele din cameră sau să se îmbrace pentru a merge la școală. Deoarece prietena ei, Sarah, reușește de aproape un an să se descurce cu îmbrăcatul, doamna Smith nu consideră că e nerealist să aștepte și din partea lui Annie așa ceva. Ele au discutat despre asta, iar Annie a susținut că vrea să reușească să facă acest lucru, mai ales că dorește să își aleagă singură hainele cu care să se îmbrace.

Cu toate acestea, în fiecare dimineață are loc același ritual deja familiar: „Annie, e timpul să începi să te îmbraci". „OK, mami", răspunde Annie urcând scările. Mama este ea însăși grăbită să se pregătească pentru serviciu, așa că după 10 minute o strigă pe Annie: „Annie, cum stai cu îmbrăcatul?" „OK, mami", se aude răspunsul. După alte 5 minute, mama o strigă din nou: „Annie, trebuie să te grăbești!" „OK", răspunde ea din nou. Imediat după aceea, mama urcă scările și o găsește pe Annie stând în fund în fața dulapului, îmbrăcată tot în pijama. „Annie!", strigă mama cuprinsă de frustrare în timp ce scoate din dulap niște haine. Annie începe să protesteze față de alegerea făcută, dar mama o reduce la tăcere și rămâne pe loc până când o vede pe Annie aproape îmbrăcată, după care îi cere să coboare „într-un minut".

Într-un moment mai liniștit, Annie și cu mama ei discută pe acest subiect și decid ca mama să fie de față când Annie se îmbracă, pentru a vedea cum o poate ajuta. Deși cu oarecare lentoare, Annie este capabilă să-și scoată hainele din dulap și să se îmbrace fără probleme. Cu toate acestea, în ciuda bunelor ei intenții, când Annie încearcă să facă același lucru de una singură, sfârșește prin a-și supăra mama, care este nevoită să folosească o mulțime de îndemnuri până să o vadă gata pregătită.

Împreună hotărăsc să încerce o altă abordare. Dacă Annie este de acord să colaboreze, mama îi va da voie să își aleagă, în schimb, câteva dintre hainele pe care dorește să le îmbrace. Întâi, ele fac un tabel cu pașii necesari procesului de îmbrăcare, pe care Annie îi notează. Annie susține că uneori îi este greu să aleagă cu ce să se îmbrace, așa încât decid să pregătească de cu seară două ținute pentru a doua zi, iar Annie alege un loc în care să le așeze. Apoi, ele simulează întregul proces, în timp ce mama fotografiază fiecare pas. Annie potrivește fiecare pas notat de ea cu poza corespunzătoare și le agață pe „panoul cu poze", lângă dulapul de haine.

La început, Annie se gândește că pe lângă îndemnurile pe care mama ei i le adresează ca să se îmbrace, ar fi bine să urce la ea în cameră și să stea acolo până când o vede că începe să se îmbrace, după care să coboare. Mama are rețineri în a accepta, însă își spune că e ceva temporar. Ultima problemă este timpul. Dimineața de obicei sunt pe fugă, iar când Annie se mișcă încet, mama se supără. Ele cumpără un ceas cu alarmă ieftin, iar Annie este de părere că 12–15 minute îi sunt suficiente ca să fie gata. Mama e de acord. Deoarece uneori se pierde undeva pe drum, își pune alarma să sune din 5 în 5 minute; în felul acesta, chiar dacă și-a făcut de lucru cu altceva, alarma poate reprezenta un imbold. În plus, când aude mama ei alarma, ea strigă la Annie: „În ce stadiu ești?", iar aceasta îi spune la ce pas a ajuns.

Pe parcursul primelor săptămâni, mama este nevoită în una sau două dimineți să o împingă pe Annie de la spate, dar, în general, amândouă sunt mulțumite. Annie s-a obișnuit cu faptul că mama sa nu mai urcă în camera ei, însă îi place în continuare să audă îndemnurile verbale și cuvintele de laudă ale mamei, atunci când face treabă bună. Ele pun, de asemenea, la cale și o ieșire la cumpărături.

Pasul 1: Stabilirea obiectivului comportamental

Funcții executive vizate: Memoria de lucru

Obiectiv comportamental specific: Annie va duce la bun sfârșit rutina în ceea ce privește îmbrăcatul de dimineață într-un interval de 15 minute și doar cu un singur îndemn.

Pasul 2: Conceperea intervenției

Ce elemente din mediul înconjurător pot ajuta la atingerea obiectivului urmărit?

- Haine alese dinainte
- Ceas cu alarmă
- Supravegherea unui părinte și îndemnuri în faza de început

Ce funcție specifică i se va preda, cine i-o va preda și ce procedură va fi folosită în acest sens?

Funcție: Memoria de lucru (respectarea unei rutine de dimineață)

Cine i-o va preda? Mama

Procedura:

- Mama discută cu Annie despre problemă și despre găsirea unei soluții.
- Ele alcătuiesc o listă cu pașii necesari pe care Annie și-i notează.
- Cu o seară înainte sunt alese două ținute pentru școală.
- Annie simulează întregul proces, iar mama fotografiază fiecare pas.
- Annie asociază pașii cu pozele corespunzătoare și expune secvența pe un panou lângă dulap.
- Annie estimează de cât timp are nevoie și cele două cumpără un ceas cu alarmă.
- Mama acceptă să îi ofere imbolduri și să o asiste când începe îmbrăcarea, timp de aproximativ o săptămână.
- Mama verifică verbal stadiul în care se află la fiecare 5 minute, când aude alarma sunând.

Mama ține evidența numărului zilnic de imbolduri necesare.

Ce stimulente vor fi folosite pentru a-l încuraja pe copil să folosească/exerseze acea funcție?

- Cuvinte de laudă din partea mamei
- Cumpărarea de haine noi

Chei către succes

- *Dă dovadă de entuziasm și meticulozitate în fazele de început.* Acest sistem se bucură, de obicei, de succes când este implementat pentru prima oară, deoarece este ceva nou și se bazează pe îndemnuri sistematice, dar și pe încurajări. El încetează să mai funcționeze în momentul în care părinții nu mai monitorizează îndeaproape copilul, în fazele de început.
- *Oferă imbolduri o perioadă lungă.* Din experiența noastră știm că cei mici au nevoie de imbolduri constante, iar atunci când părinții nu se arată dornici să le ofere, progresele de până atunci dispar. În cazul în care copilul începe să regreseze când numărul de imbolduri scade, intensifică din nou imboldurile și retrage-te doar foarte treptat, cu pași mărunți de tot, din acest rol.

Atletul cu capul în nori: învață-ți copilul să aibă grijă de echipamentul de sport

Este luni dimineața, ora 7.30, când Jake, în vârstă de 14 ani, elev în clasa a VIII-a, stă în fața calculatorului familiei și le trimite mesaje prietenilor lui. Deoarece susține că s-a îmbrăcat, a mâncat și și-a pregătit lucrurile (ghiozdanul și echipamentul de fotbal) pentru școală, tatăl lui nu are nimic împotrivă să-l lase să stea la calculator până vine autobuzul, la 7.45. El are astăzi meci de fotbal, și ca să se asigure că are tot ce îi trebuie, tatăl îi spune: „Jake, verifică-ți echipamentul de fotbal ca să nu uiți ceva!" „E totul în regulă", îi răspunde acesta în timp ce continuă să trimită mesaje. Cu câteva minute înainte de sosirea autobuzului, tatăl îi îndeamnă pe Jake și pe sora acestuia să se pregătească. Când Jake apare în hol, tatăl îl întreabă dacă și-a verificat echipamentul de fotbal, iar acesta deschide în grabă sacul și începe să caute în el. „Ce-ai făcut cu apărătorile mele?", îl întreabă Jake pe tatăl lui pe un ton acuzator și, în același timp, panicat. Iritat și precipitat, tatăl îi răspunde că le-a luat cu el la serviciu. Frustrat, Jake îi răspunde: „Antrenorul o să mă ucidă, și n-o să pot juca". Autobuzul sosește, iar tatăl îi spune că se va gândi la o soluție, deși nu știe exact ce va face. Antrenorul de fotbal se supără pe Jake și îi spune că nu-l poate băga în meci. Chiar înainte ca jocul să înceapă, tatăl lui se întâlnește cu un părinte care are o pereche de apărători în plus. El se gândește dacă să îl lase pe fiul lui să suporte consecințele și, prin urmare, să nu fie lăsat să joace, dar pentru că nu este prima oară când se întâmplă acest lucru, iar Jake tot nu s-a învățat minte, nu vrea ca acesta să aibă probleme și mai mari cu antrenorul. Așadar îi duce apărătorile și obține de la fiul lui promisiunea că acest lucru nu se va mai repeta.

În acea seară ei pun la cale un plan care să îl ajute pe Jake să fie mai organizat și să nu mai uite de echipament. Deoarece acesta practică trei sporturi, problema în discuție reapare constant pe tot parcursul anului. Tatăl îi sugerează să facă o listă pe baza căreia să verifice dacă are tot echipamentul, atunci când își face bagajul pentru școală. Deși în felul acesta se va asigura că și-a pus toate lucrurile necesare, nu va fi rezolvată și problema organizării echipamentului în așa fel încât atunci când are nevoie de el, să îl aibă pregătit. Tatăl glumește cu el spunându-i că poate ar trebui să doarmă cu echipamentul de sport lângă el în noaptea dinaintea meciului, astfel încât dimineața doar să îl împacheteze, știind sigur că și-a pus tot ce îi trebuie. Jake este de părere că poate ar trebui să confecționeze din carton o copie a sa în mărime naturală, pe care să agațe echipamentul. În felul acesta va avea un loc în care să și-l păstreze permanent și care să îi permită să constate cu ușurință ce anume lipsește. Ei sunt de acord să lipească pe acest șablon câte o etichetă inscripționată în dreptul fiecărui articol, iar tatăl acceptă să îi amintească lui Jake în fiecare seară să verifice șablonul și să își împacheteze echipamentul. În ceea ce îl privește, Jake promite ca atunci când tatăl lui îi amintește ce trebuie să facă, el să nu mai amâne până a doua zi dimineață. Convin, de asemenea, ca în cazul în care Jake nu respectă înțelegerea și uită ceva, tatăl să nu îi mai sară în ajutor. Împreună confecționează șablonul, iar Jake lipește etichetele pentru echipamentul de fotbal din acel sezon. Adaugă și cârlige de agățat lucrurile, pe care le încearcă atârnându-și fiecare lucru la locul potrivit, în timp ce tatăl lui îl urmărește. Amândoi sunt mulțumiți că ideea cu șablonul funcționează.

Pasul 1: Stabilirea obiectivului comportamental

Funcții executive vizate: *Memoria de lucru*

Obiectiv comportamental specific: *Jake își va aranja echipamentul de sport înainte de fiecare antrenament și se va asigura că are echipamentul complet pentru fiecare meci, cu nu mai mult de un îndemn din partea unuia dintre părinți.*

Pasul 2: Conceperea intervenției

Ce elemente din mediul înconjurător pot ajuta la atingerea obiectivului urmărit?

- *O copie din carton în mărime naturală a lui Jake, cu etichete în dreptul fiecărui articol de sport necesar pentru antrenamente și meci*
- *Îndemnul din partea tatălui, în seara ce precedă un meci, de a-și verifica și împacheta echipamentul*

Ce funcție specifică i se va preda, cine i-o va preda și ce procedură va fi folosită în acest sens?

Funcție: *Memoria de lucru (să nu uite nici un articol din echipamentul de sport înaintea antrenamentului sau a unui meci)*

Cine i-o va preda? *Tatăl*

Procedura:

- *Jake discută cu tată lui despre modul de organizare a echipamentului de sport.*
- *Cu ajutorul tatăl său, Jake confecționează din carton o copie a lui în mărime naturală.*
- *Jake inscripționează etichete și le lipește în locul corespunzător articolului de sport denumit.*
- *Face o demonstrație de folosire a șablonului, sub supravegherea tatălui său.*

- Tatăl este de acord să îi amintească seara să își împacheteze echipamentul pentru a doua zi.
- Timp de două săptămâni, tatăl verifică împreună cu Jake dacă, după ce i-a amintit, acesta și-a pus toate lucrurile necesare în bagaj.

Ce stimulente vor fi folosite pentru a-l încuraja pe copil să folosească/exerseze acea funcție?

- Jake va putea să participe la orele de sport fără să stârnească supărarea antrenorilor pentru că nu și-a adus echipamentul complet.

Chei către succes

- *Nu te baza pe promisiunea copilului că a făcut ceea ce a promis, în urma îndemnului tău.* În exemplul de mai sus, șablonul are rolul de a-i aminti lui Jake ce trebuie să-și ia și de a-l ajuta să fie mai organizat. În vreme ce acest lucru este suficient în unele cazuri, copiii cu memorie de lucru slabă, atunci când sunt întrebați sau îndemnați să își amintească să facă ceva, vor spune adesea că au făcut sau că vor face imediat, după care vor uita. De aceea este necesar ca după ce i-ai adresat îndemnul, să faci și o verificare, pentru a vedea dacă copilul a acționat în urma îndemnului tău. Este esențial să acționeze imediat după ce i se dă îndemnul, ceea ce implică o verificare constantă din partea ta, până la momentul în care comportamentul dorit s-a format.

CAPITOLUL 13

Îmbunătățirea controlului emoțiilor

Controlul emoțiilor este abilitatea de a gestiona emoțiile pentru a atinge obiective, a duce la îndeplinire sarcini sau a controla și direcționa propriul comportament. Dacă în cazul tău, acesta este un punct forte, înseamnă că poți nu doar să te descurci ușor cu suișurile și coborâșurile vieții de zi cu zi, ci și că îți poți păstra sângele-rece în situații încărcate de tensiune – fie că este vorba despre o confruntare cu un șef impulsiv sau cu un copil la vârsta adolescenței, aflat în etapa de negare a autorității părintești. Să ai capacitatea de a-ți controla emoțiile nu înseamnă numai să fii capabil de a-ți stăpâni impulsurile, ci și să poți gestiona sentimente neplăcute precum anxietatea, frustrarea și dezamăgirea. A fi în stare să-ți controlezi emoțiile mai are și sensul de a te concentra asupra emoțiilor pozitive pentru a reuși să depășești obstacolele sau să mergi mai departe în momentele dificile ale vieții. Nu e greu să ne dăm seama cât de importantă este această abilitate pentru a avea o copilărie și o adolescență fericite.

Unii dintre noi demonstrează că au această abilitate în anumite situații, dar nu în toate. Majoritatea dintre noi, copii și adulți deopotrivă, avem un „eu public“ și un „eu intim“, și fiecare dintre aceste ipostaze este guvernată de reguli diferite. Copilul tău se poartă cum se cuvine la școală, dar își pierde cumpătul acasă? Tu îți păstrezi cumpătul la serviciu, dar răbufnești când ajungi acasă? Această schimbare de ipostaze nu este deloc neobișnuită și nu reprezintă întotdeauna o problemă. Dar poate fi. Dacă tu sau copilul tău resimțiți stăpânirea emoțiilor ca pe o presiune atât de mare încât nu mai puteți face efortul respectiv și atunci când vă aflați acasă, printre cei apropiați, consecința ar putea fi că sentimentele unora vor fi rănite sau că o tensiune cronică se va insinua în familia voastră. În acest caz, izbucnirile legate de acele sarcini care îi dau bătăi de cap copilului tău din pricina funcției sale executive slabe pot constitui o problemă majoră pentru voi. Acesta este un indiciu care demonstrează că îmbunătățirea controlului emoțiilor reprezintă o prioritate pentru tine și/sau copilul tău. De fapt, dacă amândoi vă luptați cu lipsa controlului emoțional, s-ar putea să fiți interesați de sfaturile pe care vi le-am oferit în Capitolul 3 pentru ca intervențiile concepute de voi pe baza acestui capitol să aibă cele mai mari șanse de reușită. Dacă, privind obiectiv lucrurile, vei constata că lipsa ta de control emoțional contribuie la problema copilului, atunci nu ar fi rău să te adresezi unui specialist pentru a căuta ajutor.

Cum se dezvoltă controlul emoțiilor

În perioada de început a copilăriei, bebelușii așteaptă ca părinții să răspundă la nevoile lor fizice pe măsură ce acestea apar (mâncare, biberon, schimbatul scutecelor), iar când aceste așteptări sunt anticipate și pe deplin satsifăcute, ei sunt, în general, capabili să-și țină emoțiile în frâu. Desigur, există mereu momente când adulții nu pot reacționa cu destulă promptitudine, astfel că bebelușii învață treptat să se liniștească singuri. Există și câteva excepții de la evoluția obișnuită –

bebelușii cu colici ar putea fi cel mai bine descriși drept copii cu o abilitate slabă de reglare a reacțiilor –, dar majoritatea depășesc acest stadiu și învață tehnici de autoliniștire exact ca ceilalți bebeluși.

În creșă și la grădiniță, se pot vedea totuși variații individuale la nivelul abilităților de reglare a emoțiilor. Unii micuți trec prin teribila „etapă de la doi ani" manifestând crize de furie foarte slabe, în vreme ce alții au crize ale căror frecvență și intensitate sunt greu de gestionat chiar și de către cei mai relaxați părinți. În jurul vârstei de 3 ani, mulți copii încep să aibă ritualuri, cum ar fi o succesiune precisă de pași pe care îi așteaptă să aibă loc în fiecare seară înainte de culcare. În ciuda acestor așteptări, vei observa că unii copii se adaptează din mers schimbărilor în rutina zilnică, în timp ce alții devin agitați dacă succesiunea este întreruptă într-un fel sau altul. Copiii cu un control scăzut al emoțiilor vor părea, așadar, foarte rigizi. Dacă fiul sau fiica ta corespunde acestei descrieri, ți-ar putea fi de ajutor să parcurgi și Capitolul 19; există o suprapunere foarte mare între abilitatea copilului de a-și controla emoțiile și abilitatea de a fi flexibil.

În ciclul primar, copiii care au o abilitate scăzută de a-și gestiona emoțiile se lovesc frecvent de probleme sociale; le vine greu să împartă jucăriile cu alți copii, să piardă la un joc sau la un meci, sau să accepte ideile altora atunci când pun la cale diverse jocuri. Copiii cu un bun control emoțional sunt cei care sunt dispuși să facă compromisuri, acceptă cu calm victoriile sau înfrângerile la diverse jocuri și își pot asuma rolul de mediator pentru aplanarea unui conflict între tovarășii de joacă.

Adolescența aduce noi provocări la adresa controlului emoțiilor, ca și la adresa altor abilități. Această grupă de vârstă în întregul ei este mult mai susceptibilă de eșecuri în ceea ce privește capacitatea de gestionare a stresului. Adolescenții se bazează pe cortexul prefrontal pentru a transmite celorlalte zone ale creierului cum să reacționeze. În perioade de stres, dacă e să citam cuvintele unui cercetător în domeniul neurologiei, „ei își solicită cortexul prefrontal ca niște nebuni". Asta înseamnă că acea parte a creierului responsabilă de funcțiile executive devine suprasolicitată pe măsură ce adolescenții încearcă să își inhibe reacțiile (vezi Capitolul 11), să acceseze memoria de lucru (vezi Capitolul 12) și să își controleze emoțiile, toate în același timp. Nu e de mirare, astfel, că adolescenții iau cu greu decizii, sau fac alegeri proaste, sau, și mai rău, *se pripesc* și iau decizii greșite. Tinerii care au deficiențe mari în nivelul de dezvoltare a controlului emoțiilor vor fi în dezavantaj și mai mult, confruntându-se în plus cu problemele create de dezlănțuirea emoțiilor proprii într-o etapă de dezvoltare marcată oricum de stări emoționale oscilante.

Știind aceste lucruri, ai face bine să-ți protejezi școlarul din ciclul gimnazial făcând tot ce poți pentru a reduce stresul care îl poate determina să ia niște decizii greșite. În același timp, îl poți, de asemenea, ajuta să-și consolideze controlul emoțiilor folosind strategiile prezentate în acest capitol. Merită efortul; adolescenții care își pot stăpâni emoțiile sunt mai puțin înclinați să se certe cu profesorii sau cu antrenorii, fac față fără teamă unor situații ce presupun competiție (jocuri, examene) și își revin rapid după un eșec.

CÂT DE BINE ÎȘI STĂPÂNEȘTE COPILUL TĂU EMOȚIILE?

Folosește următoarea scală pentru a evalua în ce măsură realizează copilul tău fiecare dintre sarcinile enumerate. Este de așteptat ca, la fiecare dintre niveluri, copiii să se descurce de la suficient de bine la foarte bine.

Scală

0 – Niciodată sau rareori
1 – Se descurcă, dar nu suficient de bine (cam în 25% din timp)
2 – Se descurcă destul de bine (cam 75% din timp)
3 – Se descurcă foarte bine (întotdeauna sau aproape întotdeauna)

Etapa preșcolară/grădiniță

___ Își revine repede după un eșec sau o schimbare în program.
___ Găsește alte soluții decât violența fizică atunci când un copil îi ia jucăria din mână.
___ Se poate juca cu un grup de copii fără să devină prea agitat.

Clasele I–III

___ Acceptă critica din partea unui adult (de exemplu, o mustrare din partea învățătoarei).
___ Nu se supără exagerat de mult atunci când consideră că i s-a făcut o nedreptate.
___ Își adaptează rapid comportamentul în funcție de situație (de exemplu, se liniștește după recreație).

Clasele IV–V

___ Nu reacționează exagerat atunci când pierde la un joc sau când nu figurează printre premianți.
___ Acceptă că nu obține tot ce își dorește atunci când lucrează în echipă sau se joacă în grup.
___ Se poartă rezervat când cineva îl tachinează.

Clasele VI–VIII

___ Poate „citi reacțiile“ prietenilor, ajustându-și comportamentul în consecință.

___ Anticipează rezultatele și este pregătit pentru un eventual eșec.

___ Poate fi sigur pe sine într-o măsură adecvată (de exemplu, cere ajutor din partea profesorilor, invită pe cineva la dans cu ocazia unei petreceri date la școală).

Sursă: *Cum să crești un copil inteligent și de succes* de Peg Dawson și Richard Guare. Copyright 2009 de The Guilford Press.

Îmbunătățirea controlului emoțional în situații de zi cu zi

• *În cazul copiilor de vârstă mică, adaptează condițiile de mediu.* Redu probabilitatea ca micuțul să-și piardă controlul emoțional prin consolidarea rutinei, în special a celei legate de orele de masă, de odihnă de prânz și de culcare. Evită să-l expui pe copil în medii care îl suprastimulează sau găsește căi de a-l îndepărta de astfel de situații atunci când presimți că își pierde controlul.

• *Pregătește-l pe copil dinainte spunându-i la ce să se aștepte și ce poate face în momentul în care se simte copleșit.* Unele situații problematice nu pot fi evitate, dar pot fi diminuate cu puțin efort în avans.

• *Oferă-i strategii pe care să le imite.* Ce opțiuni de evadare îi poți pune la dispoziție? Copiii mai mici sunt capabili să stabilească împreună cu educatoarea sau cu un alt supraveghetor adult un semn prin care să dea de înțeles că doresc să facă o pauză. Acasă, puteți conveni ca atunci când spiritele se încing prea tare, copilul să spună ceva de genul: „Trebuie să merg la mine în cameră și să stau puțin singur", dând de înțeles că dorește o pauză. Strategiile simple de autoliniștire includ alegerea unui animal de pluș preferat pe care să îl țină în brațe (pentru copiii mai mici) sau ascultarea unei melodii lente la iPod (pentru copiii mari). Sau ajută-l să învețe tehnici de relaxare cum ar fi inspirațiile profunde și expirarea progresivă a aerului din plămâni, care se asociază cu contractarea și relaxarea grupurilor importante de mușchi din corp. Tastează cuvintele „relaxarea la copii" pe un motor de căutare pentru a găsi instrucțiuni legate de aceste tehnici.

- *Dă-i copilului un text cu indicații pe care să le urmeze într-o situație dificilă.* Nu trebuie să fie ceva complicat, ci un text scurt ca să îl ajute pe copil să facă față emoțiilor. E util să-i oferi un model cu acest gen de afirmații către sine. De exemplu, în cazul în care copilul tău renunță să-și facă o temă pentru acasă atunci când aceasta i se pare grea, fără să încerce câtuși de puțin să găsească o soluție, îi poți spune: „Iată ce mi-aș dori să-ți spui în sinea ta înainte de a te apuca de treabă: «Știu că nu va fi ușor, dar voi continua să mă străduiesc. Dacă rămân blocat după ce am făcut tot ce am putut, voi cere ajutor»". Copiii cu deficiențe la nivelul controlului emoțiilor sunt mai predispuși decât ceilalți copii de vârsta lor să izbucnească în lacrimi sau să facă o criză atunci când se văd obligați să comtinue o sarcină care le provoacă frustrare sau sentimentul de neputință.
- *Citește-i povești în care personajele manifestă comportamente pe care vrei să le dezvolți la copilul tău. The Little Engine That Could* („Motorașul care putea") este un exemplu bun de poveste în care sunt prezentate emoții pozitive (în cazul de față, determinarea ce emană din fraza: „Cred că pot, cred că pot") la care copiii cu un control emoțional slab adesea nu au acces.

- Dacă aceste eforturi nu rezolvă problema, poate dorești să lucrezi cu un psiholog sau cu un medic specializat în terapia cognitiv-comportamentală. Îți recomandăm, de asemenea, două cărți care explică această abordare în contextul problemelor de control emoțional specifice: *Ce să faci... să scapi de griji* și *Ce să faci... când nu-ți convine nimic,* ambele scrise de Dawn Huebner. Ele au fost scrise pentru a fi citite de părinți și de copii împreună și cuprind exerciții care îi ajută pe copii să înțeleagă problema cu care se confruntă și să dezvolte strategii de gestionare a emoțiilor.

Să fii inteligent, dar să și arăți lucrul acesta. Învinge-ți teama de testări

Courtney are 14 ani și este în clasa a VIII-a. Întotdeauna a fost genul de copil responsabil, cea mai mare dintre cei trei frați ai ei, iar părinții au așteptări mari de la ea. Courtney joacă hochei pe iarbă și are un grup restrâns de prieteni apropiați pe care îi cunoaște încă din clasele primare. Este elevă de nota 8 și depune un efort considerabil ca să ia aceste note. Matematica, în special, îi dă bătăi de cap, mai ales aritmetica pe care o fac în anul acesta.

Pe Courtney o așteaptă un test important la matematică și este distrusă numai când se gândește la el. Ea a învățat teoria și a făcut împreună cu o prietenă problemele pe care nu le știa. Acum are impresia că stăpânește materia, însă nu este mai puțin îngrijorată când se gândește la test. Mama observă că este agitată, dar Courtney îi spune că se simte „doar obosită". Ea crede că dacă le spune părinților că își face griji, aceștia vor încerca să îi explice cât de important este să ia notă mare, ceea ce îi va da emoții și mai mari. Courtney nu reușește să doarmă bine în noaptea dinaintea testului și simte cum i se strânge stomacul când intră în clasă. Ea răspunde la primele câteva întrebări, dar are un gol de memorie când trebuie să rezolve două dintre problemele mari. Courtney face tot ce poate, iar când testul s-a terminat răsuflă ușurată, deși știe că nu s-a descurcat grozav. Temerile îi sunt confirmate când li se comunică notele și află că a luat nota 6. Se simte frustrată, deoarece își dă seama că știuse să rezolve problemele, dar pur și simplu se panicase. Le spune părinților, iar aceștia răbufnesc. Tatăl îi spune: „Dacă o să se întâmple așa ceva la liceu, poți să-ți iei gândul de la colegiu cu asemenea note". Courtney cedează nervos și le spune părinților cât de mult a învățat și cum „a paralizat" când a venit momentul să scrie ce știa. Văzându-i reacția, părinții își dau seama că cerându-i să obțină rezultate mai bune la teste nu vor reuși decât să o streseze și mai tare.

Împreună cu Courtney, părinții pun la cale un plan. Deoarece nu toate cerințele îi provoacă îngrijorări majore, ei stabilesc cum să-și dea seama că teama sa a ajuns într-un punct în care îi afectează performanța. Courtney sugerează atunci să folosească o scală de la 1 la 10 și să se alarmeze doar când gradul de anxietate e mai mare de nivelul 4. În acest caz, spune Courtney, i-ar fi de ajutor să le spună părinților că o supără ceva. Dar nu îi vor fi de ajutor dacă o vor stresa și mai tare sau îi vor oferi soluțiile obișnuite: „Trebuie să înveți mai mult!". Părinții sunt de acord să o asculte, să o întrebe în ce mod o pot ajuta și să încerce să nu o preseze. Dacă se vor purta altfel decât au promis, sugerează ca fiica lor să le atragă atenția, iar Courtney este de acord.

Din experiența lor, părinții lui Courtney știu că temerile fiicei lor cu privire la performanța școlară vor scădea dacă va avea un plan dinainte stabilit, și discută cu ea acest lucru.

Courtney este de acord și propune următorul plan ca să-și stăpânească emoțiile din ziua testării:

- Indiferent de materia pentru care își face probleme, ea se va întâlni cu profesorul respectiv înainte de orice testare, îi va explica faptul că îi este teamă de teste și îl va întreba dacă îi poate recomanda niște tehnici specifice de învățare care să o ajute să stăpânească materia.
- Dacă, la fel ca în cazul matematicii, întâmpină în continuare dificultăți, va încerca să stabilească un program în cadrul căruia să revadă regulat materia împreună cu un profesor.
- Se va întâlni cu consiliera ei pentru a o ruga să-i recomande niște strategii de diminuare a stresului și a anxietății.

Părinții consideră că planul este foarte bun și se arată impresionați de capacitatea ei de înțelegere și de găsire a unei soluții. La următorul test de matematică, Courtney se ține de plan. Părinții ei sunt mai relaxați, ceea ce o ajută pe fiica lor. În timpul testării se simte mai în largul ei, chiar dacă la primirea rezultatelor e puțin dezamăgită pentru că a luat doar un 7. Profesorul ei însă, remarcându-i efortul, îi oferă posibilitatea de a-și mări nota prin activități suplimentare.

Pasul 1: Stabilirea obiectivului comportamental

Funcții executive vizate: Controlul emoțiilor

Obiectiv comportamental specific: Courtney își va îmbunătăți rezultatele la testări obținând de la nota 7 în sus.

Pasul 2: Conceperea intervenției

Ce elemente din mediul înconjurător pot ajuta la atingerea obiectivului urmărit?

- O scară care să măsoare anxietatea
- Sprijin necondiționat din partea părinților
- Învățare sub îndrumarea profesorului
- Ajutor specializat prin strategii de combatere a anxietății la testări

Ce funcție specifică i se va preda, cine i-o va preda și ce procedură va fi folosită în acest sens?

Funcție: Controlul emoției (reducerea anxietății)

Cine i-o va preda? Profesorii, consiliera, Courtney

Procedura:

- Courtney se va întâlni cu profesorii pentru a învăța strategii de studiu.
- La materiile unde întâmpină cele mai mari dificultăți se va întâlni în mod constant cu profesorii.
- Va sta de vorbă cu consiliera pentru a afla strategii de diminuare a stresului.

Ce stimulente vor fi folosite pentru a-l încuraja pe copil să folosească/exerseze acea funcție?

- Note mai bune
- Diminuarea anxietății

Chei către succes

- *Acordă-i sprijin, dar abține-te să-ți exprimi opiniile în cazul în care nu ai o oarecare pricepere în ceea ce privește anxietatea cauzată de teste.* Rezumă-te la a-l asculta și a-i oferi ajutorul pe care îl cere el. Mergând mai departe și dându-i sfaturi în funcție de ce crezi tu că trebuie să facă nu vei reuși decât să mărești presiunea pe care și așa o resimte un copil emotiv, ceea ce va fi total neproductiv.

• *Folosește orice ajutor care poate fi obținut din partea profesorilor, a psihologului școlii sau a oricărui specialist pe care ar putea fi necesar să îl consulți.* Courtney consideră utilă implicarea profesorilor, nu numai pentru că aceștia o încurajează, ci și pentru că îi oferă sfaturi concrete legate de învățare. Consilierul sau psihologul trebuie, de asemenea, să aibă niște strategii folositoare pe care să le aplice în cazul elevilor suferind de anxietate înaintea unei testări. În cazul în care copilul susține că psihologul școlii sau consilierul nu l-a putut ajuta, cere-i medicului de familie trimitere la un specialist care să poată lucra cu copilul tău pe termen scurt pentru a-l învăța astfel de strategii.

Rămâi în joc. Cum să încurajezi fairplay-ul

Mike este un băiețel foarte activ de clasa a II-a, în vârstă de 7 ani, fiind cel mai mic dintre trei frați. De când a învățat să meargă, lui Mike i-au plăcut activitățile fizice, mai ales sportul, și e realmente talentat pentru un băiat de vârsta lui. Acum îl încântă ideea de a juca cu adevărat într-o echipă și de a participa la meciuri. Acasă, când are timp liber, Mike vrea ca părinții sau frații lui să se joace și să se antreneze cu el. Însă și când se antrenează cu familia, și când se antrenează cu echipa, Mike își dorește să fie mai bun. Când el sau echipa lui nu obține rezultatul pe care și-l dorește, Mike explodează, se lamentează zgomotos, plânge și uneori aruncă cu echipamentul. În astfel de momente, antrenorul îl scoate din joc, iar părinții îl trimit în camera lui. După o vreme se calmează, ceea ce nu înseamnă că acest comportament dispare; el se manifestă suficient de des încât să constituie o problemă majoră pentru părinți. Ei s-au gândit să întrerupă orice activitate sportivă, dar au rețineri deoarece știu cât de important este sportul pentru Mike. Pe de altă parte, își dau seama că nu vor avea încotro, în cazul în care fiul lor nu învață să tolereze greșelile și să accepte înfrângerile ca făcând parte din specificul oricărui sport.

După ce s-au consultat cu unul dintre antrenori și cu niște prieteni de familie care au doi băieți sportivi, au luat o hotărâre. Întâi s-au așezat la masă cu Mike și i-au explicat că dacă își dorește să continue să facă sport, trebuie să găsească împreună o cale de a-și schimba comportamentul. Deși el nu recunoaște că are o problemă, acceptă planul părinților, deoarece nu vrea să renunțe la sport. Acest plan cuprinde următoarele puncte:

- *Când este supărat din pricina propriei performanțe sportive, Mike își poate exprima frustrarea în limitele acceptate de comun acord.* Acestea cuprind încleștarea pumnilor, încrucișarea și strângerea brațelor și repetarea de mai multe ori a unei expresii alese de el, pe un ton scăzut. Dacă frustrarea lui este provocată de echipă sau de un coleg de echipă, orice comentariu public trebuie să fie încurajator (de exemplu, „Măcar ai încercat“, „E în regulă“ etc.).
- *Împreună, Mike și părinții scriu scenariile unor situații diverse care s-au petrecut*, înlocuind vechiul comportament cu adoptarea acestor strategii noi.
- *Mike și părinții fac un joc de rol legat de ce s-ar întâmpla dacă el ar face o greșeală* și ar rata, de exemplu, aruncarea la coș a mingii de baschet, iar apoi ar folosi una dintre noile sale strategii. Părinții exersează cu el în acest sens și îl laudă pentru folosirea strategiei.
- *Înaintea fiecărui meci sau antrenament, unul dintre* părinți îi amintește lui Mike de reguli și strategii și îl pune să spună cum va proceda în cazul în care apare o situație frustrantă. La sfârșitul meciului/antrenamentului, Mike și

părinții fac o retrospectivă a momentului. Dacă nu a avut nici o ieșire necontrolată, fiul lor va primi puncte care îi vor permite la final să meargă să o vadă jucând pe una dintre echipele lui favorite.

- *Mike acceptă să nu-și mai iasă din fire, să nu mai țipe, să nu mai folosească injurii și să nu mai arunce cu lucruri când se simte frustrat.* Oricare dintre aceste comportamente va atrage după sine retragerea lui pe loc din meci/de la antrenament și ratarea participării la următorul meci sau antrenament.

Mike nu reușește în totalitate să-și păstreze calmul în primele săptămâni, dar antrenorul și părinții remarcă o reducere drastică a crizelor de nervi și sunt încrezători că el se află pe drumul cel bun.

Pasul 1: Stabilirea obiectivului comportamental

Funcții executive vizate: Controlul emoțiilor

Obiectiv comportamental specific: Mike nu se va înfuria dacă va face greșeli sau va pierde la un sport.

Pasul 2: Conceperea intervenției

Ce elemente din mediul înconjurător pot ajuta la atingerea obiectivului urmărit?

- Scenarii/situații sociale finalizate cu un comportament acceptabil
- Așteptări/reguli scrise și formulate clar cu privire la conduita lui Mike
- Discuții cu părinții menite să-i amintească strategiile stabilite, înainte ca el să intre în situațiile respective.

Ce funcție specifică i se va preda, cine i-o va preda și ce procedură va fi folosită în acest sens?

Funcție: Controlul emoțiilor (exprimarea într-un mod acceptabil a frustrărilor/furiei)

Cine i-o va preda? Părinții

Procedura:

- Mike și părinții lui vor citi împreună scenarii în care este adoptat comportamentul adecvat unei anumite situații-problemă.
- Mike și părinții vor face un joc de rol pe tema unei situații date și a aplicării unei noi strategii de conduită.
- Mike și părinții vor analiza apoi comportamentul lui Mike.
- Mike va rata un antrenament sau un meci dacă va avea o conduită neadecvată.

Ce stimulente vor fi folosite pentru a-l încuraja pe copil să folosească/exerseze acea funcție?

- Lui Mike i se permite să practice sporturi în continuare.

Chei către succes

Ține-te cu scrupulozitate de planul de joc. Succesul acestei strategii depinde de respectarea consecventă a următorilor pași:

1. Oferă-i copilului o modalitate acceptabilă prin care să își exprime frustrările.
2. Identifică împreună cu el situațiile în care acel tip de comportament are cele mai mari șanse să apară.
3. Exersează (joc de rol) situația și îndrumă-l pe copil să adopte comportamentul potrivit.
4. Amintește-i ce așteptări ai de la el chiar înainte de a intra într-o situație de genul acela.

5. Îndepărtează-l de situația respectivă dacă este cazul.

Dacă se sare peste unul dintre acești pași, copilul va deveni vulnerabil în fața pierderii din nou a controlului, deoarece copiilor mici le este încă foarte greu să-și păstreze capul pe umeri în situații frustrante.

CAPITOLUL 14

Consolidarea puterii de concentrare

Puterea de concentrare este capacitatea de a continua să acorzi atenție unei situații sau unei sarcini în ciuda factorilor perturbatori, a oboselii sau a plictiselii. Pentru adulți, asta înseamnă să rămâi ancorat în munca pe care o faci, acasă sau la serviciu, fără a te lăsa distras de ceea ce se află în jur sau să revii la treaba inițială cât de repede posibil, atunci când întreruperile sunt inerente. Dacă abilitatea ta de a-ți menține concentrarea este slabă, te vei trezi că sari de la o sarcină la alta, deseori omițând să finalizezi primul lucru început înainte de a te apuca de al doilea. Vei căuta scuze ca să nu mai lucrezi, de pildă să îți verifici e-mailul din 5 în 5 minute sau să îți amintești brusc că trebuie să dai un telefon. Dacă consideri că îți lipsește această abilitate, în efortul tău de a-ți ajuta copilul să și-o dezvolte vei beneficia de sfaturile noastre de la Capitolul 3.

Cum se dezvoltă funcția puterii de concentrare

Imaginează-ți un copil foarte mic pe o plajă. Nu e uimitor faptul că simplul gest de a arunca o pietricică în apă sau de a construi un canal poate fi pentru el o sursă nesfârșită de distracție? Activități practice care pe noi (sau pe bone, pe frații mai mari sau pe bunici) ne plictisesc de moarte, pe copiii mai mici îi încântă mult timp. De fapt, capacitatea copiilor de a se concentra asupra unui lucru când sunt foarte mici depinde în întregime de interesul pe care îl manifestă față de acea activitate. Copiii foarte mici pot rămâne multă vreme lipiți de o sarcină, dacă activitatea li se pare atrăgătoare.

Totuși, din perspectiva funcțiilor executive, puterea de concentrare reprezintă o provocare atunci când activitatea nu prezintă interes pentru copil sau i se pare dificilă acestuia, cum e cazul treburilor în gospodărie, al lecțiilor de la școală sau al temelor pentru acasă ori al participării la evenimente de adulți precum nunți sau slujbe religioase. Deoarece nu ne așteptăm din partea celor mici să-și păstreze concentrarea mult timp în astfel de situații, în numeroase biserici copiii se pot retrage după aproximativ 10 minute de la începerea slujbei, pentru a participa apoi tot la o activitate cu caracter religios, însă în afara bisericii. Acesta este și motivul pentru care organizațiile profesorilor, ca de exemplu Federația Americană a Profesorilor, recomandă ca timpul pe care copiii trebuie să-l petreacă făcând teme pentru acasă să nu depășească 10 minute per clasă (10 minute pe seară pentru elevii din clasa I, 20 de minute pentru elevii din clasa a II-a etc.). Învățătorii buni nu se așteaptă de la copii să stea pe scaun perioade lungi pentru a face o muncă statică, la fel cum nici părinții înțelepți nu le pun în cârcă copiilor sarcini care nu pot fi făcute repede sau care nu pot fi împărțite în secvențe mai mici.

Până când ajung la liceu, copiii vor putea să se concentreze la școală perioade mai lungi, alocându-și pentru studiul acasă între 1 și 3 ore pe seară. Când școlile americane au modificat programul clasic de învățare acum câțiva ani (au lungit durata unei ore de curs și au redus numărul de astfel de ore de curs pe zi), profesorii au avut nevoie de ceva timp ca să-și modifice metoda de predare, astfel încât predarea continuă de la începutul până la sfârşitul orei să nu mai fie metoda de predare de bază. Până şi adolescenţilor le vine greu să se concentreze pe parcursul unei lecţii de 90 de minute.

CÂT DE BINE ÎŞI CONCENTREAZĂ ATENŢIA COPILUL TĂU?

Foloseşte următoarea scală pentru a evalua în ce măsură realizează copilul tău fiecare dintre sarcinile enumerate. Este de aşteptat ca, la fiecare dintre niveluri, copiii să se descurce de la suficient de bine la foarte bine.

Scală

0 – Niciodată sau rareori
1 – Se descurcă, dar nu suficient de bine (cam în 25% din timp)
2 – Se descurcă destul de bine (cam 75% din timp)
3 – Se descurcă foarte bine (întotdeauna sau aproape întotdeauna)

Etapa preşcolară/grădiniţă

___ Duce la bun sfârşit o sarcină care durează 5 minute (poate avea nevoie de supraveghere).
___ La grădiniţă poate sta liniştit pe scaun în timpul activităţilor în care se stă în cerc (15–20 de minute)
___ Poate asculta şezând pe scaun una sau două poveşti din cărţile de copii ilustrate

Clasele I–III

___ Îşi poate petrece 20–30 de minute cu efectuarea temelor.
___ Duce la bun sfârşit o sarcină în gospodărie care îi ia 15–20 de minute.
___ Poate sta pe scaun cât timp durează o masă obişnuită.

Clasele IV–V

___ Poate petrece 30–60 de minute cu efectuarea temelor pentru acasă.

___ Îndeplinește sarcini în gospodărie care nu durează mai mult de 30–60 de minute (poate avea nevoie de o pauză).

___ Poate participa la antrenamente sportive, la slujbe religioase etc. timp de 60–90 de minute.

Clasele VI–VIII

___ Poate petrece 60–90 de minute făcându-și temele pentru acasă (poate avea nevoie de una sau mai multe pauze).

___ Acceptă întrunirile de familie fără să se plângă de plictiseală sau să facă vreo năzbâtie.

___ Duce la îndeplinire sarcini în gospodărie care durează până la 2 ore (poate avea nevoie de pauze).

Sursă: *Cum să crești un copil inteligent și de succes* de Peg Dawson și Richard Guare. Copyright 2009 de The Guilford Press.

Consolidarea puterii de concentrare în situațiile de zi cu zi

• *Oferă supraveghere.* Copiii pot lucra mai mult timp când stă cineva lângă ei, fie ca să le ofere încurajări, fie ca să le amintească să se concentreze asupra a ceea ce au de făcut. Poți citi sau scrie ceva cât timp copilul își face temele, astfel încât să-l poți ajuta dacă are nevoie de tine și să îți petreci, la rândul tău, timpul în mod util.

• *Fă din creșterea puterii de concentrare un proces treptat.* Ia ca punct de plecare timpul pe care copilul tău îl poate dedica neîntrerupt unei sarcini casnice, unei teme sau oricărei alte obligații înainte de a avea nevoie de pauză. Odată ce ai stabilit „rata de bază", programează un ceas cu alarmă să sune cu 2–3 minute mai târziu decât rata de bază și îndeamnă-l pe copil să lucreze până ce aude soneria.

- *Folosește un dispozitiv ce îți afișează timpul care s-a scurs.* Aceste aparate pot fi cumpărate de la Time Timer (www.timetimer.com) ca ceasuri de birou sau de mână, dar și în versiunea software.
- *Utilizează o casetă audio de automonitorizare*, disponibilă la A.D.D. Warehouse (vezi secțiunea Resurse), pentru a-ți ajuta copilul să rămână concentrat. Acest tip de casetă scoate tonalități electronice la intervale neregulate de timp. Când o aude sunând, copilul trebuie să-și pună întrebarea: „Eram atent?"
- *Concepe sarcina în așa fel încât să fie atrăgătoare.* Poți să o transformi într-o provocare, într-un joc sau într-un concurs.
- *Folosește sisteme motivaționale.* Recompensa trebuie să fie eficientă, frecventă și variată. Spre exemplu, poți oferi drept câștig puncte pentru o muncă bine făcută sau pentru o muncă finalizată în parametri de timp stabiliți.
- *Oferă-i copilului o activitate plăcută care să îl aștepte după finalizarea sarcinii.* Alternează activitățile preferate cu cele pe care nu le agreează.
- *Laudă-l atunci când își menține concentrarea asupra sarcinii.* În loc să scoți în evidență momentele în care nu e concentrat (cicălindu-l sau îndemnându-l mereu să revină asupra sarcinii de dus la îndeplinire), mai bine acordă atenție momentelor în care stă concentrat pe ce are de făcut și apreciază-l pentru asta.

Negocieri delicate. Reducerea factorilor perturbatori în timpul efectuării temelor pentru acasă

Andy este elev în clasa a VII-a și are un program foarte încărcat. El face parte din echipa de fotbal a școlii și dintr-o echipă selectată să participe la meciurile ce se desfășoară în afara orașului. În plus, a început să cânte la chitară bas cu un grup de prieteni și intenționează să-și facă o trupă.

Andy și-ar dori să aibă note mai mari la școală, dar în comparație cu alte activități pe care le practică, efectuarea temelor pentru acasă i se pare extrem de plictisitoare. Momentul rezervat pentru teme este seara după cină, și ar putea începe la timp, dacă atenția nu i-ar fi distrasă atât de ușor. Printre altele, își lasă calculatorul deschis, și fiindcă prietenii îl văd că este online, îi lasă „în treacăt" două vorbe pe chat. Când să se întoarcă la teme, își dă seama că ar mânca ceva, sau aude că televizorul e pornit și stă să se uite la un film. În cele din urmă își face temele în cea mai mare parte a lor, însă calitatea lasă uneori de dorit. Ora de culcare este amânată în fiecare zi tot mai mult deoarece lucrează ineficient, iar tatăl inevitabil ajunge să țipe la el pentru că nu se culcă la o oră rezonabilă. Andy descoperă că cel mai rău este când trebuie să învețe pentru un test. Cu o seară înainte de test începe să studieze, dar după 10 sau 15 minute decide că mai bine decât n-are să știe niciodată lecțiile, așa că intră pe chat, joacă jocuri video sau butonează telecomanda până când găsește ceva de văzut la televizor. Părinții lui se simt foarte frustrați. Ei se gândesc să îi interzică să mai petreacă timp la calculator sau să îi ceară să renunțe la chitară, dar sunt conștienți că lucrul acesta va declanșa o luptă grea. Se gândesc cu groază la acest moment, și nici nu sunt siguri că lucrurile nu se vor înrăutăți în felul acesta.

După ce primesc raportul cu situația progreselor lui școlare, părinții stabilesc o întâlnire cu profesorii și cu consilierul școlar, exprimându-și neliniștile. Părinții și consilierul discută să se întâlnească împreună cu Andy și să conceapă un plan. La întâlnire, consilierul îi comunică lui Andy că atât el, cât și profesorii simt că el poate mai mult, iar Andy este de acord. Trecând în revistă factorii posibil perturbatori, calculatorul ocupă primul loc, iar televizorul, al doilea. Consilierul le reamintește părinților și lui Andy că pentru elevii din ciclul gimnazial, școala recomandă utilizarea calculatorului numai după terminarea temelor. Andy folosește calculatorul și pentru unele proiecte de la școală. El propune ca punct de plecare să lase pe chat un mesaj de genul „Indisponibil“, care să apară până la ora 19.30, iar părinții sunt de acord. Deoarece și-a rezervat deja un timp pentru temele de casă, el acceptă să conceapă un „orar“ cu ajutorul căruia să finalizeze o temă sau o parte dintr-o temă înainte de a lua o pauză. El consideră că o pauză de 10 minute îi ajunge, așa că își setează pe calculator un cronometru la vedere, ca să țină evidența programului. Ca ajutor pentru pregătirea în vederea testărilor, se va întâlni pe rând cu profesorii și împreună vor stabili cum trebuie să învețe pentru fiecare materie în parte, care este timpul de studiu estimat și lista de verificare pe care să o parcurgă la final. El își propune, de asemenea, ca obiectiv note „rezonabile“ în următorul raport cu situația progreselor școlare, pentru ca atât el, cât și profesorii și părinții să poată evalua rezultatele strategiilor folosite. Părinții vor trimite câte un e-mail săptămânal profesorilor pentru a afla dacă fiul lor a întârziat cu temele sau dacă nu și le-a făcut. Andy acceptă ca părinții să îi atragă atenția de două ori pe seară dacă se lasă distras de altceva, și toți sunt de acord să folosească o frază-îndemn la alegerea lui Andy.

Pasul 1: Stabilirea obiectivului comportamental

Funcții executive vizate: *Puterea de concentrare*

Obiectiv comportamental specific: *Andy își va face temele și va învăța pentru teste ca să își atingă obiectivul legat de notele în semestrul respectiv.*

Pasul 2: Conceperea intervenției

Ce elemente din mediul înconjurător pot ajuta la atingerea obiectivului urmărit?

- *Acces limitat la calculator*
- *Cronometru vizibil pe calculator*
- *Orar de efectuare a temelor*
- *Procedee de studiu din partea profesorilor*
- *Două îndemnuri din partea părinților*
- *Feedback săptămânal din partea profesorilor*

Ce funcție specifică i se va preda, cine i-o va preda și ce procedură va fi folosită în acest sens?

Funcție: *Puterea de concentrare la teme*

Cine i-o va preda? *Părinții și profesori*

Procedura:

- *Andy va folosi calculatorul pentru socializare cu prietenii și jocuri după ora 19.30.*
- *Își va face un orar de efectuare a temelor.*
- *Va putea face câte o pauză de 10 minute cronometrată.*
- *Se va întâlni cu profesorii lui pentru a stabili procedeele de învățare.*

- Părinții îi pot da două îndemnuri pe seară.
- Profesorii vor evalua săptămânal performanțele lui Andy.

Ce stimulente vor fi folosite pentru a-l încuraja pe copil să folosească/exerseze acea funcție?

- Evaluarea săptămânală a profesorilor cu privire la performanțe
- Diminuarea conflictului cu părinții
- Note mai mari

Chei către succes

- *Nu trece la schimbări semnificative ale planului de lucru până când copilul nu a reușit să își mențină îmbunătățirile de la nivelul performanțelor timp de 3–4 luni.* Se întâmplă ca dacă acest plan funcționează la început, părinții și profesorii să creadă că problema a fost rezolvată pentru totdeauna. Dar dacă renunți la plan dintr-odată sau devii mai puțin vigilent, performanțele copilului ar putea să scadă, chiar dacă treptat, și să ajungă la nivelul inițial. Prin urmare, toți cei implicați vor crede că intervenția nu a funcționat.
- *Supraveghează în continuare copilul, chiar dacă nu la fel de mult, pe tot parcursul anului.* Poate fi dificil să continui să urmărești copilul chiar și atunci când lucrurile par să fi intrat pe făgașul normal, dar numai prin acest sprijin de durată cei mai mulți copii reușesc să-și îmbunătățească pe termen lung puterea de concentrare.

Colaborarea părinte-profesor: reducerea factorilor perturbatori la școală

Ellen pare să nu termine niciodată ce are de făcut la ore în clasa a II-a. Problema a început anul trecut în clasa I, când elevii au început să lucreze individual în bancă. Învățătoarea de atunci a efectuat niște modificări, de pildă a redus volumul de muncă, deoarece Ellen era în mod evident o elevă strălucită care părea să stăpânească materia chiar dacă nu reușea întotdeauna să termine ce i se dădea de lucru. Învățătoarea de anul acesta nu este atât de flexibilă ca cealaltă, astfel că finalizarea sarcinilor la oră a devenit o problemă serioasă. Doamna Barker, învățătoarea, a ridicat întâi problema în cadrul ședinței cu părinții, organizată la finalul unui set de evaluări semestriale. „Ellen este un copil tare sociabil", a spus ea. „Ea știe tot ce se întâmplă în clasă și vrea să își ajute colegii atunci când nu știu ceva, dar nu reușește să termine ce are ea de făcut."

La scurt timp după aceea, doamna Barker a început să îi dea lui Ellen să termine acasă de făcut ceea ce nu finalizase la școală. Mama ei a fost pusă în situația de a-și petrece mult timp lângă fiica ei pentru ca aceasta să ajungă să-și facă toate temele primite, ceea ce a fost obositor pentru amândouă. Mama consideră că exercițiile zilnice primite ca temă, care de obicei nu depășesc 10 minute la matematică și 10 minute la ortografie, sunt rezonabile din punct de vedere cantitativ, dar după ce li s-au adăugat două–trei fișe neterminate în clasă, Ellen a început să se împotrivească, ceea ce deseori a dus la frustrare și lacrimi. Ellen susține că încearcă să își termine lecțiile în clasă, dar că se lasă prinsă cu altele. Mama ei decide că trebuie să se facă ceva legat de faptul că fiica ei nu reușește să finalizeze în clasă tot ce are de făcut.

Ellen și mama ei stabilesc o întâlnire cu profesoara. Ele discută despre problemă, iar mama spune că fiica ei se descurcă bine cu temele acasă, unde ea i le împarte în secvențe mai mici și urmărește efectuarea lor într-un timp dat cu ajutorul unui cronometru. Învățătoarea mărturisește că doar între 5 și 10 minute reușește Ellen să se concentreze la ce are de făcut la clasă, după care atenția îi este distrasă de altceva. Ea crede că poate să îi segmenteze lecția lui Ellen în bucăți mai scurte, însă tot își face griji că Ellen se va lăsa distrasă. Ele cad de acord ca atunci când li se dă elevilor la clasă să lucreze independent, învățătoarea să o îndemne pe Ellen să își folosească cronometrul. Mama le sugerează să întocmească o listă de verificare care să conțină divizarea pe fragmente a lecțiilor de citire, matematică, literatură și limbă. Imediat ce termină de rezolvat prima parte din exerciții, Ellen i le va arăta învățătoarei. Aceasta o va lăuda pentru ce a reușit să termine, iar Ellen va bifa pe listă secvența efectuată. Învățătoarea îi va spune ce are de lucrat în continuare, îndemnând-o să își folosească cronometrul. Dacă își termină exercițiile înaintea celorlalți colegi și învățătoarea consideră că a lucrat acceptabil, Ellen are voie să facă o pauză în care să își aleagă o activitate preferată de pe o listă dinainte concepută. Deoarece socializarea cu colegii este o sursă care îi distrage atenția, Ellen e de acord ca în timpul efectuării exercițiilor date de învățătoare să se mute într-o altă bancă, la sugestia acesteia. În cazul în care nu a terminat ce avea de făcut până la sfârșitul orei, va trebui să lucreze în pauză sau după cursuri, în cadrul clubului de teme. Temele vor fi continuate și finalizate acasă. Ellen și mama ei se înțeleg ca în zilele în care aceasta reușește să-și termine în clasă exercițiile, să primească de la mama ei un autocolant. Apoi, după ce a adunat suficiente autocolante, Ellen poate să aleagă una din activitățile „speciale" enumerate pe o listă.

Pasul 1: Stabilirea obiectivului comportamental

Funcții executive vizate: Puterea de concentrare

Obiectiv comportamental specific: Ellen trebuie să își termine munca de la clasă în timpul orei.

Pasul 2: Conceperea intervenției

Ce elemente din mediul înconjurător pot ajuta la atingerea obiectivului urmărit?

- Divizarea exercițiilor în segmente mai scurte
- Folosirea cronometrului și a îndemnurilor pentru a-l programa
- Listă de verificare a exercițiilor
- Îndemnuri din partea învățătoarei

Ce funcție specifică i se va preda, cine i-o va preda și ce procedură va fi folosită în acest sens?

Funcție: Puterea de concentrare în activitățile de la clasă, pentru finalizarea lor în intervalul de timp stabilit

Cine i-o va preda? Învățătoarea și mama

Procedura:

- Învățătoarea acceptă să împartă exercițiile în secvențe mai mici, de 5 minute fiecare.
- Mama și Ellen cumpără un cronometru mic pentru școală.
- Învățătoarea îi amintește lui Ellen să pornească cronometrul înainte de a se apuca de lucru.
- Învățătoarea realizează împreună cu Ellen o listă de verificare pentru fiecare secvență de lucru în parte.
- Ellen îi arată învățătoarei ce a lucrat, aceasta o laudă, iar ea bifează pe listă secvența parcursă.
- Învățătoarea îi spune lui Ellen ce să lucreze mai departe și îi amintește să pornească cronometrul.

- Dacă Ellen termină mai repede decât colegii ei, are voie să aleagă o activitate preferată de pe lista pusă la dispoziție de învățătoare.
- Dacă atenția îi este distrasă din cauza faptului că stă de vorbă cu colegii de bancă, învățătoarea o va muta în altă parte.
- Exercițiile pe care nu le-a terminat în timpul orei vor fi făcute în pauză sau în timpul clubului de teme de după școală.
- Ellen câștigă un autocolant de fiecare dată când își termină treaba în clasă, iar după un anumit număr de autocolante câștigate, poate alege o activitate specială de pe lista pusă la dispoziție de mama ei.

Ce stimulente vor fi folosite pentru a-l încuraja pe copil să folosească/exerseze acea funcție?

- Cuvinte de apreciere din partea învățătoarei
- Grafic al progreselor făcute în ceea ce privește finalizarea temelor în timpul orelor
- Autocolante și activități preferate acasă

Chei către succes

- *Asigură-te că fiul sau fiica ta ocupă mereu același loc în bancă în fiecare zi, pentru ca învățătoarea să știe că atunci când nu se află la locul lui (ei), atenția i-a fost distrasă de la ce avea de făcut.* Am pus în aplicare acest sistem timp de mai mulți ani în diferite școli de stat și am descoperit că succesul depinde în mare măsură de faptul dacă învățătorul oferă sau nu imbolduri permanente și supraveghează sau nu îndeaproape activitatea elevilor. Singura cale ca metoda să dea roade este ca elevul să își păstreze mereu locul în bancă.

- *Nu uita să folosești un sistem de recompense, deoarece copilului îi revine sarcina să se ocupe de gestionarea unor elemente precum programarea cronometrului.*

- *Fă în așa fel încât folosirea pauzelor în scopul terminării temelor să nu devină un obicei.* Această strategie poate fi utilă, dar dacă trebuie folosită tot timpul, ar trebui să stai de vorbă cu învățătorul pentru a afla unde anume eșuează planul.

Capitolul 15

Predarea abilității de inițiere a unei acțiuni

Inițierea unei sarcini este capacitatea de a începe proiecte sau activități fără a sta prea mult pe gânduri, într-un mod eficient și sistematic. Adulții au atâtea obligații încât s-ar părea că ne pricepem cu toții să inițiem o acțiune – nu avem încotro. Totuși, știm din experiența muncii cu alți oameni că aceasta nu este o abilitate ușor de dezvoltat în cazul multora, și că până și adulții au tendința de a amâna până în ultima clipă o sarcină care nu le este pe plac, mai ales atunci când lista de obligații este foarte lungă. Diferența nu este foarte mare când vine vorba de un copil care își amână temele ca să mai joace un joc pe calculator – sau care își lasă tema cea mai puțin plăcută la urmă. Dacă amânarea și rezolvarea pe ultima sută de metri sunt problemele cu care te confrunți tu însuți, folosește negreșit sugestiile noastre de la Capitolul 3 pentru a-ți îmbunătăți acest aspect atunci când și tu, și copilul tău aveți acest punct slab.

Cum se dezvoltă abilitatea de inițiere a unei sarcini

În contextul funcțiilor executive, inițierea unei sarcini nu se aplică în cazul sarcinilor pe care *dorim* să le îndeplinim, ci în cazul celor care ni se par neplăcute, respingătoare sau plictisitoare – cele pe care ne simțim *obligați* să le îndeplinim. Când copiii sunt de vârstă preșcolară, nu avem așteptări de la ei să înceapă o activitate din proprie inițiativă, ci îi stimulăm și apoi îi supraveghem în timp ce o fac (sau măcar îi urmărim atunci când încep).

Una dintre primele noastre încercări ca părinți pentru a-i face pe copii să înceapă o activitate în mod independent este legată de crearea unor programe de rutină, precum rutina de dimineață sau dinainte de culcare. Să îl înveți pe copil că anumite lucruri trebuie făcute la o anumită oră din zi și în niște etape prestabilite reprezintă pasul numărul unu. Apoi, după o perioadă în care îl ajuți cu îndemnuri și încurajări (perioadă care variază de la un copil la altul), copilul tău își va însuși rutina și va fi capabil să o înceapă din proprie inițiativă sau cu un singur imbold de genul „începe acum".

Deși necesită mult timp pentru a se dezvolta, inițierea unei sarcini este o abilitate de care copiii au foarte mare nevoie la școală și mai departe în viață. A le cere copiilor să ducă la îndeplinire anumite sarcini în gospodărie, adecvate pentru nivelul lor de dezvoltare, constituie cel mai bun mod de a le forma abilitatea de inițiere a unei acțiuni. Dacă se începe în perioada preșcolară, copiii vor învăța că există momente când trebuie să amâne ceea ce le face plăcere în favoarea unui lucru care trebuie făcut, chiar dacă acesta din urmă nu e tocmai distractiv. Ei vor fi astfel mai bine pregătiți pentru școală și pentru participarea la activități extrașcolare ce necesită uneori renunțarea la activitățile preferate în schimbul altor activități.

În chestionarul de mai jos poți evalua unde se situează copilul tău pe scala de dezvoltare, având în vedere tipurile de sarcini pe care copiii sunt capabili să le ducă la bun sfârșit în mod independent în diferite etape ale copilăriei. Această scală te ajută să privești mai îndeaproape evaluarea făcută în Capitolul 2, concentrându-ți atenția pe cât de bine folosește copilul tău această abilitate.

CÂT DE BINE SE PRICEPE COPILUL TĂU SĂ INIȚIEZE O SARCINĂ?

Folosește următoarea scală pentru a evalua în ce măsură realizează copilul tău fiecare dintre sarcinile enumerate. Este de așteptat ca, la fiecare dintre niveluri, copiii să se descurce de la suficient de bine la foarte bine.

Scală

0 – Niciodată sau rareori
1 – Se descurcă, dar nu suficient de bine (cam în 25% din timp)
2 – Se descurcă destul de bine (cam 75% din timp)
3 – Se descurcă foarte bine (întotdeauna sau aproape întotdeauna)

Etapa preșcolară/grădiniță

___ Urmează o indicație primită de la un adult imediat ce i-a fost dată.
___ Se oprește din joacă pentru a asculta instrucțiunile date de un adult.
___ Se pregătește de culcare la ora stabilită după ce i s-a amintit o singură dată.

Clasele I–III

___ Ține minte și urmează activități de rutină din unul sau doi pași simpli (precum spălatul pe dinți sau pieptănatul după micul dejun).
___ Se apucă de lucru în clasă imediat ce a primit instrucțiunile din partea învățătorului.
___ Își începe temele pentru acasă la ora stabilită după ce i s-a amintit o singură dată.

Clasele IV–V

___ Poate efectua o activitate de rutină din trei sau patru pași care a fost exersată în prealabil.

___ Efectuează trei sau patru exerciții la clasă unul după altul.

___ Respectă un program dinainte stabilit de efectuare a temelor (poate avea nevoie de un îndemn ca să înceapă).

Clasele VI–VIII

___ Poate să conceapă un program de efectuare a temelor seara și să îl respecte cu o minimă tragere de timp.

___ Poate să înceapă o activitate casnică la ora stabilită (de exemplu, imediat după ce vine de la școală) – poate avea nevoie de un îndemn scris.

___ Renunță la o activitate distractivă atunci când își amintește că a promis să facă ceva.

Sursă: *Cum să crești un copil inteligent și de succes* de Peg Dawson și Richard Guare. Copyright 2009 de The Guilford Press.

Predarea abilității de inițiere a unei sarcini în situații de fiecare zi

- *Încurajează inițierea promptă a unei sarcini pe parcursul zilei.* Încurajează-ți copilul să se apuce de ce are de făcut și laudă-l că nu a tras de timp sau folosește un sistem de recompensare care să presupună acordarea de puncte pentru începerea unei acțiuni la 3 minute după ce i s-a cerut, și apoi cumpărarea unui obiect dorit pe baza punctelor acumulate. Bineînțeles că va trebui să stai lângă copil suficient cât să te asiguri că s-a apucat de treabă. Poate fi nevoie să revii din când în când în cameră pentru a verifica dacă își continuă lucrul pe care îl are de făcut.

• *Afișează undeva la vedere un îndemn scris pentru a-i aminti copilului să inițieze o sarcină.* Acesta poate fi un bilețel pus pe masa din bucătărie astfel încât copilul să îl poată vedea când ajunge acasă de la școală.

• *Fragmentează sarcinile dificile în părți mai mici și mai ușor de abordat.* În cazul în care sarcina pare prea lungă sau prea grea, copilul va fi mai dornic să se apuce de ea dacă îi ceri să facă pe rând câte o parte din ea.

• *Cere-i copilului să întocmească un plan cu timpul alocat fiecărei sarcini sau cu modul în care le va finaliza.* Lucrul acesta îl va face mai responsabil, îi va da impresia că deține controlul asupra întregului proces și poate avea un impact major asupra abilității sale de a începe o acțiune fără prea multe lamentări sau nevoia de a i se aminti de multe ori.

• *Un alt mod de a-l responsabiliza pe copil cu privire la proces este de a-l lăsa să decidă cum dorește să i se amintească să înceapă o acțiune* (de exemplu, cu ajutorul unui ceas cu alarmă, al unui cronometru sau al unui îndemn firesc de genul „imediat după cină").

Mai bine acum decât mai târziu. Cum să pui capăt tărăgănării efectuării obligațiilor casnice

Jack are 7 ani și este al doilea ca vârstă dintre cei trei frați ai lui. Mai are o soră de 10 ani și un frate de 3 ani. Ambii părinți lucrează 8 ore, iar tatăl vitreg al lui Jack pleacă des în delegații. Cu trei copii în casă și o mamă care adesea e nevoită să aibă singură grijă de toate, părinții lui Jack au pretenția de la copii să îi ajute cum pot la treburile casei. Având în vedere că fratele cel mic are doar 3 ani, sarcinile în gospodărie se împart între

Jack și sora lui. După ce a înțeles ce se dorește de la ea, Emily nu are nevoie de multe îndemnuri ca să-și facă treaba. Cu Jack e altă poveste. De obicei el cere îndrumări frecvente pentru a începe o sarcină. Spre exemplu, este responsabilitatea lui să strângă masa și să adune jucăriile din camera de zi înainte de a merge la culcare. În cele din urmă, mama lui sfârșește prin a-l cicăli în repetate rânduri, iar uneori el reacționează doar atunci când o vede că se enervează, amenințându-l că nu-l mai lasă la calculator. După ce se apucă de treabă, Jack se descurcă destul de bine cu sarcinile încredințate, atâta vreme cât înțelege ce anume are de făcut. Însă a-l face să înceapă este ca și cum ți-ai scoate un dinte. Iar la ultima ședință a devenit clar că Jack întâmpină aceleași dificultăți și la școală, mai ales cu acele sarcini care presupun un efort considerabil, chiar dacă el are un nivel bun din punct de vedere intelectual. Învățătoarea lui a hotărât să îi dea lui Jack un „moment de start" ca să înceapă lucrul, ceea ce l-a ajutat.

Conștienți de faptul că solicitările vor crește odată cu vrâsta, părinții lui Jack au decis că acum este momentul să se ocupe de problemă. Sfătuiți de învățătoare, ei au discutat cu Jack despre stabilirea unui timp de start pentru cele două responsabilități casnice care îi revin: strânsul mesei și adunatul jucăriilor. Pentru a-l încuraja, îi spun că poate alege el momentul care îi convine, dintre câteva variante oferite. Jack își alege un cronometru al cărui ecran roșu începe să se decoloreze pe măsură ce timpul se scurge. Ei acceptă o amânare de 5 minute în ceea ce privește strânsul mesei și una de 10 minute în ceea ce privește adunatul jucăriilor. La început, părinții îl vor îndemna pe Jack să înceapă, arătându-i cronometrul. El vrea să țină singur evidența timpului scurs și a momentului în care să se apuce de treabă, iar părinții sunt de acord. Ca motivație suplimentară, după o serie de cinci zile în care Jack își începe treaba fără să întârzie, el va primi un „permis de liberă trecere", însemnând că poate sări peste o sarcină în ziua respectivă. Dacă nu își va începe sarcina la 2 minute după semnalul cronometrului, el va trebui să se oprească din orice altă activitate până când va termina ce trebuia să facă.

La început, părinții lui Jack au fost nevoiți uneori să îl împingă de la spate după semnalul cronometrului, dar în general observă o îmbunătățire vizibilă în inițierea unei acțiuni. După aproape o lună, Jack nu mai folosește și nu mai are nevoie de cronometru ca să strângă masa. El continuă să îl folosească la adunarea jucăriilor, deși părinții au remarcat că dacă i se spune lui Jack că mai are 15 minute până la culcare, el se apucă de strâns jucăriile începând din acel moment.

Pasul 1: Stabilirea obiectivului comportamental

Funcții executive vizate: Inițierea unei sarcini

Obiectiv comportamental specific: Jack trebuie să înceapă două sarcini după scurgerea unui timp acceptat de comun acord cu părinții și doar cu un singur îndemn din partea acestora.

Pasul 2: Conceperea intervenției

Ce elemente din mediul înconjurător pot ajuta la atingerea obiectivului urmărit?

- Jack va avea la dispoziție un cronometru care să îl avertizeze când trebuie să înceapă.
- Părinții îi vor aminti că trebuie să programeze cronometrul.

Ce funcție specifică i se va preda, cine i-o va preda și ce procedură va fi folosită în acest sens?

Funcție: Inițierea unei sarcini în gospodărie

Cine i-o va preda? Părinții

Procedura:

- Jack și părinții aleg treburile casnice în vederea exersării abilității.
- Jack decide asupra momentului de începere a acțiunilor.
- Jack alege un cronometru pentru a-l avertiza când anume trebuie să înceapă, iar părinții i-l cumpără.
- Înaintea fiecărei sarcini, părinții îi arată cronometrul pentru a-l îndemna pe Jack să își seteze timpul.
- Jack monitorizează timpul, iar când cronometrul îi dă semnalul, el inițiază acțiunea.
- Dacă acțiunea nu a fost inițiată la 2 minute după semnalul cronometrului, Jack întrerupe orice altă activitate până când face ce are de făcut.

Ce stimulente vor fi folosite pentru a-l încuraja pe copil să folosească/exerseze acea funcție?

- Jack poate să câștige un „permis de liberă trecere" după fiecare serie de cinci zile în care a inițiat sarcinile în intervalul de timp dat.
- Părinții nu îl mai cicălesc.

Chei către succes

- *Fii perseverent în perioada de început a formării acestei obișnuințe.* Când această intervenție eșuează, înseamnă de obicei că sistemul nu a fost urmat cu conștiinciozitate în primele câteva săptămâni.

- *Nu ezita să reintroduci îndemnurile și cronometrul timp de câteva săptămâni, dacă fiul sau fiica ta încetează să inițieze acțiunile desemnate sau alte sarcini timp de o lună sau mai mult.* Uneori copiii au nevoie de o perioadă de reîmprospătare.
- *În cazul în care îndemnurile și cicălelile permanente sunt necesare, impune interzicerea calculatorului sau a altui privilegiu drept consecință.*

Punerea bazelor succesului în liceu și la facultate: gata cu amânarea temelor pentru acasă

Marți după-amiaza, în jurul orei 16.30, Colby, elev în clasa a VIII-a, tocmai s-a întors de la școală după antrenamentul de lacrosse. Își târăște ghiozdanul greu până în cameră și îl aruncă pe pat. Știe că trebuie să își verifice fișele de lucru pentru a-și aminti ce teme are de făcut, dar privirea îi cade pe calculatorul de pe biroul aflat în partea opusă a camerei și se întreabă dacă vreunul dintre prietenii lui este online. Își spune că intră doar ca să verifice, dar își amintește că a uitat să își ia tema la matematică. Poate o va găsi pe pagina web de teme pentru acasă a școlii sau poate că unul dintre colegi știe ce temă au primit. Își deschide calculatorul, și mesageria începe să pâlpâie imediat. Un prieten îl întreabă dacă vrea să joace un joc online cu un grup cu care mai joacă el uneori. Decide să intre în joc pentru o jumătate de oră, după care să se apuce de teme. Pe la 17.30, mama intră în cameră să verifice cum stă cu temele pentru acasă și îi transmite că vor mânca pe la 18.30. El o asigură că și-a terminat cam toate temele în intervalul de studiu stabilit pentru ziua respectivă și mai are doar de completat niște chestionare pentru studii sociale. La 18.30, tatăl își strecoară capul pe ușă și îl anunță că masa e gata. Văzându-l că se joacă pe calculator, tatăl îl întreabă impacientat când are de gând să își termine temele. Răspunzând pe un ton la fel de iritat ca al tatălui, Colby îi spune că mai are de răspuns doar la câteva chestionare pentru studii sociale și că se va ocupa de ele după cină. Tatăl nu mai zice nimic, căci nu are chef să se certe cu el, însă în ultima vreme a devenit din ce în ce mai frustrat de faptul că notele lui Colby nu sunt la înălțimea capacității lui. I se pare că fiul său subestimează întotdeauna volumul de teme pe care le are de făcut și timpul necesar pentru finalizarea lor, și că întotdeauna își supraevaluează timpul disponibil pentru alte activități. Tatălui îi este cât se poate de limpede că fiul lui are probleme cu memoria și cu gestionarea timpului.

După cină, Colby răspunde la una dintre întrebările de la studii sociale și, când să treacă la a doua, îl sună un prieten. După o jumătate de oră, exasperat, tatăl lui îi cere să închidă telefonul și să își termine tema. Zece minute mai târziu, acesta își încheie convorbirea telefonică și își reia lucrul. Alternând între studiile sociale și mesajele cu prietenii, termină de răspuns și la cea de a treia întrebare înainte să se facă ora 21.00. Mulțumit de efortul depus, se duce să urmărească un episod din serialul *South Park*, apoi se bagă în pat și răsfoiește o revistă de snowboarding. Exact înainte să adoarmă, își amintește de tema la matematică de care urma să facă rost. Decide că o poate lua a doua zi, în timpul pauzei de prânz care precedă ora de matematică. Urmărindu-l cum și în această seară s-a ocupat de orice altceva numai de teme nu, mama și tatăl lui se întreabă care vor fi notele lui în acest semestru.

Câteva săptămâni mai târziu, Colby primește vești proaste în foaia cu situația progreselor lui școlare, plină cu note de

6, 7 și 8 la majoritatea materiilor. Împreună cu părinții lui, participă la o întâlnire cu consilierul școlar și cu șeful de echipă al clasei a VIII-a. Deși Colby are un punctaj la testele naționale de peste 90%, consilierul le aduce la cunoștință că dacă va continua să ia note slabe, nu va putea intra în clasele de avansați de la liceu. Colby a luat câteva note mici la examinarea orală neanunțată, deoarece nu citise lecția, dar temele aduse cu întârziere sau neefectuate sunt cele care au contribuit cel mai mult la dezastrul situației lui școlare. Colby promite să-și îndrepte notele, dar dirigintele, profesorii și părinții sunt sceptici cu privire la intențiile lui bune, care nu prea au dat roade în trecut. Colby recunoaște acest lucru și este de acord să încerce altceva.

Încercările anterioare ale părinților au fost percepute de Colby (și chiar erau) drept „cicăleli", ceea ce ducea la ciondăneli și conflicte. Consilierul le recomandă ca altcineva să joace acest rol, un fel de mentor sau îndrumător. Colby se arată dispus să încerce și își aduce aminte de un profesor de anul trecut cu care simte că poate lucra. Abordat de Colby, profesorul respectiv acceptă provocarea. Cei doi se întâlnesc timp de 10 minute la sfârșitul fiecărei zile de școală pentru a stabili cum va gestiona Colby în acea seară temele primite, și cel puțin de două ori pe săptămână, seara, timp de o lună, își vor trimite mesaje prin care să verifice dacă acesta respectă planul. Colby și profesorul-mentor primesc, de asemenea, în fiecare săptămână, prin e-mail, din partea profesorilor de la clasă, informații legate de temele întârziate sau neefectuate și de performanțele lui școlare. Până la sfârșitul trimestrului, Colby reușește să își îmbunătățească notele, ajungând să ia 8 și 9, iar împreună cu profesorul-mentor își propune ca obiectiv să ia doar note de 9 în următorul trimestru de școală.

Pasul 1: Stabilirea obiectivului comportamental

Funcții executive vizate: Inițierea unei sarcini

Obiectiv comportamental specific: Colby își va termina la timp temele în proporție de 90%, fără intervenția sau îndemnurile părinților.

Pasul 2: Conceperea intervenției

Ce elemente din mediul înconjurător pot ajuta la atingerea obiectivului urmărit?

- Colby va avea un îndrumător
- Colby se va întâlni cu această persoană de trei ori pe săptămână, urmând să păstreze legătura și telefonic sau prin e-mail.
- Profesorii le vor oferi un feedback săptămânal lui Colby și îndrumătorului acestuia legat de temele aduse cu întârziere sau neefectuate.

Ce funcție specifică i se va preda, cine i-o va preda și ce procedură va fi folosită în acest sens?

Funcție: Inițierea unei sarcini în ceea ce privește efectuarea temelor pentru acasă fără îndemnul părinților

Cine i-o va preda? Îndrumătorul

Procedura:

- Colby își va alege îndrumătorul.
- Colby împreună cu îndrumătorul vor stabili ca obiectiv îmbunătățirea notelor în următorul trimestru.
- Colby, cu ajutorul îndrumătorului, va înlătura toate obstacolele în calea atingerii obiectivului.
- Colby și îndrumătorul se vor întâlni zilnic, iar Colby va specifica ce teme are, cât timp îi vor lua și când le va face.
- Colby va vorbi cu îndrumătorul la telefon sau prin mesaje, de trei ori pe săptămână, pentru a monitoriza progresele făcute.

Ce stimulente vor fi folosite pentru a-l încuraja pe copil să folosească/exerseze acea funcție?

- Colby își va îmbunătăți notele astfel încât să se poată înscrie la liceu în clasele de avansați la cel puțin două materii.
- Certurile legate de teme dintre Colby și părinții lui vor scădea cu 75%.

Chei către succes

- *Asigură-te că vei găsi un îndrumător care să poată lucra cu copilul tău și care să fie dornic să aibă zilnic o întrevedere scurtă, dar eficientă cu acesta (10 minute și mesaje online), pe o perioadă de cel puțin câteva luni.* În ciclul gimnazial am văzut profesori, consilieri și administratori îndeplinind cu toții acest rol.
- *Instituie un sistem de recompense și de consecințe în cazul în care ai un îndrumător dedicat, dar copilul tău nu își respectă angajamentele luate.* Am văzut copii care evitau să aibă un îndrumător sau care se sustrăgeau de la responsabilitățile asumate, uneori pentru că deficiența abilității lor era gravă, alteori pentru că nimeni nu stătea prin preajmă să-i supravegheze când trebuiau să își facă temele.
- *Asigură-te că îndrumătorul primește un feedback despre progresele făcute de copilul tău ca urmare a planului stabilit.* Când un îndrumător nu știe dacă notele elevului au crescut sau au scăzut, el nu își poate da seama că nu e suficient de consecvent o perioadă suficient de lungă pentru a putea să îl ajute pe copil să își formeze acea abilitate.
- *În cazul în care ai încercat tacticile amintite, iar notele copilului tău nu par să progreseze, încearcă să găsești un alt îndrumător.* Câteodată, toată lumea procedează corect în toate privințele, însă legăturii dintre elev și îndrumător pare să îi lipsească acel ceva care să îl motiveze sau să îl învețe pe copil abilitatea necesară.

CAPITOLUL 16

Promovare, planificare și stabilirea priorităților

Funcția executivă de planificare/stabilire de priorități se referă la capacitatea de a crea un plan în vederea atingerii unui scop sau a îndeplinirii unei sarcini și, de asemenea, la capacitatea de a decide asupra cărui lucru merită să îți concentrezi atenția. Noi, adulții, folosim zilnic această abilitate în activități mărunte cum ar fi pregătirea mesei, sau în activități mai ample precum lansarea unui nou proiect la serviciu ori lărgirea spațiului locuibil al familiei. În cazul în care nu reușești să identifici prioritățile și apoi să te ții de ele sau să stabilești termene-limită pentru finalizarea proiectelor complexe, s-ar putea să fii catalogat drept genul de persoană care „trăiește clipa". Poate că de obicei te bazezi pe ajutorul celor care se pricep să planifice, pentru a te ajuta să-ți atingi obiectivele. În acest caz, pe baza sugestiilor noastre de la Capitolul 3 vei reuși să îți ajuți copilul, chiar dacă ai și tu același punct slab.

Cum se dezvoltă abilitatea de planificare și de stabilire a priorităților

Când copiii sunt foarte mici, în mod firesc ne asumăm rolul de a face planuri în locul lor. Concepem o sarcină ca pe o succesiune de câțiva pași și îl îndemnăm pe copil să parcurgă fiecare pas – fie că este vorba de curățenia în cameră, de asistarea copilului la împachetarea lucrurilor pentru plecarea în vacanță sau într-o tabără de vară. Părinții deștepți îi lasă pe copii să vadă toată această pregătire așternută pe hârtie, creând tabele sau liste de verificare pe care copiii să le folosească. Chiar dacă aceste liste sunt făcute pentru noi, faptul că ne văd creându-le contribuie la modelarea unor conduite dorite pe care, dacă suntem norocoși, le vor adopta mai târziu. Listele scrise îi ajută să înțeleagă ce înseamnă o planificare, oferindu-le posibilitatea de a vedea cum arată un plan specific.

Planificarea devine mai problematică în a doua parte a copilăriei. Nevoia de planificare se face simțită mai ales în școală, începând cu clasele a IV-a și a V-a, atunci când li se dau copiilor proiecte sau sarcini pe termen lung, alcătuite din mai mulți pași. Când profesorii introduc asemenea proiecte, în general fragmentează sarcina sau proiectul în părți mai mici și îl ajută pe elev să stabilească limite de timp, deseori cu termen-limită atașat. Profesorii recunosc faptul că planificarea nu le este la îndemână copiilor și că, dacă sunt lăsați singuri, mulți dintre ei vor lăsa totul pentru ultimul minut. Introducând termene-limită intermediare, elevii sunt obligați să finalizeze secvențele scurte ale unui proiect de amploare în ordinea prestabilită – esența planificării.

Până vor ajunge în ciclul gimnazial, copiii vor trebui să fie capabili să realizeze acest lucru în mod mai independent – iar în liceu așteptările se extind dincolo de sarcinile școlare, ajungând până la planificarea pe care o presupune găsirea unui serviciu pe timpul verii sau respectarea termenelor-limită pentru testele de admitere la facultate ori pentru înscrierea la facultate. Bineînțeles, unii adolescenți vor face mai bine acest lucru decât alții.

Al doilea element inclus în această funcție executivă, stabilirea priorităților, urmează același tipar. Când copiii noștri sunt mici, noi (și învățătorii) decidem care sunt prioritățile și îi îndemnăm pe copii să le abordeze întâi pe cele mai importante. Însă dincolo de prioritățile cu care ar fi de acord majoritatea adulților – ca, de exemplu, terminarea temelor înainte de urmărirea unei emisiuni la televizor –, gradul de libertate pe care le-o acordă părinții copiilor în alegerea priorităților legate de petrecerea timpului liber depinde mai degrabă de valorile individuale decât de dorința de a inocula bune abilități de stabilire a priorităților. În lumea extrem de competitivă în care trăim, întâlnim la fiecare pas copii al căror timp „liber" este ocupat, de fapt, cu lecții de dans sau de muzică, cu sporturi, cursuri de arte, studii de religie, deoarece părinții – și uneori copiii – cred că este esențial pentru copil să fie multilateral dezvoltat. Vedem de asemenea părinți care consideră – uneori în semn de opoziție față de prevalența copiilor supraaglomerați – că cei mici trebuie să își trăiască copilăria și, astfel, nu încurajează nici o activitate în plus față de programul de la școală. Dacă sunt lăsați de capul lor de la vârste foarte fragede, acești copii pot sfârși prin a pierde timpul uitându-se la televizor sau jucându-se pe calculator. Desigur că este dreptul fiecărei familii să promoveze speranțele și visurile pe care le are pentru viitorul copilului ei. Însă pentru că scopul principal al consolidării funcțiilor executive ale copilului tău este acela de a-i oferi tot ce are nevoie ca să devină independent, am descoperit că cele mai bune rezultate le au părinții care se implică activ, ajutându-i în primii ani pe copii să-și stabilească prioritățile, pentru ca mai târziu, după ce cresc, să le transfere această responsabilitate.

CÂT DE BINE SUNT DEZVOLTATE ABILITĂȚILE DE PLANIFICARE ALE COPILULUI TĂU?

Folosește următoarea scală pentru a evalua în ce măsură realizează copilul tău fiecare dintre sarcinile enumerate. Este de așteptat ca, la fiecare dintre niveluri, copiii să se descurce de la suficient de bine la foarte bine.

Scală

0 – Niciodată sau rareori
1 – Se descurcă, dar nu suficient de bine (cam în 25% din timp)
2 – Se descurcă destul de bine (cam 75% din timp)
3 – Se descurcă foarte bine (întotdeauna sau aproape întotdeauna)

Etapa preșcolară/grădiniță

___ Termină o sarcină sau o activitate înainte de a începe alta.

___ Este capabil să urmeze un plan sau o activitate scurtă de rutină, concepută de altcineva.

___ Finalizează un proiect de artă alcătuit din mai mult de un pas.

Clasele I–III

___ Face față unui proiect compus din doi–trei pași (de exemplu, lucru manual, construcții).

___ Știe cum să facă pentru a economisi/câștiga bani ca să își cumpere o jucărie puțin costisitoare.

___ Cu ajutorul unui adult își poate face lecțiile, dacă sunt compuse din doi–trei pași (de exemplu, rezumatul unei cărți).

Clasele IV–V

___ Poate să planifice ceva special de făcut împreună cu un prieten (de exemplu, să meargă la film).

___ Știe să câștige/economisească bani ca să își cumpere ceva mai costisitor (de exemplu, un joc pe calculator).

___ Se descurcă să facă un proiect pe termen lung pentru școală, fragmentat în bucăți mai mici de către altcineva (profesor sau părinte).

Clasele VI–VIII

___ Poate să caute pe internet informații fie pentru școală, fie ca să învețe ceva interesant.

___ Poate să își planifice activitățile extrașcolare sau pe cele din vacanța de vară.

___ Duce la bun sfârșit un proiect pe termen lung pentru școală, cu un mic ajutor din partea adulților.

Sursă: *Cum să crești un copil inteligent și de succes* de Peg Dawson și Richard Guare. Copyright 2009 de The Guilford Press.

Promovarea planificării și a stabilirii de priorități în situațiile de zi cu zi

• *Fă planuri cu copilul tău de când e mic.* Utilizează expresia „Haide să punem la cale un plan" și apoi scrie-l sub forma unei serii de pași. Mai mult, fă o listă de verificare pentru ca cel mic să știe că a terminat fiecare pas în parte.

• *Implică-ți copilul cât poți de mult în procesul de planificare* după ce, o vreme, i-ai oferit modele. Întreabă-l: „Ce trebuie să faci mai întâi? Și după aceea?" și așa mai departe, și scrie fiecare pas în timp ce copilul îți dictează.

• *La început planifică lucruri care îi fac plăcere copilului, pentru a-ți atinge scopul de a-l învăța această abilitate.* Copiii sunt mai înclinați să se străduiască să pună la cale un plan pentru construirea unei case în copac decât pentru aranjarea lucrurilor personale din dulap, însă același principiu se aplică în ambele situații.

- *Dezvoltă-i abilitatea de stabilire a priorităților întrebându-l pe copil ce dorește să realizeze în primul rând.* Pune-i întrebări de genul: „Care este cel mai important lucru pe care îl ai de făcut pentru astăzi?" Poți forța această abordare oprindu-l de la a efectua activitățile preferate până după ce prioritățile au fost îndeplinite (de exemplu: „Te poți uita la televizor după ce ți-ai făcut temele" sau „Ai voie să te joci la calculator după ce ai pus la loc vasele din mașina de spălat").

Planificări temporale și termene-limită. Cum să-l înveți să planifice proiecte pe termen lung

Max, în vârstă de 13 ani, este un elev bun care nu a avut niciodată probleme cu temele până în clasa a V-a, când li s-au introdus proiectele pe termen lung. La început s-a panicat și a tras de timp până când a ajuns cu tema în ultima zi în care trebuia făcută. Ori de câte ori mama lui aducea în discuție proiectul și îl întreba ce a făcut până atunci, Max reacționa având tot felul de ieșiri cu caracter emoțional. Cu trecerea timpului, Max nu i-a mai spus mamei nimic legat de teme, iar ea nu mai avea de unde să afle până ce nu primea acasă situația cu progresele sale școlare sau până când profesoara nu îi trimitea un bilet în care o informa că Max nu și-a făcut lecțiile deloc sau că ce a făcut era incomplet. Mama lui a observat că Max se descurca mai bine când profesorii îi eșalonau tema și le cereau elevilor să îndeplinească pe rând câte o cerință într-o anumită limită de timp stabilită. Ea a mai remarcat de asemenea că Max era tentat să facă orice altceva în afară de a lucra la proiect, iar dacă îl întreba de ce, găsea întotdeauna motive care pentru el erau întemeiate: „Trebuie să-mi termin tema la matematică fiindcă doamna Jones o corectează la fiecare început de săptămână" sau „Mâine, la ora de engleză, trebuie să răspund la întrebări legate de o povestire pe care o să mă apuc să o citesc acum – doar nu vrei să iau notă proastă, nu-i aşa?"

Mama lui Max şi-a dat până la urmă seama că blocajul fiului ei era cauzat de faptul că acesta nu ştia să îşi planifice proiectele pe termen lung. De asemenea, avea impresia că un obstacol îl putea constitui şi dificultatea prea mare a unei părţi din proiect. L-a convins aşadar pe Max să accepte ajutorul ei, promiţându-i că după ce va fi bine organizat, proiectul nu i se va mai părea aşa o povară. Folosind ca punct de reper o planificare temporală pusă la dispoziţia lui Max de unul dintre profesori pentru un proiect pe care acesta l-a finalizat fără mare dificultate, Max şi mama lui au identificat paşii necesari realizării unui proiect de studii sociale ce trebuia predat peste 3 săptămâni. Odată cu identificarea fiecărui pas, mama îl întreba pe Max cât crede că este de dificil de realizat acel pas, folosind o scală de la 1 la 10, 1 fiind pentru „floare la ureche", iar 10 pentru „aproape imposibil". Ei s-au înţeles ca scopul lor să fie acela de a face în aşa fel încât fiecare etapă să nu fie mai dificilă de 3. Pentru a face totul să fie mai atrăgător, mama a introdus un sistem de recompense. Atunci când fiul ei încheia o etapă în ziua stabilită de comun acord, câştiga 3 puncte. Dacă termina secvenţa înainte de data stabilită, primea 5 puncte. Max îşi dorea de multă vreme să primească un joc video, dar era prea scump, iar el nu reuşise să strângă suficienţi bani ca să şi-l cumpere din moment ce singura sursă era alocaţia. Împreună cu mama lui, a decis câte puncte trebuia să acumuleze pentru a-şi spori economiile şi a-şi putea cumpăra jocul video de fotbal.

După ce au parcurs o singură dată întregul proces, nu a mai fost nevoie de sistemul de recompense. Mama lui Max a fost încântată să constate că de fiecare dată când puneau la cale un plan, fiul ei era din ce în ce mai capabil să planifice singur totul.

Pasul 1: Stabilirea obiectivului comportamental

Funcții executive vizate: Planificare

Obiectiv comportamental specific: Să învețe să planifice și să realizeze proiecte pe termen lung pentru școală.

Pasul 2: Conceperea intervenției

Ce elemente din mediul înconjurător pot ajuta la atingerea obiectivului urmărit?

- Mama îl va ajuta să dezvolte un plan și va supraveghea implementarea lui (îndrumare, pregătire).

Ce funcție specifică i se va preda, cine i-o va preda și ce procedură va fi folosită în acest sens?

Funcție: Eșalonarea unui proiect pe termen lung în segmente mai mici, cu termene-limită prestabilite.

Cine i-o va preda? Mama lui Max

Procedura:

- Întocmește o listă cu pașii necesari realizării unui proiect.
- Estimează dificultatea fiecărui pas (pe o scală de la 1 la 10).
- Revizuiește fiecare pas ce i se pare lui Max că depășește gradul 3 de dificultate, în sensul de a-l face mai ușor.
- Stabilește un termen-limită pentru fiecare pas.
- Îl îndeamnă pe Max să execute fiecare pas.

Ce stimulente vor fi folosite pentru a-l încuraja pe copil să folosească/exerseze acea funcție?

- Puncte pentru executarea fiecărui pas la timp (puncte suplimentare pentru finalizarea înainte de termen)
- Puncte transformate în bani pentru cumpărarea jocului video dorit de Max

Chei către succes

- *Nu ezita să apelezi la ajutorul profesorului dacă ai impresia că nu ești capabil să începi intervenția sau dacă planul tău eșuează.* Pentru ca acest plan să reușească, ai nevoie de abilitatea de a-l ajuta pe copilul tău să planifice și să monitorizeze planul pentru a se asigura că este realist și că termenele-limită stabilite sunt respectate. Dacă în această situație dai dovadă de o abilitate de planificare la fel de slabă ca a copilului tău, atunci e posibil ca planul să eșueze. Vei avea nevoie de ajutorul profesorului în stabilirea sarcinilor de lucru și a termenelor-limită. Uneori profesorii au impresia că indicațiile oferite pentru realizarea proiectului sunt suficiente. În cazul de față, explică-i profesorului că este vorba despre o abilitate slab dezvoltată în cazul copilului și că rezultatele anterioare ale copilului tău arată că acesta are nevoie de sarcini mult mai clare și pe termen mai scurt, și de o monitorizare și un feedback constante.

Un director de activități sociale în devenire. Planificarea din timp a întâlnirilor cu prietenii

Alise, în vârstă de 7 ani, elevă în clasa a II-a, are o fire activă și sociabilă. Nici un copil de vârsta ei nu locuiește aproape de ea, așa încât dacă vrea să se vadă cu prietenii în afara orelor de școală, trebuie să vină ei la ea sau să meargă ea în vizită la ei. Mamei îi face plăcere să o ducă cu mașina dacă nu are prea multă treabă, dacă nu trebuie să își ducă fiii mai mari la teatru sau la fotbal sau dacă nu intervin alte responsabilități. Problema este că Alise nu se gândește cu suficient de mult timp înainte de a aranja întâlnirea să se asigure că prietenele ei sunt acasă și că mama o poate duce cu mașina. Ea se trezește sâmbătă sau duminică dimineața și se hotărăște că vrea să își invite o prietenă la ea. Însă adesea prietenele ei sunt ocupate, sau mama ei are alte obligații și nu o poate duce cu mașina nicăieri. Alise sfârșește prin a se învârti de colo-colo prin casă, abătută, plângându-se că se plictisește. Când merge la școală luni dimineața, prietenele îi povestesc cum s-au distrat împreună, iar ea se simte dată la o parte. Mama i-a spus în repetate rânduri că trebuie să își facă planurile din timp. Alise este de acord, dar, așa cum îi stă în obicei, uită să și le facă.

Mama îi sugerează să încerce amândouă să găsească o soluție și o ajută pe Alise cu procesul de planificare punându-i diverse întrebări. „Să zicem că vrei să o inviți pe Jaime la tine. Ce trebuie să faci mai întâi?" Alise îi răspunde: „Să o întreb pe Jaime la școală dacă vrea să vină pe la mine". „Trebuie să ceri voie înainte de a face asta?" „Da, întâi te întreb pe tine", spune Alise. „Să presupunem că ea acceptă. Ce se întâmplă mai departe?" „Ea vine în vizită." „Trebuie să ceară voie?" „Da, am uitat că trebuie să o întrebe pe mama ei." „Dacă mama ei este de acord, ce decizie trebuie să iei după aceea?" Și continuă în felul acesta până când reușesc să planifice o secvență cap-coadă, iar Alise, cu ajutorul mamei, își va face o listă în care își notează pașii aceștia.

La început, mama trebuie să îi amintească lui Alise în prima parte a săptămânii să își facă un plan de weekend, ceea ce înseamnă să ia în considerație atât programul mamei, cât și activitățile pe care le au prietenele ei. Cu puțină practică, Alise ajunge să poată planifica evenimente sociale și chiar să devină un fel de „director de activități sociale" pentru grupul ei de prietene.

Pasul 1: Stabilirea obiectivului comportamental
Funcții executive vizate: *Planificare* Obiectiv comportamental specific: *Alise va trasa cu câteva zile înainte de începerea weekendului pașii necesari pentru a planifica activități în afara școlii cu prietenele ei.*
Pasul 2: Conceperea intervenției
Ce elemente din mediul înconjurător pot ajuta la atingerea obiectivului urmărit? • *Părinții îi vor pune întrebări/îi vor oferi sugestii pentru planificarea pe etape a activității.* • *Lista cu pașii de urmat este pusă la punct.* • *Mama o îndeamnă pe Alise să înceapă procesul de planificare.*
Ce funcție specifică i se va preda, cine i-o va preda și ce procedură va fi folosită în acest sens? Funcție: *Planificarea întâlnirii cu prietenele* Cine i-o va preda? *Mama*
Procedura: • *Mama împreună cu Alise discută pașii de avut în vedere pentru planificarea vizitei unei prietene.* • *În acest proces, mama o ajută pe Alise să conceapă o listă cu pașii de urmat.* • *Mama o îndeamnă pe Alise să înceapă procesul cu câteva zile înainte de weekend.*

Ce stimulente vor fi folosite pentru a-l încuraja pe copil să folosească/exerseze acea funcție?

- Alise preia controlul asupra programului ei social și reușește să își aducă prietenele acasă.

Chei către succes

- *Gândește-te dacă copilul tău are abilități suficient de bune de inițiere a unei sarcini și de perseverare odată sarcina inițiată, înainte de a-și asuma un plan de acest fel.* Dacă planul scris eșuează, va trebui să oferi o susținere și o îndrumare și mai substanțiale pentru a-ți ajuta copilul să înceapă procesul. Poți, de asemenea, consulta Capitolele 14 și 15 dacă vrei să încerci niște idei de consolidare a inițierii unei sarcini și a puterii de concentrare.
- *Asigură-te că problema privind organizarea întâlnirilor cu prietenii nu este legată de faptul că fiul sau fiica ta încearcă să se împrietenească cu cineva nepotrivit.* În exemplul nostru, este posibil ca unii copii să fie parteneri de joacă mai potriviți pentru Alise decât alții. În această situație, o discuție cu învățătorul poate fi utilă. Întreabă-l care dintre colegi ar fi potriviți pentru Alise și care nu.
- *Altă opțiune pentru creșterea oportunităților de socializare ale copilului tău și încurajarea planificării în același timp este aceea de a căuta pentru weekend activități constante, repetabile.* Sporturile, teatrul, dansul și alte programe pot oferi posibilități de socializare planificată, organizată, care dezvoltă indirect abilități de planificare și în același timp îi asigură copilului tău un mod previzibil de petrecere a timpului liber împreună cu colegii, în afara școlii.

CAPITOLUL 17

Cultivarea abilității de organizare

Abilitatea de organizare se referă la stabilirea și menținerea unui sistem de ordonare sau de ținere a evidenței lucrurilor importante. Pentru noi, adulții, beneficiile abilităților de organizare sunt destul de evidente. Ținerea evidenței lucrurilor și a ordinii în casă și la serviciu ne ajută să nu pierdem timp căutând ceva sau făcând ordine pentru a avea un loc liber unde să putem lucra. Suntem cu mult mai eficienți dacă beneficiem de această abilitate. Și suntem, totodată, mai puțin stresați. Există un motiv pentru care ne simțim mai bine atunci când în jurul nostru totul este aranjat și curat. Din păcate, experiența noastră ne-a arătat că adulții care au probleme cu această funție executivă (și sunt foarte mulți!) găsesc că e foarte dificil să își îmbunătățească acest aspect. Cu atât mai important este ca părinții să le formeze copiilor acest spirit de organizare încă de la o vârstă fragedă. În Capitolul 3 am prezentat câteva sfaturi care să te ajute să îl înveți pe copilul tău să fie organizat în condițiile în care și tu ai această abilitate slab dezvoltată.

Cum se dezvoltă abilitatea de organizare

Până în acest moment trebuie să te fi familiarizat deja cu acest tipar: mai întâi, le oferim copiilor sisteme de organizare.

Le punem la dispoziție structurile de care au nevoie pentru a-și păstra curățenia și ordinea în dormitor și în camera de joacă, și aici ne referim la biblioteci, cutii pentru jucării și coșuri de rufe. În plus, urmărim permanent să se păstreze curățenia. Asta nu înseamnă că le facem noi curat în cameră și nici că așteptăm să aibă ei asemenea inițiative. Cel mai bine este ca părintele și copilul să lucreze împreună în acest sens, iar părintele să fragmenteze sarcina în părți mai mici pentru copil („Bun, mai întâi să punem hainele murdare în coșul de rufe"; „Acum să așezăm toate păpușile pe raftul pentru păpuși" etc.). De asemenea, impunem niște reguli de genul: „Nu se mănâncă în dormitor" și „Pune-ți haina în cuier imediat ce intri în casă". La început însă nu ne așteptăm din partea copilului să își amintească aceste reguli și să le pună în aplicare cu consecvență – ne vom gândi că au nevoie de îndemnuri, iar în rarele ocazii în care își amintesc de reguli fără ajutorul nostru, îi copleșim cu laudele.

Treptat, putem începe să ne retragem pas cu pas din procesul de monitorizare, trecând prin etapa ce constă dintr-un îndemn la început și o verificare la sfârșit pentru a ne asigura că s-a parcurs întregul proces. La un moment dat între gimnaziu și liceu, copiii pot prelua și menține sistemele de organizare de unii singuri. Asta nu înseamnă că nu mai trebuie să li se reamintească din când când când – iar folosirea judicioasă a interzicerii privilegiilor poate, de asemenea, să fie avantajoasă.

Pentru a-ți da seama cum sunt abilitățile de organizare ale copilului tău în comparație cu ale celor de vârsta lui, completează formularul de mai jos. El se bazează pe estimarea sumară de la Capitolul 2 și te ajută să îți faci o idee mai clară cu privire la cât de bine își organizează copilul tău lucrurile pentru vârsta pe care o are.

CÂT DE BINE SUNT DEZVOLTATE ABILITĂȚILE DE ORGANIZARE ALE COPILULUI TĂU?

Folosește următoarea scală pentru a evalua în ce măsură realizează copilul tău fiecare dintre sarcinile enumerate. Este de așteptat ca, la fiecare dintre niveluri, copiii să se descurce de la suficient de bine la foarte bine.

Scală

0 – Niciodată sau rareori
1 – Se descurcă, dar nu suficient de bine (cam în 25% din timp)
2 – Se descurcă destul de bine (cam 75% din timp)
3 – Se descurcă foarte bine (întotdeauna sau aproape întotdeauna)

Etapa preșcolară/grădiniță

___ Își atârnă haina în cuier (poate fi nevoie să i se reamintească).
___ Își așază jucăriile la locul lor (cu îndemnuri).
___ Lasă curat locul unde a mâncat la masă (poate fi nevoie să i se reamintească).

Clasele I–III

___ Își așază haina, îmbrăcămintea de iarnă, echipamentul de sport la locul potrivit (poate fi nevoie să i se reamintească).
___ Are locuri special amenajate în dormitor pentru lucrurile personale.
___ Nu pierde fișele cu acordul părinților sau cu notițe de la școală.

Clasele IV–V

___ Poate pune lucrurile la locul potrivit din dormitor sau din alte părți ale locuinței.
___ Aduce jucăriile de afară după ce le-a folosit sau la sfârșitul zilei (poate fi nevoie să i se reamintească).

___ Ține evidența materialelor necesare pentru efectuarea temelor sau lecțiilor.

Clasele VI–VIII

___ Își păstrează caietele ordonate, așa cum i se cere la școală.

___ Nu își pierde articole din echipamentul de sport/dispozitive electronice personale.

___ Păstrează o curățenie rezonabilă în zona de studiu de acasă.

Sursă: *Cum să crești un copil inteligent și de succes* de Peg Dawson și Richard Guare. Copyright 2009 de The Guilford Press.

Cultivarea abilităților de organizare în situațiile de zi cu zi

Pentru a-i ajuta pe copii să devină organizați trebuie îndeplinite două condiții:

1. Pregătirea unei scheme de organizare.
2. Supravegherea copilului – poate chiar zilnic – în vederea respectării schemei. Deoarece acest lucru presupune un efort din partea adulților – și pentru că mulți copiii cu probleme de organizare au părinți pentru care aceasta reprezintă de asemenea o provocare –, recomandăm în general să se înceapă cu lucruri simple. Identifică domeniile cele mai importante și lucrează asupra lor, pe rând. Din punct de vedere practic, prioritățile de prim rang sunt legate de școală, respectiv păstrarea în ordine a caietelor și manualelor, a ghiozdanului sau menținerea ordinii în zona de studiu. O importanță scăzută o prezintă păstrarea ordinii în dulapuri și sertare.

Concepe cu atenție schema de organizare, implicându-l și pe copil cât de mult poți. Dacă tu și fiica ta decideți că păstrarea ordinii pe birou este o prioritate, poți începe prin a o lua cu tine la magazin și a cumpăra împreună suporturi pentru instrumentele de scris, tăvițe pentru hârtii sau mape pentru îndosariat. Odată ce tu și fiica ta ați aranjat biroul așa cum v-ați dorit, faceți în așa fel încât curățenia pe birou să devină parte din rutina de dinainte de culcare – la început, cu monitorizare la fața locului, iar mai târziu cu îndemnuri de început și cu verificări la final. Ar putea fi util să faci o fotografie a locului așa cum trebuie el să arate, pe care copilul să o folosească drept model atunci când își aranjează lucrurile. Ultimul pas din acest proces ar fi ca micuțul să compare spațiul de lucru cu fotografia, ca să verifice dacă imaginile se potrivesc.

Le atragem atenția părinților pentru care abilitatea de organizare reprezintă un punct forte. Dacă vi se pare că fiul sau fiica voastră este un „dezastru total", poate fi nevoie să vă modificați așteptările – sau, cel puțin, definiția noțiunii „suficient de organizat". Am descoperit că numeroși copii dezorganizați sunt indiferenți la dezordinea din jurul lor. E posibil ca aceștia să nu atingă niciodată standardele de ordine ale părinților, în parte deoarece pur și simplu nu percep dezordinea ca pe ceva deranjant, așa cum o văd părinții lor. Din nou, a fotografia cum trebuie să arate o cameră îngrijită poate fi o soluție – dar înainte de a face asta, cădeți de acord asupra unei variante rezonabile.

Haos controlat. Cum să îi determini pe copii să își pună lucrurile la locul lor

În familia Rose erau trei copii cu vârste între 9 și 14 ani, și cu toții aveau obiceiul supărător de a-și lăsa lucrurile pe unde apucau. Ei își împrăștiau bluzele transpirate și echipamentul de sport prin bucătărie, jucăriile zăceau de obicei peste tot prin camera de zi, iar hainele murdare rămâneau aruncate prin baie după ce se dezbrăcau seara ca să se spele. Doamna Rose și-a dat seama că mizeria din casă i-a creat o dispoziție proastă atunci când a ajuns acasă de la serviciu după o zi agitată și a vrut să se relaxeze puțin înainte de cină. A decis atunci să reunească toată familia pentru a găsi împreună o soluție.

Ea a deschis discuția descriind problema și efectul pe care îl are asupra ei. Familia a vorbit apoi despre cum ar putea copiii să se obișnuiască să își strângă lucrurile în urma lor și dacă recompensele sau pedepsele ar fi de ajutor. Domnul Rose a propus să i se interzică celui care a lăsat obiecte în dezordine accesul la obiectele respective, dar toți ceilalți au fost de părere că pedeapsa era exagerată. Copiii au sugerat să fie plătiți dacă strâng după ei, dar părinților nu li s-a părut corect, și oricum nu credeau că o astfel de metodă ar fi dat roade. În final au stabilit o combinație între recompensă și pedeapsă. Înțelegerea a fost următoarea: la începutul fiecărei săptămâni, domnul Rose va pune într-un borcan 25 de dolari în monede de 25 de cenți. Copiii au acceptat să își strângă toate lucrurile în fiecare zi până la ora 17.00, când mama ajungea acasă de la serviciu. Pentru orice obiect rămas rătăcit prin casă între acel moment și ora de culcare, părinții scoteau o monedă din borcan. Obiectul respectiv urma să fie băgat într-un recipient de plastic din spălătorie, unde avea să fie ținut timp de 24 de ore.

Dacă unul dintre copii avea nevoie de acel obiect (cum ar fi un caiet de teme sau un articol din echipamentul de sport), acesta îl putea „cumpăra" înapoi cu bănuți din alocația săptămânală. La sfârșitul săptămânii, familia va număra banii rămași în borcan și va decide pe ce să fie cheltuiți.

Doamna Rose a pus în mijlocul mesei din bucătărie o „tablă albă" pe care a scris ora 17.00 ca limită de timp, pentru a le reaminti copiilor. Pe tabla albă a scris numele fiecărui copil, și pe măsură ce aceștia își terminau treaba, trebuiau să bifeze în dreptul numelui lor. Doamna Rose a mai pus lângă tablă un ceas cu alarmă, iar sarcina celui care ajungea primul de la școală era să programeze alarma la ora 16.30. Când auzeau soneria, copiii întrerupeau orice altă activitate și începeau să aranjeze prin casă. În scurt timp, au descoperit că își puteau împărți sarcinile astfel încât să termine mai repede. Această metodă le-a permis, de asemenea, să-și țină unul altuia socoteala, pentru a-l identifica pe cel care nu își făcea partea de muncă ce îi revenea. Mai mult, au început să cerceteze din priviri camerele pe parcursul serii, pentru a vedea dacă totul era în ordine și ca să își amintească unul altuia să pună lucrurile la locul lor.

Pasul 1: Stabilirea obiectivului comportamental

Funcții executive vizate: *Organizarea*

Obiectiv comportamental specific: *Aranjarea lucrurilor la locul lor*

Pasul 2: Conceperea intervenției

Ce elemente din mediul înconjurător pot ajuta la atingerea obiectivului urmărit?

- *Îndemnuri zilnice și un ceas cu alarmă pe masa din bucătărie pentru momentul în care copiii ajung acasă de la școală*

Ce funcție specifică i se va preda, cine i-o va preda și ce procedură va fi folosită în acest sens?

Funcție: Organizare

Cine i-o va preda? Părinții

Procedura:

- Programarea ceasului cu alarmă la 16.30 de către primul copil care sosește de la școală
- Procesul de curățenie începe în fiecare zi de la ora 16.30.
- Copiii se opresc doar atunci când toată casa este aranjată, după care bifează pe tabla din bucătărie în dreptul numelui lor.

Ce stimulente vor fi folosite pentru a-l încuraja pe copil să folosească/exerseze acea funcție?

- Recompensă financiară la sfârșit de săptămână; pierderea unei monede pentru fiecare lucru care nu e așezat la locul lui.
- Interzicerea accesului la acel obiect timp de 24 de ore (șansa de a-și recupera obiectul plătind cu bani din alocație).
- Decizie de grup legată de modul de cheltuire al banilor.

Chei către succes

- *Dacă sistemul este prea complicat sau eșuează, simplifică-l.* Dacă tu însuți ești o persoană dezorganizată, îți va fi greu să urmezi acest sistem prea mult timp. În acest caz, stabilește ca limita pentru strângerea lucrurilor să fie chiar momentul dinainte de culcare, ca orice obiect rătăcit să dispară cel puțin o zi și ca orice obiect să poată fi răscumpărat din alocație. Poți, de asemenea, să acorzi suma de bani individual, astfel încât orice copil care își pune lucrurile în ordine să primească bani la sfârșitul zilei.
- *Fii partener în acest proiect, dacă organizarea este o provocare și pentru tine.* Spre exemplu, fă curat pe blatul din bucătărie sau pe propriul birou în același timp cu copilul tău.

Un front comun și organizat. Cum să ajuți un copil mare să își împlinească potențialul

Devon este un elev inteligent de 14 ani, care merge la școală în ciclul gimnazial. I-a fost întotdeauna greu să se organizeze și pierde cu ușurință o parte din lucruri sau le pune unde nu trebuie. Din momentul în care a intrat în ciclul gimnazial, situația s-a înrăutățit. Are mai multe lucruri de care trebuie să aibă grijă atât la școală, cât și în afara ei, iar părinții și profesorii se așteaptă să țină singur evidența lor. Astfel, ei sunt mai puțin doritori decât erau în trecut să îl ajute să fie organizat, să îi caute obiectele sau să le înlocuiască cu altele atunci când nu le găsește.

Până de curând, părinții și profesorii l-au lăsat să suporte consecințele firii sale dezorganizate. Dacă își pierdea echipamentul de sport, nu mai putea participa la oră; dacă își pierdea foaia pe care își notase tema pentru acasă, primea notă proastă; dacă își rătăcea un alt obiect personal, trebuia să adune bani ca să i se cumpere altul nou. Deși ocazional s-au văzut câteva îmbunătățiri, aceste consecințe firești nu au rezolvat problema. Notele lui Devon au scăzut, antrenorii s-au supărat pe el și a pierdut lucruri la care ținea, cum ar fi un iPod. Devon a început să se descurajeze și să se simtă din ce în ce mai incompetent. Părinții și-au dat în cele din urmă seama că fiul lor nu știa cum să rezolve problema și că era momentul să îi ofere un alt fel de ajutor.

Curând și-au dat seama că lucrul acesta presupunea un efort suplimentar atât din partea lui Devon, cât și din partea lor și a profesorilor. Au decis să abordeze două domenii: temele pentru acasă, deoarece aveau impact negativ asupra notelor de la clasă, și camera lui, pentru că era nevoie de un spațiu mai mare în care să mențină un anumit grad de organizare. În ceea ce privește temele, au conceput o schemă destul de simplă. Dirigintele a fost de acord să verifice de dimineață, pentru a vedea dacă și-a adus temele, și după-amiază, pentru a se asigura că și-a notat ce teme are pentru acasă și dacă și-a luat materialele necesare cu el. Părinții i-au dat dirigintelui o listă de verificare pe care Devon să o folosească (vezi mai jos). Devon era, de regulă, conștiincios atunci când își făcea temele, așa că tot ce trebuiau să facă părinții era să urmărească dacă acesta își punea tema efectuată în dosarul de teme, iar apoi în ghizodan.

Materia	Temă înmânată profesorului	Tema pentru mâine notată	Materiale puse în ghiozdan
Engleză			
Studii sociale			
Științe			
Matematică			
Spaniolă			

Cu ordinea în cameră a fost mai complicat. A fost dorința lui Devon să rezolve această problemă, deoarece crede că dacă și-ar putea organiza lucrurile în cameră și ar menține ordinea, i-ar fi mai ușor să păstreze evidența lor. E adevărat că în trecut el și părinții lui au mai lucrat asupra aspectului legat de curățenia în cameră, dar niciodată nu au pus la cale un plan sistematic sau pe termen lung și nu și-au dat prea mare silință în acest sens.

Devon și părinții lui au fost de acord că decât să le urmeze lor sfaturile sau planul, ar fi mai bine să conceapă el însuși un plan, solicitându-le ajutorul atunci când simțea că s-a blocat. Întâi a făcut un inventar al obiectelor din camera lui, stabilind în ce categorie ar intra fiecare (bluze, pantaloni, echipament de sport etc.). Apoi a căutat să stabilească împreună cu părinții în ce loc să depoziteze diversele categorii de obiecte, constatând ce alte modalități de depozitare îi lipseau și cumpărând ceea ce îi trebuia în acest sens. Deși Devon a înțeles avantajul lipirii de etichete pe cutiile de depozitare, el nu a dorit ca prietenii care veneau în vizită să vadă acele etichete. Au făcut așadar compromisul de a folosi etichete detașabile.

Devon a depozitat obiectele de care pentru moment nu mai avea nevoie, dar pe care nu dorea să le arunce, iar părinții au lucrat în faza de început cot la cot cu el, ca să îl ajute să își aranjeze camera. Ei au întocmit o listă de verificare pe care Devon să o parcurgă atunci când își face ordine în cameră și au făcut poze care să îi servească drept termen de comparație pe viitor.

Devon și-a dat seama că era important să ia măsuri înainte ca în cameră să se instaleze haosul. La început, părinții au fost de acord să îi reamintească, dar apoi el a venit cu ideea de a-și lipi un bilet pe calculator, care să îi amintească să își strângă lucrurile din cameră o dată pe zi. Adevărata cheie a succesului a fost însă verificarea făcută de părinți la fiecare două zile, fie după ce fiul lor venea de la școală, fie în weekend, la o oră după ce se trezea, pentru a descoperi dacă mai rămăsese ceva nearanjat. Dacă se întâmpla să mai găsească lucruri în neorânduială, atunci acestea trebuiau puse în ordine înainte ca Devon să treacă la calculator și să schimbe mesaje cu prietenii.

După cum e de așteptat, pe parcursul lunilor care au urmat, chiar dacă Devon nu a menținut standardul inițial de organizare, camera lui arăta totuși mult mai bine decât înainte de instituirea acestui sistem, iar părinții nu au mai avut motive să îi facă observații mai mult de o dată pe săptămână. Aspectul legat de teme s-a îmbunătățit de asemenea vizibil, însă toată lumea a fost de acord că verificările de după-amiază ale profesorului și supravegherea de acasă a părinților trebuiau să continue.

Pasul 1: Stabilirea obiectivului comportamental

Funcții executive vizate: *Organizarea*

Obiectiv comportamental specific: *Devon va ține evidența temelor primite de la școală, a materialelor necesare și a predării temelor efectuate. Devon își va aranja camera pe categorii de obiecte.*

Pasul 2: Conceperea intervenției

Ce elemente din mediul înconjurător pot ajuta la atingerea obiectivului urmărit?

- *Dosare cu teme*
- *Liste de verificare pentru temele primite și materialele necesare efectuării lor*
- *Monitorizare din partea profesorilor și a părinților*
- *Imagini cu camera-model*
- *Cutii de depozitare cu etichete*
- *Listă de verificare a întregului proces de curățenie*
- *Imbolduri verbale din partea părinților, imbold scris pe un bilet și lipit pe calculator*

Ce funcție specifică i se va preda, cine i-o va preda și ce procedură va fi folosită în acest sens?

Funcție: Organizarea temelor și a camerei

Cine i-o va preda? Dirigintele și părinții

Procedura:

- Dirigintele verifică notarea temelor, prezența în ghiozdan a materialelor necesare și apoi repunerea temelor în dosar.
- Părinții verifică în dosar existența temelor efectuate.
- Lucrurile din cameră sunt așezate pe categorii.
- Sunt create spații de depozitare și apoi acestea sunt etichetate.
- Este concepută și folosită o listă de verificare pentru procesul de efectuare a ordinii în cameră.
- Părinții monitorizează/oferă îndemnuri, iar calculatorul îi amintește ce are de făcut.

Ce stimulente vor fi folosite pentru a-l încuraja pe copil să folosească/exerseze acea funcție?

- Creșterea notelor datorită predării la timp a temelor.
- Accesul ușor la obiectele ce îi aparțin.

Chei către succes

- *Pentru a crește șansele de reușită, începe doar cu o singură sarcină.* Am scris povestea lui Devon pentru a arăta că diferite activități și sarcini ne pot fi afectate de abilitățile slabe de organizare și pentru a demonstra cum pot fi concepute strategii pentru remedierea situațiilor respective. Realist vorbind, dacă am pune în aplicare toate aceste strategii în același timp ar fi foarte obositor și pentru copil, și pentru tine, și pentru profesorii copilului. De aceea ia în considerație doar un aspect, cum ar fi organizarea temelor – conceperea sistemului, punerea lui în aplicare și, după o lună sau două, abordarea unei alte sarcini.

CAPITOLUL 18

Dezvoltarea abilității de gestionare a timpului

Gestionarea timpului este capacitatea de a estima cât timp ai la dispoziție, cum să îl împarți și cum să respecți anumite termene-limită. Implică, de asemenea, conștientizarea importanței lui. Cunoști probabil adulți care se pricep grozav să își gestioneze timpul și adulți care nu se pricep. Adulții din prima categorie își respectă la timp obligațiile, știu cât durează ca să termine ceva și își pot eșalona munca în funcție de timpul disponibil (mărind ritmul, dacă e necesar). Ei nu au tendința de a se întinde mai mult decât e cazul, în parte fiindcă sunt conștienți de ceea ce pot realiza. Adulții care au deficiențe de gestionare a timpului întâmpină dificultăți în respectarea agendei de lucru, sunt permanent în întârziere și își calculează greșit timpul necesar pentru a face ceva. Dacă îți sună cunoscut toate acestea, încearcă sugestiile noastre de la Capitolul 3 pentru a-ți ajuta copilul care are același punct slab ca tine.

Cum se dezvoltă abilitatea de gestionare a timpului

Știind că cei mici nu se descurcă să își împartă timpul în mod judicios, o facem noi în locul lor. Îi îmboldim să fie gata la vreme pentru școală sau grădiniță, acordându-le un timp pe care noi îl considerăm suficient pentru îndeplinirea sarcinilor care le revin. Sau le aducem la cunoștință de cât timp au nevoie pentru a se pregăti de culcare astfel încât să le mai putem citi și o poveste după ce s-au îmbrăcat în pijamale, s-au spălat pe dinți și pe față. Dacă avem planificat un eveniment special, estimăm cam cât durează pregătirile și îi îndemnăm pe copii să facă ce trebuie pentru ca toată familia să fie gata la timp. Am remarcat că unii copii se mobilizează mai repede, iar alții mai încet, așa că ne ajustăm planurile și îndemnurile în funcție de fiecare copil în parte.

Treptat, predăm ștafeta acestei responsabilități copiilor. Odată ce au învățat să recunoască ora (cam prin clasa a II-a), le putem aminti să verifice cât e ceasul după ce au dobândit un anumit grad de autonomie. Când, pe parcursul unei zile, evenimentele sunt previzibile, acestea constând de pildă în practicarea unor sporturi sau în emisiuni preferate la televizor, îi ajutăm pe copii să își construiască planurile în jurul acestor momente. Insistând pe lângă copii să își termine temele sau obligațiile casnice înainte de a merge la antrenament sau de a se uita la televizor, îi ajutăm, de fapt, să învețe să își împartă timpul.

Uneori, în ciclul gimnazial, copiii trec printr-o perioadă dificilă deoarece activitățile care le solicită timpul cresc invers proporțional față de monitorizarea și supravegherea adulților. Iar numărul obligațiilor crește direct proporțional cu numărul de activități care le distrag atenția. Cum să găsești o cale de mijloc între teme și dorința de a te juca pe calculator, de a discuta online cu prietenii, de a căuta diverse informații pe internet, de a asculta ultimele hituri muzicale, de a sta de vorbă la telefon cu un coleg și de a urmări o emisiune preferată la televizor? Nu e de mirare că în ziua de astăzi numeroși tineri încearcă să efectueze simultan acțiuni multiple! Pentru unii, tentațiile sunt mult prea mari, așa încât trebuie să reintrăm în joc și să îi ajutăm să își gestioneze timpul mai eficient.

Până ajung la liceu, mulți tineri învață să jongleze cu opțiunile și cu obligațiile, planficându-și timpul într-un mod mult mai eficient. Dacă nu este și cazul copiilor tăi, lucrul acesta poate fi cauza unor posibile certuri între părinți și adolescenți, deoarece ultimii se află la vârsta la care opun rezistență oricăror îndrumări și ordine din partea părinților.

CÂT DE BINE SE PRICEPE COPILUL TĂU SĂ ÎȘI GESTIONEZE TIMPUL?

Folosește următoarea scală pentru a evalua în ce măsură realizează copilul tău fiecare dintre sarcinile enumerate. Este de așteptat ca, la fiecare dintre niveluri, copiii să se descurce de la suficient de bine la foarte bine.

Scală

0 – Niciodată sau rareori
1 – Se descurcă, dar nu suficient de bine (cam în 25% din timp)
2 – Se descurcă destul de bine (cam 75% din timp)
3 – Se descurcă foarte bine (întotdeauna sau aproape întotdeauna)

Etapa preșcolară/grădiniță

___ Duce la îndeplinire activități de rutină fără să tragă de timp (cu câteva îndemnuri în prealabil).

___ Poate să termine ceva într-un timp mai scurt dacă i se dă un motiv.

___ Îndeplinește o sarcină în gospodărie într-un timp dat (de exemplu, își strânge jucăriile înainte de a deschide televizorul).

Clasele I–III

___ Duce la bun sfârșit o sarcină scurtă în limita de timp stabilită de un adult.

___ Poate estima de cât timp are nevoie pentru efectuarea unei activități casnice, astfel încât să o termine înainte de ora stabilită (poate avea nevoie de ajutor).

___ Îndeplinește o activitate ce face parte din rutina de dimineață în limitele de timp stabilite (poate avea nevoie de exercițiu).

Clasele IV–V

___ Își desfășoară programul zilnic de rutină în limite rezonabile de timp, fără asistență.

___ Își ajustează programul de teme pentru acasă astfel încât să îi rămână timp și pentru alte activități (de exemplu, începe mai devreme dacă seara are întâlnire cu membrii clubului de cercetași).

Clasele VI–VIII

___ De obicei își finalizează temele înainte de ora de culcare.

___ Ia decizii bune în ceea ce privește stabilirea priorităților atunci când timpul este limitat (de exemplu, vine acasă imediat după școală pentru a termina un proiect în loc să meargă la joacă cu prietenii).

Sursă: *Cum să crești un copil inteligent și de succes* de Peg Dawson și Richard Guare. Copyright 2009 de The Guilford Press.

Dezvoltarea abilității de gestionare a timpului în situații de zi cu zi

• *Fără a exagera, mențineți în familie un program previzibil de rutină zilnică.* Când copiii se trezesc și se duc la culcare cam la aceeași oră în fiecare zi, iar mesele sunt servite aproximativ la aceeași oră, ei cresc având conștiința timpului ca fiind o progresie ordonată de la un eveniment la altul. Acest lucru le facilitează planificarea timpului în intervalul cuprins între evenimentele deja programate (cum ar fi mesele sau ora de culcare).

- *Vorbește cu copilul tău despre cât de mult durează să faci anumite lucruri*, cum ar fi activitățile casnice, aranjarea camerei sau efectuarea temelor. Acesta este începutul dezvoltării abilităților de estimare a timpului – o componentă esențială a gestionării timpului.

- *Planifică o activitate pentru weekend sau o zi de vacanță care să implice mai mulți pași.* Când lucrezi cu copilul pentru dezvoltarea abilităților de planificare, indirect acționezi și asupra gestionării timpului, deoarece planificarea implică stabilirea unor termene-limită pentru realizarea unei sarcini. Discutând cu copilul despre „planul zilei" și discutând despre durata de timp necesară pentru o anumită activitate, acesta învață despre timp și despre relația dintre acesta și sarcinile încredințate. Un asemenea gen de planificare poate fi distractivă dacă alegi o activitate amuzantă cum ar fi petrecerea unei zile în compania unui prieten. Întreabă-l pe copil cât de mult va dura să ia masa, să meargă în parc sau la plajă, să se oprească să mănânce o înghețată în drum spre casă și așa mai departe. Lecțiile învățate vor avea o semnificație aparte pentru copil dacă acesta va înțelege că va putea desfășura toate activitățile propuse în ziua aceea numai datorită faptului că a planificat-o judicios în avans.

- *Folosește tu însuți agende de lucru și calendare, încurajându-ți copilul să facă același lucru.* Unele familii afișează un calendar mare într-un loc vizibil din casă pe care sunt expuse toate activitățile individuale și de familie. Efectul obținut este acela de a da timpului o dimensiune concretă.

- *Achiziționează un ceas disponibil în comerț,* ce poate fi achiziționat de la Time Timers (www.timetimers.org), care poate fi programat ca să-i arate copilului cât timp mai are de lucrat. Descris și în Capitolul 13, acest dispozitiv poate fi sub formă de ceas de birou, de ceas de mână sau de software pe calculator.

Cum să ieși la timp din casă. Gestionarea rutinei de dimineață

Garret are 7 ani și, fiind mezinul unei familii cu patru copii, întotdeauna și-a dorit să țină pasul cu frații lui mai mari. Vrea să fie independent și, când era mai mic, propoziția lui preferată era: „Mă descurc singur". Garret pare să înțeleagă conceptul de timp. Poate citi ceasul până la sfertul de oră și știe destul de bine când încep emisiunile lui preferate de la televizor. Cu toate acestea, deseori pare să piardă noțiunea timpului și nu știe ce înseamnă o urgență. Din cauza aceasta a ajuns să aibă probleme acasă și la școală. Acasă, când trebuie să se pregătească să meargă undeva, i se pare că are de îndeplinit o sarcină extrem de dificilă. Situația se înrăutățește atunci când locul unde trebuie să ajungă nu îi este pe plac (de exemplu, o programare la doctor), însă nu reușește să fie gata la timp nici când este vorba despre activități preferate (cum ar fi o ieșire la aqua park). Pentru a-l face să se miște mai repede, părinții sau unul dintre frații mai mari sunt nevoiți să îl împingă mereu de la spate și să îl cicălească. Deși metoda funcționează în cele din urmă, se creează o stare de frustrare în sânul membrilor familiei. Garret face față cu ușurință cerințelor școlare și nu are probleme de învățare, dar de cele mai multe ori termină printre ultimii sarcina ce i-a fost încredințată. Învățătoarea a observat că el termină mai repede ce are de făcut atunci când știe că după efectuarea sarcinii urmează o activitate preferată, ca de pildă pauza.

Părinții au hotărât că Garret este suficient de mare ca să poată învăța elementele de bază ale gestionării timpului. S-au gândit că pentru a învăța cum să ducă la bun sfârșit sarcinile încredințate într-un interval de timp specificat, Garret trebuie să știe care sunt acele sarcini. Deoarece problema a plecat de la pregătirea pentru a ieși din casă, părinții s-au concentrat asupra sarcinilor legate de acest aspect. Ele ar începe cu programul zilnic de dimineață (trezirea, îmbrăcarea, micul dejun, spălatul pe dinți etc.), ajungând la acțiuni simple precum încălțatul. Având în vedere că rutina de dimineață cuprinde majoritatea sarcinilor care țin de „a fi gata" și că el abia se mișcă dimineața, părinții au decis să înceapă de aici.

Profitând de faptul că Garret își dorește să fie „băiat mare" și independent, ei discută cu el despre alcătuirea unui calendar de activități specifice programului zilnic de dimineață. Încearcă să facă planul mai atrăgător, spunându-i că dacă va duce la îndeplinire sarcinile în intervalul de timp stabilit, nu îl vor mai bate la cap deloc. Garret nu manifestă un interes deosebit până când nu i se promite și că va câștiga premii cu acest plan. I se pare distractiv să conceapă programul, care va consta din imagini și cuvinte, deoarece are ocazia să „joace" fiecare scenă (trezirea, așezarea la masă pentru micul dejun, spălatul pe dinți etc.). Părinții îi dau voie să aleagă ordinea acțiunilor incluse în program, prin urmare lipesc cartonașele ilustrate cu bandă detașabilă, pentru a putea fi rearanjate sau îndepărtate. Planul specifică faptul că odată ce o acțiune este executată,

Garret va dezlipi cartonașul corespunzător și-l va pune într-un buzunar aflat în partea de jos a panoului cu programul. În loc să îi impună de la început o limită de timp, părinții acceptă să îl cronometreze pe parcursul a două dimineți și să folosească rezultatul pentru a stabili de cât timp are nevoie pentru a termina. Ei creează o cutie cu premii în care pun câteva jucării necostisitoare și câteva dulciuri (gumă de mestecat, de exemplu) și lipesc imaginea acestei cutii la sfârșitul panoului cu programul. Pentru a-i mări șansele de succes, părinții sunt de acord ca în primele două săptămâni să îi atragă atenția de două ori în timpul programului, pentru a-l ajuta să-și amintească sarcinile de dus la îndeplinire. După ce au vorbit și la școală, părinții au insistat pe ideea că dacă parcurge cu lentoare pașii incluși în programul de dimineață și va întârzia la ore, va fi nevoit să recupereze acel timp fie în pauză, fie după ore.

Cu ajutorul acestui sistem, Garret a devenit mai eficient și mai independent dimineața. Pentru alte momente de genul „să fii gata", părinții folosesc o miniversiune a acestui plan, care cuprinde una sau două imagini, un cronometru și puncte drept recompensă.

Pasul 1: Stabilirea obiectivului comportamental
Funcții executive vizate: Gestionarea timpului **Obiectiv comportamental specific:** Garret va urma activitățile specifice programului zilnic de dimineață într-un interval de timp prestabilit.

Pasul 2: Conceperea intervenției
Ce elemente din mediul înconjurător pot ajuta la atingerea obiectivului urmărit? • Calendar de activități desenate/scrise, cu cartonașe detașabile • Cronometru • Două îndemnuri din partea părinților pe parcursul derulării programului de dimineață • Sprijin din partea învățătoarei pentru punerea în practică a planului, dacă Garret întârzie la școală
Ce funcție specifică i se va preda, cine i-o va preda și ce procedură va fi folosită în acest sens? **Funcție:** Gestionarea timpului **Cine i-o va preda?** Părinții/învățătoarea
Procedura: • Garret împreună cu părinții creează un calendar de activități scrise/desenate. • Garret își aranjează activitățile în ordinea preferată. • Părinții programează un cronometru dimineața. • Părinții îi atrag atenția lui Garret de două ori pe parcursul desfășurării activităților de dimineață. • Garret dezlipește câte un cartonaș pe măsură ce activitatea corespunzătoare este încheiată.

- Garret își poate alege ce dorește din cutia cu premii dacă reușește să termine ce are de făcut în intervalul de timp stabilit.
- Dacă întârzie la școală, va recupera în timpul liber ce a pierdut din lecție.

Ce stimulente vor fi folosite pentru a-l încuraja pe copil să folosească/exerseze acea funcție?

- Garret poate alege din cutia cu premii un obiect/ceva dulce dacă își termină sarcinile la timp.

Chei către succes

- *Ține o evidență relativă a numărului de îndemnuri necesar și a distanței de la care trebuie să le adresezi (din pragul ușii sau de la baza scărilor, de exemplu) pentru a le face să fie eficiente.* S-ar putea ca două îndemnuri pe parcursul dimineții să fie insuficiente. E posibil să fie nevoie de mai multe imbolduri pentru a-l obișnui pe copil să termine ce are de făcut în timpul alocat. Deși ți se poate părea plictisitor să urmărești asemenea lucruri, abordarea aceasta îți va permite să observi progresul și să apreciezi ritmul în care să-l dezveți de sprijinul tău. Fără a avea sentimentul progresului, părinții consideră de multe ori că strategia nu funcționează și revin la metoda cicălelii.

Urzeala timpului – cum înveți să estimezi cât durează o acțiune

Părinții lui Nathan au apreciat dintotdeauna firea calmă a fiului lor de clasa a VIII-a, în contrast puternic cu cea a surorii lui, care se panichează de fiecare dată când trebuie să învețe pentru un test. Însă de când a trecut în ciclul gimnazial, părinții au început să-și facă din ce în ce mai multe griji din pricina tendinței lui de a amâna temele până aproape de ora de culcare, ceea ce înseamnă că ajunge să le facă în grabă sau parțial. Problemele se amplifică atunci când primește proiecte pe termen lung, deoarece adesea le lasă până în ultima clipă, apucându-se de ele cu o zi înainte de data de predare. De-a lungul timpului, mama lui a înțeles că problema se datorează în parte faptului că Nathan nu știe să aprecieze cât timp îi ia să facă ceva. O lucrare pe care crede că o poate scrie într-o jumătate de oră îi poate lua 2 ore, iar un proiect pe care crede că îl finalizează în două ore îi poate lua 5 sau 6 ore. Părinții au încercat să îl facă să înțeleagă că are o capacitate scăzută de etimare a timpului, însă chiar dacă este conștient de faptul că ultima oară i-a luat 2 ore să scrie o lucrare, de data aceasta este convins că, știind despre ce să scrie și având în minte un model vag, va reuși să o termine în maximum o oră.

După una din multele discuții în contradictoriu în care părinții i-au repetat că nu știe să aprecieze timpul, iar Nathan le-a răspuns nici mai mult, nici mai puțin cu cuvintele: „Nu mă mai bateți la cap!“, părinții au decis că trebuie să găsească o altă cale de a rezolva problema. L-au scos pe Nathan la cină în oraș într-o sâmbătă seara în care nu avea program cu prietenii și i-au propus ca în fiecare zi când vine acasă de la școală să facă o listă cu temele pe ziua respectivă și să aprecieze cât timp i-ar lua fiecare. Apoi să spună la ce oră vrea să își înceapă temele, pe baza estimărilor sale, cu mențiunea că ele trebuie să fie gata nu mai târziu de ora 21.00. Dacă le va termina mai târziu cu 20 de minute, atunci data viitoare se va apuca de teme la 16.30. Dacă estimările lui vor fi corecte, atunci el va putea stabili la ce oră își va începe temele a doua zi. Au fost cu toții de acord și ca el să aloce timp de cel puțin de două–trei ori pe săptămână și studiului pentru teste și proiectelor pe termen lung, cu excepția zilelor când efectuarea temelor îi lua mai mult de 2 ore. Nathan a acceptat acest plan în ideea de a le demonstra părinților lui că greșesc în ceea ce îl privește – a petrecut chiar o oră la calculator, când a ajuns acasă, creând plin de încântare un tabel pentru păstrarea informațiilor. I-a comunicat apoi mamei lui că îi va trimite prin e-mail tabelul imediat ce îl va completa cu programul zilnic. S-au înțeles ca ea să verifice planul și să vadă, în timp, dacă orele de terminare a temelor erau respectate.

În primele săptămâni, mama a fost nevoită să îi reamintească lui Nathan să își conceapă planul și să i-l trimită prin e-mail. Nathan a înțeles destul de repede că nu se pricepea să estimeze timpul necesar atât de bine pe cât credea. Însă pentru că ura să se apuce de teme imediat ce venea de la școală, treptat și-a îmbunătățit abilitatea de a aprecia cât timp îi va lua să își îndeplinească obligațiile școlare. De câteva ori, când le-a arătat părinților ce a făcut, aceștia și-au dat seama că temele fuseseră efectuate neglijent, probabil din dorința de a le termina la timp. Au discutat atunci despre introducerea unei pedepse în astfel de cazuri, avertizându-l că se vor lua măsuri dacă acesta va deveni un mod de lucru, iar Nathan și-a îmbunătățit stilul de lucru, astfel încât nu a mai fost nevoie ca acest subiect să fie adus iar în discuție.

Pasul 1: Stabilirea obiectivului comportamental

Funcţii executive vizate: Gestionarea timpului

Obiectiv comportamental specific: Nathan va învăţa să îşi estimeze corect timpul necesar efectuării temelor până la o anumită oră în fiecare seară.

Pasul 2: Conceperea intervenţiei

Ce elemente din mediul înconjurător pot ajuta la atingerea obiectivului urmărit?

- Ore de începere şi de finalizare a temelor
- Tabel pentru orele de lucru estimate
- Verificări din partea mamei

Ce funcţie specifică i se va preda, cine i-o va preda şi ce procedură va fi folosită în acest sens?

Funcţie: Gestionarea timpului

Cine i-o va preda? Părinţii/Nathan

Procedura:

- Nathan va face o listă cu temele primite şi cu timpul necesar efectuării lor, o va transforma într-un tabel pe calculator pe care îl va trimite mamei.
- Pe baza acestor estimări, el va decide la ce oră să îşi înceapă temele.
- Va trebui să finalizeze totul până la ora 21.00, iar dacă va termina mai târziu cu cel puţin 20 de minute decât a estimat iniţial, în ziua următoare se va apuca de teme mai devreme.
- Nathan va aloca timp şi studiului pentru teste şi proiectelor pe termen lung de cel puţin două sau trei ori pe săptămână.

Ce stimulente vor fi folosite pentru a-l încuraja pe copil să folosească/exerseze acea funcţie?

- Nathan îşi poate gestiona timpul după cum doreşte, fără să fie împins de la spate şi bătut la cap de părinţi.

Chei către succes

- *Vigilența ta este esențială în faza de început a intervenției, deoarece majoritatea copiilor vor constata că unele elemente din plan necesită mult efort și de aceea vor uita de ele sau le vor evita.*

- *Cere-le profesorilor să verifice ei înșiși cantitatea și calitatea temelor efectuate de copil.* Așa cum am arătat, acest plan necesită evaluări corecte din partea copilului. Din experiența noastră, cel mai eficient mod de a preveni destrămarea planului este să primești feedback-uri din partea profesorilor, eventual prin e-mail. Evaluările vor trebui să ajungă la tine, o copie revenindu-i copilului.

CAPITOLUL 19

Încurajarea flexibilității

Funcția executivă a *flexibilității* se referă la capacitatea de a ajusta un plan în funcție de obstacole și dificultăți, de informații noi sau de greșeli. Este legată de adaptarea la schimbare. Adulții care sunt flexibili au capacitatea de a se lăsa „duși de val". Când un plan trebuie modificat în ultimul moment din cauza unor variabile care nu depind de ei, aceștia se adaptează rapid în vederea găsirii unei soluții la noua situație apărută și a stării emoționale necesare (cum ar fi depășirea sentimentului de dezamăgire sau de frustrare). Adulții inflexibili sunt deseori descriși ca fiind „dați peste cap" de circumstanțele neprevăzute. Cei care trăiesc alături de asemenea persoane, fie că este vorba despre adulți sau despre copii, întotdeauna vor depune un efort suplimentar ca să planifice bine lucrurile pentru a reduce impactul situațiilor neașteptate asupra membrului inflexibil al familiei. Dacă nu ești mai flexibil (sau dacă ești doar mai puțin flexibil) decât copilul tău, vei considera utile sugestiile noastre de la Capitolul 3, care te vor ajuta să compensezi acest punct slab și să reușești astfel să îți ajuți copilul.

Cum se dezvoltă flexibilitatea

Nu ne așteptăm din partea copiilor să fie flexibili în orice situație. Astfel, ne adaptăm noi la programul lor zilnic, hrănindu-i când le este foame şi lăsându-i să doarmă când li se face somn. Relativ timpuriu însă, părinții încep să introducă mai multă ordine și predictibilitate, pentru a nu mai fi nevoiți să ignore cursul evenimentelor lumii exterioare pentru a satisface necesitățile bebelușilor lor. Cam pe la vârsta de 6 luni, de exemplu, majoritatea copiilor adoptă programul de somn al întregii familii (adică dorm în timpul nopții cât mai mult posibil). În cele din urmă, mai ales după ce este introdusă hrana solidă, împărțim mesele astfel încât să se apropie de orele de masă ale familiei.

Pe măsură ce copiii progresează de la etapa de sugar la cea de copil de creșă și apoi la vârsta preșcolară, ne așteptăm să fie flexibili în situații din ce în ce mai variate – și majoritatea chiar sunt. Asta include adaptarea la un babysitter nou, începerea grădiniței și petrecerea nopții în casa bunicilor. Ne așteptăm, de asemenea, să se adapteze la schimbările neașteptate apărute în rutina zilnică, să facă față dezamăgirilor și să își stăpânească frustrările stârnite de motive minore. Toate aceste situații reclamă flexibilitate din partea lor, iar unii copii le fac față mai bine decât alții. În ceea ce îi privește pe copiii din ultima categorie, părinții constată că aceștia au nevoie de mai mult timp ca să se adapteze unor situații noi, dar că în cele din urmă reușesc, și că atunci când situația respectivă reapare, le ia mai puțin timp să o accepte. Cândva între vârsta de 3 și 5 ani, majoritatea copiilor au învățat deja să gestioneze situații noi și evenimente imprevizibile, și fie le înfruntă cu curaj, fie își revin repede după ce mai întâi se supără.

CÂT DE FLEXIBIL ESTE COPILUL TĂU?

Folosește următoarea scală pentru a evalua în ce măsură realizează copilul tău fiecare dintre sarcinile enumerate. Este de așteptat ca, la fiecare dintre niveluri, copiii să se descurce de la suficient de bine la foarte bine.

Scală

0 – Niciodată sau rareori
1 – Se descurcă, dar nu suficient de bine (cam în 25% din timp)
2 – Se descurcă destul de bine (cam 75% din timp)
3 – Se descurcă foarte bine (întotdeauna sau aproape întotdeauna)

Etapa preșcolară/grădiniță

___ Se adaptează la o schimbare de plan sau din rutina zilnică (poate avea nevoie de o pregătire prealabilă).
___ Își revine repede după dezamăgiri minore.
___ Este dornic să își împartă jucăriile cu alți copii.

Clasele I–III

___ Se joacă frumos cu ceilalți (nu trebuie să fie neapărat lider, știe să împartă etc.).
___ Tolerează corijările venite din partea învățătoarei atunci când nu respectă instrucțiunile acesteia.
___ Se adaptează cu ușurință la situații neprevăzute (de exemplu, înlocuirea provizorie a învățătoarei).

Clasele IV–V

___ Trece ușor peste anumite situații (de exemplu, dezamăgiri, insulte etc.).
___ Poate „schimba macazul" atunci când planurile îi sunt date peste cap de circumstanțe neprevăzute.
___ Poate efectua teme ale căror cerințe sunt flexibile (poate avea nevoie de ajutor).

Clasele VI–VIII

___ Se adaptează la mai mulți profesori, la regulile clasei și la programul școlar.

___ Este gata să lase de la el când cineva din grupul lui de prieteni se dovedește a fi inflexibil.

___ Este dispus să se muleze pe activitățile propuse de un frate mai mic sau să le accepte (de exemplu, îi dă voie să aleagă filmul pe care îl vor viziona în familie).

Sursă: *Cum să crești un copil inteligent și de succes* de Peg Dawson și Richard Guare.

Încurajarea flexibilității în situațiile de zi cu zi

Mai ales când vrei să formezi pentru prima dată această abilitate, trebuie să pui accent în primul rând pe schimbările din mediul ambiant al unui copil cu probleme de flexibilitate. Copiii inflexibili întâmpină dificultăți atunci când se confruntă cu situații noi, cu treceri de la o situație la alta și cu schimbări neașteptate în programul sau rutina lor zilnică. De aceea, modificările aduse mediului ambiant, care să îl ajute pe copil, presupun:

- Reducerea elementului de noutate prin introducerea doar treptată a fiecărei schimbări în parte.
- Respectarea programului zilnic și a activităților de rutină pe cât posibil.
- Pregătirea prealabilă a copilului pentru ceea ce urmează să se modifice.

- Conceperea unui scenariu care să îl ajute să facă față noii situații – exersarea lui în avans și parcurgerea pas cu pas a scenariului împreună cu copilul, pentru ca acesta să știe la ce să se aștepte.
- Reducerea complexității sarcinii. Copiii inflexibili se panichează frecvent când se gândesc că nu își vor aduce aminte tot ce trebuie să facă sau că nu vor reuși să satisfacă așteptările adulților. Fragmentarea unei sarcini în părți mai mici, astfel încât să nu fie nevoiți să facă decât un singur pas odată, îi va face să fie mai relaxați.
- Oferă-i copilului mai multe variante. Pentru unii, inflexibilitatea apare atunci când simt că cineva dorește să aibă control asupra lor. Oferindu-le șansa de a alege din mai multe opțiuni le dai senzația că sunt oarecum stăpâni pe situație. În mod evident, va trebui să te mulțumești cu ceea ce alege el, așa că este bine să analizezi dinainte opțiunile pe care i le oferi.

Pe măsură ce copilul tău inflexibil se maturizează, vei putea folosi următoarele strategii care să îi dezvolte flexibilitatea:

- *Parcurge împreună cu copilul situația care îi provoacă panică*, oferindu-i la început tot ajutorul posibil, astfel încât să nu simtă că se confruntă singur cu o sarcină dificilă. După ce va constata că se poate descurca, va căpăta încredere, iar ajutorul va putea fi retras treptat. Aceasta este una dintre abordările pe care părinții le folosesc tot timpul pentru a-și ajuta copiii să se adapteze la situații noi sau generatoare de anxietate. Dacă copilul tău nu a mai participat înainte la nici o petrecere și se simte timorat, nu îl lași pur și simplu acolo și te întorci să îl recuperezi după 2 ore. Intră cu el și rămâi acolo o vreme, până când se simte în largul lui, iar apoi retrage-te încet și, în cele din urmă, părăsește petrecerea. Dacă cel mic se teme să intre în apa mării, întâi intră cu el în timp ce îl ții de mână și dă-i asigurări că nu îl vei lăsa singur decât atunci când este pregătit. Cu alte cuvinte, la început îl susții fizic sau prin simpla prezență, și dispari în fundal în momentul în care starea de confort a copilului atinge un nivel acceptabil și el capătă încredere că se poate descurca de unul singur. Important este (și asta ar trebui să îți sune cunoscut) *să îi oferi minimum de sprijin necesar pentru ca el să simtă că reușește.*

- *Folosește povești sociale ce fac referire la situații în care copilul tău este în mod previzibil inflexibil.* Istorioarele cu caracter social scrise de Carol Gray reprezintă o cale de a-i ajuta pe copiii cu autism să înțeleagă informația socială astfel încât să facă față cu mai mult succes interacțiunii cu semenii lor. Ele pot fi folosite și în cazul copiilor cu funcții executive slab dezvoltate. Poveștile cu caracter social sunt scenarii scurte care cuprind trei tipuri de propoziții: (1) propoziții descriptive care relatează elementele-cheie ale situației sociale respective; (2) propoziții de perspectivă care descriu reacțiile și sentimentele celor implicați în situația dată; (3) propoziții instructive care identifică strategii de folosit de către copii în vederea adaptării cu succes la situația dată. Pentru mai multe informații despre aceste povești, consultați pagina de web a lui Carol Gray (www.thegraycenter.org).

- *Ajută-ți copilul inflexibil să găsească strategia potrivită pentru situațiile în care inflexibilitatea lui îi ridică cele mai mari probleme.* Una dintre ele ar fi să numere până la 10, să se îndepărteze pentru a-și regăsi echilbrul, după care să se întoarcă, și să ceară unei anumite persoane să intervină.

- *Utilizează una dintre strategiile* prezentate în cartea *What to Do When Your Brain Gets Stucked* [„Ce să faci când ți se blochează creierul"] de Dawn Huebner. Deși lucrarea se adresează copiilor cu forme severe de inflexibilitate, cu tulburări obsesiv-compulsive, ea descrie în mod relevant cum se simt cei care suferă de inflexibilitate și oferă totodată strategii adecvate pentru ca aceștia să facă față diverselor situații. La fel ca în cazul celorlalte lucrări ale lui Dawn Huebner, despre care am pomenit mai devreme în această carte, și aceasta trebuie citită de părinți împreună cu copiii lor, ea adresându-se grupei de vârstă 6–12 ani.

Lupul singuratic. Când o adolescentă încearcă să preia controlul asupra tuturor planurilor ei personale

Anna are 14 ani și este în clasa a VIII-a. Întotdeauna s-a descurcat bine când a știut dinainte ce se aștepta de la ea și ce evenimente sau activități avea în program. Nu rareori s-a întâmplat să aibă o cădere psihică dacă se confrunta cu schimbări neprevăzute în planul conceput inițial. Acum, Anna a crescut și are mai des ocazia de a-și face propriile planuri și de a lua decizii, ceea ce îi place. Părinții ei văd și reversul medaliei. Partea bună este că au scăzut situațiile conflictuale din moment ce sunt mai puțin implicați în procesul decizional. Partea rea constă în faptul că Anna ia deseori decizii și face planuri fără să se consulte cu părinții, chiar dacă acestea necesită acordul lor. De exemplu, în ultimele două luni, și-a invitat prietene să doarmă la ea, și-a făcut planuri să meargă la o petrecere și s-a înțeles cu o prietenă să vizioneze un film la mall. În nici unul din cazuri nu a cerut voie părinților și a răbufnit când i s-a spus că nu își poate pune în aplicare planurile sau că trebuie să le ofere mai multe detalii înainte de a obține permisiunea lor. Părinții Annei se mai confruntă cu astfel de reacții din partea ei când uită să o anunțe dinainte (de obicei, cu o zi sau două) că are programare la doctor sau la dentist. De când a intrat în perioada adolescenței, izbucnirile nervoase au devenit și mai intense, manifestându-se prin țipete, aruncat de lucruri și declarații războinice la adresa părinților. Când ieșirile ei sunt grave, părinții sfârșesc uneori prin a-i interzice să mai iasă afară, ceea ce n-a rezolvat însă problema până acum. Problema pare să fie mereu aceea că Anna concepe un plan sau un program de petrecere a timpului liber fără să țină seama sau să îi pese de faptul că ceilalți ar putea avea altceva de făcut. Odată ce și-a stabilit programul, orice inițiativă diferită din partea altcuiva este percepută ca o schimbare în planul ei, ceea ce o determină să reacționeze negativ de fiecare dată.

Într-un moment de calm, părinții discută cu Anna și sunt cu toții de acord că lucrurile nu funcționează așa cum ar trebui. Anna declară că și-ar dori mai multă libertate de a alege. Părinților le-ar plăcea ca Anna să țină seama și de planurile și programul lor, și, de asemenea, de câteva reguli elementare pe care să le respecte când face un plan. Știind că Anna se descurcă cel mai bine atunci când știe dinainte ce urmează să se întâmple, părinții propun următoarele:

- În zilele când nu are activități extrașcolare dinainte stabilite (cum ar fi repetiții la teatru sau o programare), își poate alege una dintre activitățile ei „obișnuite“ – bibliotecă, vizită la o prietenă sau jocuri la școală. Trebuie să o sune înainte pe mama ei și să îi spună unde, cu cine și cu ce merge până acolo.

Când ajunge la destinație, trebuie să o sune pe mama ei și să o anunțe. Dacă își vizitează o prietenă, mama va vorbi apoi cu unul dintre părinții prietenei. Odată ajunsă în casa prietenei, nu va pleca de-acolo fără să ceară voie, iar ca să se întoarcă acasă va veni mama ei să o ia sau îi va spune mamei cine o va duce cu mașina acasă. Dacă nu respectă aceste reguli, i se va lua acest privilegiu (adică șansa de a face una dintre activitățile ei obișnuite) timp de o săptămână.

- La activități speciale cum ar fi dansul, ieșirile la mall, dormitul peste noapte la o prietenă și petrecerile, Anna nu poate participa înainte de a cere permisiunea părinților, care nu i-o vor da până ce nu vor afla unde și cu cine merge, pentru cât timp, și cu ce mijloc de transport se va deplasa. Trebuie să le mai spună ce adult va oferi supraveghere, iar părinții vor discuta cu acea persoană pentru a verifica veridicitatea celor spuse de copii.

- Deoarece comunicarea este elementul-cheie în acest plan, părinții sunt de acord să îi cumpere Annei un telefon celular, iar ea este de acord să nu îl folosească în timpul orelor de școală.

- În cazul programărilor sau activităților organizate de ei pentru Anna, părinții o vor anunța din timp cu privire la program și îi vor reaminti cu două zile înainte de eveniment.

- Cel puțin de două ori pe săptămână, Anna și părinții vor trece în revistă planul pentru a decide dacă trebuie să i se aducă modificări.

Pe lângă stabilirea acestui plan, părinții Annei îi explică de ce sunt importante aceste informații pentru ei. Ea îi consideră exagerat de grijulii, dar dorește să acorde o șansă acestui plan.

Pasul 1: Stabilirea obiectivului comportamental

Funcții executive vizate: *Flexibilitatea*

Obiectiv comportamental specific: *Anna își va informa părinții dacă va alege o activitate acceptată de comun acord sau le va cere permisiunea înainte de a se angaja într-o activitate asupra căreia nu a convenit cu ei.*

Pasul 2: Conceperea intervenției

Ce elemente din mediul înconjurător pot ajuta la atingerea obiectivului urmărit?

- *Anna va avea o listă cu activitățile acceptate în prealabil.*
- *Părinții îi vor cumpăra Annei un telefon mobil.*
- *Părinții o vor anunța din timp pe Anna cu privire la programările făcute.*

Ce funcție specifică i se va preda, cine i-o va preda și ce procedură va fi folosită în acest sens?

Funcție: *Anna va învăța să țină seama de programul celorlalți atunci când își programează anumite activități și va accepta limite în planul gândit de ea.*

Cine i-o va preda? *Părinții*

Procedura:

- *Anna poate alege dintr-o listă de activități care nu necesită permisiunea prealabilă a părinților și le va comunica acestora alegerile făcute.*
- *Activitățile din afara listei necesită întotdeauna permisiunea părinților.*
- *Anna va comunica cu părinții folosind telefonul mobil pe care i l-au dat.*
- *Părinții o vor anunța pe Anna din timp cu privire la programările/obligațiile care o implică.*
- *Anna și părinții ei vor evalua de două ori pe săptămână planul conceput.*

Ce stimulente vor fi folosite pentru a-l încuraja pe copil să folosească/exerseze acea funcție?

- Anna va deține în mai mare măsură controlul asupra anumitor activități și, în plus, le va alege singură.
- Anna va primi din timp informații legate de programările făcute de părinții ei.
- Anna va primi un telefon mobil.

Chei către succes

- *Fă tot ce poți pentru a păstra înțelegerea inițială și analizează urmările.* Nu e ceva neobișnuit la un adolescent de 14 ani să pună la încercare/să forțeze limitele acestui plan nedând telefon sau dând telefon cu întârziere ori făcând un plan de probă și cerându-le părerea părinților în privința lui. Acest lucru poate fi întâmplător (să uite să dea telefon) sau premeditat. Poate fi dificil să rămâi ferm pe poziție atunci când se întâmplă așa ceva, deoarece e firesc să vrei să îi mai acorzi copilului o șansă sau să eviți un acces de furie din partea lui. Însă, dacă nu ești perseverent, acest plan nu va reuși.

Cum să faci față schimbărilor produse în rutina zilnică

Manuel are 5 ani. El rămâne la grădiniță până după-amiază, iar mama vine să îl ia la ora 14.30 în fiecare zi. Manuel a fost întotdeauna omul obișnuințelor. Părinții lui, care de regulă nu sunt foarte organizați, au învățat că un program fix, de rutină, și un spațiu bine organizat au mare importanță pentru fiul lor. Când vor să încerce activități noi trebuie să ducă o adevărată muncă de lămurire cu el, iar dacă prima experiență a fost una negativă, nu mai este deloc dispus să le ofere o a doua șansă.

Prima oară când a mers cu bicicleta fără roți ajutătoare a căzut, și de atunci a refuzat să mai încerce chiar dacă tatăl urma să îl ajute. La grădiniță i-a luat ceva timp, dar până la urmă a ajuns să se joace cu colegii și pare fericit. Cu toate acestea, când se afla în compania unor colegi sau adulți cu care nu era familiarizat, Manuel avea tendința de a se ascunde în spatele mamei sau al tatălui. Uneori e dificil atât pentru mama lui, cât și pentru el să fie luat după-amiaza de la grădiniță. Ei au pus la punct un program de rutină pentru majoritatea zilelor. După ce mama îl ia de la grădiniță, se opresc pentru o gustare la magazinul din apropiere. În mașină mama pune un CD pe care îi place lui să îl asculte și ocolesc până să ajungă acasă pentru ca Manuel să apuce să își mănânce gustarea. Dacă este timp frumos, el se joacă în curte, iar dacă e urât, face diverse construcții din piese Lego în pivniță. Orice schimbare în programul de după-amiază – o oprire la bancă, așteptarea surorii lui la poarta școlii sau transportarea ei într-un loc unde își desfășoară una dintre activitățile extrașcolare – îi provoacă lui Manuel plânsul, iar el începe să arunce cu lucruri și stă îmbufnat câteva ore. Deși mama lui Manuel înțelege nevoia lui de rutină, s-a săturat de izbucnirile lui. Este conștientă că, atunci când va crește, nici familia și nici străinii nu îi vor accepta nevoia de rutină fixă și că trebuie să găsească strategii care să îi mărească toleranța la schimbare.

Problema pare să fie că Manuel are fixat un singur plan sau un singur rezultat atunci când este luat de la grădiniță. Mama lui decide să încerce să îl obișnuiască cu câteva abateri de la traseu, pe care să le facă regulat. Știe că nu îi plac surprizele, așa că la început vine cu ideea: „Manuel, din când în când după ce vom cumpăra gustarea va trebui să mergem direct acasă.

Câteodată trebuie să mai rezolv ceva înainte de a merge acasă, cum ar fi să mă opresc pe la bancă sau să o iau pe Maria de la școală. De cele mai multe ori, voi ști care este programul cu o seară înainte. Cum ai vrea să te anunț? Aș putea să îți spun pur și simplu sau putem face împreună un plan alcătuit din imagini". Manuel ar prefera să nu se schimbe nimic, dar mama lui nu renunță, așa că el alege planul cu imagini. Hotărăsc că în cele din urmă vor face niște fotografii, însă pentru început, cu ajutorul surorii lui, desenează câteva mașini, o casă, o bancă, școala Mariei și pe Maria jucând fotbal, deoarece acestea sunt cele mai frecvente motive de oprire. Ei pun apoi folie transparentă peste fiecare desen și benzi adezive de tip „velcro" pe spate. Mama lui Manuel introduce schimbări în două dintre zilele săptămânii, și apoi trece la trei. În fiecare seară, ea și Manuel discută despre planul de a doua zi, iar el își aranjează desenele în funcție de program. Înainte de a pleca la școală în dimineața următoare, mama parcurge împreună cu Manuel încă o dată planul, iar ea ia planul în mașină pentru a-l folosi la sfârșitul orelor. La început Manuel protestează în zilele în care programul suportă modificări, dar nici pe departe atât de zgomotos ca înainte. În timp, mama adaugă alte sarcini la programul zilnic, iar Manuel pare să aibă dificultăți din ce în ce mai mici în a accepta modificările, atâta vreme cât este prevenit. Mama decide să mute momentul de anunțare a schimbărilor dimineața, înainte de a porni spre școală. Scopul ei final este să ajungă să îi comunice lui Manuel planul imediat după ce acesta iese de la școală, deoarece lucrul acesta îi va permite ei să aibă un program mai flexibil.

Pasul 1: Stabilirea obiectivului comportamental

Funcții executive vizate: *Flexibilitatea*

Obiectiv comportamental specific: *Manuel va participa la modificările în programul de după școală fără să aibă accese de furie.*

Pasul 2: Conceperea intervenției

Ce elemente din mediul înconjurător pot ajuta la atingerea obiectivului urmărit?

- *Manuel are desene cu posibile activități de după școală.*
- *Mama îl previne pe Manuel asupra schimbărilor de program cu o seară înainte.*
- *Mama trece în revistă planul dimineața și îl ia cu ea pentru a-l avea la îndemână după ore.*

Ce funcție specifică i se va preda, cine i-o va preda și ce procedură va fi folosită în acest sens?

Funcție: *Flexibilitate față de schimbările de program*

Cine i-o va preda? *Mama*

Procedura:

- *Mama îl anunță pe Manuel că vor fi modificări în program și îl întreabă cum vrea să fie informat pe viitor în legătură cu acestea.*
- *Sunt create desene reprezentând diverse activități.*
- *Pentru fiecare zi, în funcție de plan, desenele sunt aranjate în așa fel încât să ilustreze programul din ziua respectivă.*
- *Planul este revăzut cu o seară înainte, în dimineața zilei respective și după școală, când Manuel urcă în mașină.*
- *Cu timpul se vor adăuga noi activități/schimbări.*

Ce stimulente vor fi folosite pentru a-l încuraja pe copil să folosească/exerseze acea funcție?

- *Nici un element motivațional specific nu este inclus în plan.*

Chei către succes

- *Nu te aştepta din partea copilului să fie flexibil cu privire la eventuale schimbări aduse acestei strategii!* Ţine minte, ai de-a face cu un copil care întâmpină mari dificultăţi în privinţa modificărilor apărute în rutina cotidiană. Odată ce acest sistem este pus în aplicare, copilul poate face o fixaţie inclusiv în legătură cu el. Asta înseamnă că dacă vei înceta să îl mai foloseşti, te vei putea confrunta cu o criză declanşată de schimbarea intervenţiei în sine. Orice modificare semnificativă ce apare în programul lui trebuie să îi fie comunicată, ca să ştie la ce să se aştepte.

- *Pregăteşte-te să introduci schimbări neanunţate în intervenţie.* Uneori nu este posibil să anticipezi o situaţie suficient de devreme încât să ai timp să îl previi pe copil, aşa că, mai devreme sau mai târziu, el trebuie să înveţe să facă faţă schimbărilor de felul acesta. Odată ce copilul tău demonstrează că este capabil să întâmpine schimbările cu calm, spune-i cu mult timp înainte că este posibil ca schimbări de moment să aibă loc din când în când. Apoi începe să introduci câteva modificări de ultim moment în plan, dar fă în aşa fel încât la început să fie nişte schimbări care să îi facă plăcere copilului, cum ar fi opriri pentru a cumpăra o îngheţată. Treptat, poţi introduce alte tipuri de schimbări.

Capitolul 20

Creșterea perseverenței în atingerea unui scop

Perseverența în atingerea unui scop se referă la a stabili o țintă și a urmări atingerea ei fără a te lăsa atras în cursa unor interese concurente. De fiecare dată când facem eforturi pentru a atinge un scop pe termen lung, ne exersăm această abilitate. Un tânăr de 25 de ani care decide că vrea să participe la maraton și se antrenează un an de zile pentru a face acest lucru dă dovadă de perseverență în atingerea unui scop. Când un cuplu renunță la cheltuielile pentru activități recreative și de divertisment ca să economisească bani în vederea plătirii unui avans la o casă, de asemenea demonstrează perseverență în atingerea unui scop. Dacă ești în situația de a-ți schimba des țelurile în funcție de interesele de moment sau dacă nu ți se pare important să obții rezultate mai bune în viitor, e posibil să suferi de o deficiență în ceea ce privește perseverența în atingerea unui scop și poți consulta sugestiile oferite de noi în Capitolul 3 pentru ca eforturile de a-ți ajuta copilul să își dezvolte această abilitate, în condițiile în care și tu o ai slab dezvoltată, să dea rezultate cât mai bune.

Cum se dezvoltă perseverența în atingerea unui scop

Deși aceasta este una dintre ultimele funcții executive care se formează, încă de pe vremea când copilul tău era foarte mic ai încurajat dezvoltarea ei – chiar dacă fără să îți dai seama. Fie că îl ajuți să completeze un puzzle, fie că îl înveți pe copilul tău de 5 ani să meargă pe bicicletă, de fiecare dată când îl încurajezi să nu se dea bătut atunci când un lucru i se pare greu îi stimulezi, de fapt, această abilitate. În egală măsură, când îi imprimi copilului ideea că a ști să faci bine un lucru necesită timp, exercițiu și efort, sau îl lauzi pentru că nu a cedat când a dat de greu, de fapt îl ajuți să prețuiască perseverența în atingerea unui scop. Cel mai mult au de-a face cei mici cu această abilitate la orele de sport sau când învață să cânte la un instrument, dar perseverența se însușește și prin încredințarea unor sarcini cum ar fi cele din gospodărie. La început, obligațiile casnice sunt simple și se rezumă la un spațiu restrâns (ca de exemplu așezarea la locul ei a periuței de dinți sau a unei haine). Pe măsură ce crește, vei constata că cel mic poate îndeplini sarcini mai complicate sau care vizează o suprafață mai mare a casei (curățenia în cameră, strângerea frunzelor din curte, plimbarea câinelui și altele).

A-i oferi copilului regulat o sumă de bani și a-l ajuta să economisească banii pentru cumpărarea obiectelor dorite reprezintă tot o formă de încurajare a perseverenței în atingerea unui scop. Până în clasa a III-a, majoritatea copiilor învață să economisească măcar o sumă mică de bani pentru ceea ce își doresc să cumpere. La începutul ciclului gimnazial, majoritatea copiilor au învățat despre noțiunea de perseverență în atingerea unui scop suficient de bine încât să practice un sport, să învețe să cânte la un instrument sau să decidă cum să își împartă timpul pentru a obține rezultate bune la școală. În primii ani de liceu, tinerii încep să înțeleagă că performanțele lor zilnice de la școală pot influența intrarea lor la facultatea dorită, iar în ultimii ani de liceu sau la începutul facultății, ei fac deja pași mult mai mari în ceea ce privește schimbarea comportamentului în vederea realizării țelurilor propuse.

Pentru a vedea cât de dezvoltată este această abilitate la copilul tău în comparație cu alți copii de vârsta lui, completează chestionarul de mai jos, care vine să completeze evaluarea mai simplă făcută de tine în Capitolul 2.

CÂT DE PERSEVERENT ESTE COPILUL TĂU ÎN ATINGEREA UNUI SCOP?

Folosește următoarea scală pentru a evalua în ce măsură realizează copilul tău fiecare dintre sarcinile enumerate. Este de așteptat ca, la fiecare dintre niveluri, copiii să se descurce de la suficient de bine la foarte bine.

Scală

0 – Niciodată sau rareori

1 – Se descurcă, dar nu suficient de bine (cam în 25% din timp)

2 – Se descurcă destul de bine (cam 75% din timp)

3 – Se descurcă foarte bine (întotdeauna sau aproape întotdeauna)

Etapa preșcolară/grădiniță

___ Îi îndrumă pe ceilalți copii în cadrul jocurilor.

___ Solicită ajutorul adulților în rezolvarea disputei pe o anumită jucărie.

___ Caută mai multe soluții ca să obțină ceea ce vrea.

Clasele I–III

___ Nu renunță atunci când urmărește un scop, cum ar fi construirea unui joc de Lego dificil.

___ Reia activitatea inițială după ce a fost întrerupt.

___ Lucrează la proiectul dorit câteva ore sau pe parcursul mai multor zile.

Clasele IV–V

___ Economisește bani timp de 3–4 săptămâni pentru a-și achiziționa obiectul dorit.

___ Exersează după un program stabilit pentru a dobândi o abilitate (în sport, muzică) – poate fi nevoie să i se reamintească.

___ Are același hobby timp de câteva luni.

Cclasele VI–VIII

___ Este capabil să depună și mai mult efort pentru a-și îmbunătăți performanțele (de exemplu, învață din greu ca să ia o notă mai mare la un test sau la o lecție).

___ Este dornic să îndeplinească sarcini dificile pentru a câștiga bani.

___ E dispus să exerseze pentru a dobândi o abilitate fără să aibă nevoie de imbolduri.

Sursă: *Cum să crești un copil inteligent și de succes* de Peg Dawson și Richard Guare. Copyright 2009 de The Guilford Press.

Dezvoltarea perseverenței în atingerea unui scop în situațiile de zi cu zi

Deși această funcție executivă se dezvoltă pe deplin mult mai târziu decât altele, poți face primii pași încă de când copilul este foarte mic pentru a-l ajuta să își dezvolte perseverența în atingerea unui scop.

- *Începe de timpuriu cu sarcini foarte simple, al căror scop este la vedere* (în termeni de timp și spațiu). Oferă-i ajutor copilului tău să ducă la bun sfârșit o sarcină și laudă-l după ce a dus-o la îndeplinire. De exemplu, unul dintre primele jocuri pe care le îndrăgesc copiii este puzzle-ul. Începe cu un puzzle cu puține piese, iar dacă cel mic se blochează, oferă-i indicii sau ajută-l (de pildă, arată-i cu degetul spre piesa lipsă și spre locul unde trebuie să o pună și lasă-l pe el să o potrivească).
- *Când îți ajuți copilul să caute și să atingă scopuri mai îndepărtate în timp și spațiu, începe cu cele pe care le preferă copilul.* Copilul tău va fi mai interesat să persevereze într-o sarcină precum construirea unui Lego dificil decât în aceea de a face curățenie în propria cameră. Încurajează-l, oferă-i mici indicii, sfaturi și ajutor, dacă are nevoie (ajutorul minim necesar pentru ca el să reușească), iar apoi laudă-l pentru că a dus până la capăt ce a început.
- *Comunică-i copilului recompensa care îl așteaptă la terminarea sarcinii începute.* Lucrul acesta îl va încuraja să persevereze într-o sarcină care nu e prea distractivă, de pildă cea legată de obligațiile casnice. Dacă motivația lui este scăzută, oferă-i o recompensă după ce este finalizată o parte din sarcină.
- *Mărește treptat timpul necesar pentru atingerea obiectivelor.* La început scopurile trebuie să poată fi atinse în câteva minute sau în mai puțin de o oră. Durata poate crește, astfel încât copilul să ajungă să străbată mai mulți pași până la atingerea țelului urmărit sau la câștigarea unui premiu. Ca să îl înveți să amâne satisfacția începând de la câteva minute și ajungând la câteva zile, include un feedback concret al progreselor înregistrate în urmărirea obiectivului respectiv. Jetoane într-un borcan, piese de puzzle, hașurarea secțiunilor unui

desen – toate acestea pot fi folosite pentru a marca progresele făcute.

- *Amintește-i copilului pentru ce muncește.* Dacă economisește bani pentru o jucărie, lipește o imagine cu acea jucărie pe peretele din camera lui sau pe ușa de la bucătărie. Adesea, imboldurile vizuale sunt mai eficiente decât cele verbale. Ultimele sunt de multe ori interpretate drept cicăleli de către adolescenții ultrasensibili!
- *Utilizează tehnologia pentru a transmite imbolduri.* Un exemplu îl constituie notele de aducere aminte ce apar pe ecranul calculatorului la deschiderea acestuia; există și programe de „numărătoare inversă", precum cel disponibil pentru a fi descărcat pe calculatoarele Macintosh.
- *Asigură-te că recompensa pe care o folosești pentru a-l motiva constă într-un lucru pe care copilul și-l dorește și nu îl poate obține de unul singur.* Dacă, de exemplu, ai un copil căruia îi plac jocurile pe calculator și care are trei sisteme diferite de joc, vreo 24 de jocuri și le poate juca oricând dorește, nu va fi suficient de motivat încât să amâne recompensa și să persiste în scopul urmărit dacă recompensa este obținerea unor jocuri video sau a unui timp suplimentar alocat jocului.

Cei care renunță ușor nu vor avea niciodată încredere în forțele proprii. Cum să îți ajuți copilul să fie perseverent în muncă, dar și în joacă

Samuel, în vârstă de 5 ani, este un copil de grădiniță curios căruia îi place să încerce lucruri noi, dar care pare să abandoneze repede orice activitate, fie pentru că își pierde interesul, fie din pricină că i se pare prea dificilă. Cedează și în fața unor sarcini în gospodărie simple sau a unor activități școlare, dar și când se joacă pe calculator sau când desfășoară activități afară (aruncarea/prinderea unei mingi, mersul pe bicicletă). Sora de 3 ani a lui Samuel este un „buldog" în ceea ce privește perseverența cu care urmărește un scop, ceea ce îi face pe părinții lui Samuel să se îngrijoreze și mai mult în privința acestuia. Lipsa lui de perseverență îl va face oare să fie mai pasiv și mai puțin receptiv față de activități noi? Deja el pare să aibă mai puțină încredere în el decât atunci când era mai mic.

Părinții lui Samuel își doresc să îl ajute, însă nici încurajările pe parcursul unei activități, nici insistențele de a termina ceva nu au impact pe termen lung. Ar dori să conceapă un plan pentru Samuel, însă au nevoie de informații suplimentare. Când acesta începe o activitate, are el cumva așteptări prea mari? Odată ce a început, i se pare că obiectivul e prea îndepărtat? După ce au discutat cu Samuel despre anumite activități pe care le abandonase, și-au dat seama că ambii factori interveneau în joc. La baseball a vrut să dea din prima o lovitură decisivă. După câteva rateuri, s-a gândit că nu va reuși niciodată și a renunțat să mai încerce.

Tatăl lui se oferă să îl învețe să lovească dacă Samuel acceptă să își fixeze obiective mai ușor de atins (de pildă, orice contact cu mingea), precum și antrenamente scurte (de 5–10 minute). Samuel este de acord, și creează împreună un grafic pe calculator pentru a nota acolo câte lovituri efectuează în fiecare zi de antrenament și de câte ori și-a luat avânt pentru fiecare lovitură. Samuel este cel care introduce informațiile necesare. Se pare că îi place acest plan, iar părinții observă că uneori iese singur în curte să exerseze. Capătă astfel suficientă încredere încât să participe la programul antrenamentelor de baseball pentru copii, alături de prietenii lui.

Părinții lui Samuel încearcă un plan asemănător pentru sarcinile casnice, cum ar fi așezarea farfuriilor în mașina de spălat vase. Pentru că îi displace acest lucru, părinții au început cu puțin (doar o farfurie sau un pahar), oferindu-i câte o recompensă (puncte) pentru fiecare farfurie/pahar în plus. Treptat au cerut mai mult de la el și au făcut în așa fel încât răsplata să fie ușor de câștigat. Într-o lună, a ajuns să bage în mașina de spălat toate vasele familiei și să câștige recompense în mod regulat. Părinții adoptă aceste abordări ca pe o strategie generală de a-l învăța pe Samuel să depună efort și să persevereze de câte ori i se pare că o activitate sau sarcină este greu de realizat.

Pasul 1: Stabilirea obiectivului comportamental

Funcții executive vizate: Perseverență în atingerea unui scop

Obiectiv comportamental specific: Samuel își va îmbunătăți această abilitate cu privire la activitățile preferate și la cele mai puțin agreate.

Pasul 2: Conceperea intervenției

Ce elemente din mediul înconjurător pot ajuta la atingerea obiectivului urmărit?

- Menținerea cerințelor simple și alegerea de obiective ușor de atins.
- Urmărirea progreselor pe baza unui grafic.
- Oferirea de sprijin parental în formarea acestei abilități.

Ce funcție specifică i se va preda, cine i-o va preda și ce procedură va fi folosită în acest sens?

Funcție: Atingerea unui obiectiv sau îndeplinirea unei sarcini prin parcurgerea pe rând a unor pași mici.

Cine i-o va preda? Părinții lui Samuel îi vor forma această abilitate, iar el va începe apoi să și-o exerseze singur.

Procedura:

- Părinții lui Samuel vor stabili împreună cu fiul lor țeluri ușor de atins și sarcini ușor de îndeplinit.
- Samuel acceptă să exerseze pe baza unui program și a unor criterii.

Ce stimulente vor fi folosite pentru a-l încuraja pe copil să folosească/exerseze acea funcție?

- Feedback pozitiv care să indice atingerea obiectivelor de performanță dorite.
- Grafic pentru vizualizarea progreselor înregistrate.
- Puncte care să permită achiziționarea unui premiu în schimbul sarcinii duse la bun sfârșit.

Chei către succes

- *Dacă fiul sau fiica ta evită o anumită activitate deoarece nu ajunge suficient de repede la rezultatul dorit, plasează sarcina respectivă înaintea unei sarcini preferate.* Nu e greu de remarcat faptul că punându-l pe Samuel să aranjeze vasele în mașina de spălat înainte de a avea acces la calculator sau la televizor i se oferă o motivație în plus pentru ca el să termine mai repede prima sarcină. Faptul că este vorba despre o activitate recreativă nu înseamnă că practicarea ei i se va părea amuzantă unui copil care are probleme de perseverență în atingerea unui scop. Acești copii își pierd răbdarea destul de repede.

Economisirea banilor

Din punctul de vedere al părinților lui, Jared, în vârstă de 9 ani, este genul de copil „aici și acum“. Nu are prea multă răbdare să aștepte și devine repede frustrat când trebuie să muncească în vederea atingerii unui obiectiv sau să aștepte ceva ce își dorește. Spre exemplu, își dorește să fie la fel de bun la skateboard ca prietenul lui cel mai apropiat, deși nu a învățat de multă vreme și nu a practicat suficient. Îi este foarte greu să economisească banii din alocație sau banii primiți cu ocazia zilei lui de naștere, astfel încât, imediat ce îi are, vrea să meargă la magazin să îi cheltuiască. Prin urmare este tot timpul falit sau le cere neîncetat părinților fie să îi cumpere ceva ce își dorește, fie să îi „împrumute" niște bani până primește alocația. E dificil să îl faci să își achite apoi datoria, așa că părinții au adoptat politica „fără împrumuturi", exceptând situațiile speciale. Ei vor să îl vadă că învață să urmeze un plan cu un scop bine definit, chiar dacă este pe termen scurt.

Jared vrea un sistem de jocuri video. În trecut părinții i-au spus că își poate lua unul dacă economisește bani. Deși a încercat, n-a reușit să păstreze banii mai mult de o săptămână, după care și-a cheltuit economiile pe ceva mai imediat. Deși părinții lui nu sunt tocmai încântați la gândul de a avea un sistem video în casă, văd în dorința lui Jared un mod de a-l învăța să-și urmărească scopul propus. Ei îl văd pe Jared capabil să facă tot posibilul ca să obțină acel sistem și alte jocuri pe care și le dorește. Ca un plan de economii să funcționeze, Jared ar trebui să vadă destul de repede progrese în atingerea scopului. Doar cu cei 5 dolari pe care îi primește pe săptămână drept alocație, ceea ce își dorește nu se va întâmpla prea curând. Deoarece se apropie ziua lui de naștere, banii pe care îi va primi de la părinți, de la rude și de la prieteni îl pot ajuta să pună bazele unui fond financiar. Cu toate acestea, părinții își dau seama că el are nevoie să vadă progrese rapide în vederea achiziționării sistemului video.

Părinții hotărăsc să îl ajute să alcătuiască un plan de cumpărare a sistemului de jocuri, dacă este cu adevărat interesat. Stând de vorbă cu el află că este. Îi propun ca în cazul în care este pregătit să își aloce banii primiți de ziua lui pentru cumpărarea jocului, probabil că l-ar putea achiziționa în decurs de 5 sau 6 săptămâni, timp în care ar adăuga și alocația. Jared nu e foarte mulțumit, deoarece asta înseamnă că nu va primi nici un cadou la petrecerea de ziua lui. El sugerează ca cei patru prieteni care vor veni la ziua lui să îi cumpere câte un cadou, iar banii primiți de la părinți și de la rude să îi strângă pentru joc, adăugând și alocația. Părinții se tem că va pierde din vedere scopul. Ei stabilesc să facă rost de o imagine cu jocul respectiv, să o taie în bucăți ca pe un puzzle și să hotărască că fiecare piesă corespunde sumei de 5 dolari. Cu banii de la ziua lui, Jared va completa o mare parte din puzzle, iar apoi în fiecare săptămână o nouă bucată va fi adăugată odată cu primirea celor 5 dolari. După 10 săptămâni de la aniversarea lui, Jared reușește să își completeze puzzle-ul și își cumpără încântat sistemul de joc. Atât lui, cât și părinților le place acest sistem și îl vor folosi pentru alte planuri pe termen lung.

Pasul 1: Stabilirea obiectivului comportamental

Funcții executive vizate: *Perseverență în atingerea unui scop*

Obiectiv comportamental specific: *Jared va reuși să își economisească banii necesari unui joc video după 10 săptămâni de la aniversarea lui.*

Pasul 2: Conceperea intervenției

Ce elemente din mediul înconjurător pot ajuta la atingerea obiectivului urmărit?

- *Jared și părinții lui vor concepe o imagine gen puzzle a jocului dorit, iar când această imagine va fi complet asamblată, înseamnă că el și-a atins scopul, achiziționându-și sistemul video.*

• Părinții îi reamintesc lui Jared de fiecare dată când primește 5 dolari că își poate cumpăra o nouă piesă de puzzle.

• În fiecare săptămână, Jared și părinții vor vedea în ce proporție a fost completat puzzle-ul.

Ce funcție specifică i se va preda, cine i-o va preda și ce procedură va fi folosită în acest sens?

Funcție: Atingerea unui scop pe termen scurt prin planificare și economisire

Cine i-o va preda? Părinții.

Procedura:

• Jared stabilește împreună cu părinții un obiectiv concret folosind o imagine gen puzzle.

• Părinții lui Jared îl ajută să își fixeze un termen-limită, astfel încât finalul să fie previzibil.

• Jared începe să se țină de plan cu o ocazie (ziua lui de naștere) care îi permite să se apropie dintr-odată de scopul urmărit.

• Jared și părinții urmăresc săptămânal evoluția puzzle-ului, iar părinții îl încurajează de fiecare dată când mai adaugă o piesă.

• Cel puțin la două săptămâni, părinții îl duc pe Jared la magazin ca să se joace cu jocul demonstrativ pus la dispoziție clienților, astfel încât să nu piardă din vedere țelul urmărit.

Ce stimulente vor fi folosite pentru a-l încuraja pe copil să folosească/exerseze acea funcție?

• Jared se va alege cu un joc video din propriile economii, pe care nu l-ar fi obținut altfel.

• Părinții vor folosi un sistem similar pentru achiziționarea jocurilor pe care Jared și le dorește.

Chei către succes

- *Nu uita că orizontul de timp al unui copil este mai scurt decât al tău. Pentru ca un astfel de plan să reușească, copilul trebuie să fie tot timpul conștient de obiectivul lui.* Așa că nu ținti prea departe în ceea ce privește însușirea acestei abilități. Să te aștepți de la un copil să economisească luni de zile sau să își investească toate resursele în economii este ceva nerealist.

- *Ține minte că pentru a învăța să economisești e nevoie de o practică lungă și continuă.* Fii pregătit să folosești sisteme de economisire de-a lungul unei perioade prelungite.

Capitolul 21

Cultivarea metacogniției

Metacogniția se referă la capacitatea de a face un pas înapoi și de a te privi pe ansamblu într-o anumită situație dată. Este acea capacitate de a observa în ce fel găsești rezolvări la probleme. Ea presupune și automonitorizare și autoevaluare – să te întrebi: „Cum mă descurc?“ sau „Cum m-am descurcat?“ Adulții care au această abilitate pot cântări dificultatea unei situații, pot lua în considerație mai multe surse de informație și găsesc cea mai bună soluție pentru a rezolva o problemă. Ei știu, de asemenea, să evalueze la final cum s-au descurcat și cum anume trebuie procedat pe viitor pentru a nu mai repeta o greșeală. Adulții cărora le lipsește această abilitate riscă să piardă sau să ignore informații importante (mai ales indicii cu caracter social) și au tendința să ia decizii după cum li se „pare corect“, în loc să analizeze cu atenție faptele. Dacă simți că te-a luat gura pe dinainte, că iei hotărâri pe care le regreți și că nu reușești mereu să îți dai seama dacă strădaniile tale sunt în direcția bună sau nu, urmează procedura prezentată în Capitolul 3 pentru a-ți ajuta copilul să își formeze această abilitate care nu reprezintă nici pentru tine un punct forte.

Cum se dezvoltă metacogniția

Metacogniția este un set de abilități care se dezvoltă încă din primul an de viață, când copiii încep să își organizeze experiențele, selectând și clasificând și începând să recunoască relația cauză–efect. Aceste abilități se extind în anii următori, atunci când ordinea, rutina și ritualul – toate mecanisme prin care își pot controla experiențele – devin pentru ei foarte importante. În etapa preșcolară, accentul nu mai este pus pe explorare, ci pe stăpânirea unei deprinderi. La această vârstă, încep să recunoască faptul că alți oameni au experiențe diferite de percepție a realității, să identifice emoții în cei din jur și să intre în jocuri de rol. Imediat după aceea, între 5 și 7 ani, copiii își dau seama că ceilalți gândesc diferit și simt diferit, și încep să fie capabili de interpretări rudimentare ale intenției cuiva (cum ar fi atunci când cineva îi rănește intenționat sau din greșeală). Pe la jumătatea copilăriei, perspectiva metacognitivă se lărgește semnificativ. Copiii de această vârstă nu numai că manifestă o înțelegere mai profundă a propriilor gânduri, sentimente și intenții, ci înțeleg și faptul că gândurile, sentimentele și intențiile lor pot constitui obiectul gândurilor celorlalți. Din acest motiv, elevii din ciclul gimnazial devin conștienți de sine și de acțiunile lor, iar comportamentul unanim acceptat devine o prioritate pentru mulți dintre ei. Încă nu au învățat că dacă unii oameni îi judecă într-un anumit fel nu înseamnă că așa și sunt! În liceu, pot privi cu obiectivitate și în perspectivă anumite aspecte care îi privesc, pe măsură ce se pun bazele metacogniției.

Ca să compari abilitățile de metacogniție ale copilului tău cu cele ale altor copii de vârsta lui, completează chestionarul de mai jos, care vine să completeze evaluarea făcută de tine copilului tău în Capitolul 2.

CÂT DE BINE SUNT DEZVOLTATE ABILITĂȚILE DE METACOGNIȚIE ALE COPILULUI TĂU?

Folosește următoarea scală pentru a evalua în ce măsură realizează copilul tău fiecare dintre sarcinile enumerate. Este de așteptat ca, la fiecare dintre niveluri, copiii să se descurce de la suficient de bine la foarte bine.

Scală

0 – Niciodată sau rareori
1 – Se descurcă, dar nu suficient de bine (cam în 25% din timp)
2 – Se descurcă destul de bine (cam 75% din timp)
3 – Se descurcă foarte bine (întotdeauna sau aproape întotdeauna)

Etapa preșcolară/grădiniță

___ Poate aduce ajustări minore unui proiect de construcție sau unei încercări de efectuare a unui puzzle, dacă prima tentativă a eșuat.

___ Poate găsi o întrebuințare nouă (dar simplă) unei unelte pentru a rezolva o problemă.

___ Îi oferă sugestii altui copil care încearcă să repare ceva.

Clasele I–III

___ Își adaptează comportamentul în funcție de feedbackul primit de la părinte sau învățător.

___ Urmărește ce li se întâmplă unor copii și își schimbă comportamentul în consecință.

___ Știe să formuleze în cuvinte mai mult de o soluție la o problemă și să facă cea mai bună alegere.

Clasele IV–V

___ Poate anticipa rezultatul desfășurării unei acțiuni și face ajustările de rigoare (de exemplu, evită să intre în situații neplăcute).

___ Formulează câteva soluții la probleme și explică care este cea mai bună.

___ Îl încântă partea de rezolvare a unei probleme din temele pentru acasă sau dintr-un joc pe calculator.

Clasele VI–VIII

___ Își evaluează corect propriile performanțe (de pildă, în cadrul unui eveniment sportiv sau al orelor de clasă).

___ Înțelege impactul comportamentului său asupra colegilor și îl adaptează în consecință (spre exemplu, se integrează într-un grup sau evită să fie tachinat).

___ Îndeplinește sarcini care cer o gândire abstractă.

Sursă: *Cum să crești un copil inteligent și de succes* de Peg Dawson și Richard Guare. Copyright 2009 de The Guilford Press.

Cultivarea abilităților de metacogniție în situațiile de zi cu zi

Există două seturi de abilități de metacogniție pe care le poți dezvolta la copilul tău. Un set implică capacitatea copilului de a-și evalua performanța în urma realizării unei sarcini, cum ar fi o activitate casnică sau o temă, și de a face schimbări în funcție de aceasta. Al doilea set este legat de capacitatea copilului de a evalua situații sociale – atât în ceea ce privește propriul comportament, cât și în ceea ce privește reacțiile și conduita celorlalți.

Pentru a-ți ajuta copilul să dezvolte abilități legate de realizarea unei sarcini, încearcă următoarele:

- *Adresează-i laude specifice pentru elementele-cheie ale realizării unei sarcini.* Spre exemplu, dacă vrei să îți înveți copilul să fie conștiincios în îndeplinirea unei sarcini, lauda-l pentru a scoate în valoare acest lucru: „Îmi place felul în care pui fiecare piesă înapoi în cutie“ sau „Apreciez că te-ai uitat sub pat ca să verifici dacă nu a rămas pe acolo vreo haină murdară“.

- *Învață-l să își evalueze singur modul în care a efectuat o sarcină.* După ce și-a terminat tema de ortografie, în care trebuia să formeze o propoziție cu fiecare cuvânt despărțit în silabe, îl poți întreba: „Cum crezi că te-ai descurcat? Ai respectat cerința? Îți place cum arată pagina?“ Îi poți da și câteva sugestii scurte, specifice, începând cu aprecieri pozitive: „Ai alcătuit propoziții chiar reușite, însă cuvintele se amestecă între ele pe pagină. Ai putea să pui degetul pe foaie după fiecare cuvânt și să lași apoi spațiul necesar între un cuvânt și altul“. Atunci când faci sugestii și îi oferi un feedback este bine să eviți a-i judeca munca, deoarece critica întotdeauna tulbură apele.
- *Fă-l pe copil să își dea cum arată o treabă dusă la bun sfârșit.* Dacă sarcina copilului tău este de a goli mașina de spălat vase, pune-l să descrie ce înseamnă acest lucru (nici un vas în mașină, totul așezat la locul lui în dulap). Îi poți sugera să scrie aceste lucruri pe o hârtie pe care apoi să o expui într-un loc vizibil pentru a putea fi consultată din când în când.
- *Învață-l un set de întrebări pe care copilul să și le pună atunci când se confruntă cu o situație dificilă.* Iată câteva dintre acestea: „Care este problema pe care doresc să o rezolv?“ „Care e planul?“; „Am respectat planul?“; „Cum m-am descurcat?“.

Pentru a-ți ajuta copilul să învețe să interpreteze situații cu caracter social, încearcă următoarele:

- *Joacă-te cu el de-a ghicitul, ca să îl înveți să citească mimica.* Mulți copii care au probleme cu această abilitate nu știu cum să citească expresia feței sau cum să interpreteze sentimentele. Un mod de învățare a acestui lucru este să transformi o situație într-un joc de-a ghicitul în care atât părinții, cât și copilul fac anumite grimase și fiecare trebuie să ghicească ce sentimente încearcă să transmită cealaltă persoană. Un alt mod îl reprezintă urmărirea unei emisiuni la televizor cu sunetul oprit și ghicirea sentimentelor persoanei de pe ecran pe baza expresiei faciale și a limbajului corporal (poate vei dori să înregistrezi emisiunea pentru a o revedea pe fragmente, cu sunetul pornit, ca să îți verifici ipoteza).

- *Ajută-l pe copil să înțeleagă cum tonul vocii schimbă sensul celor spuse de cineva.* Se zice că 55% din comunicare este realizată de mimică, 38% este dată de tonul vocii, și doar 7% de cuvintele rostite. Împarte pe categorii diferitele tonuri ale vocii (de tachinare, sarcastic, plângăreț, nervos), iar apoi cere-i copilului să le folosească pentru a identifica atât tonul folosit de el pentru a comunica, cât și tonul altora.
- *Vorbește-i despre indiciile care îți dezvăluie adevăratele sentimente ale unei persoane, în ciuda faptului că acea persoană încearcă să le ascundă.* Există oare semne specifice (când strângi din buze în semn că ești nervos, când îți faci de lucru cu unele obiecte în semn că ești agitat)? Transformă totul într-un joc de-a detectivii.
- *Cere-i copilului să se gândească ce impact au acțiunile lui asupra sentimentelor celorlalți.* Lucrul acesta îl învață despre limbajul sentimentelor și despre relația cauză–efect.

Gata cu atotștiutoarea. Ajută-ți copilul să învețe să asculte

Yoshi are 11 ani și este cea mai mare dintre frați. Ea este o elevă destul de conștiincioasă. Yoshi a avut întotdeauna memorie bună și i-a plăcut să citească și să se uite la documentare TV de pe Discovery sau Animal Planet. Ca urmare a abilităților și intereselor ei, Yoshi a acumulat multe informații și a devenit un fel de „expert junior" în mai multe domenii. Părinții și rudele au încurajat-o și au continuat să îi ceară informații în legătură cu anumite subiecte. Lui Yoshi îi place să împărtășească celor din jur cunoștințele ei, o încântă rolul de expert și laudele primite uneori de la adulți, însă nu știe unde să se oprească. Deseori îi corectează pe alții sau ignoră ce au de spus, dominând conversația. Acasă, acest lucru a devenit o sursă majoră de conflict cu frații ei mai mici. Acum părinții își dau seama că atunci când Yoshi se oferă voluntar să își împărtășească cunoștințele cu ceilalți, lucrul acesta poate fi o problemă. Cele mai bune prietene ale ei s-au săturat ca ea să facă pe atotștiutoarea, iar la școală, comportamentul ei i-a adus conflicte cu colegii. În ceea ce o privește, câteodată este conștientă de reacția oamenilor la comentariile sau la felul în care îi corectează, dar are tendința de a considera că reacția aceea este problema lor, nu a ei. Părinții lui Yoshi sunt îngrijorați de scindarea pe care comportamentul ei o provoacă în familie și între ea și colegii din clasă.

Când au discutat prima oară cu ea despre asta, Yoshi a insistat asupra faptului că nu face nimic „rău" și că încearcă să îi ajute pe ceilalți. Dar după ce stau de vorbă o vreme, ea recunoaște că este îngrijorată uneori din cauză că are impresia că oamenii nu o plac.

Este dificil ca Yoshi să fie ajutată deoarece ea începe automat să vorbească despre lucrurile pe care le știe. Yoshi sugerează că ar putea încerca să schimbe ceva acasă, deoarece conflictele apar în special între ea și frați, și mai ales în timpul mesei luate în familie. Părinții sugerează, iar ea este de acord ca, pentru început, să încerce să fie un ascultător, și nu un vorbitor. Al doilea pas, deocamdată, va fi să accepte ce spun oamenii și să nu îi mai contrazică.

Pentru a pune în aplicare planul, Yoshi este de acord să exerseze „ascultatul" astfel încât, la masă, să fie ultima care ia cuvântul, după ce părinții și frații ei gemeni au vorbit. Când îi vine rândul, le poate cere mai multe informații în legătură cu subiectul abordat și/sau le poate adresa complimente. Ea însăși poate vorbi despre activitățile și interesele proprii. Yoshi împreună cu părinții au pus la cale un sistem de repere astfel încât atunci când ea începe să corecteze pe cineva sau să „țină predici", ei să îi atragă atenția în felul stabilit de comun acord. Înainte de a începe să aplice această strategie, familia se reunește, iar Yoshi explică faptul că încearcă să se schimbe și ce anume are de gând să facă în acest sens.

La început, lui Yoshi i se pare dificil să urmeze planul și de multe ori stă la masă fără să scoată o vorbă. Cu timpul însă, încurajată de complimentele și întrebările părinților, ea reușește să procedeze la fel ca ei și să interacționeze cu cei din jur fără să îi contrazică sau să le dea sfaturi. Se simte suficient de în largul ei cu acest plan încât să îi vorbească despre el profesoarei, care acceptă să îi atragă atenția în momentele în care o vede că vrea să domine discuția sau să îi critice pe alții. Deoarece nu mai face mereu pe atotștiutoarea, adulții și colegii devin mai înclinați să îi ceară părerea sau unele informații.

Pasul 1: Stabilirea obiectivului comportamental
Funcții executive vizate: Metacogniția Obiectiv comportamental specific: Creșterea gradului de ascultare și diminuarea discursului critic în conversația cu alte persoane.
Pasul 2: Conceperea intervenției
Ce elemente din mediul înconjurător pot ajuta la atingerea obiectivului urmărit? • Ceilalți membri ai familiei vor vorbi mai întâi. • Părinții/profesoara o vor atenționa pe Yoshi când începe să îi critice sau corecteze pe cei din jur. • Părinții/profesoara o vor învăța să asculte ce au alții de spus și să poarte o conversație acceptabilă.
Ce funcție specifică i se va preda, cine i-o va preda și ce procedură va fi folosită în acest sens? Funcție: În interacțiunile sociale, să asculte în loc să vorbească și să manifeste interes față de ce spun cei din jur. Cine i-o va preda? Părinții/profesoara/prietenii.
Procedura: • Yoshi este ultima din familie care ia cuvântul. • Comentariile ei sunt direcționate spre aflarea mai multor informații de la vorbitor și spre aprecieri legate de discursul acestuia. • Părinții o atenționează când are tendința de a critica și corecta. • Yoshi încearcă aceste tehnici la școală și cu prietenii.
Ce stimulente vor fi folosite pentru a-l încuraja pe copil să folosească/exerseze acea funcție? • Părinții și profesoara o laudă pe Yoshi pentru capacitatea de a asculta.

- Prietenii o primesc în grupul lor, iar comentariile negative la adresa ei încetează.

Chei către succes

- *Deoarece nu ești tot timpul lângă copil pentru a-l îndruma, ai nevoie de o alternativă ca să urmărești progresul.* O posibilitate este să îl pui pe copil să țină minte situațiile (chiar și la nivel informal) în care a ascultat ce îi spuneau frații sau prietenii fără să îi întrerupă sau să îi corecteze, și să îi ceri să îți dea și exemple în acest sens. O altă posibilitate este aceea ca fiul sau fiica ta să se înțeleagă cu o colegă să îi atragă atenția atunci când începe să domine conversația.
- *Când îți ajuți copilul să își evalueze performanța, nu uita că ceea ce este important pentru tine nu este neapărat important și pentru copilul tău.* Cel mai bine într-o astfel de situație este să vă întâlniți undeva la mijloc. Standardul spre care tinzi nu trebuie să fie perfecțiunea, ci un anumit nivel de calitate cu care copilul să se simtă confortabil. La fel cum unii adulți depun mai mult efort și timp în unele acțiuni decât în altele, tot așa se întâmplă și la copii – nu fiecare temă va fi o capodoperă, nu fiecare interacțiune socială va fi un triumf.

Învață-l să își evalueze performanțele

Cory are 14 ani, este în clasa a VIII-a și are o soră în vârstă de 10 ani. Cei doi locuiesc doar cu mama lor și își văd tatăl o dată pe săptămână, seara, și din două în două săptămâni în weekend. Mama lucrează cu normă întreagă, iar copiii au anumite sarcini de îndeplinit acasă. În plus, Cory mai are grijă de sora lui în unele zile după școală. El cântă la trompetă într-o trupă și lucrează cam 10 ore pe săptămână la un magazin universal din localitate, recuperând cărucioarele rătăcite.

Cory consideră că este dedicat și muncitor, dar ca elev se situează la un nivel mediu. De când a intrat în ciclul gimnazial este din ce în ce mai frustrat din cauză că rezultatele nu îi confirmă munca pe care o depune. La școală notele nu par să reflecte faptul că își face temele și învață pentru teste fără a fi nevoie să i se amintească sau să fie împins de la spate. La serviciu e un om de nădejde, dar nu a beneficiat de nici o mărire de salariu de când a început să lucreze, iar directorul îi spune adesea că trebuie să fie mai atent. Acasă își îndeplinește obligațiile și este mai mult decât dornic să ajute. Cu toate acestea, de când era mic, mama trebuia să verifice după el și uneori să îi ceară să termine sau să refacă o sarcină pe care el credea că a îndeplinit-o.

Punctul slab al lui Cory a constat dintotdeauna în verificarea muncii prestate. Când era mic, aceasta nu constituia neapărat o problemă deoarece părinții sau învățătorul erau cei care îi monitorizau activitatea. Acum însă, după ce a crescut, se așteaptă de la el să își evalueze singur munca. Mama lui Cory îi dă câteva exemple concrete în care inconsecvența i-a influențat negativ calitatea activității prestate, de la folosirea superficială a aspiratorului când face curat prin casă și până la nereușita în ceea ce privește realizarea unor eseuri pentru școală. Cory a fost mereu dispus să accepte astfel de critici și să își îndrepte greșelile, așa că tot ce mai trebuie să facă este să își dea seama dinainte ce anume trebuie verificat, pentru a-și putea evalua singur munca în loc să aștepte ca altcineva să îi spună ce nu a făcut bine sau nu a finalizat.

Folosind exemplul aspiratului prin casă, mama îi cere lui Cory să se gândească la ce are de făcut și să își creeze o listă cap-coadă cu ceea ce înseamnă lucru bine făcut. După ce a făcut lista, se uită împreună peste ea, iar mama îi sugerează să adauge încă un pas. Acesta devine planul lui Cory pentru sarcina încredințată. Înțelegând ideea, Cory merge să vorbească cu șeful lui de la locul de muncă și îl întreabă cum își poate îmbunătăți activitatea pe care o presupune jobul lui. Șeful se arată bucuros să îl îndrume, iar Cory se înțelege cu el să îi ceară părerea la două săptămâni pentru a vedea dacă a muncit bine. Cu școala este ceva mai complicat, din cauza numărului mare de materii și a diversității acestora. Mai întâi, Cory și mama lui se întâlnesc cu profesorii, iar el le explică ce schimbări vrea să facă. Apoi trec împreună în revistă carnetul lui de note și situația progreselor lui școlare pentru a vedea dacă există anumite domenii în care e posibil să existe o problemă. În urma acestei retrospective, profesorii identifică temele legate de scriere ca fiind o problemă majoră. Profesoara de engleză îi sugerează să se întâlnească cu ea, deoarece este domeniul ei de activitate. Ea îi pune la dispoziție un tabel (o rubrică) cu ceea ce trebuie avut în vedere înainte de tema la scriere și acceptă să îl revadă împreună cu Cory înainte ca acesta să înceapă fiecare temă; ea este, de asemenea, de acord să se uite peste prima ciornă pentru a stabili cât de bine și-a monitorizat munca și a respectat rubrica cu cerințe. Având tabele la diferite materii, uitându-se peste ele înainte de a se apuca și beneficiind de evaluarea unui profesor, șef etc. care să verifice dacă și-a făcut bine treaba, Cory a reușit să își îmbunătățească performanțele. În urma acestui proces, el a înțeles că atunci când primește un feedback care spune că trebuie să fie mai atent și mai meticulos în ceea ce face, e necesar să respecte un plan similar pentru sarcina încredințată sau la locul de muncă.

Pasul 1: Stabilirea obiectivului comportamental

Funcții executive vizate: Metacogniția

Obiectiv comportamental specific: În timpul unei sarcini specifice, Cory își va evalua activitatea pe baza unui standard stabilit pentru sarcina respectivă, standard pe care va trebui să îl atingă.

Pasul 2: Conceperea intervenției

Ce elemente din mediul înconjurător pot ajuta la atingerea obiectivului urmărit?

- Părinții/șeful/profesorii îi vor pune la dispoziție standarde (sub forma unor tabele) privitoare la sarcini ce țin de domeniul lor de activitate.
- Părinții/șeful/profesorii îi vor oferi lui Cory feedback cu privire la performanța sa.

Ce funcție specifică i se va preda, cine i-o va preda și ce procedură va fi folosită în acest sens?

Funcție: Cory va învăța să se evalueze și, când este nevoie, să își îndrepte greșelile astfel încât să atingă standardul fixat pentru sarcina respectivă.

Cine i-o va preda? Părinții/șeful/profesorii îi vor oferi standarde și un feedback privitor la performanță.

Procedura:

- Cory împreună cu adulții aleg un set de sarcini pe care să le monitorizeze și să le îmbunătățească.
- Adulții îi oferă un standard de performanță acceptabil pentru aceste sarcini.
- Cory trece în revistă așteptările, înainte de a începe sarcina.
- Cory îndeplinește sarcina, își monitorizează performanța, iar adulții îi oferă feedback legat de gradul de atingere a standardului.
- Cory își îndreaptă greșelile după cum i se cere.

Ce stimulente vor fi folosite pentru a-l încuraja pe copil să folosească/exerseze acea funcție?

- Feedback pozitiv legat de performanță primit din partea adulților.
- Note mai mari la școală și performanță îmbunătățită la locul de muncă, ce poate avea drept consecință promovări.

Chei către succes

- *Nu încerca să intervii asupra prea multor comportamente dintr-odată. Limitează-ți intervenția la una sau două, pentru început.* De asemenea, e mai bine să abordezi doar câte un domeniu odată, cum ar fi casa sau școala, nu ambele.
- *Oferă-i copilului tău un feedback specific cu privire la un comportament specific asupra căruia vrei să intervii.* Acest plan are toate șansele de reușită dacă fiul sau fiica ta este motivat(ă) și poate accepta critici din partea altora, însă chiar și atunci există posibilitatea să eșueze dacă îi spui copilului lucruri de genul: „Trebuie să fii mai atent", profesorul îi spune: „Alocă mai mult timp studiului", iar șeful: „Fii mai atent când lucrezi". Copilul are nevoie de îndrumări concrete, cum ar fi: „Verifică toate cele șase culoare libere dintre mașinile din parcare să vezi dacă mai găsești cărucioare de cumpărături, și procedează la fel cu locurile de depozitare a lor".

CAPITOLUL 22

Atunci când ceea ce faci nu e suficient

În cazul copiilor cu funcții executive foarte slabe, ceea ce poți face de unul singur ca să rezolvi problemele ar putea să nu aibă mare efect. Dacă ai încercat strategiile și sugestiile prezentate până acum în această carte și nu ai avut succes, și dacă nici recomandările noastre de soluționare a problemelor, prezentate în Capitolele 11–21, nu au fost de folos, atunci va trebui să te uiți cu mai multă atenție la ceea ce se întâmplă.

Când un plan elaborat pentru acasă nu funcționează, sugestia noastră este să analizezi îndeaproape intervenția, ca să te asiguri că nu lipsesc elementele-cheie necesare în vederea reușitei. După cum am spus, și sperăm că am și demonstrat, *poți* să îmbunătățești funcțiile executive ale copilului tău. Cum, de asemenea, am mai afirmat, ca să faci acest lucru trebuie să depui efort și să acorzi atenție detaliilor. Deși poate suna simplist, este important să revizuiești rapid fiecare pas în parte din planul stabilit.

Dacă ai veni la noi, acestea ar fi întrebările pe care ți le-am pune:

Care e problema specifică pe care ai încercat să o rezolvi? Spre exemplu, copilul tău plânge de fiecare dată când apare o schimbare de planuri? E tentat să cheltuiască bani imediat ce îi primește? Își pierde sau își pune în locul nepotrivit lucrurile personale zi de zi? Ai formulat definiția problemei într-un mod suficient de specific încât să poți judeca reușita sau eșecul intervenției? Descrierea comportamentului urmărit trebuie să fie cât mai fidelă realității pentru ca tu, copilul tău sau orice altă persoană implicată să nu aibă vreo îndoială cu privire la autenticitatea descrierii. Descrierile care includ cuvintele „întotdeauna", „niciodată", „totul", „tot timpul", „și așa mai departe" au un caracter mult prea general. De pildă, „Kim își pierde în mod constant lucrurile", „Jake întârzie în tot ce face", „Mikey țipă din orice", „Amy întârzie de fiecare dată" și „Tyler nu e în stare să respecte intrucțiunile" sunt afirmații care nu oferă suficiente informații pentru a scoate în evidență tipul de problemă sau pentru a evalua reușita unui plan. Specificarea obiectului (ce anume a pierdut), a momentului (când se manifestă cel mai des comportamentul sau survine problema) și a locului (în ce context se întâmplă cel mai frecvent) ajută la definirea problemei. Chiar dacă acel comportament apare în mai multe situații, important este să ai un punct de plecare specific (ține minte, trebuie să rezolvi problema „cu pași mărunți").

La ce standard te raportezi pentru a judeca dacă problema s-a ameliorat și care e comportamentul cu care te poți împăca? Schimbarea în totalitate a unui tip de comportament nu este doar greu de realizat, ci poate fi aproape imposibilă, cel puțin pe termen scurt, fapt pentru care îi îndemnăm pe cititori să fie realiști în așteptările lor. Enumeră două sau trei situații specifice în care problema apare, menționează cum ai dori să meargă lucrurile în acele situații și specifică ce aștepți de la copilul tău să facă. Iată câteva exemple: (1) ridică tonul când se confruntă cu o schimbare neprevăzută, dar o acceptă fără să aibă un acces de furie; (2) economisește cel puțin

30% din banii câștigați; (3) îți solicită ajutorul pentru a găsi anumite lucruri, dar nu mai mult de două ori pe săptămână. E important să începi cu pași mici și să continui la scară din ce în ce mai mare, nu să te aștepți ca problema să dispară dintr-odată. Pașii mărunți în vederea atingerii unui scop sunt cei mai potriviți pentru a-ți asigura succesul.

Ținând cont de vârsta copilului, de abilitățile pe care le are și de efortul pe care trebuie să îl depună pentru a realiza ceea ce urmărești, consideri că așteptările tale sunt realiste? Ai grijă cum răspunzi la această întrebare. Dacă te trezești spunând, oarecum cu exasperare: „Când eram de vârsta lui, eu sigur nu aveam această problemă“ sau „Orice copil de vârsta lui se descurcă în astfel de situații fără să aibă o cădere psihică“, s-ar putea să ai aspirații prea înalte. Întoarce-te la întrebarea anterioară: ce îmbunătățire adusă comportamentului copilului îl poate face, în opinia ta, acceptabil?

La ce elemente ajutătoare din mediul ambiant ai apelat? Spre exemplu, ai un indiciu vizual prin care să îi semnalezi când urmează o schimbare în plan? Când copilul tău primește bani, are un loc anume unde să și-i pună? Spațiile speciale de depozitare a lucrurilor personale ale copilului sunt marcate cu o imagine sau cu o etichetă specifică?

Ce abilitate anume încerci să îi formezi copilului tău? La fel ca necesitatea de a defini corect problema, trebuie să fii exact în ceea ce privește comportamentul pe care vrei să îl formezi. Deși te-am încurajat să începi prin a identifica funcția executivă implicată, aceste abilități se învață în contextul unor comportamente mai specifice. În exemplele de mai sus, ai putea să-ți înveți copilul să recunoască și să reacționeze acceptabil la un indiciu care semnifică schimbare, să ia banii pe care i-a câștigat și să îi pună imediat în pușculiță sau să își așeze jucăriile într-un spațiu anume destinat.

Cine își asumă responsabilitatea de a-l învăța pe copil o abilitate, care este procedura și cât de des este aplicată/ exersată? Când îl ajuți pe copilul tău să își îmbunătățească funcțiile executive, în special în primele etape povara este la fel de mare pe umerii persoanei care îl învață precum este pe ai copilului. Sarcina noastră ca părinți ar fi cu mult mai ușoară dacă ceea ce psihologii numesc „învățarea dintr-o singură încercare" ar funcționa în cazul abilităților pe care vrem să și le formeze copilul nostru. În realitate, multe dintre comportamentele importante pe care ne așteptăm ca cei mici să le stăpânească până în momentul când își iau zborul din cuib necesită o practică desfășurată pe o perioadă foarte lungă. Ai inclus acest aspect în planul tău?

Ce sisteme de recompensă au fost folosite pentru a-ți motiva copilul să învețe noi abilități/comportamente și să le exerseze în situațiile întâlnite pe parcurs? Am descoperit de multe ori că acest pas lipsea din planul părinților. Recompensele pe care copilul tău le apreciază pot constitui un stimul extrem de puternic pentru ca cel mic să accepte planul tău și apoi să-l parcurgă cu succes. Odată ce copilul învață abilitatea, încurajările firești, cum ar fi aprobarea ta sau cuvintele de laudă, pot fi suficiente pentru a menține acea abilitate. Pentru noi recompensa nu înseamnă că „îl mituiești" pe copil, însă unii părinți nu se simt în largul lor atunci când o folosesc. Dacă te numeri printre ei, folosește una dintre activitățile preferate ale copilului tău și fă în așa fel încât accesul la ea să necesite manifestarea în prealabil a comportamentului pe care îl dorești din partea lui.

În situația în care consideri că ai parcurs toate aceste etape și ai conceput un plan rezonabil, personalizat, bazat pe elemente ajutătoare și motivaționale, mai există totuși câțiva factori de luat în considerație atunci când un plan nu funcționează.

- *Consecvența cu care este urmat planul.* Cu toții suntem ocupați, și nu este întotdeauna ușor sau la îndemână să te asiguri că cel mic a fost avertizat din timp cu privire la o schimbare de program sau să verifici permanent pentru a vedea dacă și-a pus unde trebuie banii sau lucrurile personale. Recompensele nu sunt întotdeauna acordate la momentul potrivit. Derapajele ocazionale sunt inerente, dar ele nu vor face ca un plan să eșueze. Pe de altă parte, dacă planul este urmat doar din când în când, el *va* eșua. Vei constata că fiul sau fiica ta nu se schimbă și vei fi din ce în ce mai puțin motivat să te ții de plan. Copilul va înțelege că planul nu este important pentru tine și, prin urmare, va fi dispus tot mai puțin să facă efort, întorcându-se la vechile obiceiuri. Din aceste motive, planurile ar trebui să fie relativ simple și să se potrivească cu timpul liber pe care îl ai la dispoziție.
- *Consecvența adulților în aplicarea unui plan.* Dacă celălalt părinte, un frate mai mare sau un profesor se va implica la un moment dat în acest plan, el sau ea trebuie să adere la elementele-cheie ale planului, altfel acesta va eșua. O mamă pe care o cunoșteam a dorit să implementeze un sistem de economisire a alocației, însă s-a lovit inițial de rezistența soțului, care susținea că el nu a primit alocația când era mic și consideră că nici copilul lui nu trebuie să o primească. Mama

a trebuit să amâne planul până când a reușit să îl facă pe soțul ei să înțeleagă beneficiile pe termen lung ale faptului că fiul lor va învăța să își economisească banii. Implementând planul fără a-și consulta soțul ar fi riscat să nu îl poată duce la bun sfârșit. Dacă mai multe persoane sunt responsabile de creșterea și îngrijirea unui copil, ele ar trebui să se consulte și să cadă de acord încă de la început asupra rolului pe care fiecare îl joacă în educația copilului. Dacă planul include temele sau materialele școlare (manuale etc.), părinții și profesorii ar trebui să știe fiecare ce se așteaptă de la ei, care este frecvența comunicărilor între ei și cum vor avea acestea loc și, în majoritatea cazurilor, metoda de comunicare nu ar trebui să îl implice și pe copil, din moment ce copiii, după cum se știe, sunt cam scumpi la vorbă.

- *Momentul în care planul este pus în aplicare.* Nu există reguli stricte cu privire la cât de lungă trebuie să fie perioada în care e testat un plan. Dacă e rezonabil – adică întrunește mare parte din criteriile precedente –, încearcă-l între 14 și 21 de zile. Se poate să nu ți se pară mult timp, dar din experiență știm că părinții de obcei pun în aplicare un plan vreme de 4–5 zile, după care devin inconsecvenți. Și tu poți cădea în acest păcat, din două motive: dacă nu vezi nici o schimbare, lipsa sentimentului de satisfacție face dificilă menținerea nivelului necesar de efort. Pe de altă parte, e posibil să vezi o oarecare îmbunătățire, să ai sentimentul că ai realizat ceea ce ți-ai propus și să depui armele. În acest caz, schimbarea nu va dăinui, iar peste câteva săptămâni copilul va reveni la vechile obiceiuri. Ca să faci ceea ce este corect, trebuie ca la sfârșitul fiecărei zile în care planul este pus în aplicare să evaluezi cât de bine te-ai ținut de el, folosind o scală de la 1 la 5 (1 pentru „Azi chiar am dat-o în bară“ și 5 pentru „Am urmat planul în proporție de 100%“!).

De unde să știu dacă fiul sau fiica mea nu poate sau nu vrea? Poate că este doar leneș(ă)! În toți anii noștri de practică profesională, am întâlnit foarte puțini copii pe care i-am catalogat ca fiind leneși. Am întâlnit însă copii care se simțeau descurajați, care se îndoiau de abilitățile lor, care considerau că era mai frustrant să încerce și să nu reușească decât să nu încerce deloc, sau care preferau să facă lucruri ce li se păreau amuzante în loc să facă lucruri pe care le considerau plictisitoare sau dificile. Problema principală nu este dacă nu pot sau nu vor copiii, ci cum am putea să îi ajutăm să depășească obstacolele care, deocamdată, îi împiedică să își însușească pe deplin niște abilități sau să și le perfecționeze. Modul în care îi putem susține în depășirea dificultăților implică o combinație între modificarea sarcinii pentru a nu o face să pară descurajatoare și crearea unui sistem de recompense care să însemne ceva pentru ei atunci când se angajează să îndeplinească o sarcină dificilă. Dacă faci toate lucrurile acestea, ei vor fi inteligenți, dar nu împrăștiați.

A apela la ajutor de specialitate

Prin urmare, ai făcut tot ce ți-a stat în putință și tot nu remarci vreo ameliorare. Ce rămâne de făcut? Fără îndoială că problemele legate de funcțiile executive ale unor copii reprezintă pentru părinții lor o provocare mult prea mare. Dacă decizi că te numeri printre acești părinți, poți cere ajutorul unui specialist cum ar fi un psiholog, un asistent social sau un consilier în probleme de sănătate mintală. Titlul profesiei este mai puțin important decât orientarea clinică a specialistului. Îți recomandăm un clinician care folosește o abordare fie comportamentală, fie cognitiv-comportamentală, și care are experiență în pregătire parentală.

Clinicienii care utilizează o abordare comportamentală se concentrează pe identificarea factorilor declanșatori specifici din mediul ambiant, responsabili de apariția problemei comportamentale (numiți „antecedente"), ca și pe felul în care se răspunde comportamentului (ceea ce se cheamă „consecințe"). Apoi, ei îi ajută pe părinți să modifice ori antecedentele, ori consecințele, ori ambele. Medicii specializați în terapia cognitiv-comportamentală pot să folosească o abordare similară, dar ei analizează și felul în care copiii și părinții *gândesc* referitor la situațiile-problemă, învățându-i să gândească diferit (spre exemplu, oferindu-le strategii împotriva stresului cum ar fi să stai de vorbă cu tine însuți, strategii de relaxare și tehnici de oprire a gândirii). Nu recomandăm specialiști care folosesc tradiționala terapie prin conversație sau terapia prin relație, deoarece credem că părinții și copiii beneficiază în urma învățării de abilități specifice și de strategii de rezolvare a problemelor generate de funcții executive slabe.

Când testarea poate fi îndreptățită

Părinții copiilor cu serioase probleme în ceea ce privește funcțiile lor executive ne întreabă adesea dacă ar trebui să își testeze copilul. Noi nu pledăm 100% pentru testare ca modalitate de identificare a funcțiilor executive precare deoarece testele care s-au făcut cu scopul de a evalua aceste abilități nu sunt bine corelate cu ceea ce știu părinții și profesorii despre subiectul testat. Cu toate acestea, situațiile în care testele pot fi utile sunt următoarele:

- Când crezi că cel mic are nevoie de ajutor suplimentar la școală, caz în care o evaluare ar putea oferi informațiile necesare pentru a identifica lacunele.

- Când crezi că există probleme de învățare neobișnuite (cum ar fi incapacitatea de a învăța sau tulburările de atenție) pe care o evaluare te-ar ajuta să le clarifici.
- Când crezi că pot exista alte explicații ale comportamentului care te îngrijorează, ce ar sugera opțiuni diferite de tratament. Tulburările psihologice precum tulburarea bipolară, anxietatea, depresia și tulburările obsesiv-compulsive au, toate, impact asupra funcțiilor executive. Există terapii care au fost descoperite pentru a trata tulburări precum cele menționate mai devreme (inclusiv medicație și abordare terapeutică specifice), iar un diagnostic corect ar fi util în luarea unei decizii cu privire la alegerea intervenției potrivite.

Dacă decizi să faci o evaluare care să aibă în vedere și punctele slabe, și pe cele forte ale funcțiilor executive ale copilului tău, profesioniștii care se ocupă în general de astfel de estimări sunt psihologii (inclusiv cei din școli) și neuropsihologii. În situația în care problemele sunt atât de grave încât duc la eșecul școlar, atunci școlile sunt obligate să ofere acest gen de evaluare. (Vezi următorul capitol pentru mai multe clarificări cu privire la ceea ce constituie un eșec școlar.)

În plus față de orice „teste“ pe care un evaluator le poate folosi (cum ar fi testele de IQ sau testele de evaluare a cunoștințelor dobândite), un specialist ar trebui să utilizeze o scală special concepută pentru evaluarea funcțiilor executive (ca de pildă Inventarul Comportamental al Funcțiilor Executive sau BRIEF), dar și să adune informații, de obicei prin interviu amănunțit, de la părinți cu privire la modul în care se manifestă funcțiile executive cu probleme în viața de zi cu zi a copilului. Beneficiul obținerii acestor informații este acela că duce în mod firesc la dezvoltarea intervențiilor, ceea ce, în definitiv, reprezintă scopul principal al evaluării.

Reflecții privind medicația

Medicația se folosește pentru a trata tulburările psihologice sau biologice precum ADHD, anxietatea sau tulburările obsesiv-compulsive. Ea poate avea ca rezultat îmbunătățirea funcțiilor executive, însă nu a fost gândită cu acest scop.

Numeroase studii desfășurate de-a lungul timpului au arătat că medicația de stimulare este deosebit de eficientă în controlarea mai multor simptome asociate ADHD-ului, inclusiv incapacitatea de focalizare, dificultatea de a termina un lucru început, hiperactivitatea și controlul impulsurilor. Deoarece copiii cu ADHD pot lucra mai bine și pot persista mai mult timp într-o activitate atunci când iau stimulente, rezultatele pozitive în ceea ce privește gestionarea timpului și perseverența în atingerea unui scop sunt vizibile. Medicația pentru tulburările anxioase tratează problemele legate de controlul emoțiilor atunci când acele probleme sunt cauzate de o anxietate latentă. Nu cunoaștem studii care să fi identificat funcții executive specifice pentru a determina dacă utilizarea medicației a dus la ameliorarea funcției executive în sine sau a sarcinii care presupunea folosirea acelei funcții executive.

Părinții pe care îi întâlnim în practica noastră clinică preferă, de obicei, să apeleze întâi la soluții non-medicale, iar noi susținem acest punct de vedere. Folosirea medicației îi poate face pe părinți și pe profesori să creadă că această intervenție este suficientă, însă noi credem că, pentru a fi eficientă, medicația trebuie completată de intervenții la nivel comportamental și psihosocial. În plus, unele studii de cercetare arată că atunci când medicația se combină cu alte intervenții, pot fi prescrise doze mai mici de medicamente. Din aceste motive, recomandăm folosirea unor abordări precum modificările ambientale, fișele de evaluare școlară și sistemele de recompense înainte de a lua în considerație prescrierea unei medicații.

Cu toate acestea, există cazuri când folosirea medicației are un succes garantat. La copiii cu ADHD apar anumite semne pe care părinții trebuie să le vadă ca pe niște semnale de alarmă și să ia în considerație stimularea prin medicație. Aceste semne se manifestă în felul următor:

- *Când tulburarea de atenție (mai ales nivel de impulsivitate și de activitate motorie) are impact asupra capacității unui copil de a-și face noi prieteni sau de a-i păstra pe cei vechi.* Această abilitate de a stabili legături sociale în copilărie prognozează o bună adaptare de-a lungul vieții, iar dacă problemele de atenție împiedică acest lucru să se întâmple, medicația poate reprezenta soluția potrivită.
- *Când tulburarea de atenție începe să influențeze negativ respectul de sine.* Chiar și copiii cu forme ușoare de ADHD devin conștienți de faptul că problemele de atenție îi fac să iasă în evidență la școală (spre exemplu, învățătorul îi îndeamnă mereu să fie atenți la oră) sau îi împiedică să obțină rezultate bune în activitățile școlare (de pildă, fac multe greșeli din neatenție). Când copiii încep să comenteze în sens negativ despre propria persoană, înseamnă că tulburarea de atenție are impact asupra respectului de sine și poate fi redusă prin folosirea medicației.
- *Când tulburarea de atenție interferează direct cu capacitatea copilului de a învăța.* Lucrul acesta se poate întâmpla în mai multe moduri: (1) are dificultăți în a-și menține puterea

de concentrare pe parcursul unei ore de curs și de aceea pierde din explicații sau eșuează în finalizarea activității individuale încredințate; (2) devine atât de repede frustrat, încât renunță să mai facă ceva, iar învățarea este scurtcircuitată; (3) îi lipsește răbdarea de a planifica și executa sarcini care nu pot fi îndeplinite într-un timp scurt. Acest aspect se observă fie în momentul în care un copil nu reușește să încetinească ritmul atunci când sarcina impune acest lucru, fie prin incapacitatea lui de a realiza sarcini compuse din mai mulți pași, din cauza faptului că nu poate gândi prin prisma acelor pași, pentru a-și atinge scopul.

- *Când efortul pe care trebuie să îl depună copilul pentru a-și controla incapacitatea de focalizare, impulsivitatea sau activitatea motorie este suficient de mare încât să îi afecteze întregul sistem de adaptare emoțională.*

În ceea ce îi privește pe copiii care au probleme cu controlul emoțional, ori din cauza depresiei, ori din cauza anxietății, părinții ar trebui să țină cont de severitatea problemei atunci când decid în favoarea medicației. Cercetările pe adulți sugerează că terapia congnitiv-comportamentală poate fi la fel de eficientă în tratarea anxietății și a depresiei ca medicația, dar când acest gen de terapie nu este disponibilă, iar depresia ori anxietatea copilului este destul de extinsă ca să afecteze calitatea vieții acestuia, medicația merită luată în calcul.

CAPITOLUL 23

Colaborarea cu școala

Copiii cu slabe funcții executive nu au probleme doar acasă, ci și la școală. De fapt, ele se manifestă cel mai des la școală, făcând ca părinții să ajungă să fie chemați în biroul directorului. Frustrant pentru părinții cu care lucrăm este faptul că, deși fac mari eforturi acasă pentru a îndepărta problemele, nu dețin nici un control asupra copiilor când aceștia se află la școală. Cartea aceasta nu ar fi completă dacă nu ar oferi sfaturi și îndrumare despre modul în care să colaborezi cu școala.

Iată ce am învățat pe parcursul anilor în care am lucrat cu părinții, profesorii și elevii pentru a ameliora problemele legate de funcțiile executive ale copiilor: *toată lumea trebuie să își dea silința*. Cadrele didactice trebuie să facă mai multe pentru copiii cu funcții executive slabe decât pentru ceilalți copii, tu trebuie să îți supraveghezi și monitorizezi copilul mai mult decât ceilalți părinți, iar copiii cu astfel de dificultăți trebuie să muncească mai mult decât cei ale căror abilități se dezvoltă normal. Am descoperit că atunci când una din cele trei părți nu își face treaba așa cum se cuvine, intervin tensiunile, conflictele și nefericirea.

Din punct de vedere tactic, o abordare de pe poziții nedușmănoase a profesorilor funcționează mai bine decât una bazată pe învinuiri și acuzații atunci când dorim să îi convingem să își schimbe abordarea față de un astfel de copil. Pornind de la premisa că toată lumea trebuie să își dea silința, în general recomandăm să îți începi conversația cu profesorul expunând problema din punctul tău de vedere și spunându-i: „Iată ce putem face, și iată ce suntem pregătiți să îi cerem copilului să facă". Pune-i apoi o întrebare deschisă: „Ce credeți că ar ajuta?" Spre exemplu, în cazul unui copil care nu își poate finaliza temele și nu ține minte să le predea profesorului în clasă, poți spune: „Suntem dispuși să îi verificăm temele în fiecare seară, să facem împreună cu el un plan de efectuare a temelor și să îl urmărim pentru a fi siguri că și-a pus fișele cu teme într-un dosar, și apoi în ghiozdan. Ce altceva mai putem face pentru a ne asigura că temele au fost predate la timp?" Iată câteva dintre problemele legate de școală care sunt semnalate cel mai des de către părinții cu care lucrăm:

Profesoara fiicei mele este convinsă că dacă fiica mea ar urma un tratament medicamentos, toată lumea ar fi mai fericită. Aș prefera să încerc alte metode la început. Cum să reacționez într-o astfel de situație? Răspunsul nostru la această întrebare este cât se poate de direct: medicația nu ar trebui niciodată să fie o decizie luată de școală. Mai mult, deciziile legate de medicație vor fi luate exclusiv în urma discuției tale cu un medic. Profesorii ar putea lua mai ușor în considerație răspunsul tău la propunerea lor legată de medicație dacă le-ai împărtăși informațiile și temerile tale privind medicația. Le poți spune: „Mă neliniștește gândul că copilul meu ar lua medicamente. Știu că pot exista efecte adverse, ceea ce mă îngrijorează. Iată ce aș vrea să încerc...". Dacă îl informezi pe profesor că vrei să îți dai și mai mult silința, s-ar putea să își dorească și el să își dea mai mult silința.

Învățătoarea copilului meu mi-a promis că își va adapta stilul la problemele funcțiilor executive ale acestuia (adică îl va verifica la sfârșitul orelor să vadă dacă și-a luat toate lucrurile necesare pentru temele pentru acasă sau va trimite săptămânal părinților un raport de evaluare a progreselor pentru ca eu să pot afla dacă nu și-a făcut vreo temă), dar apoi a uitat, iar copilul meu nu își mai face deloc temele. Ce pot face în acest sens? Dacă învățătoarea este bine intenționată (dar poate că are propriile puncte slabe în ceea ce privește funcțiile executive), ar trebui să dai dovadă de înțelegere. „Știu că sunteți ocupată la sfârșitul orelor. Pot să ajut și eu în vreun fel?" Unele cadre didactice acceptă doar de formă să acorde mai multă atenție îndrumărilor, monitorizării și supravegherii, iar atunci când se simt trase la răspundere, adevărul iese la iveală. „După părerea mea, copilul dumneavoastră ar trebui să facă singur acest lucru." Răspunsul la o astfel de replică ar fi: „Am mai încercat lucrul acesta și nu a dat rezultate. Trebuie să facem mai mult decât să îl responsabilizăm să își facă singur treaba". Totuși, sunt lucruri pe care le poți face ca să le fie mai ușor profesorilor. Deseori le recomandăm părinților să le trimită săptămânal e-mailuri profesorilor, pentru a afla de la aceștia dacă vreo temă nu a fost efectuată sau predată la timp. Deoarece este mai ușor să răspunzi la un e-mail decât să inițiezi unul, vei lua astfel o povară de pe umerii lor și vei înlesni comunicarea. Am cunoscut și mame care au acceptat bucuroase să vină la școala copiilor lor o dată pe săptămână ca să ajute la curățarea pupitrelor sau dulapurilor din clasă. În nici unul dintre cazuri părinții sau profesorii nu l-au eliberat pe copil de obligații. Mai degrabă au pus în aplicare sisteme care să îl ajute pe copil să devină responsabil, fără a slăbi însă supravegherea.

Ce așteptări rezonabile poate avea un părinte din partea profesorilor în ceea ce privește ajutorul pe care aceștia să îl ofere copiilor în vederea dezvoltării mai eficiente a funcțiilor executive? Am descoperit că cei mai eficienți în susținerea procesului de dezvoltare a funcțiilor executive sunt profesorii care au creat în clasă niște reguli generale de rutină, ajutându-i astfel pe copii să devină mai organizați, mai buni în ceea ce privește planificarea, memoria de lucru și gestionarea timpului. Ei au introdus, de asemenea, predarea funcțiilor executive în tematica procesului educativ. Aceștia îi învață pe copii cum să își eșaloneze proiectele pe termen lung în secvențe mai scurte și să fixexe termene-limită pentru fiecare secvență în parte. Ei îi învață pe elevi să respecte o rutină în privința temelor pentru acasă pentru a-i obișnui să le aibă efectuate la timp, dar și o rutină de verificare la sfârșitul unei zile de lucru, pentru ca aceștia să se asigure că și-au pus în ghiozdan tot ce le trebuie pentru ziua următoare. Acești profesori introduc reguli de comportament în clasă care îi ajută pe copii să își controleze impulsurile și să își stăpânească emoțiile, amintindu-le de ele în mod constant și la momentul potrivit (de pildă, înainte de a avea o inspecție sau înainte de pauză).

Încă o dată, având în vedere că și profesorii, ca toți ceilalți, au atât funcții executive slabe, cât și funcții executive puternice, unii dintre ei încorporează genul acesta de activități în programul lor educativ mai mult decât alții. În cazul în care copilul tău are un profesor care nu se descurcă bine la acest capitol, este bine să cauți ajutor în altă parte – un ajutor la clasă, un consilier care să ofere îndrumare, directorul sau directorul-adjunct al școlii etc. Numeroase școli pun la dispoziție Echipe de asistență profesorală, în care profesorii de la clasă, administratorii și specialiștii discută între ei cum să abordeze predarea sau problemele comportamentale ale anumitor elevi. Poţi solicita ca fiul sau fiica ta să fie inclus(ă) în agenda acestora pentru a se întâlni cu membrii echipei şi a găsi soluţii de rezolvare a problemei.

CAPITOLUL 24

Ce urmează?

Mark Twain a spus cândva: „Pe când aveam 14 ani, tatăl meu era atât de ignorant încât abia suportam să îl știu prin preajmă. Dar când am făcut 21, am rămas uimit de cât de multe învățase în cei șapte ani". Am decis ca în această carte să ne concentrăm atenția asupra copiilor de la limita inferioară a marjei de vârstă la care făcea referire Mark Twain, dar cu siguranță că vă întrebați la ce vă puteți aștepta din partea unui copil care trece pragul spre adolescență și dincolo de ea, în perioada maturității.

Există câțiva factori care conspiră pentru a face dificilă pentru părinți gestionarea funcțiilor executive ale copiilor lor în perioada adolescenței. La această vârstă, mai ales în ciclul gimnazial și în primii ani de liceu, conformismul este mai important decât oricând în celelalte etape de dezvoltare a copilului. Tinerii de vârsta mai sus menționată tânjesc să fie „normali" sau la fel ca toți ceilalți, și au tendința de a opune rezistență față de orice idee conform căreia ar exista vreun aspect în comportamentul lor care nu funcționează cum trebuie. Grupul celor de aceeași vârstă devine mult mai important decât părinții în ceea ce privește influența pe care o exercită asupra atitudinii și motivației lor. Ei își dezvoltă acum capacitatea de a gândi abstract; unul din modurile prin care își „exersează" această capacitate este acela al „argumentării", și se pare că le face plăcere să o pună în practică cu părinții.

Explicația poate consta în faptul că un alt aspect care se dezvoltă semnificativ în această perioadă este acela de a-și proclama independența față de părinți. Când toate cele amintite se combină cu vanitatea adolescentului care pretinde că știe mai multe decât părinții, această vârstă devine o provocare deosebită pentru părinți. Citatul din Mark Twain este revelator pentru această atitudine. E dificil să ții predici despre răbdare părinților cu copii abia intrați în adolescență, însă lucrurile se vor ameliora pe măsură ce aceștia se maturizează.

Un alt motiv pentru care adolescenții cu funcții executive slabe întâmpină deseori dificultăți mai mari decât oricând îl reprezintă faptul că presiunea pe funcțiile executive crește în această perioadă. Când ajung în gimnaziu și la liceu, li se cere să lucreze individual, să urmărească mai multe sarcini și să își asume mai multe responsabilități odată, să planifice și să execute acțiuni pe termen lung cum ar fi studiul pentru examene, să ducă până la capăt proiecte compuse din mai mulți pași. În același timp în care se întâmplă toate acestea, sprijinul acordat de părinți și profesori începe să le fie retras odată cu intrarea în gimnaziu, deoarece se presupune că elevii de această vârstă au devenit deja responsabili.

Adolescenții încep de asemenea să opună rezistență față de ajutorul și supravegherea de care au beneficiat când erau mai mici. Și lucrul acesta are legătură evoluția semnificativă a aspectului legat de dobândirea independenței și de desprinderea de sub tutela autorității părinților. Și, în sfârșit, adolescenții manifestă interes față de o gamă largă de activități, care concurează cu timpul liber pe care îl au. Întâlnirile cu prietenii, jocurile pe calculator, navigarea pe internet sunt mult mai atractive pentru ei decât temele pentru acasă. Adolescenții cu funcții executive slabe au de multe ori o mentalitate de genul

„merge și așa“ atunci când este vorba de studiu. Ea se accentuează atunci când în fața lor stă o gamă activități mult mai interesante decât temele.

Lucrurile la care am făcut referire reprezintă un argument suficient de solid pentru a lucra împreună cu copilul tău la diminuarea problemelor legate de funcțiile executive înainte ca acesta să se angreneze prea mult în toate acele sarcini de dezvoltare care țin de perioada adolescenței. Dacă vei constata că discuțiile purtate cu copilul tău proaspăt intrat la liceu devin mult mai încărcate emoțional pentru tine decât pentru el, iată în cele ce urmează câteva strategii adecvate de dezvoltare pe care ar trebui să le iei în seamă:

- *Folosește-te de consecințele firești sau logice.* O consecință firească a unor teme făcute prost pe parcursul unei întregi săptămâni este aceea de a le reface în weekend. O consecință logică este că nu mai are voie să iasă în oraș cu prietenii sâmbătă seara deoarece timpul respectiv trebuie să îl aloce studiului.
- *Condiționează accesul la anumite privilegii de performanțele școlare.* Din momentul în care copilul învață să conducă, accesul la mașina familiei devine un stimulent puternic. Și toate acele obiecte electronice după care tânjesc adolescenții pot fi câștigate cu timpul, iar accesul ulterior la ele poate fi condiționat.
- *Fii dispus să negociezi și să închei acorduri.* Părinții inflexibili – ca și cei care sunt reticenți cu privire la folosirea sistemelor de recompense – se lipsesc singuri de elemente motivaționale puternice care îl pot ajuta pe copil să își dezvolte mai eficient funcțiile executive.

- *Lucrează la abilitățile de comunicare pozitivă.* Nimic nu face să deraieze o conversație cu un adolescent mai mult decât reducerea la tăcere, sarcasmul și ignorarea punctului de vedere al copilului (chiar dacă el se angajează în aceleași tipare de comunicare ca tine). Vezi tabelul de mai jos pentru o listă detaliată cu strategii de comunicare.

Strategii de comunicare

Dacă membrii familiei tale fac așa:	**Încearcă, în schimb, să procedezi așa:**
Își aruncă vorbe grele.	Îți exprimi furia fără a răni.
Se reduc reciproc la tăcere.	„Sunt furios pentru că ai făcut..."
Se întrerup reciproc.	Vorbiți cu rândul; rezumă în câteva cuvinte ce ai de spus.
Critică exagerat de mult.	Punctează aspectele bune și pe cele rele.
Încep să devină defensivi.	Ascultă, apoi dezaprobă calm.
Își vorbesc de sus.	Spune ce ai de spus direct și pe scurt.
Nu privesc în ochii interlocutorului.	Stabilește un contact vizual.
Stau aduși de spate.	Îndreaptă-ți spatele și privește cu atenție.
Vorbesc pe un ton sarcastic.	Vorbește pe un ton normal.
Divaghează.	Termină un subiect, și apoi treci la altul.
Se gândesc la ce poate fi mai rău.	Nu trage concluzii pripite.

Dacă membrii familiei tale fac așa:	**Încearcă, în schimb, să procedezi așa:**
Scormonesc în trecut.	Raportează-te la situații din prezent.
Își dau cu părerea despre ce a vrut să spună celălalt.	Cere părerea celorlalți.
Comandă, dau ordine.	Fii amabil când soliciți ceva.
Tac cu încăpățânare.	Spune ce te deranjează.
Desconsideră.	Ia lucrurile în serios.
Neagă că au făcut un anumit lucru.	Recunoaște că ai făcut ceva sau explică frumos că nu ai făcut.
Se cramponează de greșeli minore.	Acceptă faptul că nimeni nu e perfect; treci cu vederea lucrurile minore.

Sursa: Robin A.T., *ADHD in Adolescents: Diagnosis and Treatment* [ADHD-ul la adolescenți: diagnostic și tratament], 1998. Copyright 1998 de The Guilford Press. Retipărire autorizată.

Nu subestima influența pe care o poți exercita în continuare asupra copilului tău, chiar dacă feedbackul pe care îl primești de la el te face să crezi altceva. Cât de satisfăcută m-am simțit (Peg este cea care vorbește) când fiul meu cel mare, cam la vârsta de 25 de ani, a recunoscut în cadrul unui forum public (sponsorizat de asociația de psihologie a școlii mele de stat) că tot ce știe în legătură cu gestionarea problemelor de atenție i se datorează mamei lui și acelor strategii pe care ea l-a învățat să le aplice și care chiar au funcționat! Nu aș fi crezut niciodată așa ceva, judecând după comportamentul pe care îl avea la vârsta de 17 ani.

Dat fiind faptul că mai poți avea o influență asupra copilului tău chiar și în această etapă de dezvoltare, ce ai de făcut ca să te asiguri că sugestiile tale vor fi auzite și că – mai important – sfaturile tale vor continua să consolideze dezvoltarea funcțiilor lui executive și a independenței lui? Pe parcursul acestei cărți, am subliniat importanța implicării directe a copilului în procesul de găsire a unei soluții la problemele existente. Lucrul acesta este foarte important în perioada de trecere spre vârsta adultă. Dacă vrei să fii un profesor eficient pentru copilul tău, trebuie să îți asumi un rol care să fie o combinație între părinte și educator. Relația dintre voi trebuie să fie de colaborare, iar adolescentul trebuie încurajat să analizeze opțiunile, să facă propriile alegeri și să ia decizii. Din punctul de vedere al părintelui, procesul prin care copilul adună informații, găsește soluții și colaborează la luarea deciziilor poate părea (sau fi) ineficient. Scopul nu este găsirea unei soluții eficiente, propuse de părinte, chiar dacă aceasta ar putea satisface nevoile imediate ale copilului și părintelui. Scopul este acela ca părintele să ofere cadrul necesar copilului pentru ca acesta, prin experiențe succesive, să îl folosească de parcă ar fi al lui.

Copilul e mai înclinat să asculte ce îi spui dacă îi povestești despre propriile tale zbateri din perioada de tranziție spre vârsta adultă. Astfel creezi ocazia de a discuta despre o gamă foarte largă de probleme generale cum ar fi planificarea bugetului și gestionarea banilor, prezența la timp la serviciu, urmarea unor cursuri, confruntarea cu șefi/colegi de muncă dificili și așa mai departe. De asemenea, până la această vârstă ai descoperit deja care sunt funcțiile executive slabe ale copilului tău și situațiile în care întâmpină dificultăți. Așadar, te poți folosi de această ocazie și ca să-i creezi copilului premisele necesare pentru a reuși în situații care probabil că vor fi dificile. Sunt șanse mai mari ca informația să ajungă la urechile copilului dacă o prezinți într-un mod relaxat, dându-i apoi posibilitatea să cântărească cele spuse de tine, în loc să îi ții predici sau să îi dai lecții de viață. Lecția va fi învățată din contactul cu realitatea, și nu din avertizările tale. Când copilul se luptă cu situații dificile sau eșuează în ceea ce își propune, va trebui să te abții de la a rosti cuvintele „Ți-am spus eu!" Dacă reușești acest lucru, o discuție pe tema găsirii de soluții mai este încă posibilă.

Odată ce copiii părăsesc căminul și liceul pentru a face primul pas spre lume (facultate, job, serviciu militar), ei se confruntă cu provocări imediate precum planificarea bugetului, gestionarea timpului și a banilor, și cu nevoia de a-și controla impulsurile în contextul noilor oportunități. În același timp, ei câștigă un avantaj care până atunci a fost de-a dreptul limitat, și anume posibilitatea de a alege. Pe durata copilăriei și a adolescenței timpurii, alții au făcut alegeri în numele copiilor, iar școala a fost unicul lor „job". Dacă funcțiile lor executive nu fac față cerințelor cu care se confruntă, nu prea pot face prea multe în privința asta. Însă odată ce termină liceul și merg să locuiască în altă parte, dețin un control mai mare asupra a ceea ce au de făcut.

Când copiii conștientizează într-o oarecare măsură care sunt punctele slabe și forte ale funcțiilor lor executive, ei pot începe să selecteze dacă să se implice sau nu într-o situație, dacă să preia sau nu o sarcină, în funcție de cât de bine se potrivesc cerințele acestora cu abilitățile lor. Îl poți sprijini pe copil în acest proces vorbindu-i despre punctele lui slabe și forte. Poți, de asemenea, evidenția în ce măsură abilitățile copilului tău se potrivesc cu anumite cerințe. De exemplu, pentru adolescentul cu deficiențe de organizare și gestionare a timpului sau care nu este atent la detalii ar putea reprezenta o provocare nevoia de a urmări balanța bancară sau de a-și actualiza permisul auto sau certificatul de înmatriculare al mașinii la timp. Dacă flexibilitatea este punctul slab, un loc de muncă ce implică schimbări neprevăzute ale programului zilnic sau o varietate de responsabilități îi va crea probleme. În funcție de alegerile sau de sarcinile asumate de copil, îți vei putea da seama unde anume este cea mai mare nevoie de sprijinul tău.

În procesul de tranziție către adolescență, *experiențele* din lumea reală au un impact mult mai puternic decât discursurile sau admonestările părinților. Cu toate acestea, faptul de a fi liber să testeze realitatea implică niște riscuri atât pentru copil, cât și pentru tine. După cum am afirmat mai devreme în această carte, vorbim despre o generație de tineri adulți care sunt apropiați de părinți. Reciproca este, de asemenea, valabilă: părinții din ziua de astăzi se simt apropiați de copiii lor. Din acest motiv e posibil să fii reticent în a-l lăsa pe copil să se lovească cu capul de pragul de sus. Noi facem tot ce putem astfel încât copiii noștri să nu aibă parte de situații neplăcute, de respingeri și de eșec. Acesta poate fi motivul pentru care atât de mulți copii nu sunt pregătiți pentru trecerea la perioada de maturitate. În loc să încercăm să preîntâmpinăm respingerea sau eșecul, putem vedea în ele o oportunitate, după cum susținea Henry Ford: „Eșecul este doar o ocazie de a o lua de la început cu puțin mai multă inteligență".

Din fericire, există strategii pe care le poți folosi în cazul copiilor aflați în perioada de adolescență sau de maturitate timpurie; acestea îi pot ajuta să învețe lecțiile oferite de viața reală fără a se simți aruncați în gura leului. Una din strategii presupune să îi pui pe tineri față în față cu sarcini sau situații pe care, la un moment dat, le vor întâlni în viața reală. Punându-i să meargă la bancă să se intereseze de condițiile de împrumut pentru cumpărarea unei mașini, să își calculeze cheltuielile pe educație și datoriile, să întocmească un buget pentru achiziționarea unui apartament, pentru cheltuielile zilnice și pentru întreținerea mașinii, le oferi șansa unor experiențe de viață importante. Ei au ocazia să își adapteze ideile la o situație reală în condițiile în care nu părintele, ci o altă persoană le oferă informațiile necesare.

Un părinte mi-a povestit de curând despre planul fiicei sale de a-și începe propria afacere. Încercările lui de a-i atrage atenția că are așteptări „nerealiste“ și de a o preveni nu au avut darul decât să o întărâte și mai tare. Văzând că nu reușește pe această cale să o oprească, și-a oferit ajutorul acolo unde era nevoie. Împreună, au obținut informațiile necesare, iar fiica a reușit astfel să se întâlnească cu un agent imobiliar și să discute despre prețul de închiriere pentru un spațiu dedicat unui mic magazin, dar și să afle costurile și să stabilească un inventar al lucrurilor necesare în acest sens. Ea nu s-a hotărât încă dacă vrea sau dacă poate să își urmeze mai departe ideea, dar a câștigat o experiență valoroasă, iar tatăl ei este mai încrezător în alegerile fiicei lui.

O a doua și, pe termen scurt, mai dureroasă strategie este să îl lași pe copil să dea cu capul de pragul de sus. Nu este ceva nou pentru părinți. De-a lungul etapelor de dezvoltare, l-ai lăsat pe copil să trăiască pe pielea lui eșecul cu scopul de a-i da o lecție despre cum să își stăpânească frustrările și să persevereze în rezolvarea problemelor. Consecințele pot fi mai serioase atunci când copilul se află departe de casă, dar obiectivul rămâne același. Situații precum luarea unei amenzi pentru vehicul neînmatriculat sau pentru viteză, plata unor taxe pentru o descoperire de cont bancar, constatarea că un card de debit îți este respins în timp ce aștepți să ți se aducă mâncarea sau pierderea telefonului mobil (a cheilor de la mașină, a iPod-ului, a permisului de conducere) și achitarea din banii proprii a unuia nou creează un nivel de conștiență pe care cuvintele părinților nu l-ar fi putut crea niciodată. Chiar dacă aceste experiențe sau altele nu vor elimina în totalitate problema, impactul unor consecințe repetate poate reprezenta un instrument puternic de schimbare a comportamentului.

Pentru a folosi eficient această strategie, trebuie să te asiguri că experiența unor eșecuri nu are loc cu o frecvență și o gravitate care să îl descurajeze pe copil. În acest scop, îți recomandăm să aduci o mică modificare unui principiu semnalat de noi mai devreme – să oferi copilului minimumul de ajutor necesar pentru ca acesta să reușească în viață. Noul principiu va suna astfel: oferă-i sprijinul minim necesar pentru a se ridica de jos și a merge mai departe după ce a greșit, astfel încât să își continue călătoria spre independență.

Cu toții ne confruntăm cu eșecul, și mai ales copiii cu funcții executive slabe. Din această cauză, o abordare unică de genul „ce nu te doboară te-ntărește" este riscantă. În activitatea noastră, părinții și copiii au avut cele mai bune rezultate atunci când părinții au combinat strategiile de învățare cu susținerea constantă, dar din ce în ce mai redusă, pe măsură ce copiii au tot mai mult succes în ceea ce privește gestionarea responsabilităților de adult.

Gânduri de încheiere

Dacă ai citit această carte din scoarță în scoarță, e posibil să simți că te-a luat amețeala. Îmi vine în minte un acronim, PMI – prea multă informație! Sau, cel puțin, prea multă ca să poată fi asimilată ușor. Te lăsăm să citești sinteza de mai jos a celor mai importante lucruri pe care le ai de făcut:

- Identifică punctele slabe și pe cele forte ale funcțiilor executive și circumstanțele în care ele se manifestă. Discută-le cu copilul tău, ca să poată începe să le înțeleagă și catalogheze.
- Începe să aplici strategii cât mai devreme posibil, dar ține minte că, indiferent când vei începe, copilul va beneficia de pe urma lor.
- Învață-ți copilul cum să îndeplinească o sarcină dificilă folosind pași mici, încurajează-l în încercările lui și retrage-ți treptat susținerea.
- Indică-i resurse (oameni, experiențe, cărți) pe care să le acceseze pentru a găsi un sfat/ajutor.
- Gândește-te ce fel de susținere îi poți oferi (bani, timp, condiții de trai), pe ce durată și în ce condiții.
- Adu-i copilului la cunoștință, în mod concret, ce obligații îi revin în urma încheierii unei înțelegeri (contribuție financiară, note, lucru în gospodărie).
- Dacă nu reușește să respecte termenii unei înțelegeri, discută deschis cu el și la momentul potrivit despre acest lucru. Ceilalți oameni (șefii, profesorii etc.) vor fi atenți la rezultatele lui, ceea ce ar trebui să faci și tu.
- Când are parte de un eșec, oferă-i o vorbă de alinare și dă-i o mână de ajutor, dacă nu se poate redresa singur. Nu uita că dacă vrea să se descurce singur, dacă nu cere ajutor decât atunci când constată că este necesar și dacă nu vrea ca tu să îl salvezi, toate acestea sunt semn bun.
- Ca întotdeauna, încurajează-l în eforturile lui, laudă-l pentru succesele lui și arată-i că îl iubești.

Resurse

Cărți

Baker, B. L., &Brightman, A. J. (2004). *Steps to Independence: Teaching Everyday Skills to Chidren with Special Needs,* Baltimore, Brookes. Scrisă pentru părinți ai căror copii au de la 3 ani în sus, această carte oferă o privire de ansamblu asupra principiilor de învățare, urmată de un ghid care te învață pas cu pas cum să îi formezi copilului șapte tipuri diferite de abilități: să planifice, să se ajute singur, să folosească toaleta, să se joace, să aibă singur grijă de el, să ajute în gospodărie, precum și abilități de strângere a informațiilor.

Barkley. R. A. (1997). *ADHD and the Nature of Self-Control,* New York, Guilford Press. Această carte este mai degrabă tehnică, dar oferă o bună descriere a funcțiilor executive în cadrul unui tipar de dezvoltare și aduce dovezi că funcțiile executive stau la originea ADHD-ului. Russell Barkley a scris și alte cărți care le-ar putea fi utile părinților, mai ales acelora care au copii cu ADHD sau alt gen de probleme de comportament. Iată câteva dintre ele:

- *Taking Charge of ADHD* (ed. revizuită): *The Complete Authoritative Guide for Parents,* New York, Guilford Press, 2000.
- *Your Defiant Child: Eight Steps to Better Behavior* (în colaborare cu Christine Benton), New York, Guilford Press, 1998
- *Your Defiant Teen; 10 Steps to Resolve Conflict and Rebuild Your Relationship* (în colaborare cu Arthur Robin), New York, Guilford Press, 2008

Buron, K. D., & Curtis, M. (2003), *The Incredible 5-Point Scale.* Shawnee Mission, KS: Autism Aspergers Publishing Company. Această carte de mici dimensiuni, scrisă de doi profesori de la o școală pentru copii cu nevoi speciale, descrie cum să utilizezi scalele pentru a-l ajuta pe copil să își înțeleagă și stăpânească emoțiile.

Dawson, P., & Guare, R. (1998), *Coaching the ADHD Student,* North Tonawanda, NY, Multi-Health Systems. Acest manual descrie în detaliu procesul de coaching pentru copiii cu ADHD, o strategie de intervenție concepută pentru a-i ajuta pe adolescenți să își formeze funcții executive puternice.

Dawson, P., & Guare, R. (2004). *Executive Skills in Chidren and Adolescents: A Practical Guide toAssessment and Intervention*, New York, Guilford Press. Această carte, scrisă în primul rând pentru cadre didactice și psihologi școlari, descrie cum sunt evaluate funcțiile executive, dar oferă și descrieri ale unor intervenții aplicate în școală urmând același cadru pe care l-am prezentat în lucrarea noastră.

Dawson, P., & Guare, R. (2012), *Coaching Students with Executive Skills Deficits*, New York, Guilford Press. Este un manual practic ce prezintă un model de coaching bazat pe exemple pentru a-i ajuta pe elevii cu performanțe școlare slabe cauzate de funcții executive deficitare precum gestionarea timpului și a activităților, planificarea, organizarea, controlul impulsului și stăpânirea emoțiilor.

Deak, J., & Ackerly, S.(2010), Your Fantastic Elastic Brain, Belvedere, CA, Little Pickle Press – Această carte ilustrată le prezintă copiilor noțiuni de anatomie și de funcționare a creierului într-un mod amuzant și antrenant. Îi învață că au capacitatea de a-și mări creierul și că greșelile fac parte din procesul de învățare.

Ginott, H.(2003), *Between Parent and Child,* New York, Three Rivers Press. Aceasta este o ediție adaptată după o carte clasică. Este cea mai bună carte pe care o știm despre cum să comunici cu copiii în așa fel încât să le consolidezi încrederea în ei și abilitățile.

Goldberg, D. (2005), *The Organized Student: Teaching Children the Skills for Success in School and Beyond.* New York, Fireside. Numeroase strategii la îndemâna oricui oferite de un consultant educațional care le-a dezvoltat lucrând cu elevii, inclusiv planuri despre cum să îți organizezi ghiozdanul, să faci față cerințelor școalare, să îți organizezi spațiul de studiu acasă și să folosești util timpul.

Goldberg, E. (2001), *The Executive Brain: Frontal Lobes and the Civilised Mind*, New York; Oxford University Press. O descriere oarecum de specialitate, dar ușor de urmărit despre cum controlează lobii frontali ai creierului judecata și luarea deciziilor. Pentru cei care doresc o descriere completă a cercetărilor făcute în domeniul funcțiilor executive, această carte reprezintă o sursă excelentă de informație.

Gordon, R.M. (2008), *Thinking Organized For Parents and Children: Helping Kids Get Organized for Home, School, and Play*, Silver Spring, MD, Thinking Organized Press. Această carte este un instrument de lucru ce pune la dispoziție strategii și indicații amănunțite pentru părinții care vor să își ajute copiii cu funcții executive slabe, mai ales când ele au legătură cu sarcini primite de la școală, cum ar fi cititul activ și scrisul, dar și strategii de consolidare a memoriei de lucru, a gestionării timpului, a abilităților de învățare și de organizare.

Greene, R.W. (2001), *The Explosive Child: A New Approach for Understanding and Parenting Easily Frustrated, Chronicaly Inflexible Childen*, New York, Harper Collins. Această carte extrem de accesibilă vine în sprijinul părinților cu copii inflexibili prin faptul că descrie cauzele inflexibilității, dar și soluțiile de tratare a problemei folosind un limbaj clar și direct.

Guare, R., Dawson, P., & Guare, G. (2013), *Smart but Scattered Teens: The „Executive Skills“ Program for Helping Teens Reach Their Potential*, New York, Guilford Press. Această lucrare le oferă părinților strategii pas cu pas de încurajare a independenței prin ajutarea copiilor să fie organizați, concentrați și stăpâni pe emoțiile lor. Ea mai prezintă instrumente deja testate, povești adevărate și sfaturi inteligente de evitare a conflictului părinte–copil.

Harvey, V. S. & Chickie-Wolfe, L.A. (2007), *Fostering Independent Learning: Practical Strategies to Promote Student Success*, New York, Guilford Press. Această carte, care se adresează în primul rând cadrelor didactice și psihologilor școlari, descrie strategii care să îl ajute pe elev să învețe independent. Există multe concepte descrise în această lucrare, iar părinții pot folosi unele strategii descrise de Harvey și Chickie-Wolfe.

Huebner, D. (2006), *What to Do When You Grumble Too Much: A Kid's Guide to Overcoming Anxiety,* Washington, D.C., Magination Press. Face parte dintr-o serie de cărți scrise de un îndrumător școlar și menite să îi ajute pe copii să își gestioneze mai bine emoțiile. Alte titluri ale aceluiași autor sunt: *What to Do When You Grumble Too Much: A Kid's Guide to Overcoming Negativity,* Washington, D.C., Magination Press, 2006, *What to Do When Your Brain Gets Sctuck:*

A Kid's Guide to Overcoming OCD, Washington, D.C., Magination Press, 2007, *What to Do When Your Temper Flares: A Kid's Guide to Overcoming Problems with Anger*, Washington, D.C., Magination Press, 2008

Kurcinka, M.S. (2006), *Raising Your Spirited Child*, New York, Harper. Autorul descrie un copil spiritual ca fiind un copil „exuberant, sensibil, receptiv, perseverent și energic". Cartea îi ajută pe părinți să înțeleagă rolul temperamentului în comportamentul copilului lor și le oferă sfaturi despre cum să facă față provocărilor de zi cu zi când au un copil cu probleme de control emoțional și de inhibare a răspunsului.

Kutscher, M.L. (2005), *Kids in the Syndrome Mix of ADHD, LD, Asperger's, Tourette's, Bipolar and More*, London, Jessica Kingsley. Această carte scrisă de un psihiatru se adresează părinților, profesorilor și altor specialiști și este un ghid concis pentru o gamă largă de tulburări neurocomportamentale la copii, majoritatea având la origine funcții executive deficitare. Ea include sfaturi pentru abordarea copiilor acasă și la școală, cuprinzând și un capitol dedicat medicației prescrise în mod obișnuit.

Landry, S.H., Miller-Loncar, C.L., Smith, K.E., & Shank, P.R. (2002), *The role of early parenting in children's development of executive processes*, „Developmental Neuropsychology", 21, pp. 15–41

Levine, M. (2005), *A Mind at a Time*, New York, Simon & Schuster. Mel Levine a scris multe cărți pe care părinții le-ar putea considera utile. Aceasta este preferata noastră. Aici, el descrie opt „sisteme" diferite de creier, rolurile pe care le joacă în învățare și cum pot părinții și profesorii să profite de punctele forte în ceea ce privește învățarea și să depășească punctele slabe, pentru a-i ajuta pe copii să reușească la școală. Un documentar de la PBS prezintă activitatea profesorului Levine (disponibil pe www.pbs.org/wgbh/misunderstoodminds).

Levine, M. (2005), *Ready or Nor, Here Life Comes*, New York, Simon & Schuster Martin, C., Dawson, P., & Guare, R. (2007), *Smarts: Are We Hardwired for Success?*, New York, AMACOM. Această lucrare aplică aceleași teorii despre funcțiile executive pe o populație adultă, concentrându-se în special pe subiecte legate de locul de muncă și de felul în care oamenii pot profita de avantajele funcțiilor executive puternice pentru a lucra la cele slabe, astfel încât să funcționeze și acestea mai eficient în activitatea de la serviciu.

Rief, S.F. (1997), *The ADD/ADHD Checklist*, San Francisco, Jossey-Bass. Cartea conține descrieri ale unor tehnici de respirație, relaxare progresivă și altele care pot fi învățate de copilul tău.

Robin, A.T. (1998), *ADHD in Adolescents: Diagnosis and Treatment*, New York, Guilford Press

Schaefer, C.E., & DiGeronimo, T.F. (2000), *Ages and Stages: A Parent's Guide to Normal Childhood Development*, New York, Wiley. Cartea aceasta este un ghid excelent pentru părinți și tratează dezvoltarea normală a copilului, cuprinzând, după spusele autorilor, „sfaturi și tehnici de formare a abilităților sociale, emoționale, interpersonale și cognitive la copii".

Shure, M.B. (2001), *I Can Problem Solve: An Interpersonal Cognitive Problem-Solving Program: Pre-School*, Champaign, IL, Research Press.

Twachtman-Cullen, D., & Twachtman-Bassett, J. (2011), *The IEP from A to Z*, Hoboken, NJ, Jossey-Bass. Lucrarea cuprinde un capitol legat de funcțiile executive, cu sugestii care să îi ajute pe părinți să își fixeze obiectivele IEP.

Reviste

ADDitude este o revistă destinată familiilor afectate de ADHD. Fiecare număr cuprinde articole cu o tematică variată, multe dintre ele legate de funcțiile executive, inclusiv păreri ale experților, sfaturi practice și sugestii utile de a face față provocărilor ADHD-ului la copii și adulți. Există și o pagină de web care îți poate fi de ajutor (www.additudemag.com).

Attention! Este publicația oficială a CHADD (Copii și adulți cu atenție deficitară/tulburări de hiperactivitate). Are același public-țintă ca *ADDitude* și conține articole cu caracter practic similare. Există și aici un site disponibil (www.chard.org).

Revista *Parents* oferă sfaturi generale pe teme de dezvoltarea copilului și probleme de parenting. Pagina lor de web este: www.parents.com.

Jucării și alte dispozitive de promovare a dezvoltării funcțiilor executive

Dispozitive pentru gestionarea timpului

MotivAider este un aparat care vibrează periodic pentru a le atrage atenția copiilor să se concentreze asupra unei activități. Având în vedere că poate fi purtat în buzunarul de la pantaloni și nu poate fi auzit de altcineva, îi protejează copilului intimitatea în timp ce îi amintește că are de făcut ceva. Un aparat mai cunoscut (și mai scump), numit Attention Training System Starter Package, poate fi pus pe birou, avertizându-l pe copil la fiecare 60 de secunde; dispune de telecomandă, pe care părinții o pot folosi pentru a deduce punctele și pentru a aprinde un semnal luminos de avertizare atunci când copilul nu mai acordă atenție sarcinii încredințate. Acest sistem este recomandat mai degrabă într-o sală de clasă, deoarece profesorul poate monitoriza până la patru copii odată cu ajutorul lui, dar poate fi util și pentru acasă. Disponibil la A.D.D.

WareHouse (*www.addwarehouse.com*), unde se vând și numeroase cărți, jocuri și alte obiecte utile pentru copiii cu ADHD.

Randominder (*https://itunes.apple.com/us/app/randominer/id5637886 37?mt=8*) este o aplicație pentru smartphone dezvoltată de Peg Dawson, doctor în educație, și de Richard Guare, în colaborare cu Colin Guare, un scriitor liber-profesionist cu o bogată experiență în lucrul cu copiii și studenții. Este concepută să îi ajute pe copii și pe adulți deopotrivă să rămână concentrați până la finalizarea unei activități, folosind un sistem unic și flexibil de alerte auditive, vizuale și pe bază de vibrații. Aplicația poate fi personalizată, astfel încât utilizatorul să își aleagă propriile texte, imagini, vibrații și chiar înregistrări audio, toate jucând un rol în consolidarea funcțiilor executive.

Time Timer (*www.timetimer.com*), disponibil pe desktop sau ca soft pentru calculator, îi ajută pe copii să perceapă mai bine noțiunea de timp, oferindu-le o descriere grafică a scurgerii lui. Folosirea lui îi va ajuta să își monitorizeze munca și să gestioneze eficient timpul.

WatchMinder (*www.watchminder.com*) este un ceas care poate fi programat să pornească zilnic alarma sau să trimită mesaje. Poate fi folosit pentru automonitorizare sau pentru a-l avertiza pe copil cu privire la anumite evenimente sau sarcini importante.

Jucării și jocuri

Childswork/Childsplay (*www.childswork.com*) este un catalog de jocuri și activități pe care cadrele didactice să le folosească cu copiii pentru a-i învăța să recunoască și să își stăpânească trăirile. Majoritatea materialelor nu sunt destinate exclusiv specialiștilor, ci pot fi utilizate și de părinții care doresc să își ajute copiii să își țină sub control emoțiile.

MindWare (*www.mindware.com*), un catalog de „jucării deștepte pentru copiii de toate vârstele", oferă o gamă largă de jucării menite să le dezvolte creativitatea și raționamentul în vederea găsirii soluției potrivite (adică abilități de metacogniție).

SmileMakers (*www.smileemakers.com*) oferă o varietate de lucruri ieftine, cum ar fi autocolante și jucării, care pot constitui recompensa copilului pentru o sarcină îndeplinită acasă.

Office Playground (*www.officeplayground.com*) este un catalog online de jucării și gadgeturi (de pildă, mingi antistres, jucării pentru desktop, clepsidre etc.) care pot fi utilizate ca recompense sau pentru a-l ajuta pe copil să își stăpânească emoții precum teama sau furia.

The Relaxation Station (*www. therelaxationstation.com*) este un DVD de două ore cu exerciții și imagini de relaxare prin care copilul să învețe astfel de tehnici. Dezvoltat de Clinica de Pediatrie din Michigan, a fost prezentat în cadrul unor studii cu scopul de a-i ajuta pe copiii (și pe părinți!) cu diverse nevoi să se calmeze.

Pagini de web

About Kids Health (*www.aboutkidshealth.ca*), dezvoltat de Spitalul pentru copii bolnavi din Toronto, reprezintă o sursă importantă de informație pe teme legate de sănătatea, comportamentul și dezvoltarea copilului. Seria despre funcții executive la copii e excelentă.

American Academy of Pediatrics (*www.aap.org*), site-ul oficial al Academiei Americane de Pediatrie, este o excelentă sursă de informație despre aspecte legate de sănătatea copilului. Studiază acest site pentru informații despre tehnicile de relaxare recomandate copiilor.

Autism Research Centre (*www.autismresearchcentre.com*) reprezintă o foarte bună sursă de informație cu privire la cercetările care s-au făcut în domeniul tulburărilor de autism și al deficiențelor „teoriei minții“ și funcțiilor executive aferente, cu care copiii aceștia se confruntă de obicei. Sediul central este Universitatea Cambridge din Anglia, centrul fiind condus de distinsul profesor doctor în filosofie și cercetător Simon Baron-Cohen.

Autism Research Institute (ARI) (*www.autism.com*) și-a axat întreaga activitate pe cercetarea – și răspândirea rezultatelor cercetării – mecanismelor de deblocare a autismului și a metodelor de diagnosticare și tratament ale acestei boli. Institutul oferă părinților și specialiștilor din întreaga lume informații bazate pe cercetare. Consultă site-ul pentru a citi ultimele articole pe tema funcțiilor executive.

Autism Society of America (*www.autism-society.org*) este o organizație de importanță națională ce are ca scop promovarea sprijinirii, educației, serviciilor și cercetării în cazul persoanelor ce suferă de tulburări de spectru autist, inclusiv de sindromul Asperger. Societatea oferă informații de încredere, actualizate, despre tulburările de spectru autist. Pot fi găsite și articole despre abordarea educațională potrivită a fi folosită în cazul funcțiilor executive slabe întâlnite la autiști.

Autism Society Canada (*www.autismsocietycanada.ca*) este dedicat pledoariei, educației de stat, oferind informații, criterii de referință și sprijin pentru dezvoltarea locală.

Autism Speaks (*www.autismspeaks.org*) are ca scop finanțarea cercetării biomedicale la nivel global în vederea descoperirii cauzelor, mijloacelor de prevenție, tratamentelor și vindecării autismului; urmărește, de asemenea, sensibilizarea opiniei publice cu privire la autism și la efectele lui asupra indivizilor, familiilor și societății; și mai urmărește să redea speranța tuturor celor care se confruntă cu această dizabilitate gravă. Caută la funcții executive.

Autism Spectrum Australia (*www.aspect.org.au*) este o organizație nonprofit care oferă informații, educație și alte servicii prin parteneriatul cu persoanele care suferă de tulburări de spectru autist, cu familiile lor și cu comunitățile din care fac parte. Participă la cercetări și o linie de informare și abonament plătit, servicii interactive pe internet numite Autism Pro care să le permită părinților să lucreze cu profesioniști în vederea fixării obiectivelor și activităților și a configurării programelor de intervenție pentru copiii lor autiști.

Autism Today (*www.canadianautism.com*) este o organizație care nu percepe nici o cotizație și care oferă acces la peste 5 000 de articole și alte resurse, precum și un magazin de unde se pot achiziționa cărți și alte surse de informație despre tulburările de spectru autist. Organizația inițiază, de asemenea, ateliere și conferințe pentru a răspândi informații și sfaturi practice despre tulburările de spectru autist.

Brain Connection (*www.brainconnection.com*) pune la dispoziție o serie de informații și de sfaturi practice pentru părinți și specialiști în legătură cu dezvoltarea creierului și cu noile cercetări în domeniul creierului, arătând în special cum influențează toate acestea procesul de învățare al copilului.

Canadian Paediatric Society (*www.cps.ca/en*) le oferă membrilor Societății Canadiene de Pediatrie și altor profesionști din domeniul sănătății informațiile de care au nevoie ca să ia decizii în cunoștință de cauză în legătură cu situația medicală a unui copil. Părinți, jurnaliști și alte persoane implicate în îngrijirea copilului pot găsi, de asemenea, util acest site.

CanChild Centre for Childhood Disability Research (*www.canchild.ca*) este un centru de cercetare și educație. Majoritatea muncii de cercetare se concentrează pe subiectele care au un cuvânt de spus în privința copiilor și tinerilor cu nevoi fizice, de dezvoltare și de comunicare, dar și a familiilor lor.

Centers for Disease Control and Prevention (CDC) (*www.cdc.gov*), componentă a Departamentului de Sănătate și Servicii al SUA, este prima agenție federală care se ocupă de administrarea și sprijinirea activităților de sănătate publică din Statele Unite. Site-ul conține link-uri cu studii de cercetare a funcțiilor executive la copii, ca și informații ample despre tulburările asociate cu funcțiile executive slabe, inclusiv autism și ADHD.

CHADD (*www.chadd.org*) este o organizație menită să ofere asistență, educație și susținere persoanelor cu ADHD. Pagina de web este o sursă excelentă de informație pentru părinți și specialiști, pe teme ce sunt legate de ADHD.

Children's Technology Review (*www.childrensoftware.com*) face cunoscute opiniile unor profesioniști cu privire la tehnologia interactivă (softuri, jocuri video) pentru a-i îndruma pe părinți și pe specialiști în monitorizarea și alegerea produselor la care copiii sunt expuși zilnic.

Council for Exceptional Children (*www.cec.sped.org*) este o organizație profesională internațională a cărei misiune constă în îmbunătățirea performanțelor școlare ale elevilor cu dizabilități, dar și ale celor cu calități intelectuale excepționale sau extrem de talentați.

Early Childhood Australia (*www.earlychildhood.org.au*), o organizație privată nonprofit, multinațională, care furnizează informații și resurse părinților și cadrelor didactice, cu privire la nevoile de dezvoltare ale copiilor în vârstă de până la 8 ani.

Family Education (*www.familyeducation.com*) este un site încărcat de informații, de sfaturi pentru părinți, de jocuri pentru întreaga familie și de activități potrivite atât pentru bebeluși, cât și pentru tineri de 18 ani.

Gray Center for Social Learning and Understanding (*www.thegraycenter.org*) este o organizație care dorește să promoveze înțelegerea persoanelor cu tulburări de spectru autist și a celor care le îngrijesc. Site-ul reprezintă o excelentă sursă de informații despre experiențe sociale pe care părinții și specialiștii le pot folosi ca instrumente de învățare pentru toți copiii, indiferent de vârstă.

Intervention Central (*www.interventioncentral.org*) oferă părinților și cadrelor didactice o bogată paletă de instrumente și resurse cu ajutorul cărora să încurajeze la copii învățarea eficientă și conduita pozitivă în clasă.

LD OnLine (*www.ldonline.org*) cuprinde informații actualizate și sfaturi legate de dizabilitățile de învățare și despre ADHD, accesate lunar de peste 200 000 de părinți, profesori și alți profesioniști din domeniu. Site-ul adăpostește sute de articole utile, multimedia, articole lunare ale unor experți de notorietate, eseuri la persoana întâi, lucrări scrise și de artă ale copiilor, un ghid complet de resurse și o carte de telefon unde găsești numere utile ale unor specialiști, ale școlilor și ale produselor.

Learning Disabilities Association of America (*www.ldanatl.org*) este o organizație care promovează înțelegerea dizabilităților de învățare, obținerea succesului în cazul persoanelor cu dizabilități și reducerea incidenței acestor dizabilități în viitor. Este un site atotcuprinzător de informații despre toate aspectele dizabilităților de învățare.

Learning Disabilities Association of Canada (*www.ldac-taac.ca*) este o organizație nonprofit ai cărei membri sunt în general părinți, dar și profesioniști, având misiunea de a fi vocea națională a Canadei pentru persoanele cu dizabilități și pentru cei care îi ajută. Asociația publică lucrări și alte materiale ce tratează o gamă largă de subiecte, oferind ajutor practic și noutăți din domeniu, iar site-ul conține numeroase link-uri ale altor organizații din Canada și din toată lumea, ale unor publicații și servicii de asistență legală.

Learning Works for Kids (*http://learningworksforkids.com*) îi ajută pe părinți să identifice jocurile pe calculator care contribuie la dezvoltarea anumitor funcții executive. Site-ul a fost creat pe principiul că cele mai populare jocuri pe calculator și alte mijloace digitale, atunci când sunt folosite cu înțelepciune și responsabilitate, pot constitui unelte puternice de modelare și ameliorare a performanțelor școlare și abilităților cognitive.

MAAP Services *(www.maapservices.org)* e un site dedicat furnizării de informații și recomandări familiilor indivizilor mai avansați (de nivel înalt) suferind de autism, sindromul Asperger și tulburare pervazivă de dezvoltare (TPD).

MyADHD (www.myadhd.com) este un site pe bază de abonament care oferă instrumente pentru evaluarea, tratarea și monitorizarea progreselor, precum și o librărie cu articole, programe audio și grafice pe care părinții le pot folosi pentru a înțelege mai bine și a face față cu succes tulburărilor de atenție ale copilului.

My Reward Board (*www.myrewardboard.com*) este un site ce conține liste de sarcini domestice și grafice de recompense într-o diversitate de formate. Pot fi câștigate puncte pentru îndeplinirea sarcinilor și depozitate în „contul bancar" pentru a fi retrase mai târziu. Programul pune accent pe abordarea pozitivă și pe încurajarea copiilor în vederea îndeplinirii unor sarcini în gospodărie, a atingerii unor obiective, a îmbunătățirii comportamentului și a economisirii banilor. Accesarea se poate face gratuit timp de 15 zile înainte de a fi plătită.

National Association of School Psychologists (*www.nasponline.org*) oferă o mare varietate de resurse pentru părinți, elevi și cadre didactice.

National Autistic Society, Marea Britanie (*www.nas.org.uk*) este o organizație nonprofit a părinților ce pune la dispoziție o paletă largă de servicii și informații pentru familiile din Marea Britanie care au copii cu tulburări de spectru autist, de la servicii în cadrul școlii și în afara ei și până la servicii sociale, descoperiri științifice, informații despre diagnosticare și tratament, cursuri pentru părinți și training. Cu sediul la Londra, societatea are filiale în toată Marea Britanie.

National Center for Learning Disabilities (*www.ncld.org*) este o organizație de părinți ce promovează cercetarea și programele de facilitare a învățării eficiente, care pledează pentru apărarea drepturilor și oportunităților educaționale și care oferă informații părinților, experților și persoanelor cu dizabilități de învățare.

National Institute of Child Health and Human Development (NICHD) (*www.nichd.nih.gov.*) Sprijină și organizează activități de cercetare și de activitate clinică pe tema proceselor neurobiologice, de dezvoltare și comportamentale care afectează copiii și familiile acestora. Oferă informații autorizate despre numeroase subiecte legate de sănătatea și comportamentul copilului.

OASIS@MAAP (*www.aspergersyndrome.org*) are ca scop informarea și consilierea familiilor în care există cazuri avansate de autism, sindrom Asperger și tulburări pervazive de dezvoltare (TPD).

PBS (*www.pbs.org*) a oferit și continuă să ofere programe excelente, documentate științific, despre sănătatea și dezvoltarea copilului, inclusiv despre legătura dintre creier și comportament.

PTA (*www.pta.org*) vine cu informații cuprinzătoare și cu resurse despre subiecte precum reușita elevilor, siguranța, tehnologia mass-media și nutriție, sănătate fizică și psihică.

Psychiatric Times (*www.psichiatrictimes.com*) este o publicație online lunară, de prestigiu, care pune la dispoziție articole și noutăți clinice sau rapoarte cu privire la anumite subiecte din domeniul vast al psihiatriei.

Smart but Scattered Kids (*www.smartbutscattered.com*) oferă informații care îi ajută pe părinți, profesori și terapeuți să înțeleagă mai bine rolul pe care îl joacă funcțiile executive pentru o dezvoltare sănătoasă. Pe pagina de web există numeroase resurse, inclusiv un ghid de lucru pentru acasă, util părinților, și o scurtă descriere despre coaching pentru părinți, ce poate fi folosită în instruirea copiilor.

Smart Kids with Learning Disabilities (*www.smartkldswithld.org*) este o valoroasă sursă de informații, sprijin și încurajare pentru părinții cu copii care suferă de dizabilități de învățare și de tulburări de atenție.

Specific Learning Disabilities Federation (SPELD) Noua Zeelandă (*www.speld.org.nz*) este o organizație nonprofit care servește interesele celor cu dizabilități de învățare, inclusiv cu dizabilități de învățare asociate cu tulburările de atenție și de spectru autist, în cadrul filialelor răspândite în toată Noua Zeelandă. Obiectivele principale ale federației se referă la pledarea cauzei acestora, la evaluare și tutorat și la sprijinirea familiilor. Organizează cursuri de training în urma cărora părinții și profesorii pot obține certificate de tutori pentru a putea preda persoanelor cu dizabilități.

Thanet ADDers (*www.adders.org/thanet.htm*) este un grup de sprijin cu sediul în Kent, Anglia, condus de părintele unui adult diagnosticat cu ADD, care suferă el însuși de această tulburare. Găsești aici link-uri de unde să cumperi cărți și alte materiale, sprijin și informații, și „cât de mult ajutor concret“ cu putință celor care se confruntă cu ADD sau ADHD.

Zero to Three (*www.zerotothree.org*) oferă informații autorizate despre o mulțime de subiecte (dezvoltarea creierului, nutriție, creșterea copilului) utile adulților care influențează viața copiilor nou-născuți și de creșă.

INDICE